SÉRIE +
EM FOCO

Osni Moura Ribeiro
Juliana Moura Ribeiro Coelho

# AUDITORIA

CB004982

4ª edição

saraiva uni

www.editorasaraiva.com.br

Av. Paulista, 901, Edifício CYK, 4º andar
Bela Vista – São Paulo – SP – CEP 01310-100

**SAC** | sac.sets@saraivaeducacao.com.br

| | |
|---|---|
| **Diretoria executiva** | Flávia Alves Bravin |
| **Diretoria editorial** | Ana Paula Santos Matos |
| **Gerência de produção e projetos** | Fernando Penteado |
| **Gerenciamento de catálogo** | Gabriela Ghetti |
| **Edição** | Paula Sacrini |
| **Design e produção** | Jeferson Costa da Silva (coord.) |
| | Rosana Peroni Fazolari |
| | Camilla Felix Cianelli Chaves |
| | Tiago Dela Rosa |
| **Planejamento e projetos** | Cintia Aparecida dos Santos |
| | Daniela Maria Chaves Carvalho |
| | Emily Larissa Ferreira da Silva |
| | Kelli Priscila Pinto |
| **Diagramação** | Join Bureau |
| **Revisão** | Mariana Cardoso |
| **Capa** | Aero Comunicação |
| **Produção gráfica** | Marli Rampim |
| | Sergio Luiz Pereira Lopes |
| **Impressão e acabamento** | Gráfica Paym |

**DADOS INTERNACIONAIS DE CATALOGAÇÃO NA PUBLICAÇÃO (CIP)**
**DE ACORDO COM ISBD**
**VAGNER RODOLFO DA SILVA – CRB-8/9410**

R484s    Ribeiro, Osni Moura
     Série Em Foco – Auditoria / Osni Moura Ribeiro,
Juliana Moura Ribeiro Coelho. – 4. ed. – São Paulo:
SaraivaUni, 2023.
     416 p.

     ISBN: 978-85-7144-149-1

     1. Administração. 2. Normas e procedimentos.
3. Controle de qualidade. 4. Auditoria. I. Coelho,
Juliana Moura Ribeiro. II. Título.

2023-934                  CDD 658
                            CDU 65

**Índices para catálogo sistemático:**
1. Administração    658
2. Administração    65

**4ª edição**

Dúvidas? Acesse www.saraivaeducacao.com.br

| CÓD. OBRA | 4708 | CL | 651976 | CAE | 819935 |
|---|---|---|---|---|---|

## O trabalho

Tal como a chuva caída
Fecunda a terra, no estio,
Para fecundar a vida
O trabalho se inventou.

Feliz quem pode, orgulhoso,
Dizer: "Nunca fui vadio:
E, se hoje sou venturoso,
Devo ao trabalho o que sou!"

...

*Olavo Bilac*

# APRESENTAÇÃO

Depois de escrever e disponibilizar no mercado, por mais de trinta anos e sempre em parceria com a Editora Saraiva, quinze obras versando sobre o estudo da ciência contábil, identificamos a necessidade de escrever este livro voltado ao estudo da auditoria para aproveitar não só a experiência profissional acumulada como auditor e professor quanto também a experiência profissional adquirida por minha filha Juliana no exercício das funções de auditoria interna e independente.

Exerci, no início da década de 1970, por vários anos, as funções de auditoria interna na Secretaria da Fazenda do Estado de São Paulo e, posteriormente, as funções de auditoria fiscal, como auditor fiscal da receita estadual, nesse mesmo órgão estatal.

Juliana ingressou precocemente, antes de completar vinte anos de idade, em uma das quatro grandes organizações multinacionais de auditoria com unidade sediada no Brasil. Como é de conhecimento geral, as grandes empresas de auditoria admitem jovens estudantes dos cursos de Ciências Contábeis, Administração e Economia das principais universidades do País, prezando pela formação desses jovens como futuros auditores e qualificando-os por meio de treinamentos intensivos e orientações para o exercício das funções de auditoria independente.

Trabalhando por mais de quatro anos em uma dessas firmas de auditoria e ocupando, em algumas instituições financeiras, o cargo de auditora interna, Juliana, integrante da conhecida "geração Y", revelou muita facilidade no trato dos procedimentos de auditoria, especialmente quanto à interpretação e aplicação dos novos procedimentos derivados de organismos internacionais, como a Federação Internacional de Contadores (Ifac), com sede nos Estados Unidos.

Dessa forma, decidimos planejar um conteúdo introdutório ao estudo da auditoria, obedecendo à mesma metodologia implantada nos demais livros da *Série em Foco,* antiga

*Série Fácil,* abrangendo os principais assuntos tratados nas Normas Brasileiras e Internacionais de Auditoria que entraram em vigor no Brasil a partir de 1º de janeiro de 2010, para que a obra possa ser útil principalmente nos meios acadêmicos, auxiliando os professores na elaboração e condução das suas aulas, bem como facilitando aos estudantes a obtenção do pleno domínio das principais e atuais técnicas de auditoria aplicadas internacionalmente.

Portanto, o *Auditoria (Série em Foco)* que você tem em mãos, além de estar devidamente atualizado conforme as inovações introduzidas na Lei n. 6.404/1976 pela Lei n. 11.638/2007 e pela Medida Provisória n. 449/2008, convertida na Lei n. 11.941/2009, e em consonância com as novas normas internacionais de auditoria derivadas da Ifac, encontra-se estruturado como segue:

- O Capítulo 1 trata, entre outros assuntos, do conceito, da origem, da evolução, do objetivo, do objeto e da finalidade da auditoria, além de evidenciar o que são normas de auditoria e por que as organizações são auditadas.

- O Capítulo 2 trata de aspectos relacionados à profissão do auditor independente, evidenciando, entre outros assuntos, a normatização da profissão, a qualificação técnica, além da estrutura do plano de carreira do auditor nas principais firmas de auditoria do mundo.

- O Capítulo 3 trata de aspectos relacionados à auditoria interna, evidenciando, entre outros assuntos, a normatização da profissão de auditor interno, o ciclo de vida da auditoria interna, além da auditoria interna do Poder Público.

- O Capítulo 4 trata de aspectos relacionados à auditoria independente, evidenciando, entre outros assuntos, a normatização, as etapas do ciclo de vida da auditoria independente, além dos objetivos da função do auditor independente.

- O Capítulo 5 trata de aspectos relacionados ao controle interno das organizações, evidenciando, entre outros assuntos, a importância do controle interno e por que o auditor independente deve entender os controles internos da organização.

- O Capítulo 6 trata de aspectos relacionados ao planejamento da auditoria, evidenciando, entre outros assuntos, o objetivo do planejamento, a estratégia global de auditoria, além de como elaborar um plano de auditoria.

- O Capítulo 7 trata de aspectos relacionados aos papéis de trabalho de auditoria, evidenciando, entre outros assuntos, a natureza e a finalidade da documentação de auditoria, o objetivo e conteúdo dos papéis de trabalho, além do conhecimento da simbologia utilizada para identificar os assuntos anotados nos papéis de trabalho.

- O Capítulo 8 trata de aspectos relacionados às evidências de auditoria, destacando, entre outros assuntos, o que significa evidência de auditoria apropriada e suficiente, bem como as principais técnicas de auditoria aplicáveis.

- O Capítulo 9 trata de aspectos relacionados à técnica da amostragem, evidenciando, entre outros assuntos, o que significa amostragem em auditoria, além da avaliação do resultado da amostragem em auditoria.

- O Capítulo 10 trata de aspectos relacionados à fraude em auditoria de demonstrações contábeis, evidenciando, entre outros assuntos, as características da fraude, o ceticismo profissional, além do conhecimento dos procedimentos de avaliação de risco e atividades relacionadas.

- O Capítulo 11 trata de aspectos relacionados à gestão de qualidade da auditoria de demonstrações contábeis, evidenciando, entre outros assuntos, o sistema de gestão de qualidade da firma, o papel das equipes de trabalho, a responsabilidade do sócio do trabalho pelo sistema de gestão de qualidade, além do objetivo do auditor na busca da qualidade da auditoria.

- O Capítulo 12 trata de aspectos relacionados à materialidade no planejamento e execução da auditoria, evidenciando, entre outros assuntos, a identificação e determinação da materialidade no contexto de auditoria, bem como os procedimentos de revisão no decorrer da auditoria.

- O Capítulo 13 trata de aspectos relacionados aos eventos subsequentes à data da auditoria, evidenciando, entre outros assuntos, o que são eventos subsequentes e como tratar os fatos que são conhecidos somente após a divulgação das demonstrações contábeis.

- O Capítulo 14 trata de aspectos que envolvem as partes relacionadas, evidenciando, entre outros assuntos, o que são partes relacionadas com ou sem influências relevantes, além dos procedimentos de avaliação de risco e atividades relacionadas.

- O Capítulo 15 trata de aspectos relacionados aos procedimentos de auditoria. Esse capítulo constitui verdadeiro roteiro de trabalho capaz de auxiliar o auditor na execução das tarefas de auditoria interna ou externa.

- O Capítulo 16 trata especificamente de aspectos relacionados à auditoria das demonstrações contábeis, evidenciando, entre outros assuntos, como desenvolver auditoria das contas integrantes do Balanço Patrimonial e da Demonstração do Resultado do Exercício.

- O Capítulo 17 trata das técnicas de elaboração do relatório de auditoria, no qual o auditor expressa sua opinião acerca do resultado dos trabalhos que executou, sejam eles relativos à auditoria das demonstrações contábeis ou a outro assunto qualquer para o qual o auditor tenha sido contratado para emitir sua opinião.

Desde a primeira edição desta obra, lançada em 2011, trabalhamos permanentemente para aprimorar e atualizar o seu conteúdo.

Em 2017, procedemos importantes alterações que resultaram na 3ª edição desta obra, as quais contemplaram as revisões em várias NBCs TA e TG processadas pelo Conselho Federal de Contabilidade (CFC) até o início de 2017, bem como a revogação da Resolução CFC n. 750/1993.

Em 2023, procedemos novas atualizações nesta obra, para melhor adequá-la às revisões procedidas pelo Conselho Federal de Contabilidade (CFC) nas NBCs PA, TA e TG. Dentre as importantes mudanças que geraram esta 4ª edição, destacamos as do Capítulo 17, que trata das técnicas de elaboração do relatório de auditoria, o qual foi totalmente reescrito.

Esta 4ª edição contempla, portanto, a legislação e as Normas Brasileiras de Contabilidade e, em especial, as de auditoria atualizadas até 31 de dezembro de 2022.

Temos convicção de que, com mais este trabalho, desenvolvido em coautoria com minha filha Juliana Moura Ribeiro Coelho, estejamos contribuindo para que o ensino e a aprendizagem da contabilidade fiquem cada vez mais fáceis.

Professor Osni Moura Ribeiro

# SUMÁRIO

# CAPÍTULO 1

# A AUDITORIA

## Objetivos do Capítulo

### Após ler este capítulo, você estará apto a:

- ❑ Entender o que é, para que serve e onde se aplica a auditoria.
- ❑ Conhecer a origem e saber como evoluiu a auditoria até hoje.
- ❑ Conhecer a auditoria contemporânea e sua evolução no Brasil.
- ❑ Saber qual é o objeto e a finalidade da auditoria.
- ❑ Conhecer os tipos de auditoria.
- ❑ Saber o que são normas de auditoria e de onde se originam.
- ❑ Saber distinguir auditoria contábil de perícia contábil.
- ❑ Discutir sobre as vantagens ou benefícios da auditoria.
- ❑ Saber por que as organizações são auditadas.

## 1.1  Conceito

> Auditoria é uma técnica contábil que surgiu da necessidade de se garantir a veracidade das informações derivadas dos registros contábeis.

Sempre que falamos em auditoria, logo nos vem à mente seu conceito tradicional, ou seja, aquele que a contempla tendo como objeto as demonstrações contábeis.

Assim, o conceito tradicional de auditoria é:

> auditoria é uma técnica contábil que consiste na verificação da exatidão e fidedignidade dos dados contidos nas demonstrações contábeis, por meio do exame minucioso dos registros de contabilidade e dos documentos que deram origem a eles.

Uma auditoria envolve a execução de procedimentos selecionados para a obtenção de evidência a respeito dos valores e divulgações apresentados nas demonstrações contábeis. Inclui, também, a avaliação da adequação das práticas contábeis utilizadas e a razoabilidade das estimativas contábeis[1] feitas pela administração, bem como a avaliação da apresentação das demonstrações contábeis tomadas em conjunto.[2]

Com o passar do tempo, essa importante técnica contábil teve seu campo de aplicação ampliado, sendo utilizada não só para garantir a veracidade dos dados informados nas demonstrações contábeis como também para assegurar a veracidade de outras informações, a adequação e confiabilidade de procedimentos, ainda que fora da ciência contábil.

É comum, por exemplo, o uso da auditoria para garantir a confiabilidade dos controles internos das organizações, para dar credibilidade aos sorteios de loteria realizados por órgãos oficiais da União ou dos Estados (Loteria Federal, Mega-Sena etc.) ou por entidades particulares devidamente autorizadas pelo Poder Público etc.

A auditoria pode ser interna ou externa. A auditoria interna ou operacional é aquela executada por auditores que integram o quadro de empregados da própria entidade. Consiste no exame, na avaliação e no monitoramento da adequação e efetividade do controle interno, com o objetivo de adicionar valor e melhorar as operações de uma organização.

Os auditores internos podem fazer parte de um departamento de auditoria interna ou de uma função equivalente (item 7, da NBC TA 610). Quando a organização não possui auditores internos em seu quadro de funcionários, as funções de auditoria interna são realizadas por auditores independentes devidamente contratados para esse fim. Veja mais detalhes no Capítulo 3.

A NBC supracitada estabelece, ainda, no item 6, que muitas entidades criam a função de auditoria interna como parte das suas estruturas de controle interno e governança.

Os objetivos e o alcance da função de auditoria interna, a natureza das suas responsabilidades e a sua posição hierárquica na organização, incluindo a sua autoridade e a sua prestação de contas, podem variar amplamente dependendo do tamanho e da estrutura da entidade, assim como dos requerimentos da administração e, quando aplicável, dos responsáveis pela governança.

---

[1] Estimativa contábil é a forma de mensuração de alguns itens das demonstrações contábeis que não podem ser mensurados com precisão (item 2 da NBC TA 540).
[2] Exemplo 1 do apêndice da NBC TA 700.

Auditoria externa ou independente é aquela executada por auditores independentes, ou seja, por contadores devidamente habilitados a exercer atividades de auditoria nas organizações que os contratam para esse fim. Veja mais detalhes no Capítulo 2.

Segundo o item 3 da NBC TA 200, o objetivo da auditoria externa (ou auditoria de demonstrações contábeis) é aumentar o grau de confiança nas demonstrações contábeis por parte dos usuários.

A NBC supracitada estabelece, ainda, que o objetivo da auditoria externa é alcançado mediante a expressão de uma opinião pelo auditor sobre as demonstrações contábeis terem sido elaboradas, em todos os aspectos relevantes, em conformidade com uma estrutura de relatório financeiro aplicável. Veja mais detalhes no Capítulo 4.

As demonstrações contábeis sujeitas à auditoria são as da entidade, elaboradas pela sua administração, com supervisão geral dos responsáveis pela governança (item 4, da NBC TA 200). As principais demonstrações contábeis sujeitas à auditoria são o Balanço Patrimonial, a Demonstração do Resultado do Exercício, a Demonstração das Mutações do Patrimônio Líquido, a Demonstração dos Fluxos de Caixa e a Demonstração do Valor Adicionado.

Essas demonstrações são exigidas pela Lei n. 6.404/1976 que, no seu art. 176, estabelece que elas devam ser elaboradas no final de cada exercício social, com base na escrituração mercantil para exprimir com clareza a situação do patrimônio e as mutações ocorridas durante o exercício.

## 1.2 Origem e evolução da auditoria

A auditoria, conforme comentamos na seção anterior, é uma das principais técnicas contábeis.[3] Surgiu da necessidade de se garantir a veracidade das informações derivadas dos registros contábeis. Estudar a origem e a evolução da auditoria é estudar a origem e a evolução da própria contabilidade.

Embora a auditoria tenha surgido em decorrência da evolução da contabilidade, sua origem também se perde no tempo. Não é fácil precisar o exato momento em que os usuários da informação contábil passaram a aplicar essa importante técnica. Segundo os historiadores, as práticas contábeis existem desde os primórdios da civilização.

Não restam dúvidas de que elas surgiram da necessidade social de proteção à posse. Depois da fase da caça e da coleta de frutas e raízes, apareceram as atividades da agricultura e do pastoreio. A partir daí o homem começou a acumular riquezas. Ao morrer, a

---

[3]    As principais técnicas contábeis são: escrituração, auditoria e análise de balanços.

riqueza deixada por uma pessoa não era dissolvida, mas passada como herança aos filhos ou parentes. A palavra patrimônio – que é o objeto da contabilidade – deriva exatamente dessa herança recebida do pai (*pater, patris,* patrimônio).

Quando surgiram as atividades comerciais, o homem precisou controlar seu negócio (compra e venda) e aí a contabilidade continuou marcando presença, ainda que de forma rudimentar, porém constituía instrumento capaz de permitir ao comerciante os registros das suas operações de trocas. Dizem, também os historiadores, que, na Antiguidade, muito antes de Cristo, quem mais utilizava registros contábeis era o governo, para controlar a cobrança de impostos. Vestígios das práticas de auditoria, garantem os historiadores, foram encontrados na Pérsia antiga, há mais de três mil anos a.C.

Com o desenvolvimento das atividades econômicas, especialmente relativas ao comércio, as funções do contador e do auditor foram sendo reconhecidas nos países onde essas atividades eram praticadas pela necessidade de controle do patrimônio e das operações, especialmente quando eram realizadas fora do alcance dos proprietários. A partir do século XIII, algumas associações profissionais de auditoria já realizavam suas tarefas nos principais países da Europa.

Entretanto, como a contabilidade se firmou como verdadeira ciência com o advento do Método das Partidas Dobradas, no final do século XV, foi também nessa época que as práticas de auditoria se tornaram mais evidentes.

O Método das Partidas Dobradas, que se fundamenta na relação débito/crédito, foi divulgado pela primeira vez em 1494, pelo frade franciscano Luca Pacioli, e apresentado no seu livro sobre geometria e aritmética, na cidade de Veneza, na Itália. Esse incrível mecanismo contábil passou a ser utilizado universalmente, chegando até nossos dias como eficiente instrumento de controle que pode ser aplicado tanto aos patrimônios de pessoas físicas como aos patrimônios de pessoas jurídicas, tenham elas finalidade lucrativa ou não.

Estudos revelam a presença de procedimentos de auditoria na própria cidade de Veneza, ao mesmo tempo que surgiu o Método das Partidas Dobradas. Documentos da época dão conta de que, nessa cidade italiana, o primeiro colégio de contadores fundado em 1581 somente aceitava matrículas de contadores que comprovassem pelo menos seis anos de prática contábil para se submeter à prova de admissão. Até essa época, os procedimentos de auditoria restringiam-se praticamente à verificação da exatidão dos registros contábeis.

O que acelerou o desenvolvimento dos procedimentos de auditoria no início do século XX foi o surgimento das grandes corporações norte-americanas. Com a abertura de seus capitais, as companhias precisavam oferecer credibilidade e segurança a seus investidores. Estes, usuários externos das informações contábeis, ficam conhecendo a situação patrimonial, econômica e financeira das entidades nas quais pretendem investir por meio das informações contidas nas demonstrações contábeis elaboradas por essas entidades.

Atualmente, as principais demonstrações contábeis elaboradas pelas entidades são o Balanço Patrimonial, a Demonstração do Resultado do Exercício, a Demonstração das Mutações do Patrimônio Líquido, a Demonstração dos Fluxos de Caixa e a Demonstração do Valor Adicionado.

Tendo em vista que esses relatórios são elaborados pelos próprios contadores responsáveis pela escrituração contábil da organização e destinam-se, principalmente, aos usuários externos, isto é, àqueles que não têm acesso ao controle interno da organização (investidores, governo, fornecedores, clientes etc.), para que as informações neles contidas mereçam fé, precisam ser validadas por pessoas estranhas à organização. É em decorrência dessa necessidade que a auditoria entra em cena. O auditor, aplicando os procedimentos de auditoria aceitos internacionalmente, examina e avalia as informações contidas nas demonstrações contábeis por eles auditadas, para verificar a exatidão, isto é, se os dados nelas apresentados encontram respaldo na escrituração da entidade e foram realizados com observância das práticas contábeis adotadas no Brasil e aceitas mundialmente.

Portanto, a contabilidade é uma ciência dinâmica que acompanha o desenvolvimento tecnológico, propiciando constantemente o surgimento de novas técnicas e procedimentos. Assim, ao longo do tempo, a técnica de auditoria também evoluiu. As funções do auditor contábil de hoje, além de consistir no confronto de dados e conferência de cálculos para verificar a exatidão com o fim de validar as informações apresentadas nos relatórios contábeis, envolvem ainda a emissão de opinião imparcial e fundamentada em normas e princípios internacionalmente aceitos sobre sua adequação.

## 1.3 A auditoria contemporânea

### 1.3.1 Introdução

Conforme discutimos na seção anterior, sendo a contabilidade uma ciência dinâmica, ela não pode ficar alheia ao desenvolvimento da humanidade. A evolução do processo contábil se dá com a criação e o aprimoramento de suas técnicas que, para acompanhar as crescentes exigências dos mais diversos usuários, utiliza novas ferramentas e aperfeiçoa a eficiência dos seus processos.

Com o advento do computador, cujo uso se difundiu de forma fantástica no final do século XX, impulsionado especialmente pela evolução dos meios de comunicação que possibilitou a implantação da rede internacional de computadores (internet), a humanidade iniciou uma nova era. Esse processo de mutação que se encontra em andamento neste milênio envolve todas as áreas do conhecimento humano.

As organizações que desenvolvem atividades econômicas para produzir e comercializar bens e prestar serviços, para se manter competitivas no mercado, agora globalizado, sentiram-se obrigadas a modernizar seus processos de fabricação, comercialização e de prestação de serviços. Com o intuito de se manterem vivas no mercado e aumentar a lucratividade, elas procuram melhorar a eficiência dos seus processos produtivos, reduzindo custos e aperfeiçoando a qualidade dos seus produtos e serviços.

Diante desse novo cenário, e tendo em vista que a contabilidade tem por objeto o patrimônio das organizações, para acompanhar esse desenvolvimento, ela busca se adaptar aos novos procedimentos, como dissemos, com o constante aprimoramento de suas técnicas.

Os procedimentos contábeis que até o final do século XX, com raras exceções, eram restritos aos costumes e à legislação de cada país, foram internacionalizados no início do século atual para atender ao desenvolvimento da economia global. Essa internacionalização objetivou, principalmente, garantir a credibilidade das informações apresentadas nas demonstrações contábeis elaboradas com o fim de atender, em especial, aos interesses dos investidores que aplicam seus recursos financeiros no mercado de capitais.

Assim, durante o século XX e início deste século, vários organismos, como veremos nas seções seguintes, foram criados em alguns países, para elaborar normas de alcance mundial, com o fim de padronizar os procedimentos contábeis visando à uniformização e à garantia da exatidão das informações apresentadas nas demonstrações financeiras, elaboradas principalmente pelas companhias de capital aberto (aquelas que negociam títulos e valores mobiliários, especialmente representativos dos seus capitais nas bolsas de valores).

## 1.3.2 Do século XX ao início do século atual

### 1930

Devido à Grande Depressão vivida pela economia norte-americana, no final da década de 1920 e início da década de 1930, surgiram nos Estados Unidos organismos preocupados em estabelecer regras de auditoria e contabilidade. A partir dessas regras, a auditoria contábil independente passou a ser obrigatória nesse país, especialmente para as companhias que mantinham ações em negociação na bolsa de valores.

O American Institute of Certified Public Accountants (AICPA) foi um desses organismos, sendo criado em 1930 com a finalidade de emitir normas de contabilidade e de auditoria.

## 1934

Foi criada, nos Estados Unidos, a Securities and Exchange Commission (SEC). Atribui-se a esse órgão o reconhecimento da função do auditor independente como verdadeiro guardião da adequação e transparência das informações contábeis das organizações e sua divulgação para o mercado de capitais e toda a sociedade.

## 1959

A Accounting Principles Board (APB – Junta de Princípios Contábeis) passou a emitir e publicar os boletins sobre pesquisas contábeis (Accounting Research Bulletins – ARB) que, até então, era tarefa do Comitê de Procedimentos Contábeis do American Institute of Certified Public Accountants (AICPA).

## 1960

Em 20 de novembro, foi fundado o Instituto dos Auditores Internos do Brasil (Audibra – IIA Brasil). O Audibra é uma entidade civil, sem fins lucrativos, filiada ao The Institute of Internal Auditors (IIA Global), associação internacional dos profissionais de auditoria interna e áreas afins, com sede nos Estados Unidos.

Assim como o IIA Global, o instituto brasileiro tem como objetivo promover o valor dos auditores internos nas organizações, proporcionar condições para o desenvolvimento e a capacitação dos executivos do setor e ainda pesquisar e disseminar o papel desse profissional para o mercado. Entre suas atividades de capacitação, o instituto oferece cursos técnicos, seminários e congressos e promove o debate e o intercâmbio de assuntos referentes à atuação do profissional de auditoria interna no país. Além disso, coordena no Brasil todo o processo para a obtenção das principais certificações internacionais para auditores internos, com destaque para o Certified Internal Auditor (CIA).[4]

## 1973

Foi criada a Financial Accounting Standards Board (Fasb – Junta de Normas de Contabilidade Financeira). Esse organismo independente, reconhecido pela Securities and Exchange Commission (SEC), tinha como objetivo determinar e aperfeiçoar os procedimentos, conceitos e normas contábeis. É importante destacar que essa junta era

---

[4] INSTITUTO DOS AUDITORES DO BRASIL. Disponível em: <http://www.iiabrasil.org.br/o_iiabrasil.html>. Acesso em: out. de 2017.

composta por sete membros indicados pelo AICPA. Os pronunciamentos emitidos pelo Fasb tinha o título de Statements of Financial Accountings Standards (SFAS).

Em 29 de junho de 1973, foi criado em Londres, na Inglaterra, o Comitê de Pronunciamentos Contábeis Internacionais (International Accounting Standards Committee – Iasc) pelos organismos profissionais de contabilidade de dez países: Alemanha, Austrália, Canadá, Estados Unidos, França, Irlanda, Japão, México, Países Baixos e Reino Unido. Esse organismo internacional foi instituído em forma de fundação sem fins lucrativos e independente, com o objetivo de formular e publicar um novo padrão de normas contábeis internacionais para ser adotado por todos os países do mundo.

Tendo em vista que o Iasc não tem fins lucrativos, sobrevive mediante contribuições recebidas dos seus membros associados que são, em sua maioria, entidades de auditoria e conselhos profissionais de contabilidade de vários países.

Os objetivos do Iasc são:

- elaborar e publicar, notoriamente, normas contábeis internacionais, que deverão ser observadas nos relatórios contábeis; e
- promover a aceitação e adoção prática de tais normas em escala. É importante destacar que, no início, os pronunciamentos do Iasc eram denominados International Accounting Standards (IAS).

## 1977

Foi fundada na cidade de Munique, na Alemanha, durante o 11º Congresso Mundial de Contadores, a Federação Internacional de Contadores (Ifac). Esse importante órgão que atualmente está instalado na cidade de Nova York, nos Estados Unidos, foi criado com o intuito de fortalecer a profissão de contabilidade em todo o mundo e tem como objetivos:

- desenvolver elevados padrões de qualidade internacional e apoiar a sua adoção e utilização;
- facilitar a colaboração e a cooperação entre os organismos de seus membros;
- colaborar e cooperar com outras organizações internacionais; e
- servir de porta-voz internacional para a profissão de contabilista.

Tanto o Iasc quanto a Ifac têm por tarefas a elaboração e divulgação de normas internacionais. Entretanto, o Iasc trata de normas de contabilidade, enquanto a Ifac opera basicamente em relação a normas de auditoria.

Esses dois organismos internacionais, que têm como associados conselhos profissionais de contabilidade de vários países, recebem apoio da Organização Mundial do Comércio (OMC), importante fonte de informações das normas contábeis em nível internacional.

O Brasil é membro associado do Iasc e da Ifac, por meio do Conselho Federal de Contabilidade (CFC) e do Instituto dos Auditores Independentes do Brasil (Ibracon).

A Ifac recomenda, como parte do serviço ao interesse público, que seus membros e associados realizem a tradução das suas normas internacionais e demais publicações. Esse organismo internacional, mediante cessão de direitos firmada, outorgou ao CFC e ao Ibracon os direitos de realizar, no Brasil, a tradução, publicação e distribuição das normas internacionais impressas e em formato eletrônico.

## 1985

Foi criado nos Estados Unidos o Committee of Sponsoring Organization of the Treadway Commission (Coso). Essa organização privada, que foi estabelecida com o principal objetivo de prevenir e evitar fraudes nas demonstrações contábeis, é formada por representantes da American Accounting Association (AAA); American Institute of Certified Public Accountants (AICPA); Financial Executives International (FEI); Institute of Managements Accountants (IMA); e pelo Institute of Internal Auditors (IIA Global), ao qual está ligado o Audibra, por intermédio da Federação Latino-americana de Auditores Internos (Flai).

## 1997

O Iasc criou um comitê técnico dentro da sua própria estrutura. Esse novo organismo, denominado Standing Interpretations Committee (SIC), ficou responsável pelas publicações de interpretações chamadas SIC cujo objetivo era responder às dúvidas de interpretações dos usuários. Em dezembro de 2001, o nome do SIC foi mudado para International Financial Reporting Interpretations Committee (Ifric). Esse órgão, a partir de 2002, ficou responsável pela publicação de todas as interpretações sobre o conjunto de normas internacionais.

## 2001

Em 1º de abril de 2001, o Iasc criou mais um organismo em sua própria estrutura, denominado International Accounting Standards Board (Iasb). Esse órgão tem por objetivo o aperfeiçoamento da estrutura técnica de formulação e validação dos novos pronunciamentos internacionais a serem por ele emitidos. Os pronunciamentos que até então eram de responsabilidade do Iasc, a partir da criação do Iasb receberam a nova denominação de pronunciamentos International Financial Reporting Standards (IFRS). IFRS, portanto, compreendem um conjunto de pronunciamentos de contabilidade internacionais publicados e revisados pelo Iasb.

Em 2001, a sede do Iasb foi transferida para Cannon Street, ainda em Londres, na Inglaterra. Os novos pronunciamentos IFRS, para atender às expectativas crescentes dos usuários das informações financeiras mundiais, objetivam transformar gradativamente os pronunciamentos contábeis anteriores em novos padrões internacionalmente aceitos de reporte financeiro.

## 2002

O SIC passa a denominar-se Internacional Financial Reporting Interpretations Committee (Ifric). Esse órgão, além da responsabilidade de interpretar as IAS e IFRS existentes, presta orientações tempestivas sobre questões não abordadas nas IAS ou IFRS. O Iasb (Inglaterra) e a Fasb (Estados Unidos) publicam um acordo conjunto sobre convergência.

Em 30 de julho de 2002, foi aprovada nos Estados Unidos a Lei *Sarbanes-Oxley*, de autoria do senador Paul Sarbanes (democrata de Maryland) e do deputado Michael Oxley (republicano de Ohio). Essa lei foi elaborada em decorrência dos escândalos financeiros coorporativos (dentre eles, o da Enron, que atingiu energicamente a empresa de auditoria Arthur Andersen).

A Lei *Sarbanes-Oxley* foi redigida para garantir a criação de mecanismos de auditoria e segurança confiáveis nas empresas, incluindo, ainda, regras para a criação de comitês encarregados de supervisionar suas atividades e operações, visando a atenuar riscos aos negócios, evitar a ocorrência de fraudes ou assegurar que haja meios de identificá-las quando ocorrem, garantindo a transparência na gestão das empresas.

Embora restrita ao território norte-americano, pela sua importância, especialmente ao assegurar a credibilidade nos trabalhos de auditoria, está sendo adotada por organizações multinacionais que mantêm operações financeiras no exterior. No Brasil, ela é seguida por importantes organizações como a Petrobras e a Sabesp.

É importante destacar que, em 2009, o Conselho Federal de Contabilidade (CFC) aprovou a Norma Brasileira de Contabilidade NBC TA ESTRUTURA CONCEITUAL, com o fim de garantir a qualidade dos serviços de auditoria independente no âmbito nacional e internacional. Mais detalhes podem ser encontrados na Seção 1.3.3.

## 2004

Início das transmissões das reuniões do Iasb pela internet. É importante destacar que, em março de 2004, o Iasb publicou muitas das normas IS/IFRS. Dentre estas, a norma IFRS 1 define os princípios a serem respeitados pelas empresas no processo de conversão e primeira publicação de demonstrações financeiras em IFRS.

## 2005

Foi a partir de 1º de janeiro de 2005 que as companhias abertas da Europa ficaram obrigadas a publicar suas demonstrações financeiras consolidadas de conformidade com as normas IFRS.

## 2008

O prazo do período de adaptação na Europa foi encerrado em 31 de dezembro de 2008.

## 2009

A partir de 1º de janeiro de 2009 passaram a vigorar na Europa as normas e padrões IFRS, tornando-se obrigatórios para todas as empresas de capital aberto, bem como para as de capital fechado de médio e grande portes.

### 1.3.3 Evolução no Brasil

No Brasil, os procedimentos de contabilidade e de auditoria foram desenvolvidos de forma espetacular a partir do século XX, em virtude da instalação no País de unidades de organizações multinacionais derivadas dos Estados Unidos, do Japão e dos principais países europeus, como Alemanha, França, Suécia e Inglaterra.

Com a globalização iniciada no final do século XX, e que se desenvolveu com mais solidez no início do século atual, são inúmeros os países que escolheram e continuam a escolher o Brasil para instalar empresas que atuam nos mais variados ramos de atividades, como as de telecomunicações, automobilísticas (montadoras e de autopeças), as do ramo de alimentos, informática etc.

Assim, com o ingresso das organizações multinacionais no território brasileiro, bem como em decorrência da abertura dos capitais das grandes organizações brasileiras que passaram a negociar os títulos representativos dos seus capitais nas bolsas de valores, os procedimentos de contabilidade e de auditoria praticados no País precisaram se ajustar aos padrões internacionais, não só para atender aos interesses das matrizes estrangeiras como também para oferecer maior credibilidade aos investidores nacionais e internacionais que buscam nas organizações aqui instaladas o retorno e a remuneração justa dos capitais por eles investidos.

Essa mudança de comportamento que iniciou oficialmente com a aprovação do Decreto-lei n. 2.627/1940, posteriormente revogado em quase sua totalidade pela Lei n. 6.404/1976, foi sedimentada em 2007 e 2008, com as alterações proferidas na Lei das Sociedades por Ações (n. 6.404/1976) pela Lei n. 11.638/2007 e pela Medida Provisória n. 449/2008 convertida na Lei n. 11.941/2009, que deram condições para que os procedimentos contábeis praticados no Brasil fossem ajustados aos padrões internacionais praticados pelos principais países.

Convém destacar a importante participação, no processo de mudanças, de vários órgãos, alguns criados no período citado, como a Comissão de Valores Mobiliários (CVM), o Banco Central do Brasil (BCB), o Comitê de Pronunciamentos Contábeis (CPC), o Instituto de Auditores Independentes do Brasil (Ibracon) e o Conselho Federal de Contabilidade (CFC).

Apresentamos, a seguir, os principais acontecimentos que contribuíram com o processo de modificações nos procedimentos de contabilidade e de auditoria no Brasil, entre meados do século passado e início do atual.

## 1940

Em 26 de setembro de 1940, foi aprovado o Decreto-lei n. 2.627, que dispunha sobre as sociedades por ações.

## 1970

O Conselho Federal de Contabilidade (CFC) aprova por meio da Resolução n. 290 o Código de Ética Profissional do Contabilista.

## 1971

Em 13 de dezembro de 1971, foi criado o Instituto dos Auditores Independentes do Brasil, na época denominado com a sigla IAIB.

Em 1º de julho de 1982, a sigla foi substituída por Ibracon, data em que o instituto decidiu após assembleia abrir o quadro associativo para contadores das várias áreas de atuação. Então, passou a ser denominado Instituto Brasileiro de Contadores.

Em 8 de junho de 2001, a Diretoria Nacional aprovou a ideia de voltar a acentuar a característica de cuidar da classe dos auditores, porém como o nome Ibracon já estava consolidado, tanto no meio profissional como nos setores público e empresarial, optou-se por mantê-lo, mudando a denominação para Instituto dos Auditores Independentes do Brasil (Ibracon), com abrangência de auditores, contadores e estudantes.[5]

## 1972

O Conselho Federal de Contabilidade (CFC), por meio da Resolução CFC n. 321, de 14 de abril, aprovou as Normas e os Procedimentos de Auditoria elaborados em primeira versão pelo Instituto dos Auditores Independentes do Brasil (Ibracon).

A partir dessa resolução, o CFC, esteve sempre empenhado no processo de modernização e aperfeiçoamento dos procedimentos de auditoria, revogando a citada resolução e aprovando inúmeras outras, para disciplinar não só acerca da pessoa do auditor como também dos procedimentos do trabalho de auditoria. Todas as mudanças e inovações propostas desde a Resolução n. 321 culminaram nas Normas Brasileiras de Contabilidade aplicadas à Auditoria e convergentes com as Normas Internacionais de Auditoria Independente emitidas pela Federação Internacional de Contadores (Ifac), que entraram em vigor a partir de 2010 (NBC PG, PA, PI, TA etc.) com destaque para a NBC TA 200, aprovada pela Resolução CFC n. 1203 de 2008, que trata dos objetivos gerais do auditor independente e a condução da auditoria em conformidade com Normas de Auditoria.

## 1976

Promulgada em 15 de dezembro a Lei n. 6.404/1976, que dispõe sobre as Sociedades por Ações. Essa lei modernizou e revogou a maior parte dos dispositivos contidos no Decreto-lei n. 2.627/1940 e possibilitou a normatização das práticas contábeis, dando maior credibilidade às informações contidas nos relatórios das companhias abertas que negociam seus títulos no mercado de capitais.

Criada a Comissão de Valores Mobiliários (CVM), por meio da Lei n. 6.385, de 7 de dezembro de 1976. Esse novo órgão teve por tarefa disciplinar as normas contábeis e os trabalhos de auditoria das empresas de capital aberto, além de exercer as funções de fiscalização sobre o cumprimento das suas normas.

---

[5] IBRACON. Disponível em: <http://www.cosif.com.br/publica.asp?arquivo=ibracon-indice>. Acesso em: out. de 2017.

## 1985

O Banco Central do Brasil (BCB), em parceria com o Ibracon, divulgou normas gerais de auditoria aprovadas pela Resolução BCB n. 1.007.

## 2000

Com o fim de adequar os procedimentos contábeis praticados no Brasil aos padrões aceitos nos principais mercados de valores mobiliários, por iniciativa da Comissão de Valores Mobiliários (CVM) foi elaborado o Projeto de Lei n. 3.741, que tinha por objetivo alterar e revogar dispositivos da Lei n. 6.404/1976. Entretanto, essa tentativa foi frustrada, uma vez que o projeto ficou tramitando no Congresso até dezembro de 2007.

## 2005

Em 7 de outubro de 2005, o Conselho Federal de Contabilidade (CFC), por meio da Resolução CFC n. 1.055, cria o Comitê de Pronunciamentos Contábeis (CPC).

O CPC tem por objetivo o estudo, o preparo e a emissão de Pronunciamentos Técnicos sobre Procedimentos de Contabilidade e a divulgação de informações dessa natureza, para permitir a emissão de normas pela entidade reguladora brasileira, visando à centralização e à uniformização do seu processo de produção, levando sempre em conta a convergência da Contabilidade Brasileira aos padrões internacionais.

## 2007

A Lei n. 11.638, de 28 de dezembro, alterou, revogou e introduziu dispositivos na Lei n. 6.404, de 15 de dezembro de 1976, e estendeu às sociedades de grande porte disposições relativas à elaboração e divulgação de demonstrações financeiras.

## 2008

Em 1º de janeiro, entrou em vigor os novos procedimentos contidos na Lei n. 11.638/2007. Tendo em vista que essa Lei não promoveu todas as alterações espe-radas, conforme constava do Projeto de Lei n. 3.741/2000, o governo brasileiro, ante às necessidades de adequar por completo os procedimentos contábeis praticados no Brasil aos padrões internacionais de contabilidade e de auditoria, decidiu concluir o processo de mudanças iniciado com a citada Lei n. 11.638/2007 por meio da Medida Provisória n. 449, de 3 de dezembro de 2008.

Essa medida provisória, com força de lei, que entrou em vigor no dia 5 de dezembro de 2008, instituiu também regime tributário de transição, além de outras providências.

Dentre as principais mudanças promovidas na Lei n. 6.404/1976 pela Lei n. 11.638/2007 e pela Medida Provisória n. 449/2008, destacamos: a substituição da obrigatoriedade de elaboração da Demonstração das Origens e Aplicações de Recursos pela Demonstração dos Fluxos de Caixa; a obrigatoriedade de elaboração da Demonstração do Valor Adicionado, e as mudanças na estrutura do Balanço Patrimonial, que passou a ser composto por Ativo Circulante, Ativo Não Circulante, Passivo Circulante, Passivo Não Circulante e Patrimônio Líquido.

Com esses ajustes na legislação brasileira, os órgãos reguladores das práticas contábeis e de auditoria do Brasil (CFC, CVM, CPC, Ibracon e CB) ficaram amparados legalmente a adotar no território nacional os procedimentos derivados das normas emitidas pelos organismos reconhecidos internacionalmente, como o Iasb e a Ifac.

Para adequar os registros contábeis, que vinham sendo praticados pelas empresas brasileiras antes do advento da Lei n. 11.638/2007 e Medida Provisória n. 449/2008, aos novos padrões de contabilidade convergente com as práticas internacionais implantadas por meio desses dispositivos legais, todas as empresas brasileiras precisaram efetuar os ajustes necessários em sua escrita contábil e elaborar um Balanço denominado de Balanço de Abertura.

A data dos ajustes na escrita contábil e consequente elaboração do Balanço de Abertura foi fixada primeiro pelo CFC, por meio da NBC TG 13, para o dia 1º de janeiro de 2008, denominada data de transição.

Posteriormente, novos ajustes e um novo Balanço de Abertura precisaram ser elaborados em decorrência da complementação das mudanças iniciadas na Lei n. 11.638/2007, trazidas pela Medida Provisória n. 449/2008.

O Balanço Patrimonial inicial foi necessário para refletir as novas práticas contábeis adotadas no Brasil, como ponto de partida para a sua contabilização de acordo com as normas internacionais.

Assim, em 1º de janeiro de 2008, foram registrados todos os ajustes decorrentes da aplicação, pela primeira vez, da Lei n. 11.638/2007, a partir dos saldos do Balanço Patrimonial de 31/12/2007, antes de quaisquer outros registros de operações e/ou transações relativas ao exercício de 2008. Esse procedimento foi repetido no final de 2008, para atender às novas exigências contidas na Medida Provisória n. 449/2008.

## 2009

Em 13 de fevereiro, com o fim de garantir a qualidade dos serviços de auditoria independente no âmbito nacional e internacional, o Conselho Federal de Contabilidade

(CFC), por meio da Resolução CFC n. 1.158/2009, aprovou a NBC PA 03 – Revisão Externa de Qualidade pelos Pares.

Essa resolução foi revogada pela Resolução CFC n. 1.323/11, que aprovou a NBC PA 11.

Em 8 de dezembro de 2017, o plenário do CFC revogou a Resolução CFC n. 1.323/2011 e deu nova redação à NBC PA 11 – Revisão Externa de Qualidade pelos Pares.

O objetivo da revisão pelos pares é a avaliação dos procedimentos adotados pelo contador que atua como auditor independente e firma de auditoria, com vista a assegurar a qualidade dos trabalhos desenvolvidos.

É importante destacar que a Comissão de Valores Mobiliários (CVM), desde 1999, por meio do art. 33 da Instrução n. 308, previa a obrigatoriedade da revisão do controle de qualidade para os contadores e as firmas de auditoria que exerçam auditoria independente.

Em 27 de maio de 2009, a Medida Provisória n. 449/2008 que tinha complementado as alterações introduzidas na Lei n. 6.404/1976 pela Lei n. 11.638/2007, foi convertida na Lei n. 11.941/2009.

Em 27 de novembro, o Conselho Federal de Contabilidade (CFC), por meio da Resolução n. 1.203, aprovou a Norma Brasileira de Contabilidade (NBC TA 200), que trata dos Objetivos Gerais do Auditor Independente e da Condução da Auditoria em Conformidade com Normas de Auditoria, elaborada de acordo com a sua equivalente internacional ISA 200.

Essa resolução, cujos efeitos passaram a vigorar a partir de 1º de janeiro de 2010, também revogou várias resoluções que, até então, regulamentavam tanto as funções do auditor independente como a Condução da Auditoria em Conformidade com Normas de Auditoria.

## 2010

Embora os procedimentos de contabilidade ajustados aos padrões internacionais tivessem entrado em vigor no Brasil em 1º de janeiro de 2008, foi somente a partir de 1º de janeiro de 2010 que as novas normas de auditoria aprovadas pelo Conselho Federal de Contabilidade (CFC), a começar pela contida na Resolução CFC n. 1.203/2009, tornaram-se obrigatórias.

Nesse processo de convergência, desempenharam e continuam desempenhando um papel de suma importância os seguintes órgãos reguladores: Comitê de Pronunciamentos Contábeis (CPC); Instituto dos Auditores Independentes do Brasil (Ibracon); Banco Central do Brasil (BCB); Comissão de Valores Mobiliários (CVM); e o próprio Conselho Federal de Contabilidade (CFC). Esses órgãos, comprometidos com o processo de ajustes, dentro dos limites das suas competências, a partir da Lei n. 11.638/2007, vêm substituindo e atualizando suas normas, deliberações, pareceres, instruções, e outros atos.

O Conselho Federal de Contabilidade (CFC), a partir de 2008, iniciou um processo de substituição das Normas Brasileiras de Contabilidade e de auditoria, bem como de emissão de novas normas para adequar os procedimentos contábeis e de auditoria praticados no Brasil aos padrões internacionais. A maior parte dessas normas é fundamentada ou corresponde a traduções ou reproduções daquelas derivadas de organismos reconhecidos internacionalmente, como a Ifac e o Iasb (esse último responsável pelos pronunciamentos IFRS).

## 1.4 Objetivo da auditoria

O objetivo da auditoria é aumentar o grau de confiança dos usuários em relação a seu objeto. Quando se tratar de auditoria independente, por exemplo, cujo objeto são as demonstrações contábeis, seu objetivo será aumentar o grau de confiança dos usuários em relação às informações contidas nessas demonstrações que foram examinadas.

## 1.5 Objeto da auditoria

Considerando-se que o objetivo da auditoria é aumentar o grau de confiança dos usuários em relação a documentos, informações, controles, procedimentos etc., seu objeto variará conforme o fim a que se destina ou que se tem em vista.

O objeto da auditoria, portanto, variará de acordo com seu propósito. Quando seu propósito for:

1. examinar a veracidade dos dados contidos nas demonstrações financeiras, seu objeto serão as próprias demonstrações financeiras;
2. verificar a confiabilidade dos controles internos, seu objeto serão os controles internos;
3. garantir a credibilidade do sorteio em um concurso de loteria, seu objeto será o respectivo concurso.

## 1.6 Finalidade da auditoria

Tendo em vista que a auditoria é uma técnica contábil com múltipla aplicação, sua finalidade variará conforme os objetivos desejados.

Quando o objetivo da auditoria for o exame das demonstrações contábeis, sua finalidade será expressar a opinião que assegure aumentar o grau de confiança dos usuários em relação às respectivas demonstrações contábeis.

Quando se tratar de auditoria independente das demonstrações contábeis, o auditor expressará a opinião, garantindo, por exemplo, que as demonstrações contábeis tenham sido elaboradas, em todos os aspectos relevantes, em conformidade com uma estrutura de relatório financeiro aplicável.[6] No caso da maioria das estruturas conceituais para fins gerais, essa opinião expressa se as demonstrações contábeis estão apresentadas adequadamente, em todos os aspectos relevantes, em conformidade com a estrutura de relatório financeiro. A auditoria conduzida em conformidade com as normas de auditoria e exigências éticas relevantes capacita o auditor a formar essa opinião (item 3 da NBC TA 200).

## 1.7 Tipos de auditoria

A auditoria pode ser classificada segundo vários aspectos. Tendo em vista a sua finalidade, ela pode ser:

**Auditoria das demonstrações contábeis:** tem como propósito expressar a opinião sobre a veracidade das informações contidas nas demonstrações contábeis.

**Auditoria de gestão:** tem por finalidade expressar a opinião sobre a eficiência da gestão das operações e sobre a sua consistência com os planos e metas que foram orçados.

**Auditoria de sistemas:** tem por fim expressar a opinião sobre a qualidade do sistema de processamento eletrônico de dados e dos controles existentes no ambiente de tecnologia de informações.

**Auditoria fiscal e tributária:** tem por objetivo expressar a opinião sobre a eficiência e eficácia dos procedimentos adotados para o controle, apuração e recolhimento de tributos.

---

[6] A NBC TA 700 estabelece, no item A13, que as demonstrações contábeis podem ser elaboradas de acordo com duas estruturas de relatórios financeiros, que são: a estrutura nacional fundamentada na Lei n. 6.404/1976 e a estrutura fundamentada nas normas internacionais de contabilidade.

## 1.8  Normas de auditoria

### 1.8.1  Introdução

O Conselho Federal de Contabilidade (CFC), por meio da Resolução CFC n. 1.328 de 18 de março de 2011, ao disciplinar sobre a estrutura das Normas Brasileiras de Contabilidade, tratou, também, das Normas de Auditoria, como parte integrante delas.

As Normas Brasileiras de Contabilidade editadas pelo Conselho Federal de Contabilidade (CFC) devem seguir os mesmos padrões de elaboração e estilo utilizados nas normas internacionais e compreendem as Normas propriamente ditas, as Interpretações Técnicas e os Comunicados Técnicos (art. 1º da Resolução CFC n. 1328/2011).

Segundo estabelece o art. 2º da citada Resolução do CFC, as Normas Brasileiras de Contabilidade que se classificam em Profissionais e Técnicas, estabelecem:

a. regras e procedimentos de conduta que devem ser observados como requisitos para o exercício da profissão contábil;

b. conceitos doutrinários, princípios, estrutura técnica e procedimentos a serem aplicados quando da realização dos trabalhos previstos nas normas aprovadas por resolução emitidas pelo CFC, de forma convergente com as Normas Internacionais de Contabilidade emitidas pelo Comitê Internacional de Normas de Contabilidade (Iasb), bem como com as Normas Internacionais de Auditoria e Asseguração e com as Normas Internacionais de Contabilidade para o Setor Público emitidas pela Federação Internacional de Contadores (Ifac).

### 1.8.2  Estrutura das Normas Brasileiras de Contabilidade

Conforme dissemos, as Normas Brasileiras de Contabilidade dividem-se em Profissionais e Técnicas.

As Profissionais estabelecem preceitos de conduta para o exercício profissional, sendo classificadas em:

a. Geral (NBC PG): são as Normas Brasileiras de Contabilidade aplicadas indistintamente a todos os profissionais de Contabilidade;

b. do Auditor Independente (NBC PA): são as Normas Brasileiras de Contabilidade aplicadas, especificamente, aos contadores que atuam como auditores independentes;

**c.** do Auditor Interno (NBC PI): são as Normas Brasileiras de Contabilidade aplicadas especificamente aos contadores que atuam como auditores internos;

**d.** do Perito (NBC PP): são as Normas Brasileiras de Contabilidade aplicadas especificamente aos contadores que atuam como peritos contábeis.

As Normas Técnicas estabelecem conceitos doutrinários, estrutura técnica e procedimentos a serem aplicados, sendo classificadas em:

**a.** Geral (NBC TG): são as Normas Brasileiras de Contabilidade convergentes com as normas internacionais emitidas pelo International Accounting Standard Board (Iasb); e as Normas Brasileiras de Contabilidade editadas por necessidades locais, sem equivalentes internacionais;

**b.** do Setor Público (NBC TSP): são as Normas Brasileiras de Contabilidade aplicadas ao Setor Público, convergentes com as Normas Internacionais de Contabilidade para o Setor Público, emitidas pela International Federation of Accountants (Ifac); e as Normas Brasileiras de Contabilidade aplicadas ao Setor Público editadas por necessidades locais, sem equivalentes internacionais;

**c.** de Auditoria Independente de Informação Contábil Histórica (NBC TA): são as Normas Brasileiras de Contabilidade aplicadas à Auditoria convergentes com as Normas Internacionais de Auditoria Independente emitidas pela Ifac;

**d.** de Revisão de Informação Contábil Histórica (NBC TR): são as Normas Brasileiras de Contabilidade aplicadas à Revisão convergentes com as Normas Internacionais de Revisão emitidas pela Ifac;

**e.** de Asseguração de Informação Não Histórica (NBC TO): são as Normas Brasileiras de Contabilidade aplicadas à Asseguração convergentes com as Normas Internacionais de Asseguração emitidas pela Ifac;

**f.** de Serviço Correlato (NBC TSC): são as Normas Brasileiras de Contabilidade aplicadas aos Serviços Correlatos convergentes com as Normas Internacionais para Serviços Correlatos emitidas pela Ifac;

**g.** de Auditoria Interna (NBC TI): são as Normas Brasileiras de Contabilidade aplicáveis aos trabalhos de Auditoria Interna;

**h.** de Perícia (NBC TP): são as Normas Brasileiras de Contabilidade aplicáveis aos trabalhos de Perícia;

i. de Auditoria de Informação Contábil Histórica Aplicável ao Setor Público – NBC TASP: são as Normas Brasileiras de Contabilidade Aplicáveis à Auditoria de Informação Contábil Histórica Aplicadas à Auditoria do Setor Público convergentes com as Normas Internacionais de Auditoria emitidas pela International Federation of Accountants (Ifac) e recepcionadas pela Organização Internacional de Entidades Fiscalizadoras Superiores (Intosai).

As NBCs TA, consideradas em conjunto, fornecem as normas para o trabalho do auditor no cumprimento dos seus objetivos gerais. As NBCs TA tratam das responsabilidades gerais do auditor, assim como das considerações adicionais do auditor, relevantes para a aplicação dessas responsabilidades a tópicos específicos (item A55 da NBC TA 200).

## 1.8.3 Interpretações e Comunicados Técnicos

As Interpretações Técnicas têm por objetivo esclarecer a aplicação das Normas Brasileiras de Contabilidade, definindo regras e procedimentos a serem aplicados em situações, transações ou atividades específicas, sem alterar a substância dessas normas (art. 5º da Resolução CFC n. 1.328/2011).

Os Comunicados Técnicos têm por objetivo esclarecer assuntos de natureza contábil, com a definição de procedimentos a serem observados, considerando os interesses da profissão e as demandas da sociedade (art. 6º da Resolução CFC n. 1.328/2011).

## 1.8.4 Identificação das Normas

As Normas são identificadas conforme segue (art. 7º da Resolução CFC n. 1.328/2011):

- a Norma Brasileira de Contabilidade é identificada pela sigla NBC, seguida das letras conforme disposto nos arts. 3º e 4º, numeração específica em cada agrupamento, seguido de hífen e denominação. Por exemplo: NBC PA 290: "Denominação"; NBC TG 01: "Denominação";
- a Interpretação Técnica é identificada pela sigla IT, seguida da letra ou letras e numeração do grupo a que pertence conforme disposto nos arts. 3º e 4º, seguida de hífen e denominação. Por exemplo: ITG 01: "Denominação"; ITSP 01: "Denominação";
- o Comunicado Técnico é identificado pela sigla CT, seguida da letra ou letras e numeração do grupo a que pertence conforme disposto nos arts. 3º e 4º, seguido

de hífen e denominação. Por exemplo: CTG 01: "Denominação"; CTSP 01: "Denominação";

* as Normas, Interpretações e Comunicados alterados devem ser identificados pela letra "R" de revisão, seguida do número da revisão realizada.

## 1.8.5 Outras Informações Importantes

Segundo estabelece o art. 9º da citada Resolução CFC n. 1.328/2011, a inobservância às Normas Brasileiras de Contabilidade constitui infração disciplinar sujeita às penalidades previstas nas alíneas de "c" a "g" do art. 27 do Decreto-Lei n. 9.295/1946, alterado pela Lei n. 12.249/2010, e ao Código de Ética Profissional do Contador (CEPC).

Por fim, é importante destacar que o Conselho Federal de Contabilidade (CFC) e o Instituto dos Auditores Independentes do Brasil (Ibracon), por serem membros associados da Federação Internacional de Contadores (Ifac), mediante acordo firmado, têm autorização desse organismo internacional para traduzir, publicar e distribuir no Brasil suas normas internacionais e demais publicações impressas ou em formato eletrônico.

# 1.9 Distinção entre auditoria contábil e perícia contábil

A auditoria contábil, conforme vimos, é uma técnica contábil que, tradicionalmente, consiste na verificação da exatidão e fidedignidade dos dados contidos nas demonstrações contábeis, por meio do exame minucioso dos registros de contabilidade e dos documentos que deram origem a eles.

A perícia contábil constitui o conjunto de procedimentos técnico-científicos destinados a levar à instância decisória elementos de prova necessários a subsidiar a justa solução do litígio ou constatação de fato, mediante laudo pericial contábil e/ou parecer técnico-contábil, em conformidade com as normas jurídicas e profissionais e com a legislação específica no que for pertinente.

A perícia contábil pode ser:

**Judicial:** é exercida sob a tutela (proteção) da justiça.

**Extrajudicial:** é exercida no âmbito arbitral, estatal ou voluntária.

A perícia contábil, seja de caráter judicial, extrajudicial ou mesmo arbitral, visa ao esclarecimento dos aspectos e dos fatos do litígio por meio de exame, vistoria, indagação, investigação, arbitramento, avaliação ou certificação.

Enquanto o auditor apresenta o resultado da auditoria, expressando uma opinião por meio do relatório de auditoria, o perito apresenta o resultado da perícia com um laudo pericial contábil ou parecer pericial contábil.

Os usuários da auditoria contábil são os proprietários, altos executivos, acionistas (investidores), governo, fornecedores, clientes etc., já o principal usuário da perícia contábil é um órgão estatal, embora ela possa ser voluntariamente contratada pelo interessado ou de comum acordo entre as partes.

## 1.10  Vantagens ou benefícios da auditoria

As principais vantagens ou benefícios derivados da aplicação da auditoria podem ser resumidos na possibilidade de detectar, corrigir, prever e prevenir a ocorrência de falhas no controle interno; na confirmação da qualidade e da confiabilidade dos procedimentos em geral, bem como na garantia da veracidade das informações prestadas pela organização em seus relatórios contábeis.

Até pouco tempo, grande parte dos empregados das organizações estabelecidas no território brasileiro e sujeitas à auditoria considerava o auditor um verdadeiro "carrasco", que visitava a entidade com certa regularidade apenas para descobrir erros e prejudicar seus trabalhadores. Esse desconforto se revelava ainda maior em relação aos auditores internos, pois era difícil para os trabalhadores entender como os próprios colegas de trabalho, apenas por estarem acobertados por decisões superiores, poderiam passar o dia caçando irregularidades que, se não lhes custassem algumas advertências, certamente resultariam no aumento da carga de trabalho que já era intensa. Esse pensamento, durante um longo período, fez parte da própria cultura de muitos trabalhadores brasileiros, e não só da área de produção como também dos altos escalões das organizações.

Com a economia globalizada e em decorrência das aceleradas mudanças que ocorreram e continuam ocorrendo em todos os setores das atividades humanas neste milênio, não há mais espaço para comportamentos dessa natureza. O ambiente agora é muito mais competitivo, e as organizações exigem dos seus empregados respostas mais rápidas, eficazes, eficientes e inteligentes.

São sérias candidatas ao fracasso as organizações que não conseguirem conscientizar todos os seus trabalhadores de que a auditoria não é um "fantasma" que amedronta e inibe o desempenho deles. Ao contrário, constitui importante ferramenta de gestão que, em vez de perseguir, é capaz de ajudar na melhoria da eficácia e da eficiência dos processos produtivos, evitando aborrecimentos futuros tanto aos detentores do capital quanto àqueles que dependem da organização para sobreviver.

A auditoria, além de garantir aos usuários externos maior credibilidade nas informações apresentadas nas demonstrações contábeis, pode detectar falhas no sistema ou até mesmo prevê-las, contribuindo, assim, com sua descontinuidade e o aprimoramento de todo o sistema organizacional.

Com essa nova cultura implantada no cenário organizacional, a auditoria ocupará seu necessário espaço não só como importante instrumento apropriado para aumentar o grau de confiança dos usuários em relação ao seu objeto, mas também como importante ferramenta a serviço do desenvolvimento empresarial, capaz de detectar falhas ou confirmar a qualidade e a eficiência dos procedimentos.

## 1.11 Por que as organizações são auditadas?

São vários os motivos que justificam a prática da auditoria nas organizações em geral. Esses motivos variam desde as exigências legais até mesmo interesses da própria empresa ou de seus empregados, ou, ainda, por determinação de órgãos reguladores devidamente amparados por lei.

As sociedades anônimas de capital aberto, bem como as sociedades de grande porte,[7] ainda que não constituídas sob a forma jurídica de sociedades por ações, estão obrigadas a submeter suas demonstrações contábeis à auditoria. Essa auditoria é feita por auditores independentes devidamente registrados na Comissão de Valores Mobiliários (CVM) (§ 3º do art. 177 da Lei n. 6.404/1976 e art. 3º da Lei n. 11.638/2007).

As organizações em geral, inclusive aquelas citadas no parágrafo anterior, poderão:

- estar sujeitas a auditar suas demonstrações contábeis por determinações dos órgãos reguladores aos quais elas estejam submetidas, como a Comissão de Valores Mobiliários (CVM), sociedades anônimas de capital aberto; o Banco Central do Brasil (BCB), instituições financeiras, como bancos, corretoras de valores etc.; a Superintendência de Seguros Privados (Susep), instituições seguradoras etc.;

- ser auditadas por exigências de terceiros, como nos casos de incorporação, fusão, cisão etc.; e

---

[7]   A Lei n. 11.638/2007 considera de grande porte a sociedade ou o conjunto de sociedades sob controle comum que tiver, no exercício social anterior, ativo total superior a R$ 240 milhões ou receita bruta anual superior a R$ 300 milhões.

- ser auditadas por interesses próprios, para:
  - averiguar a confiabilidade de controles internos;
  - apurar a existência de fraudes, principalmente na área financeira;
  - verificar a eficácia e a eficiência de procedimentos operacionais;
  - garantir maior segurança e confiabilidade nos registros contábeis;
  - inibir a prática por parte dos empregados de atos lesivos ao patrimônio ou à própria imagem da organização etc.

## Atividades Teóricas

Responda:

1. O que é auditoria?
2. O que é estimativa contábil?
3. O que é auditoria interna?
4. O que é auditoria independente?
5. Qual é o objetivo da auditoria externa?
6. Cite três demonstrações contábeis sujeitas à auditoria das demonstrações contábeis.
7. O que é o Audibra e em que ano foi fundado?
8. O que é o Coso e quando foi fundado?
9. O que é, quando foi fundado e onde está sediado o Iasb?
10. O que significa IFRS?
11. Em que consiste a Lei Sarbanes-Oxley?
12. O que é o CPC, quando foi criado e qual é seu objetivo?
13. Qual é a finalidade da auditoria de gestão?
14. Como são compostas as Normas Brasileiras de Contabilidade?
15. O que é perícia contábil?
16. Cite as principais vantagens ou os benefícios derivados da aplicação da auditoria.
17. Por que as organizações são auditadas?

Classifique as afirmativas em falsas ou verdadeiras:

1. (   ) Auditoria é uma técnica contábil que surgiu da necessidade de se garantir a veracidade das informações derivadas dos registros contábeis.

2. (   ) Uma auditoria envolve a execução de procedimentos selecionados para a obtenção de evidência a respeito dos valores e das divulgações apresentados nas demonstrações contábeis.

3. (   ) A auditoria interna é de realização exclusiva de auditores pertencentes ao quadro de empregados da organização auditada.

4. (   ) Os auditores independentes podem ser contratados para realizar auditoria interna.

5. (   ) Os investidores, usuários externos das informações contábeis, ficam conhecendo a situação patrimonial, econômica e financeira das entidades nas quais pretendem investir, por meio das informações contidas nas demonstrações contábeis elaboradas por essas entidades.

6. (   ) O prazo do período de adaptação da aplicação das normas internacionais de contabilidade na Europa foi encerrado em 31 de dezembro de 2010.

7. (   ) A partir de 1º de janeiro de 2008 passaram a vigorar na Europa as normas e os padrões IFRS.

8. (   ) É correto afirmar que, em decorrência do ingresso das organizações multinacionais no território brasileiro, bem como em decorrência da abertura dos capitais das grandes organizações brasileiras que passaram a negociar os títulos representativos dos seus capitais nas bolsas de valores, os procedimentos de contabilidade e de auditoria praticados no Brasil precisaram se ajustar aos padrões internacionais.

9. (   ) A NBC PA 11 trata da revisão externa de qualidade pelos pares.

10. (   ) O objetivo da auditoria é aumentar o grau de confiança dos usuários em relação a seu objeto.

11. (   ) O objeto da auditoria varia conforme seu propósito.

12. (   ) A finalidade da auditoria varia de acordo com os objetivos almejados.

13. (   ) As Normas Brasileiras de Auditoria fazem parte das Normas Brasileiras de Contabilidade.

14. (   ) Entre as Normas Brasileiras de Contabilidade Profissionais destacam-se as do Auditor Independente, identificadas como "NBC TA".

15. (   ) Entre as Normas Brasileiras de Contabilidade Técnicas, destacam-se as de Auditoria Independente de Informação Contábil Histórica, identificadas como "NBC TA".

16. (   ) A perícia contábil, seja de caráter judicial, extrajudicial ou mesmo arbitral, visa ao esclarecimento dos aspectos e dos fatos do litígio por meio de exame, vistoria, indagação, investigação, arbitramento, avaliação ou certificação.

Escolha a alternativa correta:

1. A auditoria realizada por auditores pertencentes ao quadro de empregados da própria organização auditada denomina-se:

a) auditoria interna.

b) auditoria externa.

c) auditoria independente.

d) auditoria operacional.

e) as alternativas "a" e "d" estão corretas.

2. Fundado em 1977 na cidade de Munique, na Alemanha, atualmente está instalado na cidade de Nova York, nos Estados Unidos, e tem por principal tarefa a elaboração e divulgação de normas internacionais de auditoria:

a) Audibra.

b) Iasc.

c) Ifac.

d) Iasb.

e) Coso.

3. As companhias abertas da Europa ficaram obrigadas a publicar suas demonstrações financeiras consolidadas em conformidade com as normas IFRS a partir de:

a) 1930.

b) 1973.

c) 2001.

d) 2005.

e) 2008.

4. No processo de convergência das práticas contábeis praticadas no Brasil, desempenhou papel importante:

a) Conselho Federal de Contabilidade (CFC).

b) Comitê de Pronunciamentos Contábeis (CPC).

c) Instituto dos Auditores Independentes do Brasil (Ibracon).

d) Comissão de Valores Mobiliários (CVM).

e) todas estão corretas.

5. Pode-se afirmar que, no Brasil, o processo de convergência das normas contábeis aos padrões internacionais iniciou-se legalmente:

a) em 2007, com a promulgação da Lei n. 11.638.

b) em 2009, com a promulgação da Lei n. 11.941.

c) em 2010, quando entraram em vigor as normas brasileiras de auditoria NBC TA.

d) em 1976, com a promulgação da Lei n. 6.404.

e) todas estão corretas.

6. As Normas Brasileiras de Contabilidade e as Normas Brasileiras de Auditoria passaram a vigorar em conformidade com os padrões internacionais, respectivamente em:

    a) 2007 e 2008.

    b) 2008 e 2008.

    c) 2008 e 2010.

    d) 2007 e 2010.

    e) NDA.

7. Segundo sua finalidade, a auditoria pode ser:

    a) auditoria das demonstrações contábeis.

    b) auditoria de gestão.

    c) auditoria de sistemas.

    d) auditoria fiscal e tributária.

    e) todas estão corretas.

# CAPÍTULO 2

# O AUDITOR INDEPENDENTE

## Objetivos do Capítulo

### Após ler este capítulo, você estará apto a:

- ❑ Saber o que é auditor independente.
- ❑ Diferenciar as funções do auditor interno, do auditor independente e do auditor fiscal.
- ❑ Conhecer os órgãos normatizadores da profissão do auditor.
- ❑ Identificar quais são as exigências para a qualificação técnica do auditor independente.
- ❑ Saber o que é, para que serve e quem deve se submeter à Educação Profissional Continuada (EPC).
- ❑ Conhecer o plano de carreira do auditor independente.
- ❑ Discutir os motivos que levam os jovens auditores a abandonar precocemente as firmas de auditoria.
- ❑ Conhecer as responsabilidades do auditor independente.
- ❑ Saber que o auditor independente tem livre acesso às dependências e a todas as informações que são relevantes para a elaboração e apresentação das demonstrações contábeis.
- ❑ Saber o que é necessário para o auditor expressar a opinião.
- ❑ Conhecer os objetivos gerais do auditor independente.
- ❑ Conhecer os requisitos éticos relacionados à auditoria de demonstrações contábeis.
- ❑ Conhecer o Código de Ética Profissional do Contador (CEPC).
- ❑ Saber que a Federação Internacional de Contadores (Ifac), criou o Código de Ética Internacional para Profissionais da Contabilidade.
- ❑ Conhecer os Princípios Fundamentais de Ética que os profissionais da contabilidade devem cumprir.
- ❑ Discutir sobre a independência profissional do auditor.

❑ Saber o que é ceticismo profissional.

❑ Discutir sobre o julgamento profissional que o auditor deve exercer ao planejar e executar a auditoria.

❑ Entender o que é evidência de auditoria.

# 2.1 Introdução

Antes de tratarmos especificamente do auditor independente, é importante destacar que, de acordo com as funções que exercem, os auditores podem ser classificados em três categorias: auditor externo, auditor interno e auditor fiscal.

## 2.1.1 Auditor externo

O auditor externo ou independente é o contador legalmente habilitado por registro no Conselho Regional de Contabilidade, para exercer as funções de auditoria nas organizações que o contratam para esse fim.

A principal responsabilidade do auditor independente é expressar uma opinião que possibilite aumentar o grau de confiança dos usuários em relação às demonstrações contábeis.

Para isso, ele verifica a exatidão e fidedignidade dos dados contidos nas demonstrações contábeis, por meio de exame minucioso dos registros de contabilidade e dos documentos que deram origem a eles, em conformidade com as normas de auditoria e exigências éticas relevantes (importantes).

Veja mais detalhes na Seção 2.2.

## 2.1.2 Auditor interno

O auditor interno é o profissional que exerce as funções de auditoria interna na própria empresa da qual é empregado. Sua principal função é auxiliar a organização a alcançar seus objetivos.

No Brasil, não há exigência de formação específica em ciências contábeis para exercer as funções de auditor interno. Assim, para ingressar em uma organização como auditor interno, o profissional, normalmente contador, administrador de empresas ou economista, submete-se a uma prova de seleção realizada na própria entidade em que será admitido.

Os trabalhos do auditor interno de empresas privadas compreendem o exame, a avaliação e o monitoramento da adequação e efetividade do controle interno, com o propósito de adicionar valor e melhorar as operações da organização.

Tradicionalmente, a auditoria interna é aquela mantida por organizações privadas com o fim de auxiliar a administração no pleno funcionamento dos seus controles internos. Entretanto, o Poder Público também mantém a auditoria interna como uma das técnicas integrantes do sistema de controle interno, com finalidades não só de auxiliar a administração visando a garantir a fidedignidade dos seus controles internos, como também para fiscalizar outros órgãos e até mesmo agentes do serviço público, para exigir o cumprimento de obrigações principais ou acessórias contidas em leis ou em outros atos derivados de seus dirigentes.

Veja, na Seção 3.9 do Capítulo 3, outros detalhes sobre a auditoria interna do Poder Público.

Para ingressar como auditor nesses órgãos públicos, o candidato deve ser aprovado em concurso público. Normalmente é exigida apenas formação superior em qualquer área, embora tenham mais chances de serem aprovados os profissionais formados em ciências contábeis, administrativas, econômicas e jurídicas.

Entre esses órgãos que mantêm departamentos de auditoria estão o Banco Central do Brasil (BCB), os Tribunais de Contas dos Estados e da União, as Secretarias de Estado dos Negócios da Fazenda (nos Estados), a Secretaria Federal de Controle Interno do Ministério da Fazenda etc.

Nesses órgãos, há sempre planos de carreira, nos quais os auditores são promovidos por tempo de serviço ou por merecimento. Em alguns órgãos, o cargo de auditor é comissionado, e a preferência é dada para funcionários públicos que já ocupam outros cargos no funcionalismo estatal.

## 2.1.3 Auditor fiscal

Auditor fiscal é o auditor do setor público, funcionário público integrante do quadro de funcionários municipal, estadual ou federal nomeado estatutariamente, com finalidade específica de fiscalizar os contribuintes (pessoas físicas e jurídicas), para garantir ao governo da respectiva esfera (municipal, estadual ou federal) a arrecadação de seus tributos.

Esse auditor pode receber várias denominações como: Auditor Fiscal do Tesouro Nacional (AFTN), Auditor Fiscal da Receita Estadual (AFRE), Auditor Fiscal de Tributos Estaduais (AFTE) etc.

Para ingressar no funcionalismo público como auditor fiscal, o candidato submete-se a um concurso público. Normalmente exige-se do candidato apenas formação superior, em qualquer área.

A principal função do auditor fiscal é examinar a escrita contábil e fiscal do contribuinte ou as declarações de rendimentos elaboradas por pessoas físicas para verificar a exatidão das informações que o próprio contribuinte oferece ao governo. Como os tributos são recolhidos por autolançamento, o governo, por meio dos seus auditores fiscais, verifica a exatidão e, em caso de não conformidade, decorrente de erros propositais ou não, esses auditores fiscais autuam os contribuintes, aplicando multas e exigindo o recolhimento dos tributos devidos.

## 2.2 Conceito

O auditor independente é o contador devidamente habilitado a exercer atividades de auditoria nas organizações que o contratam para esse fim.

O exercício da atividade de auditoria independente é uma prerrogativa profissional dos contadores legalmente habilitados por registro no Conselho Regional de Contabilidade.

O contador é o profissional devidamente aprovado em curso superior de bacharel em ciências contábeis.

O auditor independente, portanto, trabalha para seus clientes, que são, principalmente, as companhias (sociedades anônimas) e as empresas de grande porte, que estão obrigadas a contratar os serviços dos auditores independentes por força de determinações legais.

Veja o que dispõe o § 3º do art. 177 da Lei n. 6.404/1976:

> As demonstrações financeiras das companhias abertas observarão, ainda, as normas expedidas pela Comissão de Valores Mobiliários e serão obrigatoriamente submetidas à auditoria por auditores independentes nela registrados.

Agora, veja o que dispõe o art. 3º da Lei n. 11.638/2007:

> Aplicam-se às sociedades de grande porte, ainda que não constituídas sob a forma de sociedades por ações, as disposições da Lei n. 6.404, de 15 de dezembro de 1976, sobre escrituração e elaboração de demonstrações financeiras e a obrigatoriedade de auditoria independente por auditor registrado na Comissão de Valores Mobiliários.
>
> Parágrafo único. Considera-se de grande porte, para os fins exclusivos desta Lei, a sociedade ou conjunto de sociedades sob controle comum que tiver, no exercício social anterior, ativo total superior a R$ 240.000.000,00 (duzentos e quarenta milhões de reais) ou receita bruta anual superior a R$ 300.000.000,00 (trezentos milhões de reais).

Para atuar como auditor independente, como veremos adiante, o interessado, bacharel em ciências contábeis, além de estar devidamente registrado como contador no Conselho Regional de Contabilidade, precisa estar registrado no Cadastro Nacional de Auditores Independentes (CNAI) e no órgão a que a organização que o contratar estiver subordinada (Comissão de Valores Mobiliários – CVM, Banco Central do Brasil – BCB, Superintendência de Seguros Privados – Susep etc.). Para obter o registro nesses órgãos, o contador necessita ser aprovado em exame de qualificação técnica específica.

## 2.3 Normatização

Para exercer adequadamente suas atividades profissionais, o auditor independente deve cumprir exigências contidas em normas derivadas de vários órgãos nacionais e internacionais, os quais têm por responsabilidade fiscalizar e regulamentar a profissão do contabilista.

Os principais órgãos internacionais são:

- International Accounting Standards Board (Iasb): estabelecido em Londres, na Inglaterra, é responsável pela publicação e revisão dos pronunciamentos de contabilidade internacionais identificados por International Financial Reporting Standards (IFRS).

- Federação Internacional de Contadores (Ifac): estabelecida na cidade de Nova York, nos Estados Unidos, foi criada com o intuito de fortalecer a profissão de contabilidade em todo o mundo e tem como principal objetivo a elaboração e divulgação de normas internacionais de auditoria.

No Brasil, os principais órgãos emissores de atos que regulamentam a profissão do auditor independente são:

- Conselho Federal de Contabilidade (CFC);
- Instituto dos Auditores Independentes do Brasil (Ibracon);
- Comissão de Valores Mobiliários (CVM);
- Banco Central do Brasil (BCB); e
- Superintendência de Seguros Privados (Susep).

Esses órgãos, e em especial o CFC, conforme comentamos na Seção 1.8, do Capítulo 1, elaboram regras e procedimentos de conduta que devem ser observados como requisitos para o exercício da profissão contábil.

A inobservância das Normas Brasileiras de Contabilidade elaboradas pelo CFC constitui infração disciplinar, sujeita às penalidades previstas nas alíneas "c", "d" e "e" do art. 27, do Decreto-lei n. 9.295/1946, e, quando aplicável, ao Código de Ética Profissional do Contador (CEPC).

Os principais documentos que regem a atividade de auditoria no Brasil e que serviram de suporte para os assuntos discutidos no presente capítulo, cuja leitura integral é indispensável, são:

- NBC PG 12 – Educação Profissional Continuada (EPC);
- NBC PA 13 – Exame de Qualificação Técnica para Auditor;
- NBC PA 01 – Gestão de Qualidade para Firmas (Pessoas Jurídicas e Físicas) de Auditores Independentes;
- NBC TA ESTRUTURA CONCEITUAL;
- NBC TA 200 – Objetivos Gerais do Auditor Independente e a Condução da Auditoria em Conformidade com Normas de Auditoria;
- NBC TA 220 – Gestão de Qualidade da Auditoria de Demonstrações Contábeis;
- NBC TA 230 – Documentação de Auditoria;
- NBC TA 240 – Responsabilidade do Auditor em Relação a Fraude;
- NBC TA 260 – Comunicação com os Responsáveis pela Governança;
- NBC TA 500 – Evidência de Auditoria;
- NBC TA 505 – Confirmações Externas;
- NBC TA 620 – Utilização do Trabalho de Especialistas;
- NBC TA 720 – Responsabilidades do Auditor em Relação a Outras Informações;
- NBC PG 01 – Código de Ética Profissional do Contador (CEPC); e
- Instrução CVM n. 308/1999 – Dispõe sobre o registro e o exercício da atividade de auditoria independente no âmbito do mercado de valores mobiliários.

## 2.4 Qualificação técnica

### 2.4.1 Registro no CNAI

Um dos requisitos exigidos para registro no CNAI é a aprovação em Exame de Qualificação Técnica, realizado pelo CFC para esse fim. Esse exame tem por objetivo aferir o nível de conhecimento e a competência técnico-profissional necessários para atuação na área da Auditoria Independente.

É importante salientar que o auditor independente poderá atuar em organizações que estejam subordinadas à CVM (como as companhias de capital aberto), ao Banco

Central do Brasil – BCB (instituições financeiras como os bancos em geral), à Superintendência de Seguros Privados – Susep (instituições que atuam no ramo de seguros) e à Superintendência Nacional de Previdência Complementar – Previc (entidades que atuam no ramo de fundos de pensão).

Dessa forma, além do cadastro no CNAI, de acordo com a área de atuação que o auditor independente escolher, deverá se submeter à prova de qualificação específica, também aplicada pelo CFC, para se cadastrar nesses órgãos.

## 2.4.2 Registro na CVM

Conforme estabelece o art. 1º da Instrução CVM[1] n. 308/1999, o auditor independente, para exercer atividade no âmbito do mercado de valores mobiliários, está sujeito ao registro na Comissão de Valores Mobiliários (CVM).

O registro de auditor independente na CVM compreende duas categorias: Auditor Independente – Pessoa Física (AIPF), e Auditor Independente – Pessoa Jurídica (AIPJ).

Para fins de registro na categoria de Auditor Independente – Pessoa Física, deverá o interessado atender às seguintes condições:

> I – estar registrado em Conselho Regional de Contabilidade, na categoria de contador;
>
> II – haver exercido atividade de auditoria de demonstrações contábeis, dentro do território nacional, por período não inferior a cinco anos, consecutivos ou não, contados a partir da data do registro no Conselho Regional de Contabilidade, na categoria de contador, nos termos do art. 7º;
>
> III – estar exercendo atividade de auditoria independente, mantendo escritório profissional legalizado, em nome próprio, com instalações compatíveis com o exercício da atividade, em condições que garantam a guarda, a segurança e o sigilo dos documentos e informações decorrentes dessa atividade, assim como a privacidade no relacionamento com seus clientes;
>
> IV – possuir conhecimento permanentemente atualizado sobre o ramo de atividade, os negócios e as práticas contábeis e operacionais de seus clientes, bem como possuir estrutura operacional adequada ao seu número e porte; e
>
> V – ter sido aprovado em exame de qualificação técnica, previsto no art. 30 (art. 3º da Instrução CVM n. 308/1999).

---

[1] Comissão de Valores Mobiliários (CVM), entidade autárquica, vinculada ao Ministério da Fazenda que tem, entre as suas atribuições: regulamentar as matérias expressamente previstas na Lei das Sociedades por ações; fiscalizar permanentemente as atividades e os serviços do mercado de valores mobiliários, bem como a veiculação de informações relativas ao mercado, às pessoas que dele participem, e aos valores nele negociados; fiscalizar e inspecionar as companhias abertas etc.

Veja o que dispõe o art. 30 supramencionado:

> Art. 30. O exame de qualificação técnica será realizado, no mínimo, no primeiro semestre de cada ano, com vistas à habilitação do auditor independente para o exercício da atividade de auditoria de demonstrações contábeis para todas as entidades integrantes do mercado de valores mobiliários.

Por fim, é importante salientar que as condições exigidas para fins de registro na categoria de Auditor Independente – Pessoa Jurídica estão contidas no art. 4º da citada Instrução CVM n. 308/1999.

## 2.4.3 Registro na Susep

Os contadores que pretendam atuar como auditores independentes nas entidades supervisionadas pela Superintendência de Seguros Privados (Susep), além de estarem registrados no Cadastro Nacional de Auditores Independentes (CNAI) do CFC, deverão ser aprovados em exame no qual são exigidos os seguintes conhecimentos, conforme constam do item 19 da NBC PA 13:

**a.** legislação e normas aplicáveis às sociedades supervisionadas pela Susep;

**b.** operações de sociedades supervisionadas pela Susep; e

**c.** contabilidade de sociedades e demais entidades supervisionadas pela Susep.

## 2.4.4 Certificações internacionais do auditor interno

Embora não exista no Brasil exigências de qualificação profissional para o exercício das funções de auditoria interna, há um organismo internacional, The Institute of Internal Auditors (IIA Global), com sede nos Estados Unidos, que promove cursos de especialização com o fornecimento de credenciais de alcance internacional para os profissionais que atuam na função de auditoria interna.

Esse organismo, desde 1960, mantém convênio no Brasil, com o Instituto dos Auditores Internos do Brasil (Audibra), que é responsável por realizar exames para o fornecimento das certificações CIA e CCSA.[2]

*Certified Internal Auditor* (CIA): o CIA é uma etapa importante na carreira do Auditor Interno para a obtenção de uma credencial de reconhecimento internacional.

---

[2] AUDIBRA. Disponível em: <http://www.iiabrasil.org.br/new/certific_menu.html>. Acesso em: out. de 2017.

O sucesso nesse exame confere ganhos de qualidade tanto para o profissional como para as estruturas de auditoria interna.

*Certification in Control Self-Assessment* (CCSA): trata-se de um processo de autoavaliação de controles e riscos e de implementação de plano de ação para solução de problemas. Assim, a CCSA é um título conferido aos especialistas na prática de *Control Self-Assessment* (CSA), atestando seus conhecimentos sobre a metodologia utilizada para avaliar o alcance e os objetivos empresariais, os riscos envolvidos nesse processo, bem como a efetividade dos controles internos estabelecidos para minimizar riscos.

Há, ainda, mais duas certificações promovidas pelo IIA:

*Certified Financial Services Auditor* (CFSA): processo de avaliação que certifica o auditor a trabalhar em instituições financeiras, empresas de seguro e no departamento financeiro de indústrias.

*Certified Government Auditing Professional* (CGAP): certificação especializada para a prática da auditoria interna no setor público. Testa o conhecimento de tudo o que engloba a auditoria no setor público.

## 2.5 Educação Profissional Continuada (EPC)

Educação Profissional Continuada é a atividade que visa manter, atualizar e expandir os conhecimentos e competências técnicas e profissionais, as habilidades multidisciplinares e a elevação do comportamento social, moral e ético dos profissionais da contabilidade, como características indispensáveis à qualidade dos serviços prestados e ao pleno atendimento das normas que regem o exercício da profissão contábil (item 2 da NBC PG 12 (R3).

Antes do advento da NBC PG 12, o Conselho Federal de Contabilidade (CFC) já orientava os contadores, quando investidos das funções de auditor independente, a manter um nível de competência profissional pelo conhecimento atualizado das práticas contábeis brasileiras, da legislação inerente à profissão, dos conceitos e das técnicas administrativas e da legislação específica aplicável à entidade auditada.

As práticas contábeis brasileiras compreendem a legislação societária brasileira, as Normas Brasileiras de Contabilidade, emitidas pelo Conselho Federal de Contabilidade (CFC), os pronunciamentos, as interpretações e as orientações emitidos pelo Comitê de Pronunciamentos Contábeis (CPC) e homologados pelos órgãos reguladores, e práticas adotadas pelas entidades em assuntos não regulados, desde que atendam à NBC TG ESTRUTURA CONCEITUAL – Estrutura Conceitual para Relatório Financeiro, emitida pelo CFC e, por conseguinte, em consonância com as normas contábeis internacionais (item 7 da NBC TG 26 (R5)).

A NBC PG 12 (R3) estabelece no item 4 que a EPC é obrigatória para todos os profissionais da contabilidade que:

a. estejam inscritos no Cadastro Nacional de Auditores Independentes (CNAI) do CFC, exercendo, ou não, a atividade de auditoria independente;

b. estejam registrados na Comissão de Valores Mobiliários (CVM), inclusive sócios, exercendo, ou não, atividade de auditoria independente, responsáveis técnicos e demais profissionais que exerçam cargos de direção ou gerência técnica, nas firmas de auditoria registradas na CVM;

c. exercem atividades de auditoria independente nas instituições financeiras e nas demais entidades autorizadas a funcionar pelo Banco Central do Brasil (BCB), na função de responsável técnico, diretor, gerente, supervisor e qualquer outro integrante, com função de gerência, da equipe envolvida nos trabalhos de auditoria;

d. exercem atividades de auditoria independente nas sociedades seguradoras, resseguradoras, de capitalização, nas entidades abertas de previdência complementar reguladas pela Superintendência de Seguros Privados (Susep) na função de responsável técnico, diretor, gerente, supervisor e qualquer outro integrante, com função de gerência, da equipe envolvida nos trabalhos de auditoria;

d1. exercem atividades de auditoria independente nas Entidades Fechadas de Previdência Complementar (EFPC) reguladas pela Superintendência Nacional de Previdência Complementar (Previc), na função de responsável técnico pela auditoria independente ou exercendo as funções de gerência/chefia no processo de elaboração das demonstrações contábeis;

e. exercem atividades de auditoria independente de entidades não mencionadas nas alíneas (b), (c), (d) e (d1), como sócio, responsável técnico ou em cargo de direção ou gerência técnica de firmas de auditoria e de organizações contábeis. Estão incluídas nessa obrigação as organizações contábeis que tenham explicitamente em seu objeto social a previsão de atividade de auditoria independente (alterada pela Revisão NBC 08);

f. sejam responsáveis técnicos pelas demonstrações contábeis, ou que exerçam funções de gerência/chefia no processo de elaboração das demonstrações contábeis das empresas, reguladas e/ou supervisionadas pela CVM, pelo BCB, pela

Susep e, ainda, das sociedades consideradas de grande porte nos termos da Lei n. 11.638/2007, e também as entidades sem finalidade de lucros que se enquadrem nos limites monetários da citada lei (alterada pela Revisão NBC 02);

g. (eliminada pela Revisão NBC 02);

h. sejam responsáveis técnicos pelas demonstrações contábeis das sociedades e das entidades de direito privado com ou sem finalidade de lucros que tiverem, no exercício social anterior, receita total, igual ou superior a R$ 78 milhões e que não se enquadram na alínea (f);

i. sejam responsáveis técnicos pelas demonstrações contábeis, ou que exerçam funções de gerência/chefia no processo de elaboração das demonstrações contábeis das empresas reguladas e/ou supervisionadas pela Superintendência Nacional de Previdência Complementar (Previc) (incluída pela Revisão NBC 02);

j. estejam inscritos no Cadastro Nacional de Peritos Contábeis (CNPC) do CFC.

A NBC PG 12 (R3) fixa, ainda, outras exigências aos profissionais da contabilidade, em relação a Educação Profissional Continuada (EPC). Para exemplificar, no item 7 ela determina que os profissionais referidos no item 4 (que acabamos de apresentar) devem cumprir, no mínimo, 40 (quarenta) pontos de Educação Profissional Continuada (EPC) por ano-calendário. Dessa pontuação anual, no mínimo 8 (oito) pontos devem ser cumpridos com atividades de aquisição de conhecimento, constantes da Tabela I, do Anexo II da própria NBC.

O profissional da contabilidade que descumprir as disposições contidas na NBC PG 12 incorrerá em infração.

O item 42 da mencionada NBC estabelece que o descumprimento das disposições desta norma pelos profissionais referidos no item 4, inclusive a não comprovação da pontuação mínima exigida anualmente e a entrega de forma intempestiva, constitui infração às normas profissionais de Contabilidade e ao Código de Ética Profissional do Contador (CEPC), a ser apurada em regular processo administrativo no âmbito do respectivo CRC.

A NBC TG 12 (R3) relaciona, no item 34, um grupo de entidades que podem obter do CFC credenciamento para promover atividades de Educação Profissional Continuada (EPC). Essas entidades são denominadas capacitadoras.

Capacitadora, portanto, é a entidade credenciada em Conselho Regional de Contabilidade que promove atividades de Educação Profissional Continuada (EPC) consoante as diretivas da mencionada norma (NBC TG 12).

Podem ser capacitadoras:

- o Conselho Federal de Contabilidade (CFC);
- os Conselhos Regionais de Contabilidade (CRCs);
- a Fundação Brasileira de Contabilidade (FBC);
- a Academia Brasileira de Ciências Contábeis (Abracicon) e as respectivas Academias estaduais ou regionais;
- o Ibracon – Instituto dos Auditores Independentes do Brasil;
- as Instituições de Ensino Superior (IES) credenciadas pelo MEC etc.

Os eventos e as atividades que integram o Programa de Educação Profissional Continuada (EPC) estão relacionados nos itens 37 a 41 da NBC PG 12.

No item 37, constam: aquisição de conhecimento por meio de atividades presenciais, a distância ou mistas, incluindo autoestudo, estudo dirigido, e-learning e equivalentes, sobre temas que contribuam para a melhoria da performance do profissional, com conteúdo de natureza técnica e profissional, relacionados ao PEPC, por meio de:

a. cursos credenciados;

b. eventos credenciados;

c. conclusão de disciplinas de cursos de pós-graduação oferecidos por IES credenciadas pelo MEC:

   i. stricto sensu;

   ii. lato sensu.

d. cursos de extensão devidamente credenciados no PEPC;

e. disciplinas cursadas em outras graduações em áreas correlatas ao curso de Ciências Contábeis, tais como: Administração, Ciências Atuariais, Ciências Econômicas, Estatística, Tecnologia da Informação e Direito;

f. disciplinas cursadas em graduação em Ciências Contábeis para os profissionais registrados como técnicos em contabilidade.

A Comissão de Valores Mobiliários (CVM), por meio do art. 34 da Instrução n. 308/ 1999, por sua vez, exige que os auditores independentes nela registrados mantenham uma política de educação continuada de todo o seu quadro funcional e deles próprios, conforme o caso, segundo as diretrizes aprovadas pelo Conselho Federal de Contabilidade (CFC) e pelo Instituto Brasileiro de Contadores (Ibracon), com vistas a garantir a qualidade e o pleno atendimento das normas que regem o exercício da atividade de auditoria de demonstrações contábeis.

Dessa forma, por meio da Deliberação n. 570/2009, que dispõe sobre o Programa de Educação Continuada e sobre a necessidade de aprimoramento e treinamento dos auditores independentes em função da adoção do padrão contábil internacional emitido pelo International Accounting Standards Board (Iasb), determinou-se que os auditores independentes – pessoa física e os sócios, responsáveis técnicos, diretores, supervisores e gerentes de auditores independentes – pessoa jurídica se submetam periodicamente ao Programa de Educação Profissional Continuada (EPC).

Assim, os auditores independentes, devidamente registrados na CVM, são obrigados a comprovar pontuação mínima obtida por meio de participação em cursos ou eventos que tenham por objeto:

I – os pronunciamentos emitidos pelo International Accounting Standards Board (Iasb); ou

II – os pronunciamentos emitidos pelo Comitê de Pronunciamentos Contábeis (CPC) e referendados pela CVM que reflitam a convergência com as práticas contábeis internacionais.

## 2.6  Plano de carreira do auditor independente

Nas sociedades de auditoria independente (firmas ou entidades de auditoria independente), o plano de carreira dos auditores, normalmente, é composto pelas seguintes categorias:

* *trainee*: tempo médio de trabalho (TMT) = um ano;
* assistente ou auxiliar de auditoria: TMT = três anos;
* auditor sênior: TMP = quatro anos;
* supervisor de auditoria: TMT = dois anos;
* gerente de auditoria: TMT = cinco anos;
* sócio da firma de auditoria.

Para ser promovido de uma categoria para outra, o auditor precisa cumprir vários estágios, conforme veremos adiante.

É importante destacar que o plano de carreira do auditor pode divergir em cada firma de auditoria, tanto em relação aos estágios para a promoção em cada categoria como em relação à quantidade de categorias existentes para chegar a sócio da organização.

## 2.6.1 *Trainee*

São aqueles aprovados em exames de seleção, desde que atendam, pelo menos, às seguintes exigências: estar frequentando curso superior de ciências contábeis, administração ou economia nas principais universidades do País; ter idade inferior a 23 anos, ser solteiro(a) e dominar pelo menos um idioma estrangeiro, de preferência o inglês.

Comumente, a opção é feita por aqueles que estão frequentando os últimos anos do curso. E os que são das áreas de ciências econômicas ou administrativas, ao terminar o curso, deverão ingressar no curso de ciências contábeis, uma vez que a atividade de auditoria independente, como já dissemos, é prerrogativa da profissão de contador (bacharel em ciências contábeis).

Não há preferência por estudantes do sexo masculino ou feminino, porém a opção pelos solteiros e com idade inferior a 23 anos justifica-se pelos baixos salários oferecidos e pela necessidade de disponibilidade de tempo para execução dos trabalhos que, na maioria dos casos, ocupam mais de oito horas diárias, além de comprometer alguns fins de semana. Os candidatos que são casados, além das necessidades financeiras serem superiores àquelas que serão cobertas pelos salários oferecidos aos *trainees*, normalmente não terão as mesmas disponibilidades de tempo que têm os solteiros, e aqueles com idade superior a 23 anos podem já estar colocados no mercado com salários maiores.

Além dessas justificativas, as grandes firmas de auditoria (veja Seção 2.7) preferem admitir jovens sem experiência profissional para que possam, com os treinamentos programados, prepará-los adequadamente conforme as exigências da profissão e os interesses da própria organização.

O futuro auditor, ingressado em uma firma de auditoria como *trainee*, após devidamente selecionado com um grupo que apresente características semelhantes, antes de ser promovido ao cargo de assistente ou auxiliar de auditoria, passa por vários estágios: inicialmente, o *trainee* é submetido a um programa de treinamento intensivo, com duração de até seis meses, no qual recebe orientações sobre a organização e a carreira profissional do auditor (deveres, responsabilidades, comportamento ético, material técnico etc.).

Depois de cumprido o período de treinamento, o *trainee* integrará equipes de auditoria para executar trabalhos devidamente orientados e supervisionados por um líder que, normalmente, é o chefe da equipe.

Em geral, as visitas aos clientes são programadas para no máximo duas semanas de trabalho. Ao concluir os trabalhos, o *trainee* recebe uma avaliação do seu chefe e passa a integrar nova equipe para visitar outro cliente. Depois de um período não inferior a um ano, ele é avaliado com base nas pontuações parciais recebidas após cada trabalho executado, para ser promovido para a categoria de assistente (auxiliar) de auditor.

Caso o somatório da pontuação recebida nesse período não seja suficiente para ser promovido, ele permanecerá nesse estágio por mais um período, até que seu desempenho se adéque às exigências para a sua promoção ou, caso não atinja o patamar desejado pela organização, ele será dispensado.

## 2.6.2  Assistentes ou auxiliares de auditoria

Esse cargo, normalmente, é composto por três estágios. Em cada um desses estágios, que possui um prazo médio de permanência de um ano, o assistente recebe treinamento adequado às funções que executará.

Na carreira de auditor, a cada promoção, ele recebe tarefas mais complexas para executar. Quando o assistente não atingir o nível de experiência necessário para ser promovido, ele será cientificado da suas deficiências e receberá nova orientação para que num prazo não superior a seis meses possa se recuperar. Caso não consiga atingir o patamar necessário para acompanhar o desempenho do grupo, será desligado da organização.

## 2.6.3  Auditor sênior

Depois de completados no mínimo quatro anos de trabalho na firma de auditoria (um ano como *trainee* e três anos como assistente ou auxiliar de auditoria), o auditor pode ser promovido para a categoria de auditor sênior.

O auditor sênior, que chefiará equipes de auditoria e exercerá liderança sobre elas, é o elo entre as equipes, os supervisores, o gerente e a empresa auditada. Entre as suas responsabilidades, o auditor sênior deve zelar pela distribuição, orientação e supervisão do trabalho dos assistentes.

Quem avalia o trabalho do auditor sênior é o gerente, que lhe atribui pontos conforme critérios preestabelecidos pela organização após cada trabalho que executa. Normalmente, após cada ano de cumprimento do estágio, o auditor sênior é avaliado consolidando-se as pontuações parciais atribuídas no final de cada trabalho executado, para que seja promovido para o estágio seguinte ou para a categoria de supervisor de auditoria após cumprir todos os estágios previstos para o cargo (em média, quatro anos).

## 2.6.4 Supervisor de auditoria

Nesse cargo, que tem duração aproximada de dois anos, o auditor recebe treinamento específico para se tornar gerente da organização de auditoria.

Como supervisor, assume o papel de gerente diante de pequenos clientes e de auditor sênior diante de grandes clientes. Dessa forma, ele se reporta diretamente aos sócios em relação aos trabalhos que executa como gerente e aos gerentes em relação aos trabalhos que executa como auditor sênior.

É importante destacar que, em algumas firmas de auditoria, o auditor sênior é promovido diretamente para gerente, não havendo a categoria de supervisor de auditoria.

## 2.6.5 Gerente de auditoria

Para exercer o cargo de gerente de auditoria, o auditor independente deve ter acumulado experiências de aproximadamente dez anos de trabalho na firma de auditoria, vencendo etapas anteriores.

Como ocorre em todas as categorias em que são divididas as atividades do auditor, ao ser promovido a gerente, ele recebe treinamento adequado.

Nessa fase da profissão, o gerente de auditoria passa a gerenciar o trabalho de auditoria de um grupo de clientes, bem como a supervisionar o trabalho de várias equipes.

São responsabilidades do gerente de auditoria:

- planejar os trabalhos de auditoria;
- preparar programação de trabalho para as várias equipes sob sua subordinação;
- supervisionar as equipes;
- relacionar-se com a cúpula da firma auditada;
- revisar os papéis de trabalho;
- elaborar o esboço do relatório.

## 2.6.6 Sócio da firma de auditoria

O auditor independente poderá tornar-se sócio da firma de auditoria, após, em média, quinze anos de trabalho. Entretanto, para que isso seja possível, é preciso, ainda, que ele seja convidado pelos atuais sócios que aprovarão a sua promoção, após avaliar, principalmente, os seguintes quesitos:

- capacidade técnica;
- relacionamento com clientes;

- relacionamento com os sócios;
- relacionamento com o quadro de auditores;
- habilidade de negociação;
- disposição para participar da administração da firma;
- disposição para atuar em outros escritórios da firma dentro e fora do País.

Quando o gerente não for aceito pelos sócios, ele será desligado da organização.

Na categoria de sócio da empresa de auditoria, também existem vários estágios para serem cumpridos. No momento em que o gerente é aceito como sócio da organização (*trainee* de sócio), ele recebe uma pequena quantia de cotas representativas de parte do capital da sociedade. Conforme for superando as etapas dentro da hierarquia da categoria, sua participação no capital vai aumentando.

São responsabilidades do sócio:

- contatos com clientes para discutir e negociar contratos;
- revisão e aprovação do planejamento dos trabalhos de auditoria dos clientes sob sua responsabilidade, elaborados pelos gerentes;
- discussão com o gerente e com a alta administração do cliente sobre principais pontos observados pela equipe no decurso do trabalho;
- revisão e aprovação dos papéis de trabalho;
- elaboração do relatório final;
- assinatura do relatório final.

O sócio é responsável perante os demais sócios por todo o trabalho e pela emissão do relatório. Entretanto, perante os órgãos técnicos e a coletividade, a responsabilidade sobre o relatório emitido é da firma de auditoria, e não do sócio que assinou o relatório.

É essencial destacar que, ao se retirar da sociedade por aposentadoria ou por outro motivo qualquer, o sócio é obrigado a vender sua participação no capital aos sócios remanescentes.

Por último, é importante salientar que a atividade de auditoria independente é uma das mais dinâmicas e atrativas da área contábil.

Embora estimulados pela possibilidade de ascensão rápida na carreira, em sua maioria, os jovens que ingressam nas firmas de auditoria se desligam ou são desligados logo nos primeiros anos de trabalho ou antes de serem promovidos a gerente.

Os principais motivos da evasão são:

- treinamentos intensivos e permanentes;
- trabalho sob pressão (prazos curtos para realizar tarefas extensas);

- dedicação exclusiva com muitas horas extras, comprometendo até os fins de semana;
- não acompanhar o desempenho do grupo;
- receber propostas de trabalho em outras firmas de auditoria menores que admitem auditores já treinados com salários maiores;
- receber propostas de trabalho em grandes organizações com cargos e salários mais atrativos etc.

## 2.7  As quatro maiores empresas de auditoria

As quatro maiores empresas especializadas em auditoria e consultoria do mundo, conhecidas por "Big Four", são: Deloitte Touche Tohmatsu Limited (DTTL), PricewaterhouseCoopers (PwC), KPMG e Ernst & Young (EY).

Essas principais firmas de auditoria constituem grandes redes com empresas independentes espalhadas por quase todos os países, prestando serviços de auditoria, consultoria, assessoria financeira, gestão de riscos, consultoria tributária etc.

A Deloitte, por exemplo, constituída sob a forma de sociedade privada limitada, está estabelecida no Reino Unido.

Cada firma-membro da Deloitte oferece serviços em determinada área geográfica e está sujeita às leis e aos regulamentos profissionais do(s) país(es) no(s) qual(is) opera, podendo promover a prestação de serviços profissionais em seu território por meio de subsidiárias, afiliadas e/ou outras entidades. A Deloitte não presta serviços a clientes diretamente. Além disso, a Deloitte e cada uma de suas firmas-membros constituem pessoas jurídicas distintas e separadas, que não compartilham obrigações entre si, sendo cada uma das firmas-membros responsável tão somente por seus próprios atos ou omissões.[3]

## 2.8  Responsabilidades do auditor independente

Trataremos, nesta seção, das responsabilidades gerais do auditor independente na condução da auditoria de demonstrações contábeis em conformidade com as normas brasileiras e internacionais de auditoria.

Inicialmente, é importante destacar que, no desempenho das suas atividades profissionais, o auditor externo deve observar todas as NBCs TA relevantes para a auditoria.

---

[3]  DELOITTE. Disponível em: <http://www.deloitte.com.br>. Acesso em: out. de 2017.

Uma NBC TA é relevante para a auditoria quando ela está em vigor e as circunstâncias tratadas nela existem na situação específica. Contudo, as NBCs TA não passam por cima de lei ou regulamento que regem a auditoria de demonstrações contábeis. Caso haja lei ou regulamento diferente das NBCs TA, a auditoria será conduzida apenas em conformidade com essa lei ou esse regulamento (itens 18 e A55 a A59, da NBC TA 200).

A responsabilidade dos auditores independentes, conforme consta do Exemplo 1 do Apêndice da NBC TA 700, é a de expressar uma opinião sobre as demonstrações contábeis, tomada em conjunto, com base na auditoria, conduzida de acordo com as normas brasileiras e internacionais de auditoria. Essas normas requerem o cumprimento de exigências éticas pelos auditores e que a auditoria seja planejada e executada com o objetivo de obter segurança razoável de que as demonstrações contábeis estejam livres de distorção relevante.

Não restam dúvidas de que a principal responsabilidade do auditor independente é expressar uma opinião que possibilite aumentar o grau de confiança dos usuários em relação às demonstrações contábeis.

A opinião do auditor independente evidenciará se as demonstrações contábeis foram elaboradas, em todos os aspectos relevantes, em conformidade com uma estrutura de relatório financeiro aplicável.

Para alcançar esse objetivo, o auditor independente deve planejar adequadamente seu trabalho, avaliando o sistema de controle interno, especialmente na parte contábil, procedendo à revisão analítica das contas patrimoniais e de resultado, a fim de estabelecer a natureza, as datas e a extensão dos trabalhos.

O auditor somente emite opinião após levantar e avaliar as evidências (fatos) que comprovem a existência ou o risco de distorções relevantes nas informações contidas nas demonstrações contábeis.

Não se pode ignorar, no entanto, conforme vimos, que é imprescindível que os trabalhos de auditoria sejam conduzidos em conformidade com as normas de auditoria e exigências éticas relevantes.

Estrutura de relatório financeiro aplicável é aquela adotada pela administração e, quando apropriado, pelos responsáveis pela governança na elaboração das demonstrações contábeis, que é aceitável em vista da natureza da entidade e do objetivo das demonstrações contábeis ou que seja exigida por lei ou regulamento.

O item A13, da NBC TA 700, estabelece que as demonstrações contábeis podem ser elaboradas de acordo com duas estruturas de relatórios financeiros, que são: a estrutura nacional (fundamentada na Lei n. 6.404/1976) e a estrutura fundamentada nas Normas Internacionais de Contabilidade.

A responsável pela governança é a pessoa ou organização com a obrigatoriedade de supervisionar de forma geral a direção estratégica da entidade e obrigações relacionadas com a responsabilidade da entidade.

É importante evidenciar que a responsabilidade do auditor independente não se restringe à emissão de opinião sobre as demonstrações contábeis. Ele pode ter, também, outras responsabilidades de comunicação e de relatório perante os usuários, a administração, aos responsáveis pela governança ou as partes fora da entidade, a respeito dos assuntos decorrentes da auditoria.

Essas outras responsabilidades estão estabelecidas nas NBCs TA, em lei ou regulamento aplicável, por exemplo, a NBC TA 260 – Comunicação com os Responsáveis pela Governança, e item 43, da NBC TA 240, que trata da responsabilidade do auditor em relação à fraude, no contexto da auditoria de demonstrações contábeis.

Para realizar seu trabalho na organização, é assegurado ao auditor independente:

a. acesso a todas as informações que a administração e, quando apropriado, os responsáveis pela governança tenham conhecimento e que sejam relevantes para a elaboração e apresentação das demonstrações contábeis, tais como registros, documentação e outros assuntos;

b. informações adicionais que ele possa solicitar da administração e, quando apropriado, dos responsáveis pela governança para a finalidade da auditoria; e

c. acesso irrestrito às pessoas da entidade que o auditor determine ser necessário obter evidências[4] de auditoria (ver letra C do item A4 da NBC TA 200).

## 2.9  Opinião do auditor independente

Conforme estabelece o item 5 da NBC TA 200, as NBCs TA, como base para a opinião do auditor, exigem que ele obtenha segurança razoável de que as demonstrações contábeis como um todo estejam livres de distorção relevante, independentemente se causada por fraude (intencional) ou erro (não intencional).

---

[4]  Evidência: certeza, clareza, constatação, informação. O item 5, da NBC TA 500, aprovada pela Resolução CFC n. 1217/2009, estabelece que a evidência de auditoria compreende as informações utilizadas pelo auditor para chegar às conclusões em que se fundamentam sua opinião. A evidência de auditoria inclui as informações contidas nos registros contábeis que suportam as demonstrações contábeis e outras informações.

A distorção é a diferença entre o valor, a classificação, a apresentação ou a divulgação de uma demonstração contábil relatada e o valor, a classificação, a apresentação ou a divulgação exigida para que o item esteja de acordo com a estrutura de relatório financeiro aplicável.

A asseguração razoável é um nível elevado de segurança. Esse nível é conseguido quando o auditor obtém evidência de auditoria apropriada e suficiente para reduzir a um nível aceitável baixo o risco de auditoria (isto é, o risco de que o auditor expresse uma opinião inadequada quando as demonstrações contábeis contiverem distorção relevante). Contudo, asseguração razoável não é um nível absoluto de segurança porque há limitações inerentes em uma auditoria, as quais resultam do fato de que a maioria das evidências de auditoria em que o auditor baseia suas conclusões e a opinião é persuasiva (induzida) e não conclusiva.

As NBCs TA exigem que o auditor exerça o julgamento profissional e mantenha o ceticismo profissional (questionamentos; dúvidas) ao longo de todo o planejamento e na execução da auditoria e, entre outras coisas:

- identifique e avalie os riscos de distorção relevante, independentemente se causada por fraude ou erro, com base no entendimento da entidade e de seu ambiente, inclusive o controle interno da entidade;
- obtenha evidência de auditoria apropriada e suficiente para concluir se existem distorções relevantes por meio do planejamento e aplicação de respostas (procedimentos de auditoria) apropriadas aos riscos avaliados;
- forme uma opinião a respeito das demonstrações contábeis com base em conclusões obtidas das evidências de auditoria obtidas.

É importante destacar que a forma da opinião expressa pelo auditor depende da estrutura de relatório financeiro aplicável e de lei ou regulamento aplicáveis.

## 2.10 Objetivos gerais do auditor independente

Conforme estabelecem os itens 11 e 12, da NBC TA 200 (R1), ao conduzir a auditoria de demonstrações contábeis, os objetivos gerais do auditor são:

**a.** obter segurança razoável de que as demonstrações contábeis como um todo estão livres de distorção relevante, independentemente se causada por fraude ou erro, possibilitando assim que o auditor expresse sua opinião sobre as demonstrações contábeis terem sido elaboradas, em todos os aspectos relevantes, em conformidade com a estrutura de relatório financeiro aplicável; e

**b.** apresentar relatório sobre as demonstrações contábeis e comunicar-se como exigido pelas NBCs TA, em conformidade com as constatações do auditor.

O auditor independente deve examinar as demonstrações contábeis de acordo com as normas de auditoria geralmente aceitas, não sendo seu objetivo principal detectar irregularidades (roubos, erros propositais etc.), embora estas possam vir a seu conhecimento durante a execução do serviço de auditoria.

É importante destacar que, nos casos em que não for possível obter segurança razoável e a opinião com ressalva no relatório do auditor for insuficiente nas circunstâncias para atender aos usuários previstos das demonstrações contábeis, as NBCs TA requerem que o auditor se abstenha de emitir a opinião ou renuncie ao trabalho, quando a renúncia for possível de acordo com lei ou regulamentação aplicável.

Conforme estabelece o item 21 da NBC TA 200, para atingir os objetivos gerais do auditor, ele deve utilizar os procedimentos estabelecidos nas NBCs TA relevantes ao planejar e executar a auditoria, considerando as inter-relações entre as NBCs TA para:

• determinar se são necessários quaisquer procedimentos de auditoria, além dos exigidos pelas NBCs TA, na busca dos objetivos formulados nas NBCs TA; e

• avaliar se foi obtida evidência de auditoria apropriada e suficiente.

O item 22, da NBC TA 200, estabelece que, observado o disposto no item 23, o auditor deve cumprir com cada exigência de uma NBC TA, a menos que, nas circunstâncias da auditoria:

**a.** a NBC TA inteira não seja relevante; ou

**b.** a exigência não seja relevante por ser condicional e a condição não existir.

O item 23, da NBC TA 200, estabelece que, em circunstâncias excepcionais, o auditor pode julgar necessário não considerar uma exigência relevante em uma NBC TA. Em tais circunstâncias, o auditor deve executar procedimentos de auditoria alternativos para cumprir o objetivo dessa exigência. Espera-se que a necessidade do auditor de não considerar uma exigência relevante surja apenas quando a exigência for a execução de um procedimento específico e, nas circunstâncias específicas da auditoria, esse procedimento seria ineficaz no cumprimento do objetivo da exigência.

O item 24, da NBC TA 200, estabelece que, se um objetivo em uma NBC TA relevante não pode ser cumprido, o auditor deve avaliar se isso o impede de cumprir os objetivos gerais de auditoria e se exige que ele, em conformidade com as NBCs TA, modifique a opinião ou renuncie ao trabalho (quando a renúncia é possível, de acordo com lei ou regulamento aplicável). A falha no cumprimento de um objetivo representa um assunto significativo, que exige documentação em conformidade com a NBC TA 230 – Documentação de Auditoria.

## 2.11 Requisitos éticos relacionados à auditoria de demonstrações contábeis

Conforme estabelecem os itens 14, A14 e A15, da NBC TA 200, o auditor está sujeito a exigências éticas relevantes, inclusive as relativas à independência no que diz respeito a trabalhos de auditoria de demonstrações contábeis.

As exigências éticas relevantes abrangem o Código de Ética Profissional do Contador (CEPC) relacionadas à auditoria de demonstrações contábeis, bem como as NBCs PA aplicáveis.

Os Princípios Fundamentais de Ética Profissional relevantes para o auditor, quando da condução de auditoria de demonstrações contábeis, estão implícitos no Código de Ética Profissional do Contador (NBC PG 01) e na NBC PA 01, que trata da gestão de qualidade para firmas (pessoas físicas e jurídicas) de auditores independentes. Esses princípios estão em linha com os Princípios do Código de Ética da Federação Internacional de Contadores (Ifac) cujo cumprimento é exigido dos auditores.

Esses princípios são:

- Integridade;
- Objetividade;
- Competência e Zelo Profissional;
- Confidencialidade; e
- Comportamento (ou conduta) profissional.

O Código de Ética Profissional do Contador (CEPC) e as normas profissionais do CFC relacionadas mostram como a estrutura conceitual deve ser aplicada em situações específicas. Fornecem exemplos de salvaguardas (proteções e defesas) que podem ser apropriadas para tratar das ameaças ao cumprimento dos princípios fundamentais, além de exemplos de situações nas quais não há salvaguardas disponíveis para tratar as ameaças.

## 2.12 Código de Ética Profissional do Contador (CEPC)

O Código de Ética Profissional do Contador (CEPC), cujas disciplinas nele contidas se aplicam, também, aos auditores no exercício das suas atividades profissionais, foi aprovado pelo CFC em seu Plenário de 7 de março de 2019 com o título de NBC PG 01 – Código de Ética Profissional do Contador (CEPC).

Veja, no Quadro 2.1, o CEPC na íntegra:

**Quadro 2.1** • Código de Ética Profissional do Contador (CEPC)

### NORMA BRASILEIRA DE CONTABILIDADE, NBC PG 01, DE 7 DE FEVEREIRO DE 2019

#### Aprova a NBC PG 01 – Código de Ética Profissional do Contador.

O CONSELHO FEDERAL DE CONTABILIDADE, no exercício de suas atribuições legais e regimentais e com fundamento no disposto na alínea "f" do Art. 6º do Decreto-Lei n. 9.295/1946, alterado pela Lei n. 12.249/2010, faz saber que foi aprovada em seu Plenário a seguinte Norma Brasileira de Contabilidade (NBC):

#### NBC PG 01 – CÓDIGO DE ÉTICA PROFISSIONAL DO CONTADOR

| Sumário | Item |
|---|---|
| Objetivo | 1 – 3 |
| Deveres, vedações e permissibilidades | 4 – 6 |
| Valor e publicidade dos serviços profissionais | 7 – 15 |
| Deveres em relação aos colegas e à classe | 16 – 19 |
| Penalidades | 20 – 23 |
| Disposições gerais | 24 – 26 |

### Objetivo

1. Esta Norma tem por objetivo fixar a conduta do contador, quando no exercício da sua atividade e nos assuntos relacionados à profissão e à classe.
2. A conduta ética do contador deve seguir os preceitos estabelecidos nesta Norma, nas demais Normas Brasileiras de Contabilidade e na legislação vigente.
3. Este Código de Ética Profissional do Contador se aplica também ao técnico em contabilidade, no exercício de suas prerrogativas profissionais.

### Deveres, vedações e permissibilidades

4. São deveres do contador:
   a) exercer a profissão com zelo, diligência, honestidade e capacidade técnica, observando as Normas Brasileiras de Contabilidade e a legislação vigente, resguardando o interesse público, os interesses de seus clientes ou empregadores, sem prejuízo da dignidade e independência profissionais;
   b) recusar sua indicação em trabalho quando reconheça não se achar capacitado para a especialização requerida;
   c) guardar sigilo sobre o que souber em razão do exercício profissional, inclusive no âmbito do serviço público, ressalvados os casos previstos em lei ou quando solicitado por autoridades competentes, entre estas os Conselhos Federal e Regionais de Contabilidade;

d) informar a quem de direito, obrigatoriamente, fatos que conheça e que considere em condições de exercer efeito sobre o objeto do trabalho, respeitado o disposto na alínea (c) deste item;

e) aplicar as salvaguardas previstas pela profissão, pela legislação, por regulamento ou por organização empregadora toda vez que identificar ou for alertado da existência de ameaças mencionadas nas normas de exercício da profissão contábil, observando o seguinte:

   i. tomar medidas razoáveis para evitar ou minimizar conflito de interesses; e

   ii. quando não puder eliminar ou minimizar a nível aceitável o conflito de interesses, adotar medidas de modo a não perder a independência profissional;

f) abster-se de expressar argumentos ou dar conhecimento de sua convicção pessoal sobre os direitos de quaisquer das partes interessadas, ou da justiça da causa em que estiver servindo, mantendo seu trabalho no âmbito técnico e limitando-se ao seu alcance;

g) abster-se de interpretações tendenciosas sobre a matéria que constitui objeto do trabalho, mantendo a independência profissional;

h) zelar pela sua competência exclusiva na orientação técnica dos serviços a seu cargo, abstendo-se de emitir qualquer opinião em trabalho de outro contador, sem que tenha sido contratado para tal;

i) comunicar, desde logo, ao cliente ou ao empregador, em documento reservado, eventual circunstância adversa que possa gerar riscos e ameaças ou influir na decisão daqueles que são usuários dos relatórios e serviços contábeis como um todo;

j) despender os esforços necessários e se munir de documentos e informações para inteirar-se de todas as circunstâncias, antes de emitir opinião sobre qualquer caso;

k) renunciar às funções que exerce, logo que se positive falta de confiança por parte do cliente ou empregador e vice-versa, a quem deve notificar por escrito, respeitando os prazos estabelecidos em contrato;

l) quando substituído em suas funções, informar ao substituto sobre fatos que devam chegar ao conhecimento desse, a fim de contribuir para o bom desempenho das funções a serem exercidas;

m) manifestar, imediatamente, em qualquer tempo, a existência de impedimento para o exercício da profissão;

n) ser solidário com os movimentos de defesa da dignidade profissional, seja defendendo remuneração condigna, seja zelando por condições de trabalho compatíveis com o exercício ético-profissional da Contabilidade e seu aprimoramento técnico;

o) cumprir os Programas de Educação Profissional Continuada de acordo com o estabelecido pelo Conselho Federal de Contabilidade (CFC);

p) comunicar imediatamente ao CRC a mudança de seu domicílio ou endereço, inclusive eletrônico, e da organização contábil de sua responsabilidade, bem como informar a ocorrência de outros fatos necessários ao controle e fiscalização profissional;

q) atender à fiscalização do exercício profissional e disponibilizar papéis de trabalho, relatórios e outros documentos solicitados; e

r) informar o número de registro, o nome e a categoria profissional após a assinatura em trabalho de contabilidade, propostas comerciais, contratos de prestação de serviços e em todo e qualquer anúncio, placas, cartões comerciais e outros.

5. No desempenho de suas funções, é vedado ao contador:

a) assumir, direta ou indiretamente, serviços de qualquer natureza, com prejuízo moral ou desprestígio para a classe;

b) auferir qualquer provento em função do exercício profissional que não decorra exclusivamente de sua prática lícita;

c) assinar documentos ou peças contábeis elaborados por outrem alheio à sua orientação, supervisão ou revisão;

d) exercer a profissão, quando impedido, inclusive quando for procurador de seu cliente, mesmo que com poderes específicos, dentro das prerrogativas profissionais;

e) facilitar, por qualquer meio, o exercício da profissão aos não habilitados ou impedidos;

f) explorar serviços contábeis, por si ou em organização contábil, sem registro regular em Conselho Regional de Contabilidade;

g) concorrer, no exercício da profissão, para a realização de ato contrário à legislação ou destinado a fraudá-la, quando da execução dos serviços para os quais foi expressamente contratado;

h) solicitar ou receber de cliente ou empregador qualquer vantagem para aplicação ilícita;

i) prejudicar, culposa ou dolosamente, interesse confiado a sua responsabilidade profissional;

j) recusar-se a prestar contas de quantias que lhe forem comprovadamente confiadas;

k) apropriar-se indevidamente de valores, bens e qualquer tipo de crédito confiados a sua guarda;

l) reter abusivamente livros, papéis ou documentos, inclusive arquivos eletrônicos, comprovadamente confiados à sua guarda, inclusive com a finalidade de forçar o contratante a cumprir suas obrigações contratuais com o profissional da contabilidade, ou pelo não atendimento de notificação do contratante;

m) orientar o cliente ou o empregador contra Normas Brasileiras de Contabilidade e contra disposições expressas em lei;

n) exercer atividade ou ligar o seu nome a empreendimentos com finalidades ilícitas;

o) emitir referência que identifique o cliente ou o empregador, com quebra de sigilo profissional, em publicação em que haja menção a trabalho que tenha realizado ou orientado, salvo quando autorizado por eles;

p) iludir ou tentar iludir a boa-fé de cliente, empregador ou de terceiros, alterando ou deturpando o exato teor de documentos, inclusive eletrônicos, e fornecer falsas informações ou elaborar peças contábeis inidôneas;

q) não atender, no prazo estabelecido, à notificação dos Conselhos Federal e Regionais de Contabilidade;

r) intitular-se com categoria profissional que não possua na profissão contábil;

s) executar trabalhos técnicos contábeis sem observância das Normas Brasileiras de Contabilidade editadas pelo CFC;

t) renunciar à liberdade profissional, devendo evitar quaisquer restrições ou imposições que possam prejudicar a eficácia e a correção de seu trabalho;

u) publicar ou distribuir, em seu nome, trabalho científico ou técnico do qual não tenha participado;

v) revelar negociação confidenciada pelo cliente ou empregador para acordo ou transação que, comprovadamente, tenha tido conhecimento, ressalvados os casos previstos em lei ou quando solicitado por autoridades competentes, entre estas os Conselhos Federal e Regionais de Contabilidade; e

w) exercer a profissão contábil com negligência, imperícia ou imprudência, tendo violado direitos ou causado prejuízos a outrem.

6. O contador pode:

a) publicar trabalho, científico ou técnico, assinado e sob sua responsabilidade;

b) transferir o contrato de serviços a seu cargo a outro profissional, com a anuência do cliente, sempre por escrito;

c) transferir, parcialmente, a execução dos serviços a seu cargo a outro profissional, mantendo sempre como sua a responsabilidade técnica; e

d) indicar, em qualquer modalidade ou veículo de comunicação, títulos, especializações, serviços oferecidos, trabalhos realizados e a relação de clientes, esta quando autorizada por estes.

## Valor e publicidade dos serviços profissionais

7. O contador deve estabelecer, por escrito, o valor dos serviços em suas propostas de prestação de serviços profissionais, considerando os seguintes elementos:

   a) a relevância, o vulto, a complexidade, os custos e a dificuldade do serviço a executar;

   b) o tempo que será consumido para a realização do trabalho;

   c) a possibilidade de ficar impedido da realização de outros serviços;

   d) o resultado lícito favorável que, para o contratante, advirá com o serviço prestado;

   e) a peculiaridade de tratar-se de cliente eventual, habitual ou permanente; e

   f) o local em que o serviço será prestado.

8. Nas propostas para a prestação de serviços profissionais, devem constar, explicitamente, todos os serviços cobrados individualmente, o valor de cada serviço, a periodicidade e a forma de reajuste.

9. Aceita a proposta apresentada, deve ser celebrado, por escrito, contrato de prestação de serviços, respeitando o disposto em legislação específica do CFC.

10. Caso parte dos serviços tenha que ser executada pelo próprio tomador dos serviços, isso deve estar explicitado na proposta e no contrato.

11. A publicidade, em qualquer modalidade ou veículo de comunicação, dos serviços contábeis, deve primar pela sua natureza técnica e científica, sendo vedada a prática da mercantilização.

12. A publicidade dos serviços contábeis deve ter caráter meramente informativo, ser moderada e discreta.

13. Cabe ao profissional da contabilidade manter em seu poder os dados fáticos, técnicos e científicos que dão sustentação à mensagem da publicidade realizada dos seus serviços.

14. O profissional deve observar, no que couber, o Código de Defesa do Consumidor, especialmente no que concerne à informação adequada e clara sobre os serviços a serem prestados, e a Lei de Propriedade Industrial que dispõe sobre crimes de concorrência desleal.

15. É vedado efetuar ações publicitárias ou manifestações que denigram a reputação da ciência contábil, da profissão ou dos colegas, entre as quais:

    a) fazer afirmações desproporcionais sobre os serviços que oferece, sua capacitação ou sobre a experiência que possui;

    b) fazer comparações depreciativas entre o seu trabalho e o de outros; e

    c) desenvolver ações comerciais que iludam a boa-fé de terceiros.

## Deveres em relação aos colegas e à classe

16. A conduta do contador com relação aos colegas deve ser pautada nos princípios de consideração, respeito, apreço, solidariedade e harmonia da classe.

17. O espírito de solidariedade, mesmo na condição de empregado, não induz nem justifica a participação, ou a conivência com erro ou com atos infringentes de normas técnicas, éticas ou legais que regem o exercício da profissão.

18. O contador deve, em relação aos colegas, observar as seguintes normas de conduta:

    a) abster-se de fazer referências prejudiciais ou de qualquer modo desabonadoras;

    b) abster-se da aceitação de encargo profissional em substituição a colega que dele tenha desistido para preservar a dignidade ou os interesses da profissão ou da classe, desde que permaneçam as mesmas condições que ditaram o referido procedimento;

    c) jamais se apropriar de trabalhos, iniciativas ou de soluções encontradas por colegas, que deles não tenha participado, apresentando-os como próprios; e

    d) evitar desentendimentos com o colega que substituir ou com o seu substituto no exercício profissional.

19. O contador deve, com relação à classe, observar as seguintes normas de conduta:
    a) prestar sua cooperação moral, intelectual e material, salvo circunstâncias especiais que justifiquem a sua recusa;
    b) zelar pelo cumprimento desta Norma, pelo prestígio da classe, pela dignidade profissional e pelo aperfeiçoamento de suas instituições;
    c) aceitar o desempenho de cargo de dirigente nas entidades de classe, admitindo-se a justa recusa;
    d) acatar as decisões aprovadas pela classe contábil;
    e) não formular juízos depreciativos sobre a classe contábil;
    f) informar aos órgãos competentes sobre irregularidades comprovadamente ocorridas na administração de entidade da classe contábil; e
    g) jamais se utilizar de posição ocupada em entidades de classe para benefício próprio ou para proveito pessoal.

## Penalidades

20. A transgressão de preceito desta Norma constitui infração ética, sancionada, segundo a gravidade, com a aplicação de uma das seguintes penalidades:
    a) advertência reservada;
    b) censura reservada; ou
    c) censura pública.
21. Na aplicação das sanções éticas, podem ser consideradas como atenuantes:
    a) ação desenvolvida em defesa de prerrogativa profissional;
    b) ausência de punição ética anterior;
    c) prestação de serviços relevantes à Contabilidade; e
    d) aplicação de salvaguardas.
22. Na aplicação das sanções éticas, podem ser consideradas como agravantes:
    a) ação ou omissão que macule publicamente a imagem do contador;
    b) punição ética anterior transitada em julgado; e
    c) gravidade da infração.
23. O contador pode requerer desagravo público ao Conselho Regional de Contabilidade, quando atingido, pública e injustamente, no exercício de sua profissão.

## Disposições gerais

24. As demais normas profissionais complementam esta Norma.
25. Na existência de conflito entre esta Norma e as demais normas profissionais, prevalecem as disposições desta Norma.
26. Esta Norma entra em vigor no dia 1º/06/2019 e revoga, nessa mesma data, as Resoluções CFC nᵒˢ 803/1996, 819/1997, 942/2002, 950/2002 e 1.307/2010, publicadas no DOU, Seção 1, de 20/11/1996, 13/1/1997, 4/9/2002, 16/12/2002 e 14/12/2010, respectivamente.

Brasília, 7 de fevereiro de 2019.

Contador Zulmir Ivânio Breda
Presidente
Ata CFC n.1.048.

## 2.13  Código de Ética Internacional da Ifac

A International Federation of Accountants (Ifac), com sede na cidade de Nova York, nos Estados Unidos, no cumprimento dos seus objetivos que visam fortalecer a profissão de contabilidade em todo o mundo, criou o Código de Ética Internacional para Profissionais da Contabilidade.

Esse Código de Ética está estruturado em cinco partes e foi convertido pelo Conselho Federal de Contabilidade (CFC) em cinco normas, como segue:

a. a parte 1, que trata do Cumprimento do Código, dos Princípios Fundamentais e da Estrutura Conceitual, foi convertida na NBC PG 100 (R1);

b. a parte 2, que trata dos Contadores Empregados (Contadores Internos), foi convertida na NBC PG 200 (R1);

c. a parte 3, que trata dos Contadores que Prestam Serviços (Contadores Externos), foi convertida na NBC PG 300 (R1);

d. a parte 4, que trata da Independência para Trabalho de Auditoria e Revisão, foi convertida na NBC PA 400; e

e. a parte 5, que trata da Independência para Trabalho de Asseguração Diferente de Auditoria e Revisão, foi convertida na NBC PO 900.

Veja, na seção a seguir, os Princípios Fundamentais de Ética.

---

### LEITURAS OBRIGATÓRIAS

NBCs: PG 100 (R1) PG 200 (R1), PG 300 (R1), PA 400 e PO 900.

---

## 2.14  Princípios Fundamentais de Ética[5]

### 2.14.1  Introdução

Existem cinco Princípios Fundamentais de Ética que os profissionais da contabilidade devem cumprir: integridade, objetividade, competência profissional e devido zelo, confidencialidade, e comportamento profissional.

---

[5]  O texto desta seção e respectivas subseções, com as alterações que julgamos necessárias para torná-lo de mais fácil entendimento, foi extraído da seção 110 da NBC PG 100 (R1).

Esses Princípios Fundamentais de Ética estabelecem o padrão de comportamento esperado do profissional da contabilidade.

A estrutura conceitual contida na Seção 120 da NBC PG 100 (R1) estabelece a abordagem que o profissional da contabilidade deve aplicar para auxiliar no cumprimento dos princípios fundamentais.

## 2.14.2 Princípio da Integridade

Esse princípio estabelece que o profissional da contabilidade deve ser direto e honesto em todas as relações profissionais e comerciais nas quais esteja envolvido.

Integridade implica negociação justa e veracidade. O profissional da contabilidade não deve, de forma consciente, estar associado com relatórios, declarações, comunicações ou outras informações nos quais ele acredita que as informações:

a. contenham declaração significativamente falsa ou enganosa;

b. contenham declarações ou informações fornecidas de maneira leviana; ou

c. omitam ou ocultem informações necessárias em casos em que essa omissão ou ocultação seria enganosa.

Quando o profissional da contabilidade toma conhecimento de que esteve associado com as informações descritas nas letras "a" a "c" anteriores, ele deve tomar providências para desassociar-se dessas informações.

## 2.14.3 Princípio da Objetividade

Esse princípio estabelece que o profissional da contabilidade não deve comprometer julgamentos profissionais ou comerciais devido a comportamento tendencioso, a conflito de interesses ou à influência indevida de outros.

O profissional da contabilidade não deve realizar uma atividade profissional se uma circunstância ou relação influenciar, de forma indevida, o seu julgamento com relação a essa atividade.

## 2.14.4 Princípio da Competência Profissional e Devido Zelo

Esse princípio estabelece que o profissional da contabilidade deve:

a. obter e manter conhecimento profissional e habilidade no nível necessário para assegurar que o cliente ou a organização empregadora receba serviço profissional competente, com base em padrões técnicos e profissionais atuais e legislação relevante; e

b. atuar de forma diligente e de acordo com os padrões técnicos e profissionais aplicáveis.

Atender aos clientes e às organizações empregadoras com competência profissional requer o exercício de julgamento sólido na aplicação do conhecimento profissional e habilidade na realização de atividades profissionais.

A manutenção da competência profissional requer a consciência contínua e o entendimento dos desenvolvimentos técnicos, profissionais e comerciais pertinentes.

O desenvolvimento profissional contínuo permite que o profissional da contabilidade desenvolva e mantenha as habilidades para apresentar desempenho competente no ambiente profissional.

Ao cumprir com o Princípio da Competência Profissional e Devido Zelo, o profissional da contabilidade deve tomar as providências razoáveis para assegurar que os que estão trabalhando na qualidade de profissional sob sua autoridade tenham o treinamento e a supervisão adequados.

Quando apropriado, o profissional da contabilidade deve informar os clientes, a organização empregadora ou os outros usuários dos seus serviços ou atividades profissionais sobre as limitações inerentes aos serviços ou às atividades.

## 2.14.5 Princípio da Confidencialidade

Esse princípio estabelece que o profissional da contabilidade deve respeitar a confidencialidade das informações obtidas em decorrência de relações profissionais e comerciais. O profissional da contabilidade deve:

a. estar atento para a possibilidade de divulgação inadvertida, incluindo em ambiente social e, especialmente, a parceiro de negócio próximo ou a familiar próximo ou imediato;

b. manter a confidencialidade das informações dentro da firma ou da organização empregadora;

c. manter a confidencialidade das informações divulgadas por cliente ou organização empregadora em potencial;

d. não divulgar fora da firma ou da organização empregadora informações confidenciais obtidas em decorrência de relações profissionais e comerciais sem a devida autorização específica, a menos que haja um direito ou dever legal ou profissional de divulgação;

e. não usar informações confidenciais obtidas em decorrência de relações profissionais e comerciais para seu benefício pessoal ou para o benefício de terceiro;

f. não usar ou divulgar nenhuma informação confidencial obtida ou recebida em decorrência da relação profissional ou comercial após o término dessa relação; e

g. tomar providências razoáveis para assegurar que o pessoal sob o controle do profissional da contabilidade e as pessoas das quais assessoria e assistência são obtidas respeitem o dever de confidencialidade do profissional da contabilidade.

A confidencialidade serve o interesse público porque ela facilita o fluxo livre de informações do cliente ou organização empregadora do profissional da contabilidade para o profissional da contabilidade, com a certeza de que essas informações não serão divulgadas para terceiro. Não obstante, as seguintes circunstâncias nas quais os profissionais da contabilidade são ou podem ser solicitados a divulgar informações confidenciais ou nas quais essa divulgação pode ser apropriada:

a. a divulgação é exigida por lei, como, por exemplo:

i. produção de documentos ou outra disponibilização de evidências no curso dos procedimentos legais; ou

ii. divulgação às autoridades públicas competentes de infrações da lei que são reveladas;

b. a divulgação é permitida por lei e autorizada pelo cliente ou pela organização empregadora; e

c. há o dever ou direito profissional de divulgação, quando não for proibido por lei, de:

i. cumprir com a revisão de qualidade de órgão profissional;

ii. responder à indagação ou à investigação por órgão profissional ou regulador;

iii. proteger os interesses profissionais do profissional da contabilidade em procedimentos legais; ou

iv. cumprir com as normas técnicas e profissionais, incluindo as exigências éticas.

É importante destacar, ainda, que o profissional da contabilidade deve continuar a cumprir com o Princípio de Confidencialidade, mesmo após o término da sua relação com o cliente ou com a organização empregadora. Ao mudar de emprego ou obter novo cliente, ele pode usar a experiência anterior, mas não deve usar ou divulgar nenhuma informação confidencial obtida ou recebida em decorrência da relação profissional ou comercial.

### 2.14.6 Princípio do Comportamento Profissional

Esse princípio estabelece que o profissional da contabilidade deve cumprir com as leis e os regulamentos pertinentes e evitar qualquer conduta da qual tenha conhecimento ou deva ter conhecimento que possa desacreditar a profissão.

O profissional da contabilidade não deve, de forma consciente, envolver-se em qualquer negócio, ocupação ou atividade que prejudique ou possa prejudicar a integridade, a objetividade ou a boa reputação da profissão e que, como resultado, seria incompatível com os princípios fundamentais.

A conduta que pode desacreditar a profissão inclui a conduta que um terceiro informado e prudente poderia concluir que afetaria, de forma adversa, a boa reputação da profissão.

Ao realizar atividades de marketing ou promocionais, o profissional da contabilidade não deve desprestigiar a profissão. O profissional da contabilidade deve ser honesto e verdadeiro e não deve fazer:

a. declarações exageradas sobre os serviços oferecidos por ele ou sobre suas qualificações ou experiências; ou

b. referências depreciativas ou comparações infundadas com o trabalho de outros.

## 2.15 Independência

A NBC PA 400 trata dos requisitos de independência para trabalhos de auditoria e trabalhos de revisão.

Dispõe que na realização de trabalhos de auditoria, requer-se que as firmas cumpram com os princípios fundamentais e sejam independentes. Descreve os requisitos específicos e o material de aplicação sobre a forma de aplicar a estrutura conceitual para manter a independência na realização desses trabalhos.

Veja mais detalhes envolvendo a independência do auditor em seus trabalhos de auditoria e revisão na seção 4.4 do Capítulo 4 deste livro.

## 2.16 Ceticismo profissional

A palavra ceticismo significa estado de quem duvida de tudo, descrença. Conforme estabelecem os itens 15, A18 a A22, da NBC TA 200 (R1), o auditor deve planejar e executar a auditoria com ceticismo profissional, reconhecendo que podem existir circunstâncias que causam distorção relevante nas demonstrações contábeis.

O ceticismo profissional inclui estar alerta, por exemplo, a:

- evidências de auditoria que contradigam outras evidências obtidas;
- informações que coloquem em dúvida a confiabilidade dos documentos e respostas a indagações a serem usadas como evidências de auditoria;
- condições que possam indicar possível fraude; e
- circunstâncias que sugiram a necessidade de procedimentos de auditoria além dos exigidos pelas NBCs TA.

A manutenção do ceticismo profissional ao longo de toda a auditoria é necessária, por exemplo, para que o auditor reduza os riscos de:

- ignorar circunstâncias não usuais;
- generalização excessiva ao tirar conclusões das observações de auditoria; e
- uso inadequado de premissas ao determinar a natureza, a época e a extensão dos procedimentos de auditoria e ao avaliar os resultados destes.

O ceticismo profissional é necessário para a avaliação crítica das evidências de auditoria. Isso inclui questionar evidências de auditoria contraditórias e a confiabilidade dos documentos e respostas a indagações e outras informações obtidas na administração e com os responsáveis pela governança. Também inclui a consideração da suficiência e adequação das evidências de auditoria obtidas considerando as circunstâncias, por exemplo, no caso de existência de fatores de risco de fraude e um documento individual, de natureza suscetível de fraude, for a única evidência que corrobore um valor relevante da demonstração contábil.

O auditor pode aceitar registros e documentos como genuínos, a menos que tenha razão para crer no contrário. Contudo, exige-se que o auditor considere a confiabilidade das informações a serem usadas como evidências de auditoria (NBC TA 500 (R1) – Evidência de Auditoria, item 7 a 9. Em casos de dúvida a respeito da confiabilidade das informações ou indicações de possível fraude (por exemplo, se condições identificadas durante a auditoria fizerem o auditor crer que um documento pode não ser autêntico ou que termos de documento possam ter sido falsificados), as normas de auditoria exigem que o auditor faça investigações adicionais e determine que modificações ou adições aos procedimentos de auditoria são necessários para solucionar o assunto (NBC TA 240, item 13; NBC TA 500, item 11; e NBC TA 505 – Confirmações Externas, itens 10, 11 e 16).

Não se pode esperar que o auditor desconsidere a experiência passada de honestidade e integridade da administração da entidade e dos responsáveis pela governança. Contudo, a crença de que a administração e os responsáveis pela governança são honestos e têm integridade não livra o auditor da necessidade de manter o ceticismo profissional ou permitir que ele se satisfaça com evidências de auditoria menos que persuasivas na obtenção de segurança razoável.

## 2.17 Julgamento profissional

Segundo estabelecem os itens 16, A23 a A27, da NBC TA 200 (R1), o auditor deve exercer julgamento profissional ao planejar e executar a auditoria de demonstrações contábeis.

O julgamento profissional é essencial para a condução apropriada da auditoria. Isso porque a interpretação das exigências éticas e profissionais relevantes, das normas de auditoria e as decisões informadas requeridas ao longo de toda a auditoria não podem ser feitas sem a aplicação do conhecimento e experiência relevantes para os fatos e circunstâncias. O julgamento profissional é necessário, em particular, nas decisões sobre:

- materialidade e risco de auditoria;
- a natureza, a época e a extensão dos procedimentos de auditoria aplicados para o cumprimento das exigências das normas de auditoria e a coleta de evidências de auditoria;
- avaliar se foi obtida evidência de auditoria suficiente e apropriada e se algo mais precisa ser feito para que sejam cumpridos os objetivos das NBCs TA e, com isso, os objetivos gerais do auditor;
- avaliação das opiniões da administração na aplicação da estrutura de relatório financeiro aplicável da entidade; e
- extração de conclusões baseadas nas evidências de auditoria obtidas, por exemplo, pela avaliação da razoabilidade das estimativas feitas pela administração na elaboração das demonstrações contábeis.

A característica que distingue o julgamento profissional esperado do auditor é que esse julgamento seja exercido por auditor, cujo treinamento, conhecimento e experiência tenham ajudado no desenvolvimento das competências necessárias para estabelecer julgamentos razoáveis.

O exercício do julgamento profissional em qualquer caso específico se baseia nos fatos e nas circunstâncias que são conhecidos pelo auditor. A consulta a respeito de assuntos difíceis ou contenciosos durante o curso da auditoria, dentro da equipe do trabalho e entre a equipe do trabalho e outros no nível apropriado, dentro ou fora da firma de auditoria, tal como exigido pela NBC TA 220, item 18, ajuda o auditor no exercício de julgamentos suportados e razoáveis.

O julgamento profissional pode ser avaliado com base no fato de que o julgamento exercido reflita uma aplicação competente ou não competente dos princípios de auditoria e contábeis e se ele é apropriado, considerando-se os fatos e as circunstâncias conhecidos pelo auditor até a data do seu relatório de auditoria e compatível com estes.

O julgamento profissional precisa ser exercido ao longo de toda a auditoria. Ele também deve ser adequadamente documentado. Nesse aspecto, exige-se que o auditor elabore documentação de auditoria suficiente para possibilitar que outro auditor experiente, sem nenhuma ligação prévia com a auditoria, entenda os julgamentos profissionais significativos exercidos para se atingir as conclusões sobre assuntos significativos surgidos durante a auditoria (NBC TA 230 (R1), item 8).

O julgamento profissional não deve ser usado como justificativa para decisões que, de outra forma, não são sustentados pelos fatos e pelas circunstâncias do trabalho nem por evidência de auditoria apropriada e suficiente.

## 2.18  Evidência de auditoria apropriada e suficiente e risco de auditoria

Conforme estabelecem os itens 17 a 20, da NBC TA 200 (R1), para obter segurança razoável, o auditor:

- deve ter evidência de auditoria apropriada e suficiente para reduzir o risco de auditoria a um nível baixo aceitável e, com isso, possibilitar a ele obter conclusões razoáveis e nelas basear a opinião;
- deve observar todas as NBCs TA relevantes para a auditoria. Uma NBC TA é relevante para a auditoria quando ela estiver em vigor e as circunstâncias tratadas nela existem na situação específica;
- deve entender o texto inteiro de cada NBC TA, inclusive sua aplicação e outros materiais explicativos para compreender seus objetivos e aplicar suas exigências adequadamente; e
- não deve declarar conformidade com as normas de auditoria (brasileiras e internacionais) no seu relatório, a menos que ele tenha cumprido com as exigências dessa norma e de todas as demais NBCs TA relevantes para a auditoria.

# Atividades Teóricas

Responda:

1. O que é auditor externo?
2. Em que consiste o trabalho do auditor externo?
3. O que é auditor interno e qual a sua função principal?
4. Em que consiste o trabalho do auditor interno?
5. O que é auditor fiscal?
6. Qual é a função do auditor fiscal?
7. Quem são os clientes do auditor independente?
8. Cite três dos principais órgãos brasileiros emissores de atos que regulamentam a profissão do auditor independente.
9. Em geral, nas firmas de auditoria, após quantos anos de trabalho o auditor consegue ser promovido à categoria de auditor sênior?
10. O trabalho do auditor sênior é avaliado pelo gerente de auditoria. Quem avalia o trabalho do gerente de auditoria?
11. Cite três dos principais motivos responsáveis pela evasão dos jovens que ingressam nas firmas de auditoria.
12. O item A13 da NBC TA 700 estabelece que as demonstrações contábeis podem ser elaboradas de acordo com duas estruturas de relatórios. Quais são elas?
13. O que é evidência de auditoria?
14. O que significa distorção em auditoria?
15. O que é asseguração razoável?
16. Cite um dos objetivos gerais do auditor independente ao conduzir a auditoria das demonstrações contábeis.
17. Qual é o objetivo do Código de Ética Profissional do Contador (CEPC)?
18. Como se denomina o código de ética criado pela Ifac?
19. Cite os cinco Princípios Fundamentais de Ética aos quais os profissionais da contabilidade estão sujeitos.

Classifique as afirmativas em falsas ou verdadeiras:

1. (   ) A principal responsabilidade do auditor independente é expressar uma opinião que possibilite aumentar o grau de confiança dos usuários em relação às demonstrações contábeis.

2. (   ) No Brasil, há exigência de formação específica em Ciências Contábeis para exercer as funções de auditor interno.

3. (   ) O exercício da atividade de auditoria independente é uma prerrogativa profissional dos contadores legalmente habilitados por registro em Conselho Regional de Contabilidade.

4. (   ) Para atuar como auditor independente, é preciso que o interessado, bacharel em ciências contábeis, esteja devidamente registrado como contador em Conselho Regional de Contabilidade.

5. (   ) Embora não existam no Brasil exigências de qualificação profissional para o exercício das funções de auditoria interna, há um organismo internacional (The Institute of Internal Auditors – IIA Global, com sede nos Estados Unidos) que promove cursos de especialização com o fornecimento de credenciais de alcance internacional para os profissionais que atuam na função de auditoria interna.

6. (   ) Integram o Programa de Educação Profissional Continuada (EPC): cursos credenciados; eventos credenciados; cursos de extensão devidamente credenciados no PEPC etc.

7. (   ) Para ingressar nas grandes firmas de auditoria como *trainee*, é necessário que o candidato seja estudante do curso de ciências contábeis e do sexo masculino.

8. (   ) O auditor independente poderá se tornar sócio da firma de auditoria após, em média, 15 anos de trabalho.

9. (   ) No desempenho das suas atividades profissionais, o auditor externo deve observar todas as NBCs TA relevantes para a auditoria.

10. (   ) Uma NBC TA é relevante para a auditoria quando, mesmo não estando em vigor, as circunstâncias tratadas nela existem na situação específica.

11. (   ) A responsabilidade dos auditores independentes é a de expressar uma opinião sobre as demonstrações contábeis com base na auditoria, conduzida de acordo com as normas brasileiras e internacionais de auditoria.

12. (   ) A responsabilidade do auditor independente se restringe à emissão de opinião sobre as Demonstrações Contábeis.

13. (   ) É assegurado ao auditor independente o acesso a todas as informações que a administração e, quando apropriado, os responsáveis pela governança tenham conhecimento e que sejam relevantes para a elaboração e apresentação das demonstrações contábeis.

14. (   ) O principal objetivo do auditor independente é detectar irregularidades como roubos, erros propositais etc.

15. (   ) O auditor, após assumir um trabalho de auditoria, não pode em hipótese alguma renunciá-lo, pois isto está previsto em lei ou em regulamento.

16. (  ) Conforme estabelece a NBC TA 200 (R1), o auditor está sujeito a exigências éticas relevantes, inclusive as relativas à independência, no que diz respeito a trabalhos de auditoria de demonstrações contábeis.

17. (  ) O ceticismo profissional é necessário para a avaliação crítica das evidências de auditoria. Isso inclui questionar evidências de auditoria.

18. (  ) O julgamento profissional é essencial para a condução apropriada da auditoria.

19. (  ) Uma NBC TA é relevante para a auditoria quando ela está em vigor e as circunstâncias tratadas nela existem na situação específica.

20. (  ) As disciplinas contidas no Código de Ética Profissional do Contador (CEPC) aplicam-se, também, aos auditores no exercício das suas atividades profissionais.

21. (  ) Recusar sua indicação em trabalho quando reconheça não se achar capacitado para a especialização requerida, é um dos deveres do contador.

22. (  ) É vedado ao contador manifestar, imediatamente, em qualquer tempo, a existência de impedimento para o exercício da profissão.

23. (  ) O Princípio da Integridade estabelece que o profissional da contabilidade deve ser direto e honesto em todas as relações profissionais e comerciais nas quais esteja envolvido.

24. (  ) O Princípio da Competência estabelece que o profissional da contabilidade não deve comprometer julgamentos profissionais ou comerciais devido a comportamento tendencioso, a conflito de interesses ou à influência indevida de outros.

25. (  ) O Princípio da Objetividade estabelece que o profissional da contabilidade deve obter e manter conhecimento profissional e habilidade no nível necessário para assegurar que o cliente ou a organização empregadora receba serviço profissional competente, com base em padrões técnicos e profissionais atuais e legislação relevante.

26. (  ) O Princípio do Comportamento Profissional estabelece que o profissional da contabilidade deve respeitar a confidencialidade das informações obtidas em decorrência de relações profissionais e comerciais.

27. (  ) O Princípio da Confidencialidade estabelece que o profissional da contabilidade deve cumprir com as leis e os regulamentos pertinentes e evitar qualquer conduta da qual tenha conhecimento ou deva ter conhecimento que possa desacreditar a profissão.

28. (  ) O Princípio do Comportamento Profissional estabelece que o profissional da contabilidade deve cumprir com as leis e os regulamentos pertinentes e evitar qualquer conduta da qual tenha conhecimento ou deva ter conhecimento que possa desacreditar a profissão.

Escolha a alternativa correta:

1. Para atuar como Auditor Independente, o profissional precisa:
   a) ser bacharel em ciências contábeis.
   b) estar devidamente registrado no CRC, como contador.
   c) estar devidamente registrado no Cadastro Nacional de Auditores Independentes (CNAI) do CFC.
   d) atender às exigências contidas nas letras "a" a "c".
   e) NDA.

2. A atividade que visa manter, atualizar e expandir os conhecimentos e competências técnicas e profissionais, as habilidades multidisciplinares e a elevação do comportamento social, moral e ético dos profissionais da contabilidade, como características indispensáveis à qualidade dos serviços prestados e ao pleno atendimento das normas que regem o exercício da profissão contábil, é:
   a) exigência específica para os profissionais que atuam nas funções de auditoria interna.
   b) Educação Profissional Continuada.
   c) exigência requerida para o ingresso do auditor no Audibra.
   d) exigência requerida para o ingresso do auditor na CVM.
   e) NDA.

3. As práticas contábeis brasileiras integram:
   a) a legislação societária brasileira.
   b) as Normas Brasileiras de Contabilidade.
   c) os pronunciamentos, as interpretações e as orientações emitidas pelo CPC e homologadas pelos órgãos reguladores.
   d) as práticas adotadas pelas entidades em assuntos não regulados, desde que atendam à NBC TG ESTRUTURA CONCEITUAL emitida pelo CFC e, por conseguinte, em consonância com as normas contábeis internacionais.
   e) todas estão corretas.

4. Nas sociedades de auditoria independente (firmas ou entidades de auditoria independente), o plano de carreira dos auditores pode envolver as seguintes categorias:
   a) *trainee* e assistente (auxiliar de auditoria).
   b) auditor sênior e supervisor.
   c) gerente e sócio.
   d) diretor e presidente.
   e) somente a alternativa "d" está errada.

5. Planejar os trabalhos de auditoria; preparar programação de trabalho para as várias equipes sob sua subordinação; supervisionar as equipes; relacionar-se com a cúpula da firma auditada; e revisar os papéis de trabalho. Essas tarefas, nas firmas de auditoria, são de responsabilidade do:

a) auditor sênior com mais de 2 anos na função.

b) supervisor de auditoria.

c) líder que chefia a equipe de auditores.

d) sócio.

e) gerente de auditoria.

6. Capacidade técnica, relacionamento com clientes, relacionamento com o quadro de auditores, habilidade de negociação. Esses são alguns dos quesitos analisados para promoção do auditor a:

a) auditor sênior.

b) supervisor de auditoria.

c) líder que chefia a equipe de auditores.

d) gerente.

e) sócio.

7. A pessoa ou organização com a responsabilidade de supervisionar de forma geral a direção estratégica da entidade e obrigações relacionadas com a responsabilidade da entidade é:

a) o auditor independente.

b) o responsável pela governança.

c) o sócio da auditada.

d) o gerente de auditoria.

e) NDA.

8. O estado no qual as obrigações ou os interesses da entidade de auditoria são, suficientemente, isentos dos interesses das entidades auditadas para permitir que os serviços sejam prestados com objetividade, é:

a) ceticismo.

b) sigilo.

c) evidência.

d) independência.

e) todas estão corretas.

9. Reconhecer que podem existir circunstâncias que causam distorção relevante nas demonstrações contábeis, é:

a) ceticismo.

b) sigilo.

c) evidência.

d) independência.

e) todas estão corretas.

10. Conforme estabelece a NBC TA 200 (R1), para obter segurança razoável, o auditor:

a) deve obter evidência de auditoria apropriada e suficiente para reduzir o risco de auditoria a um nível baixo aceitável.

b) deve observar todas as NBCs TA relevantes para a auditoria.

c) deve entender o texto inteiro de cada NBC TA, inclusive sua aplicação, e outros materiais explicativos.

d) não deve declarar conformidade com as normas de auditoria (brasileiras e internacionais) no seu relatório, a menos que ele tenha cumprido com as exigências desta Norma (NBC TA 200) e de todas as demais NBCs TA relevantes para a auditoria.

e) todas as alternativas estão corretas.

11. A conduta ética do contador deve seguir:

a) os preceitos estabelecidos no Código de Ética Profissional do Contador (CEPC).

b) os preceitos estabelecidos nas Normas Brasileiras de Contabilidade.

c) os preceitos estabelecidos na legislação vigente.

d) as alternativas "a" a "c" estão corretas.

e) nenhuma das alternativas.

12. O Conselho Federal de Contabilidade, fundamentado no Código de Ética Internacional para Profissionais da Contabilidade derivado da Ifac, criou as seguintes normas:

a) NBC PG 100 e NBC PG 200.

b) NBC PG 300, NBC PA 400 e NBC PO 900.

c) NBC TA 300 e NBC TA 500.

d) as alternativas "a" e "c" estão corretas.

e) as alternativas "a" e "b" estão corretas.

SÉRIE ⊕ EM **FOCO**

# CAPÍTULO 3

# AUDITORIA INTERNA

## Objetivos do Capítulo

### Após ler este capítulo, você estará apto a:

- ❑ Saber o que é auditoria interna, quem a executa e qual sua principal função.
- ❑ Conhecer as etapas da auditoria interna.
- ❑ Saber como se desenvolve a auditoria interna nas organizações.
- ❑ Saber que a auditoria interna pode ser desenvolvida por auditores independentes contratados para esse fim.
- ❑ Saber da existência de normas nacionais e internacionais que regem a auditoria interna.
- ❑ Conhecer os serviços de avaliação e de consultoria prestados pela auditoria interna.
- ❑ Discutir sobre a independência do auditor interno.
- ❑ Conhecer os objetivos da função de auditoria interna.
- ❑ Conhecer os requisitos necessários para o desenvolvimento da função de auditoria interna.
- ❑ Conhecer, na íntegra, as normas internacionais série 1000 e 2000, para o exercício profissional da auditoria interna.
- ❑ Entender como se desenvolve a auditoria interna nas organizações públicas.
- ❑ Saber que o resultado do trabalho da auditoria interna é consubstanciado em um relatório de auditoria.

# 3.1 Conceito

A auditoria interna compreende os exames, análises, avaliações, levantamentos e comprovações metodologicamente estruturados para a avaliação da integridade, adequação, eficácia, eficiência e economicidade dos processos, dos sistemas de informações e de controles internos integrados ao ambiente, e de gerenciamento de riscos, com vistas a assistir à administração da entidade no cumprimento de seus objetivos (item 12.1.1.3, da NBC TI 01).

A NBC TA 610, no item 14, estabelece que as expressões função de auditoria interna, auditor interno ou auditoria interna se referem à função ou pessoas de uma entidade que executem atividades de asseguração e consultoria projetadas para avaliar e melhorar a eficácia da governança, dos processos de controle interno e gestão de risco da entidade.

Segundo o item 10 da NBC TA ESTRUTURA CONCEITUAL – Estrutura Conceitual para Trabalhos de Asseguração, no trabalho de asseguração, o auditor independente visa obter evidências apropriadas e suficientes para expressar sua conclusão, de forma a aumentar o grau de confiança dos usuários previstos sobre o resultado da mensuração ou avaliação do objeto, de acordo com os critérios que sejam aplicáveis.

Trabalhos de consultoria consistem em assessorias prestadas pelo auditor a um departamento, a um administrador ou mesmo à governança da organização, auxiliando-os no desempenho de suas tarefas.

É importante destacar, também, conforme consta do item 12.1.1.4 da NBC TI 01, que a atividade da auditoria interna está estruturada em procedimentos com enfoque técnico, objetivo, sistemático e disciplinado, e tem por finalidade agregar valor ao resultado da organização, apresentando subsídios para o aperfeiçoamento dos processos, da gestão e dos controles internos, por meio da recomendação de soluções para as não conformidades apontadas nos relatórios.

Segundo estabelecem as normas internacionais para o exercício profissional da auditoria interna, derivadas do Institute of Internal Auditors (IIA),[1] a auditoria interna é uma atividade independente e objetiva, que presta serviços de avaliação e de consultoria e tem como propósito adicionar valor[2] e melhorar as operações de uma organização.

---

[1] Institute of Internal Auditors (IIA): associação profissional internacional, fundada em 1941, com sede na Flórida, Estados Unidos.

[2] Benefícios criados pelas organizações em prol dos seus proprietários, empregados e clientes.

O IIA considera, ainda, que a auditoria auxilia a organização a alcançar seus objetivos por meio de uma abordagem sistemática e disciplinada para a avaliação e melhoria da eficácia dos processos de gestão de risco, controle e governança corporativa.[3]

Portanto, a auditoria interna, também conhecida por auditoria operacional, desenvolve-se, principalmente, por meio do exame, da avaliação e do monitoramento da adequação e efetividade do controle interno, com o propósito, conforme vimos, de adicionar valor e melhorar as operações de uma organização.

Diante do exposto, concluímos que a principal função da auditoria interna é auxiliar a organização a alcançar seus objetivos. Ela pode ser realizada tanto por auditores internos, empregados da própria empresa, como por auditores independentes contratados para esse fim.

Auditores internos são as pessoas que executam as atividades da função de auditoria interna. Eles podem fazer parte de um departamento de auditoria interna ou de uma função equivalente.

Há organizações que não possuem em seu quadro de funcionários os auditores internos. Nesse caso, para realizar as atividades que seriam afetas ao departamento de auditoria interna, a organização contrata os serviços de auditores independentes (pessoas físicas ou jurídicas − firmas de auditoria). Esses auditores, embora independentes, executarão, na organização, as funções de auditoria interna.

As instituições financeiras e demais instituições autorizadas a funcionar pelo Banco Central do Brasil (BCB), por força do § 2º do art. 1º da Resolução BCB n. 2.554/1998, são obrigadas a manter a atividade de auditoria interna como parte integrante do sistema de controles internos.

A unidade de auditoria interna, quando houver, deve estar diretamente subordinada ao conselho de administração ou, na falta deste, à diretoria da instituição.

Estabelece, ainda, o § 3º do art. 2º supramencionado, que, quando a atividade de auditoria interna não for executada por unidade específica da própria instituição ou de instituição integrante do mesmo conglomerado financeiro, ela poderá ser exercida:

- por auditor independente devidamente registrado na Comissão de Valores Mobiliários (CVM), desde que não seja aquele responsável pela auditoria das demonstrações financeiras;
- pela auditoria da entidade ou associação de classe ou de órgão central a que estiver filiada a instituição;
- por auditoria de entidade ou associação de classe de outras instituições autorizadas a funcionar pelo Banco Central, mediante convênio, previamente aprovado

---

[3] Processo de governança corporativa: procedimentos utilizados pelos representantes dos proprietários (por exemplo, acionistas etc.) para atribuir responsabilidades sobre riscos e processos de controle administrados pelas gerências.

por este, firmado entre a entidade a que estiver filiada a instituição e a entidade prestadora do serviço.

## 3.2 Normatização

Conforme vimos na Seção 1.8, do Capítulo 1, as Normas Brasileiras de Auditoria Interna integram o conjunto das Normas Brasileiras de Contabilidade derivadas do Conselho Federal de Contabilidade (CFC). Essas normas estabelecem regras e procedimentos de conduta que devem ser observados como requisitos para o exercício da profissão contábil no desempenho das funções de auditoria interna.

As Normas de Auditoria Interna, bem como as Normas de Auditoria Independente e de Asseguração,[4] derivadas do Conselho Federal de Contabilidade (CFC), são convergentes com as Normas Internacionais de Auditoria (ISAs), emitidas pela Federação Internacional de Contadores (Ifac).

As Normas Brasileiras de Contabilidade Profissionais específicas do Auditor Interno são identificadas como "NBC PI". Já as Normas Brasileiras de Contabilidade Técnicas específicas de Auditoria Interna são identificadas como "NBC TI".

É importante destacar, ainda, as normas internacionais para o exercício profissional da auditoria interna derivadas do Institute of Internal Auditors (IIA). Essas normas compreendem:

- Normas de Atributos (série 1000): tratam das características das organizações e indivíduos que realizam atividades de auditoria.

- Normas de Desempenho (série 2000): descrevem a natureza das atividades da auditoria interna e apresentam critérios de qualidade contra os quais o desempenho desses serviços são avaliados.

- Normas de Implantação: aplicam-se a tipos específicos de trabalhos de auditoria. Elas foram estabelecidas para as atividades de avaliação (*assurance*) e de consultoria.

As Normas de Atributos e de Desempenho aplicam-se a todos os serviços de auditoria interna. O propósito das Normas do IIA é:

- estabelecer princípios básicos que representem a prática da auditoria interna na forma em que esta deveria ser;

---

[4] A NBC TA ESTRUTURA CONCEITUAL trata da Estrutura Conceitual para Trabalhos de Asseguração.

- apresentar um modelo para a execução e promoção de amplo leque de atividades de auditoria interna que representem valor agregado;
- estabelecer uma base para a avaliação da auditoria interna;
- incentivar a melhoria dos processos e operações da organização.

Veja, na Seção 3.8, as Normas de Atributos (série 1000) e as Normas de Desempenho (série 2000), apresentadas na íntegra.

É importante destacar, ainda, que o Institute of Internal Auditors (IIA), com sede nos Estados Unidos, promove cursos de especialização com o fornecimento de credenciais de alcance internacional para os profissionais que atuam na função de auditoria interna. Veja mais detalhes na Seção 2.4.4, do Capítulo 2.

> ## LEITURA OBRIGATÓRIA:
>
> NBC TI 01 – Da Auditoria Interna

## 3.3 Etapas do ciclo de vida da auditoria interna

O ciclo de vida da auditoria interna pode ser dividido em quatro etapas: planejamento, execução, relatório e *follow-up*.

O planejamento do trabalho da auditoria interna compreende os exames preliminares das áreas, atividades, produtos e processos, para definir a amplitude e a época do trabalho a ser realizado, de acordo com as diretrizes estabelecidas pela administração da entidade (item 12.2.1.1 da NBC TI 01).

A NBC TI 01, no item 12.2.1.2, estabelece que o planejamento deve considerar os fatores relevantes na execução dos trabalhos, como: o conhecimento detalhado da política e dos instrumentos de gestão de riscos da entidade; o conhecimento detalhado das atividades operacionais e dos sistemas contábil e de controles internos e seu grau de confiabilidade da entidade etc. Veja mais detalhes sobre o planejamento de auditoria no Capítulo 6.

A execução consiste no desenvolvimento dos trabalhos de auditoria com a realização dos testes necessários. É o trabalho de campo realizado nas dependências da empresa auditada. Nesta etapa, o auditor ou a equipe de trabalho aplica os procedimentos de auditoria conforme o planejamento, visando a levantar evidências justificativas das distorções que geraram a auditoria. Os assuntos que envolvem a execução dos trabalhos de auditoria serão tratados principalmente nos Capítulos 7 a 14 e aplicam-se não só a execução da auditoria interna como também da auditoria externa.

O relatório de auditoria que será entregue ao cliente (alta administração ou governança) é um documento no qual o auditor interno expressa sua opinião como resultado dos trabalhos de auditoria. Veja mais detalhes sobre o relatório de auditoria no Capítulo 17.

*Follow-up* consiste na auditoria das ações que foram implementadas pela administração após tomar conhecimento das evidências de distorções existentes e devidamente incluídas no relatório. É importante destacar que existem tarefas que são monitoradas periodicamente pela auditoria, independentemente da execução de um trabalho de auditoria. Veja mais detalhes sobre *follow-up*, na Seção 15.3.5, do Capítulo 15.

## 3.4 Serviços de avaliação e consultoria

O IIA trata dos serviços de avaliação e de consultoria prestados pela auditoria interna, como segue:

> Os serviços de avaliação (assurance) compreendem uma avaliação objetiva da evidência por parte do auditor interno com o objetivo de apresentar uma opinião ou conclusões independentes sobre um processo ou outra matéria correlata.

A natureza e o escopo do trabalho de avaliação são determinados pelo próprio auditor interno. Normalmente, três partes participam dos serviços de avaliação:

* a pessoa ou grupo diretamente responsável pelo processo, sistema ou outro assunto correlato: o proprietário do processo;
* a pessoa ou grupo que faz a avaliação: o auditor interno; e
* a pessoa ou grupo que faz uso da avaliação: o usuário.

Os serviços de consultoria são aqueles relacionados à assessoria e, normalmente, são prestados por solicitação específica de um cliente de auditoria. A natureza e o escopo dos trabalhos de consultoria estão sujeitos a um acordo mútuo com o cliente do trabalho.

Os serviços de consultoria, geralmente, compreendem dois participantes:

* a pessoa ou grupo que oferece a consultoria: o auditor interno; e
* a pessoa ou grupo que necessita e recebe a consultoria: o cliente do trabalho.

Ao realizar serviços de consultoria, o auditor interno deve manter a objetividade e não assumir responsabilidades gerenciais.

## 3.5  Independência

Independentemente do grau de autonomia e de objetividade da função de auditoria interna, tal função não é independente da entidade, como é exigido do auditor independente quando ele expressa uma opinião sobre as demonstrações contábeis. Entretanto, ainda que a auditoria interna esteja subordinada aos interesses da organização, para que os trabalhos dos auditores internos estejam isentos de qualquer tipo de pressão que possa existir em decorrência da influência dos demais trabalhadores da organização, é preciso que o departamento de auditoria esteja hierarquicamente subordinado diretamente à alta cúpula da organização.

## 3.6  Objetivos da função de auditoria interna

Conforme estabelece o item 6 da NBC TA 610, os objetivos das funções de auditoria interna variam amplamente e dependem do tamanho e da estrutura da entidade e dos requerimentos da administração e, quando aplicável, dos responsáveis pela governança.

As atividades da função de auditoria interna podem incluir um ou mais dos itens a seguir:

- monitoramento do controle interno: compreendem as responsabilidades específicas de revisão dos controles, monitoramento de sua operação e recomendação de melhorias nestes;
- exame das informações contábeis e operacionais: compreendem as responsabilidades pela revisão dos meios usados para identificar, mensurar, classificar e reportar informações contábeis e operacionais e fazer indagações específicas sobre itens individuais, incluindo o teste detalhado de transações, saldos e procedimentos;
- revisão das atividades operacionais: compreendem as responsabilidades por revisar a economia, eficiência e eficácia das atividades operacionais, incluindo as atividades não financeiras de uma entidade;
- revisão da conformidade com leis e regulamentos: compreendem as responsabilidades por revisar a conformidade com leis, regulamentos e outros requerimentos externos e com políticas e normas da administração e outros requerimentos internos;

- gestão de risco: corresponde a ajudar a organização mediante a identificação e avaliação das exposições significativas a riscos e a contribuição para a melhoria da gestão de risco e dos sistemas de controle;

- governança: consiste em avaliar o processo de governança quanto à realização de seus objetivos de ética e valores, administração de desempenho e prestação de contas, comunicando informações sobre risco e controle para as áreas apropriadas da organização, e da eficácia da comunicação entre as pessoas responsáveis pela governança, os auditores internos e independentes e a administração.

## 3.7 Requisitos da função de auditoria interna

Para que os trabalhos dos auditores internos sejam adequados aos objetivos da auditoria, é preciso observar os seguintes requisitos:

### 3.7.1 Objetividade

- a situação da função de auditoria interna na entidade e o efeito que essa situação tem na capacidade dos auditores internos de serem objetivos;

- se a função de auditoria interna apresenta relatórios para os responsáveis pela governança ou para um executivo com a autoridade apropriada e se os auditores internos têm acesso direto aos responsáveis pela governança;

- se os auditores internos estão livres de qualquer responsabilidade conflitante;

- se os responsáveis pela governança supervisionam de modo geral as decisões de contratação de pessoas relacionadas com a função de auditoria interna;

- se existem quaisquer limitações ou restrições estabelecidas para a função de auditoria interna pela administração ou pelos responsáveis pela governança; e

- se e em que extensão a administração age de acordo com as recomendações da função de auditoria interna e como essa ação é evidenciada.

### 3.7.2 Competência técnica

- se os auditores internos são membros de órgãos profissionais relevantes (importantes);

- se os auditores internos têm competência e treinamento técnico adequados como auditores internos; e

- se existem políticas estabelecidas para a contratação e o treinamento de auditores internos.

### 3.7.3 Zelo profissional

- se as atividades da função de auditoria interna são planejadas, supervisionadas, revisadas e documentadas adequadamente; e
- a existência e a adequação de manuais de auditoria, ou de outros documentos semelhantes, de programas de trabalho e da documentação de auditoria interna.

### 3.7.4 Comunicação

Tendo em vista que a NBC TA 610 trata da responsabilidade do auditor externo em relação ao trabalho dos auditores internos, a comunicação entre o auditor independente e os auditores internos pode ser mais efetiva quando os auditores internos estão livres para se comunicar abertamente com os auditores independentes e que:

- as reuniões sejam realizadas em intervalos apropriados durante todo o período;
- o auditor independente seja informado sobre relatórios de auditoria interna relevantes; tenha acesso a esses relatórios e seja informado sobre quaisquer assuntos significativos dos quais os auditores internos tomaram conhecimento nos casos em que esses assuntos possam afetar o trabalho do auditor independente; e
- o auditor independente informa os auditores internos sobre quaisquer assuntos significativos que possam afetar a função de auditoria interna.

## 3.8 Normas Internacionais 1000 e 2000

### 3.8.1 Normas de atributos

#### 1000 – Propósito, Autoridade e Responsabilidade

O propósito, a autoridade e a responsabilidade da atividade de auditoria interna devem ser formalmente definidos em um regulamento ou estatuto (*charter*), consistente com as Normas e aprovado pelo Conselho de Administração.

**1000.A1** – A natureza dos serviços de avaliação (*assurance*) prestados à organização devem ser formalmente definidos no regulamento ou estatuto da Auditoria. Se tais serviços forem prestados a terceiros, externos à organização, a natureza desses serviços deve também ser definida no regulamento ou estatuto.

**1000.C1** – A natureza dos serviços de consultoria deve ser definida no estatuto ou regulamento da Auditoria.

## 1100 – Independência e Objetividade

A atividade de auditoria interna deve ser independente, e os auditores internos devem ser objetivos na execução de seu trabalho.

## 1110 – Independência Organizacional

O diretor executivo de auditoria deve estar subordinado a um nível dentro da organização que permita à atividade de auditoria interna cumprir suas responsabilidades.

**1110.A1** – A atividade de auditoria interna deve ser livre de interferências na determinação do escopo da auditoria interna, na execução do trabalho e na comunicação de resultados.

## 1120 – Objetividade Individual

Os auditores internos devem ter atitude imparcial e isenta e evitar conflitos de interesses.

## 1130 – Prejuízos à Independência ou Objetividade

Se a independência ou objetividade forem prejudicadas de fato ou na aparência, os detalhes de tal prejuízo devem ser informados às partes apropriadas. A natureza da comunicação dependerá do prejuízo.

**1130.A1** – Os auditores internos devem se abster de avaliar operações específicas pelas quais tenham sido responsáveis anteriormente. Presume-se prejudicada a objetividade, se um auditor prestar serviços de avaliação para uma atividade pela qual tenha sido responsável no ano anterior.

**1130.A2** – Trabalhos de auditoria de avaliação relacionados a funções que estejam sob a responsabilidade do diretor executivo de auditoria devem ser supervisionados por alguém externo à atividade de auditoria.

**1130.C1** – Os auditores internos podem prestar serviços de consultoria relacionados às operações pelas quais tenham sido responsáveis anteriormente.

**1130.C2** – Caso os auditores internos constatem potenciais prejuízos à independência ou objetividade relacionados a serviços de consultoria propostos, o cliente do trabalho deve ser informado antes que a execução deste seja aceita.

## 1200 – Proficiência e Zelo Profissional Devido

Os trabalhos de auditoria devem ser realizados com a proficiência e o cuidado profissional devidos.

## 1210 – Proficiência

Os auditores internos devem possuir conhecimentos, habilidades e outras competências necessárias à execução de suas responsabilidades individuais. A atividade de auditoria interna, de forma coletiva, deve possuir ou obter os conhecimentos, as habilidades e outras competências necessárias para o desempenho de suas responsabilidades.

**1210.A1** – O diretor executivo de auditoria deve obter assessoria competente e assistência se a equipe de auditoria interna não dispuser de conhecimentos, habilidades ou outras competências necessárias à execução do todo ou parte do trabalho de auditoria.

**1210.A2** – O auditor interno deve possuir suficiente conhecimento para identificar indicadores de fraude, mas não se espera que tenha a especialidade de uma pessoa cuja responsabilidade principal seja detectar e investigar fraudes.

**1210.A3** – O auditores internos devem possuir conhecimento dos riscos e controles-chave relacionados à tecnologia da informação, bem como das técnicas de auditoria baseadas em tecnologia para a execução dos trabalhos sob sua responsabilidade. Entretanto, nem todos os auditores internos são obrigados a possuir o conhecimento técnico que se espera de um auditor cuja principal responsabilidade seja auditar a tecnologia da informação.

**1210.C1** – O diretor executivo de auditoria deve declinar de realizar trabalhos de consultoria, ou obter a competente orientação e assistência, caso o pessoal da auditoria interna não possua o conhecimento, habilidades ou outras competências necessárias para desenvolver o todo ou parte do trabalho.

## 1220 – Zelo Profissional Devido

Os auditores internos devem aplicar cuidados e habilidades esperados de um profissional razoavelmente prudente e competente. Zelo profissional devido não implica infalibilidade.

**1220.A1** – O auditor interno deve exercer o zelo profissional devido, considerando:

- A necessária extensão do trabalho para alcançar os objetivos do trabalho de auditoria.

- A relativa complexidade, materialidade ou importância dos assuntos sobre os quais os procedimentos de auditoria são aplicados.
- A adequação e eficácia dos processos de gestão de risco, de controle e de governança corporativa.
- A probabilidade de erros significativos, irregularidades, ou desconformidades.
- Custo do trabalho de avaliação em relação a benefícios potenciais.

**1220.A2 –** No exercício do zelo profissional devido, o auditor interno deve considerar a utilização de ferramentas de auditoria auxiliadas por computador, bem como outras técnicas de análise de dados.

**1220.A3 –** O auditor interno deve estar alerta aos riscos significativos que poderiam afetar os objetivos, operações ou recursos.

Entretanto, procedimentos de auditoria, por si só, mesmo quando desenvolvidos com o cuidado profissional devido, não garantem que todos os riscos significativos serão identificados.

**1220.C1 –** O auditor interno deve exercer o cuidado profissional devido durante um trabalho de consultoria, levando em conta:

- As necessidades e expectativas dos clientes, incluindo a natureza, o prazo e a comunicação dos resultados do trabalho.
- A relativa complexidade e extensão requeridas pelo trabalho para alcançar os objetivos do trabalho de auditoria.
- O custo do trabalho de consultoria em relação aos potenciais benefícios.

## 1230 – Desenvolvimento Profissional Contínuo

Os auditores internos devem aperfeiçoar seus conhecimentos, suas habilidades e outras competências por meio do desenvolvimento profissional contínuo.

## 1300 – Programa de Garantia de Qualidade e Melhoria

O diretor executivo de auditoria deve desenvolver e manter um programa de garantia da qualidade e de melhoria que inclua todos os aspectos da atividade de auditoria interna e monitore de forma contínua sua eficácia. Esse programa inclui avaliações periódicas, internas e externas, da qualidade e a monitoração interna contínua. Cada parte do programa deve ser desenvolvida para auxiliar a atividade de auditoria interna a adicionar valor e melhorar as operações da organização, assim como proporcionar razoável certeza de que a atividade de auditoria interna está em conformidade com as Normas e o Código de Ética.

## 1310 – Avaliações do Programa de Qualidade

A atividade da auditoria interna deve adotar um projeto para monitorar e avaliar a eficácia geral do programa de qualidade. O processo deve incluir tanto avaliações internas como externas.

## 1311 – Avaliações Internas

As avaliações internas devem incluir:
- revisões contínuas do desempenho da atividade de auditoria interna; e
- revisões periódicas executadas por meio de autoavaliação ou por outras pessoas da organização, com conhecimento das práticas internas de auditoria e das Normas.

## 1312 – Avaliações Externas

As avaliações externas, tais como revisões de qualidade do trabalho de auditoria, devem ser conduzidas ao menos uma vez a cada cinco anos por revisor qualificado e independente ou por equipe de revisão externa à organização.

## 1320 – Relatórios sobre o Programa de Qualidade

O diretor executivo de auditoria deve informar ao Conselho os resultados de avaliações externas.

## 1330 – Uso da Expressão "Realizado em Conformidade com as Normas"

Os auditores internos são estimulados a relatar que suas atividades são "conduzidas em conformidade com as Normas para o Exercício Profissional de Auditoria Interna".

Entretanto, os auditores internos somente podem utilizar a afirmação se as avaliações do programa de desenvolvimento de qualidade demonstrarem que a atividade de auditoria interna está em conformidade com as Normas.

## 1340 – Comunicação de Não Conformidade

Embora a atividade de auditoria interna deva manter total conformidade com as Normas, e os auditores internos, com o Código de Ética, pode haver ocasiões em que a total conformidade não seja atingida. Quando a falta de conformidade afetar o escopo geral ou a operação da atividade de auditoria interna, uma comunicação deve ser feita à alta administração e ao Conselho.

## 3.8.2 Normas de desempenho

### 2000 – Gerenciamento da Atividade de Auditoria Interna

O diretor executivo de auditoria deve gerenciar de forma eficaz a atividade de auditoria interna, para assegurar que adicione valor à organização.

### 2010 – Planejamento

O diretor executivo de auditoria deve estabelecer planos com base em análise de riscos, para determinar as prioridades da atividade de auditoria interna, consistentes com as metas da organização.

**2010.A1** – O plano de trabalhos de auditoria da auditoria interna deve ser baseado na avaliação de risco e realizado pelo menos uma vez ao ano. Informações apresentadas pela alta gerência e o conselho de administração devem ser consideradas nesse processo.

**2010.C1** – O diretor executivo de auditoria deve considerar a aceitação de trabalhos de auditorias propostos para consultoria baseado no potencial destes para melhorar o gerenciamento de riscos, adicionar valor e melhorar as operações. Os trabalhos de auditoria aceitos devem ser incluídos no plano.

### 2020 – Comunicação e Aprovação

O diretor executivo de auditoria deve comunicar à alta administração e ao Conselho, para revisão e aprovação, os planos de atividades da auditoria e necessidades de recursos, incluindo mudanças temporárias significativas. Deve também comunicar o impacto de limitações de recursos.

### 2030 – Gerenciamento de Recursos

O diretor executivo de auditoria deve assegurar-se de que os recursos de auditoria interna sejam apropriados, suficientes e efetivamente utilizados para cumprimento do plano aprovado.

## 2040 – Políticas e Procedimentos

O diretor executivo de auditoria deve estabelecer políticas e procedimentos para orientar a atividade de auditoria interna.

## 2050 – Coordenação

O diretor executivo de auditoria deve compartilhar informações e coordenar atividades com outros fornecedores internos e externos de serviços relevantes de auditoria e de serviços de consultoria para assegurar apropriada cobertura e minimizar a duplicação de esforços.

## 2060 – Informação ao Conselho e à Alta Administração

O diretor executivo de auditoria deve apresentar relatórios periódicos ao Conselho e à alta administração sobre o propósito, autoridade, responsabilidade e desempenho em relação a seus planos. Tais relatórios devem também incluir a exposição a riscos significativos e matérias sobre controle, governança corporativa e outras matérias necessárias ou solicitadas pelo Conselho ou pela alta administração.

## 2100 – Natureza do Trabalho

A atividade de auditoria interna deve avaliar e contribuir para a melhoria dos processos de gestão de riscos, de controle e de governança corporativa, aplicando uma abordagem sistemática e disciplinada.

## 2110 – Gestão de Riscos

A atividade de auditoria interna deve assistir à organização por meio da identificação e avaliação de exposições significativas a riscos e da contribuição para a melhoria dos sistemas de gestão de riscos e de controle.

**2110.A1** – A atividade de auditoria interna deve monitorar e avaliar a efetividade do sistema de gerenciamento de risco da organização.

**2110.A2** – A atividade de auditoria interna deve avaliar os riscos de exposição no que diz respeito à governança corporativa da organização, operações e sistemas de informação relativos à:

- Confiabilidade e integridade das informações financeiras e operacionais.
- Efetividade e eficiência das operações.

- Salvaguarda do patrimônio.
- Obediência às leis, aos regulamentos e aos contratos.

**2110.C1 –** Durante o trabalho de consultorias, os auditores internos devem remeter-se ao risco consistente com os objetivos do trabalho de auditoria e estar alertas à existência de outros riscos significativos.

**2110.C2 –** Os auditores internos devem incorporar o conhecimento sobre riscos obtido em trabalhos de consultorias ao processo de identificar e avalia exposições significativas de riscos da organização.

## 2120 – Controle

A atividade de auditoria interna deve assistir à organização na manutenção de controles efetivos, avaliando sua efetividade e eficiência e promovendo contínuas melhorias.

**2120.A1 –** Com base nos resultados das avaliações de riscos, a atividade de auditoria interna deve avaliar a adequação e a eficácia dos controles, abrangendo a governança, as operações e os sistemas de informação. Isso deve incluir:

- A confiabilidade e integridade das informações financeiras e operacionais.
- A eficácia e eficiência de operações.
- A salvaguarda do patrimônio.
- A observância às leis, aos regulamentos e aos contratos.

**2120.A2 –** Os auditores internos devem averiguar a extensão em que as operações e os objetivos dos programas foram estabelecidos, em conformidade com os da organização.

**2120.A3 –** Os auditores internos devem rever operações e programas para averiguar a extensão em que os resultados são consistentes com as metas e com os objetivos estabelecidos, para determinar se as operações e os programas estão sendo implementados ou desenvolvidos como pretendidos.

**2120.A4 –** São necessários critérios adequados para avaliar os controles. Os auditores internos devem averiguar a extensão em que as gerências estabeleceram critérios adequados, para determinar se objetivos e metas foram atingidos. Se adequados, os auditores internos devem usar tais critérios na sua avaliação. Se inadequados, eles devem trabalhar com as gerências para desenvolver critérios apropriados de avaliação.

**2120.C.1** – Durante trabalhos de consultoria, os auditores internos devem avaliar os controles de forma consistente com os objetivos do trabalho e se manter alerta para a existência de deficiências de controle.

**2120.C.2** – Os auditores internos devem incorporar o conhecimento de controles, obtido em trabalhos de consultoria, ao processo de identificação e avaliação de exposições significativas da organização a riscos.

## 2130 – Governança Corporativa

A atividade de auditoria interna deve avaliar e fazer recomendações apropriadas para a melhoria do processo de governança corporativa no cumprimento dos seguintes objetivos:

- promoção à ética e aos valores apropriados dentro da organização.
- assegurar a gestão do desempenho eficaz da organização e a responsabilidade por prestação de contas.
- comunicar de forma eficaz às áreas apropriadas da organização as informações relacionadas a risco e controle.
- coordenar de forma eficaz as atividades e comunicar a informação entre o conselho, os auditores externos e internos e administração.

**2130.A1** – A atividade de auditoria interna deve avaliar o desenho, a implantação e a eficácia dos objetivos, dos programas e das atividades da organização relacionados à ética.

**2130.C1** – Os objetivos do trabalho de consultoria devem ser consistentes com a totalidade dos valores e das metas da organização.

## 2200 – Planejamento dos Trabalhos de Auditoria

Os auditores internos devem desenvolver e registrar um plano para cada trabalho de auditoria, incluindo o escopo, os objetivos, o prazo e a alocação de recursos.

## 2201 – Considerações sobre Planejamento

No planejamento do trabalho de auditoria, os auditores internos devem considerar:

- os objetivos da atividade que está sendo revisada e os meios pelos quais a atividade controla seu desempenho.
- os riscos significativos para a atividade, seus objetivos, recursos e as operações e os meios pelos quais o impacto potencial de risco é mantido a um nível aceitável.

- a suficiência e a efetividade do gerenciamento de risco e dos sistemas de controle da atividade comparadas a uma estruturação de controle pertinente ou modelo.

- as oportunidades para fazer melhorias significativas no gerenciamento de risco e nos sistemas de controle da atividade.

**2201.A1** – Ao planejar um trabalho de auditoria a ser executado por prestadores de serviço (externos à organização), os auditores internos devem estabelecer com estes um acordo escrito sobre os objetivos, o escopo, as respectivas responsabilidades e outras expectativas, incluindo-se as restrições para a distribuição dos resultados do trabalho e o acesso aos respectivos registros.

**2201.C1** – Os auditores internos devem estabelecer um entendimento com os clientes do trabalho de consultoria em relação aos objetivos, ao escopo, às respectivas responsa-bilidades e outras expectativas do cliente.

Para trabalhos de grande importância, esse entendimento deve ser documentado.

## 2210 – Objetivos do Trabalho de Auditoria

Devem ser estabelecidos objetivos para cada trabalho de auditoria.

**2210.A1** – Os auditores internos devem realizar uma avaliação preliminar dos riscos relevantes relacionados à atividade objeto de auditoria. Os objetivos do trabalho de auditoria devem refletir os resultados dessa avaliação.

**2210.A2** – O auditor interno deve considerar a probabilidade de erros, irregularidades, descumprimentos e outras exposições significativas, quando estiver desenvolvendo os objetivos do trabalho de auditoria.

**2210.C1** – Os objetivos do trabalho de auditoria de consultoria devem discutir riscos, controles e processos de governança corporativa na extensão acordada com o cliente.

## 2220 – Escopo do Trabalho de Auditoria

O escopo estabelecido deve ser suficiente para satisfazer os objetivos do trabalho de auditoria.

**2220.A1** – O ambiente do trabalho de auditoria deve incluir a consideração de siste-mas relevantes, registros, pessoal e propriedades físicas, incluindo aquelas sob controle de terceiros.

**2220.A2** – Caso, durante um trabalho de auditoria de avaliação (*assurance*), apareçam importantes oportunidades de consultoria, um acordo específico e escrito deve ser estabelecido sobre os objetivos, o escopo, as respectivas responsabilidades e outras expectativas e os resultados do trabalho de consultoria divulgados em conformidade com as normas de consultoria.

**2220.C1** – Ao executar as tarefas de consultoria agendadas, os auditores internos devem assegurar-se de que o ambiente do trabalho de consultoria seja suficiente para discutir os objetivos combinados. Se os auditores internos criarem reservas sobre o ambiente durante a execução do trabalho de consultoria, essas devem ser discutidas com o cliente para determinar se deve ser dada continuidade à execução das tarefas agendadas.

## 2230 – Alocação de Recursos ao Trabalho de Auditoria

Os auditores internos devem determinar os recursos apropriados para alcançar os objetivos do trabalho de auditoria. A formação da equipe deve ser baseada na avaliação da natureza e da complexidade de cada trabalho de auditoria, das limitações de tempo e de recursos disponíveis.

## 2240 – Programa de Trabalho de Auditoria

Os auditores internos devem desenvolver programas de trabalho que alcancem os objetivos do trabalho. Esses programas de trabalho devem ser registrados.

**2240.A1** – Os programas de trabalho devem estabelecer os procedimentos para identificar, analisar, avaliar, e registrar informações durante o desenvolvimento do trabalho de auditoria. O programa de trabalho deve ser aprovado antes de seu início, e quaisquer ajustes devem ser prontamente aprovados.

**2240.C1** – Os programas de auditoria para trabalhos de consultoria podem variar na forma e conteúdo, dependendo da natureza do trabalho.

## 2300 – Execução do Trabalho de Auditoria

Os auditores internos devem identificar, analisar, avaliar e registrar informações suficientes para alcançar os objetivos do trabalho de auditoria.

## 2310 – Coleta de Informações

Os auditores internos devem coletar informações suficientes, fidedignas, pertinentes e úteis para o alcance dos objetivos do trabalho de auditoria.

## 2320 – Análise e Avaliação

Os auditores internos devem basear as conclusões e os resultados da execução dos trabalhos em análises e avaliações apropriadas.

## 2330 – Registro das Informações

Os auditores internos devem registrar informações relevantes como suporte das conclusões e dos resultados da execução dos trabalhos.

**2330.A1** – O diretor executivo de auditoria deve controlar o acesso aos registros dos trabalhos. Para tanto, ele deve obter aprovação da alta administração sênior e/ou conselho legal, antes de liberar tais registros a terceiros, quando requisitado.

**2330.A2** – O diretor executivo de auditoria deve desenvolver requisitos de guarda dos registros do trabalhos de auditoria. Esses requisitos devem ser consistentes com as orientações da organização, quaisquer regulamentações pertinentes ou outros requisitos.

**2330.C1** – O diretor executivo de auditoria deve desenvolver políticas de administração da custódia e guarda dos registros dos trabalhos de consultoria, bem como sua liberação interna e externamente.

Essas políticas devem ser consistentes com as diretrizes da organização, quaisquer regulamentações pertinentes ou outros requisitos.

## 2340 – Supervisão do Trabalho de Auditoria

Os trabalhos de auditorias devem ser apropriadamente supervisionados para garantir que os objetivos sejam atingidos, a qualidade seja assegurada e as equipes se desenvolvam.

## 2400 – Comunicação de Resultados

Os auditores internos devem comunicar os resultados dos trabalhos de auditorias com oportunidade.

## 2410 – Critérios para Comunicações

As comunicações devem incluir os objetivos e o ambiente do trabalho de auditoria, assim como as conclusões aplicáveis, as recomendações e os planos de ação.

**2410.A1** – A comunicação final dos resultados deve, onde apropriado, conter a opinião geral ou as conclusões do auditor interno.

**2410.A2** – Os auditores internos são incentivados a reconhecer o desempenho satisfatório nas comunicações de resultados.

**2410.A3** – Ao divulgar os resultados de trabalhos de auditoria para terceiros, fora da organização, a comunicação deve conter limitações sobre a distribuição e o uso dos resultados do trabalho.

**2410.C1** – A comunicação sobre o progresso e os resultados de um trabalho de consultoria vão variar em forma e conteúdo, dependendo da natureza do trabalho e das necessidades do cliente.

## 2420 – Qualidade das Comunicações

As comunicações devem ser precisas, objetivas, claras, concisas, construtivas, completas e oportunas.

## 2421 – Erros e Omissões

Se uma comunicação final contiver erro significativo ou omissão, o diretor executivo de auditoria deve comunicar a informação correta a todas as pessoas que tenham recebido a comunicação original.

## 2430 – Divulgação da Não Conformidade com as Normas

Quando a inobservância das Normas tiver impacto em um trabalho de auditoria específico, a comunicação dos resultados deve divulgar:

- norma(s) cuja observância total não foi atingida;
- razão(ões) para a falta de conformidade; e
- impacto da não conformidade sobre o trabalho de auditoria.

## 2440 – Disseminação de Resultados

O diretor executivo de auditoria deve divulgar os resultados às pessoas apropriadas.

**2440.A1** – O diretor executivo de auditoria interna é responsável por comunicar os resultados finais às pessoas que possam assegurar-se de que aos resultados sejam dadas a devida consideração.

**2440.A1** – O diretor executivo de auditoria é responsável por comunicar os resultados finais às partes que podem assegurar-se de que os resultados recebam a devida consideração.

**2440.C1** – O diretor executivo de auditoria é responsável por comunicar os resultados finais dos trabalhos de consultoria aos clientes.

**2440.C2** – Durante a execução de trabalhos de auditoria, gestão de riscos, controle e assuntos de governança corporativa devem ser identificados.

Toda vez que os assuntos forem significativos para a organização, eles devem ser comunicados à alta gerência e ao Conselho.

## 2500 – Monitoração do Progresso

O diretor executivo de auditoria deve estabelecer e manter sistemas para monitorar o estágio das ações decorrentes dos resultados apresentados à administração.

**2500.A1** – O diretor executivo de auditoria deve estabelecer um processo de acompanhamento para monitorar e assegurar-se de que as ações gerenciais tenham sido efetivamente implementadas ou que a alta gerência tenha aceitado o risco de não as haver implementado.

**2500.C1** – A atividade de auditoria interna deve monitorar a liberação dos resultados dos trabalhos de auditoria de consultoria na extensão combinada com o cliente.

## 2600 – Resolução da Aceitação de Riscos pela Administração

Quando o diretor executivo de auditoria considerar que o nível de risco residual assumido pela alta administração não deveria ser aceito pela organização, esse deve revisar o assunto. Caso a decisão relativa aos níveis de risco residual não seja condensada, o diretor executivo de auditoria com a alta administração devem apresentar a matéria ao Conselho para solução e deliberação.

# 3.9 A auditoria interna do Poder Público

Veja, na íntegra, as seções I e II do Capítulo IV, da Instrução Normativa 01, de 6 de abril de 2001, do secretário federal do Controle Interno do Ministério da Fazenda, que tratam da auditoria no Setor Público Federal.

CAPÍTULO IV – ESTRUTURA CONCEITUAL BÁSICA DAS TÉCNICAS DE CONTROLE NO SISTEMA DE CONTROLE INTERNO DO PODER EXECUTIVO FEDERAL.

### Seção I – Técnicas de Controle

1. As atividades a cargo do Sistema de Controle Interno do Poder Executivo Federal são exercidas mediante a utilização de técnicas próprias de trabalho, as quais se constituem no conjunto de processos que viabilizam o alcance dos macro-objetivos do Sistema.

As técnicas de controle são as seguintes:

a) auditoria; e

b) fiscalização.

### Seção II – Auditoria

### Conceito

1. A auditoria é o conjunto de técnicas que visa a avaliar a gestão pública, pelos processos e resultados gerenciais, e a aplicação de recursos públicos por entidades de direito público e privado, mediante a confrontação entre uma situação encontrada com determinado critério técnico, operacional ou legal.

Trata-se de uma importante técnica de controle do Estado na busca da melhor alocação de seus recursos, não só atuando para corrigir os desperdícios, a improbidade, a negligência e a omissão e, principalmente, antecipando-se a essas ocorrências, buscando garantir os resultados pretendidos, além de destacar os impactos e benefícios sociais advindos.

2. A auditoria tem por objetivo primordial o de garantir resultados operacionais na gerência da coisa pública. Essa auditoria é exercida nos meandros da máquina pública em todas as unidades e entidades públicas federais, observando os aspectos relevantes relacionados à avaliação dos programas de governo e da gestão pública.

3. Cabe ao Sistema de Controle Interno do Poder Executivo Federal, por intermédio da técnica de auditoria, dentre outras atividades:

I. realizar auditoria sobre a gestão dos recursos públicos federais sob a responsabilidade dos órgãos públicos e privados, inclusive nos projetos de cooperação técnica com Organismos Internacionais e multilaterais de crédito;

II. apurar os atos e fatos inquinados de ilegais ou de irregulares, praticados por agentes públicos ou privados, na utilização de recursos públicos federais e, quando for o caso, comunicar à unidade responsável pela contabilidade para as providências cabíveis;

III. realizar auditorias nos sistemas contábil, financeiro, de pessoal e demais sistemas administrativos e operacionais;

IV. examinar a regularidade e avaliar a eficiência e eficácia da gestão administrativa e dos resultados alcançados nas Ações de governo;

V. realizar auditoria nos processos de Tomada de Contas Especial; e

VI. apresentar subsídios para o aperfeiçoamento dos procedimentos administrativos e gerenciais e dos controles internos administrativos dos órgãos da Administração Direta e entidades da Administração Indireta Federal.

### Finalidade

4. A finalidade básica da auditoria é comprovar a legalidade e legitimidade dos atos e fatos administrativos e avaliar os resultados alcançados, quanto aos aspectos de eficiência, eficácia e economicidade da gestão orçamentária, financeira, patrimonial, operacional, contábil e finalística das unidades e das entidades da administração pública, em todas as suas esferas de governo e níveis de poder,

bem como a aplicação de recursos públicos por entidades de direito privado, quando legalmente autorizadas nesse sentido.

**Classificação**

5. A auditoria classifica-se em:

I. Auditoria de Avaliação da Gestão: esse tipo de auditoria objetiva emitir opinião com vistas a certificar a regularidade das contas, verificar a execução de contratos, acordos, convênios ou ajustes, a probidade na aplicação dos dinheiros públicos e na guarda ou administração de valores e outros bens da União ou a ela confiados, compreendendo, entre outros, os seguintes aspectos: exame das peças que instruem os processos de tomada ou prestação de contas; exame da documentação comprobatória dos atos e fatos administrativos; verificação da eficiência dos sistemas de controles administrativo e contábil; verificação do cumprimento da legislação pertinente; e avaliação dos resultados operacionais e da execução dos programas de governo quanto a economicidade, eficiência e eficácia destes.

II. Auditoria de Acompanhamento da Gestão: realizada ao longo dos processos de gestão, com o objetivo de se atuar em tempo real sobre os atos efetivos e os efeitos potenciais positivos e negativos de uma unidade ou entidade federal, evidenciando melhorias e economias existentes no processo ou prevenindo gargalos ao desempenho da sua missão institucional.

III. Auditoria Contábil: compreende o exame dos registros e documentos e na coleta de informações e confirmações, mediante procedimentos específicos, pertinentes ao controle do patrimônio de uma unidade, entidade ou projeto. Objetivam elementos comprobatórios suficientes que permitam opinar se os registros contábeis foram efetuados de acordo com os Princípios Fundamentais de Contabilidade e se as demonstrações deles originárias refletem, adequadamente, em seus aspectos mais relevantes, a situação econômico-financeira do patrimônio, os resultados do período administrativo examinado e as demais situações nelas demonstradas. Tem por objeto, também, verificar a efetividade e a aplicação de recursos externos, oriundos de agentes financeiros e organismos internacionais, por unidades ou entidades públicas executoras de projetos celebrados com aqueles organismos com vistas a emitir opinião sobre a adequação e fidedignidade das demonstrações financeiras.

IV. Auditoria Operacional: consiste em avaliar as ações gerenciais e os procedimentos relacionados ao processo operacional, ou parte dele, das unidades ou entidades da administração pública federal, programas de governo, projetos, atividades, ou segmentos destes, com a finalidade de emitir uma opinião sobre a gestão quanto aos aspectos da eficiência, eficácia e economicidade, procurando auxiliar a administração na gerência e nos resultados, por meio de recomendações, que visem aprimorar os procedimentos, melhorar os controles e aumentar a responsabilidade gerencial. Esse tipo de procedimento auditorial consiste em uma atividade de assessoramento ao gestor público, com vistas a aprimorar as práticas dos atos e fatos administrativos, sendo desenvolvida de forma tempestiva no contexto do setor público, atuando sobre a gestão, seus programas governamentais e sistemas informatizados.

V. Auditoria Especial: objetiva o exame de fatos ou situações considerados relevantes, de natureza incomum ou extraordinários, sendo realizados para atender à determinação expressa de autoridade competente.

Classificam-se nesse tipo os demais trabalhos auditoriais não inseridos em outras classes de atividades.

### Formas de execução

6. As auditorias serão executadas das seguintes formas:

I. Direta – trata-se das atividades de auditoria executadas diretamente por servidores em exercício nos órgãos e unidades do Sistema de Controle Interno do Poder Executivo Federal, sendo subdividas em:

a) centralizada – executada exclusivamente por servidores em exercício no Órgão Central ou nos setoriais do Sistema de Controle Interno do Poder Executivo Federal.

b) descentralizada – executada exclusivamente por servidores em exercício nas unidades regionais ou setoriais do Sistema de Controle Interno do Poder Executivo Federal.

c) integrada – executada conjuntamente por servidores em exercício no Órgão Central, nos setoriais, nas unidades regionais e/ou setoriais do Sistema de Controle Interno do Poder Executivo Federal.

II. Indireta – refere-se às atividades de auditoria executadas com a participação de servidores não lotados nos órgãos e unidades do Sistema de Controle Interno do Poder Executivo Federal, que desempenham atividades de auditoria em quaisquer instituições da Administração Pública Federal ou entidade privada.

a) compartilhada – coordenada pelo Sistema de Controle Interno do Poder Executivo Federal com o auxílio de órgãos/instituições públicas ou privadas.

b) terceirizada – executada por instituições privadas, ou seja, pelas denominadas empresas de auditoria externa.

III. Simplificada – trata-se das atividades de auditoria realizadas por servidores em exercício no Órgão Central, nos setoriais, nas unidades regionais ou setoriais do Sistema de Controle Interno do Poder Executivo Federal, sobre informações obtidas por meio de exame de processos e por meio eletrônico, específico das unidades ou entidades federais cujo custo-benefício não justifica o deslocamento de uma equipe para o órgão. Essa forma de execução de auditoria pressupõe a utilização de indicadores de desempenho que fundamentam a opinião do agente executor das ações de controle.

### Procedimentos e Técnicas

7. Os Procedimentos e as Técnicas de Auditoria constituem-se em investigações técnicas que, tomadas em conjunto, permitem a formação fundamentada da opinião por parte do Sistema de Controle Interno do Poder Executivo Federal.

8. Procedimento de auditoria é o conjunto de verificações e averiguações previstas num programa de auditoria, que permite obter evidências ou provas

suficientes e adequadas para analisar as informações necessárias à formulação e fundamentação da opinião por parte do Sistema de Controle Interno do Poder Executivo Federal.

Trata-se, ainda, do mandamento operacional efetivo; são as ações necessárias para atingir os objetivos nas normas auditoriais. Também chamado comando, o Procedimento representa a essência do ato de auditar, definindo o ponto de controle sobre o qual se deve atuar. O fundamental é descrever o que se deve fazer, ou seja, como deve ser o exame. Este abrange testes de observância e testes substantivos:

a) testes de observância: visam à obtenção de razoável segurança de que os procedimentos de controle interno estabelecidos pela Administração estão em efetivo funcionamento e cumprimento.

b) testes substantivos: visam à obtenção de evidências quanto à suficiência, exatidão e validação dos dados produzidos pelos sistemas contábil e administrativos da entidade, dividindo-se em testes de transações e saldos e procedimentos de revisão analítica.

9. Técnica de Auditoria é o conjunto de processos e ferramentas operacionais de que se serve o controle para a obtenção de evidências, as quais devem ser suficientes, adequadas, relevantes e úteis para conclusão dos trabalhos.

10. É necessário observar a finalidade específica de cada técnica auditorial, com vistas a evitar a aplicação de técnicas inadequadas, a execução de exames desnecessários e o desperdício de recursos humanos e tempo. As inúmeras classificações e formas de apresentação das Técnicas de Auditoria são agrupadas nos seguintes tipos básicos:

I. Indagação Escrita ou Oral – uso de entrevistas e questionários junto ao pessoal da unidade/entidade auditada, para a obtenção de dados e informações.

II. Análise Documental – exame de processos, atos formalizados e documentos avulsos.

III. Conferência de Cálculos – revisão das memórias de cálculos ou a confirmação de valores por meio do cotejamento de elementos numéricos correlacionados, de modo a constatar a adequação dos cálculos apresentados.

IV. Confirmação Externa – verificação com as fontes externas ao auditado da fidedignidade das informações obtidas internamente. Uma das técnicas consiste na circularização das informações com a finalidade de obter confirmações em fonte diversa da origem dos dados.

V. Exame dos Registros – verificação dos registros constantes de controles regulamentares, relatórios sistematizados, mapas e demonstrativos formalizados, elaborados de forma manual ou por sistemas informatizados. A técnica pressupõe a verificação desses registros em todas as suas formas.

VI. Correlação das Informações Obtidas – cotejamento de informações obtidas de fontes independentes, autônomas e distintas na própria organização. Essa técnica procura a consistência mútua entre diferentes amostras de evidência.

VII. Inspeção Física – exame usado para testar a efetividade dos controles, particularmente daqueles relativos à segurança de quantidades físicas ou à qualidade de bens tangíveis. A evidência é coletada sobre itens tangíveis.

VIII. Observação das Atividades e Condições – verificação das atividades que exigem a aplicação de testes flagrantes, com a finalidade de revelar erros, problemas ou deficiências que de outra forma seriam de difícil constatação.

Os elementos da observação são:

a) a identificação da atividade específica a ser observada;

b) observação da sua execução;

c) comparação do comportamento observado com os padrões; e

d) avaliação e conclusão.

IX. Corte das Operações ou Cut-off – corte interruptivo das operações ou transações para apurar, de forma seccionada, a dinâmica de um procedimento. Representa a "fotografia" do momento-chave de um processo.

X. Rastreamento – investigação minuciosa, com exame de documentos, setores, unidades, órgãos e procedimentos interligados, visando a dar segurança à opinião do responsável pela execução do trabalho sobre o fato observado.

Por fim, é importante destacar que a Seção III do Capítulo IV, do documento em estudo, trata da fiscalização, segunda técnica de controle, conceituando-a como segue:

A fiscalização é uma técnica de controle que visa a comprovar se o objeto dos programas de governo existe, corresponde às especificações estabelecidas, atende às necessidades para as quais foi definido e guarda coerência com as condições e características pretendidas e se os mecanismos de controle administrativo são eficientes.

## 3.10  Relatório de auditoria interna

Os resultados dos trabalhos de auditoria realizados por auditores internos são consubstanciados em um relatório de auditoria dirigido à alta administração ou à governança da própria organização auditada, a quem, normalmente cumpre definir o escopo da auditoria interna.

Para garantir autonomia e independência tanto na realização dos trabalhos como também na forma de expressar suas opiniões, conforme comentamos na Seção 3.5, a unidade de auditoria interna deve estar subordinada diretamente ao conselho de administração ou, na falta deste, à diretoria da organização.

Os trabalhos de auditoria interna são realizados pelo *staff* (corpo de auditores), sendo o relatório finalizado pelo gerente da área com a devida aprovação do diretor executivo do departamento de auditoria interna, se houver esse cargo na organização.

Portanto, o relatório da auditoria interna é inicialmente esboçado pelo *staff* que o encaminha ao gerente da área para revisão. Normalmente, antes de aprovar o relatório, o gerente discute-o com o *staff* e com os responsáveis pela área auditada (gerente, diretor etc). Depois de concluídos esses procedimentos, o gerente finaliza e assina o relatório, encaminhando-o para aprovação do diretor do departamento de auditoria.

Os relatórios da auditoria interna podem versar sobre vários assuntos, relacionados ou não ao controle interno. Por esse motivo, eles não são padronizados como aqueles elaborados por auditores independentes quando realizam auditoria nas demonstrações contábeis.

No Capítulo 17 você encontra mais detalhes acerca dos relatórios de auditoria.

## Atividades Teóricas

Responda:

1. Apresente o conceito de auditoria interna segundo o Institute of Internal Auditors (IIA).
2. Cite três funções da auditoria interna, segundo a NBC TA 610.
3. O que é auditor interno?
4. O que as normas de auditoria interna estabelecem?
5. O ciclo de vida da auditoria interna pode ser dividido em quatro etapas. Quais são?
6. Segundo estabelece a NBC TI 01, em que compreende o planejamento do trabalho da auditoria interna?
7. Em que consiste a fase de execução da auditoria interna?
8. O que é *follow-up*?
9. Em que consistem os serviços de avaliação (*assurance*) tratados pelo IIA?
10. Qual é o conceito de auditoria interna segundo o Poder Público Federal?
11. Cite pelo menos três categorias em que se classifica a auditoria interna segundo a Instrução Normativa 01 do secretário do Controle Interno do Ministério da Fazenda.
12. Para o Poder Público Federal, conforme consta da IN 1 da Secretaria do Controle Interno, o que é procedimento de auditoria?
13. O que é técnica de auditoria?
14. Cite cinco técnicas de auditoria.

Classifique as afirmativas em falsas ou verdadeiras:

1. ( ) A principal função da auditoria interna é auxiliar a organização a alcançar seus objetivos.
2. ( ) A auditoria interna, como o próprio nome diz, só pode ser realizada por auditores internos.
3. ( ) Todas as empresas, independentemente da forma jurídica em que estiverem revestidas, são obrigadas a manter um departamento de auditoria interna em sua estrutura.
4. ( ) A auditoria interna pode ser realizada por auditores independentes.
5. ( ) As instituições financeiras e demais instituições autorizadas a funcionar pelo Banco Central do Brasil, por força do § 2º do art. 1º da Resolução BCB n. 2.554/1998, são obrigadas a manter a atividade de auditoria interna como parte integrante do sistema de controles internos.
6. ( ) As Normas Brasileiras de Auditoria Interna integram o conjunto das Normas Brasileiras de Contabilidade.
7. ( ) As Normas de Auditoria Interna derivadas do CFC não são convergentes com as Normas Internacionais de Auditoria (ISAs) emitidas pela Federação Internacional de Contadores (Ifac).
8. ( ) As Normas Brasileiras de Contabilidade Profissionais específicas do auditor interno são identificadas como "NBC PI".
9. ( ) As Normas Brasileiras de Contabilidade Técnicas específicas de auditoria interna são identificadas como "NBC TI".
10. ( ) As Normas de Atributos (série 1000) derivadas do IIA tratam das características das organizações e indivíduos que realizam atividades de auditoria.
11. ( ) As Normas de Desempenho (série 2000) derivadas do IIA descrevem a natureza das atividades da auditoria interna e apresentam critérios de qualidade contra os quais o desempenho desses serviços é avaliado.
12. ( ) As Normas de Implantação derivadas da Ifac aplicam-se a tipos específicos de trabalhos de auditoria.
13. ( ) As Normas de Atributos e de Desempenho derivadas do IIA aplicam-se a todos os serviços de auditoria interna.
14. ( ) Conforme estabelece a NBC TA 610, o auditor interno possui ampla independência para decidir sobre os rumos da auditoria interna, independentemente da vontade dos dirigentes da organização.
15. ( ) As atividades a cargo do Sistema de Controle Interno do Poder Executivo Federal são exercidas mediante a utilização de técnicas próprias de trabalho, as quais se constituem no conjunto de processos que viabilizam o alcance dos macro-objetivos do Sistema.

16. (   ) A auditoria interna do setor público é uma importante técnica de controle do Estado na busca da melhor alocação de seus recursos na relação específica do monitoramento das obras estatais.

17. (   ) A técnica de auditoria interna integra o sistema de controle interno do Poder Público Federal.

18. (   ) Os Procedimentos e as Técnicas de Auditoria constituem-se em investigações técnicas que, tomadas em conjunto, permitem a formação fundamentada da opinião por parte do Sistema de Controle Interno do Poder Executivo Federal.

19. (   ) O planejamento do trabalho da auditoria interna é elaborado de acordo com as diretrizes estabelecidas pela administração da entidade.

Escolha a alternativa correta:

1. A unidade de auditoria interna, quando houver, deve estar diretamente subordinada:

   a) ao conselho de administração.

   b) à presidência.

   c) à diretoria da instituição.

   d) ao conselho de administração ou, na falta deste, à diretoria da instituição.

   e) NDA.

2. As Normas de Atributos (série 1000), as Normas de Desempenho (série 2000) e as Normas de Implantação, que se referem à auditoria interna, foram elaboradas pelo seguinte órgão:

   a) Conselho Federal de Contabilidade (CFC).

   b) Instituto dos Auditores Independentes do Brasil (Ibracon).

   c) Instituto dos Auditores Internos do Brasil (Audibra).

   d) Federação Internacional de Contadores (Ifac).

   e) Institute of Internal Auditors (IIA).

3. Os objetivos da função de auditoria interna:

   a) variam amplamente e dependem do tamanho e da estrutura da entidade e dos requerimentos da administração.

   b) são os mesmos das funções da auditoria externa.

   c) conflitam com os interesses dos responsáveis pela governança.

   d) limitam-se aos resultados das demonstrações contábeis.

   e) todas estão erradas.

4. São atividades da função de auditoria interna:

   a) monitoramento do controle interno.

   b) exame das informações contábeis e operacionais.

   c) revisão das atividades operacionais.

**d)** revisão da conformidade com leis e regulamentos.

**e)** todas estão corretas.

5. Segundo a NBC TA 610, para que os trabalhos dos auditores internos sejam adequados aos objetivos da auditoria, é preciso observar os seguintes requisitos:

   **a)** objetividade.

   **b)** competência técnica.

   **c)** zelo profissional.

   **d)** comunicação.

   **e)** todas estão corretas.

6. As atividades a cargo do Sistema de Controle Interno do Poder Executivo Federal são exercidas mediante a utilização das seguintes técnicas próprias de trabalho:

   **a)** auditoria e fiscalização.

   **b)** auditoria e demonstrações contábeis.

   **c)** auditoria e análise de balanços.

   **d)** auditoria e observação.

   **e)** todas estão corretas.

7. Visam à obtenção de razoável segurança de que os procedimentos de controle interno estabelecidos pela Administração estão em efetivo funcionamento e cumprimento.

   O texto supra refere-se a:

   **a)** testes de observância.

   **b)** testes substantivos.

   **c)** testes numéricos.

   **d)** testes por amostragem.

   **e)** todas estão corretas.

8. Visam à obtenção de evidências quanto a suficiência, exatidão e validação dos dados produzidos pelos sistemas contábil e administrativos da entidade, dividindo-se em testes de transações e saldos e procedimentos de revisão analítica.

   O texto supra refere-se a:

   **a)** testes de observância.

   **b)** testes substantivos.

   **c)** testes numéricos.

   **d)** testes de probabilidades.

   **e)** NDA.

9. O planejamento do trabalho da auditoria interna compreende os exames preliminares das áreas, atividades, produtos e processos, para definir a amplitude e a época do trabalho a ser realizado.

Esse texto corresponde ao conceito de planejamento derivado:

a) da NBC TI 01.

b) do Ifac.

c) do IIA.

d) do BCB.

e) do Iasb.

# CAPÍTULO 4

## AUDITORIA INDEPENDENTE (EXTERNA)

### Objetivos do Capítulo

**Após ler este capítulo, você estará apto a:**

❑ Saber o que é auditoria independente ou externa, quem a executa e qual a sua finalidade.

❑ Saber da existência de normas nacionais e internacionais que regem a auditoria externa.

❑ Conhecer as etapas da auditoria independente.

❑ Discutir sobre a independência da auditoria externa.

❑ Conhecer os objetivos da auditoria independente.

❑ Saber quais demonstrações contábeis são objeto da auditoria independente.

❑ Saber que o auditor está sujeito a exigências éticas relevantes.

❑ Entender a importância dos trabalhos de auditoria interna para a auditoria independente.

❑ Discutir as principais diferenças existentes entre a auditoria externa e a auditoria interna.

❑ Saber que o resultado dos trabalhos da auditoria independente é consubstanciado em um relatório de auditoria.

## 4.1 Conceito

A auditoria externa ou independente, também denominada auditoria das demonstrações contábeis, é uma técnica contábil que consiste na verificação da exatidão e fidedignidade dos dados contidos nas demonstrações contábeis, por meio

> do exame minucioso dos registros de contabilidade e dos documentos que deram origem a eles.
>
> A auditoria externa é realizada por auditores independentes contratados pela organização para examinar as suas demonstrações contábeis e expressar opinião por intermédio do relatório de auditoria, com o propósito de aumentar o grau de confiança dos usuários das respectivas demonstrações.

Os auditores independentes, como vimos no Capítulo 2, podem ser pessoas físicas ou jurídicas (firmas de auditoria), devidamente qualificados para exercer as funções de auditoria independente.

As companhias (sociedades anônimas) de capital aberto, assim como as sociedades de grande porte, por força de determinações legais, contratam os serviços de auditores independentes para examinar suas demonstrações.

Veja o que dispõe o § 3º, do art. 177 da Lei n. 6.404/1976:

> As demonstrações financeiras das companhias abertas observarão, ainda, as normas expedidas pela Comissão de Valores Mobiliários e serão obrigatoriamente submetidas à auditoria por auditores independentes nela registrados.

Veja agora o que dispõe o art. 3º da Lei n. 11.638/2007:

> Art. 3º Aplicam-se às sociedades de grande porte, ainda que não constituídas sob a forma de sociedades por ações, as disposições da Lei n. 6.404, de 15 de dezembro de 1976, sobre escrituração e elaboração de demonstrações financeiras e a obrigatoriedade de auditoria independente por auditor registrado na Comissão de Valores Mobiliários.
>
> Parágrafo único. Considera-se de grande porte, para os fins exclusivos desta Lei, a sociedade ou conjunto de sociedades sob controle comum que tiver, no exercício social anterior, ativo total superior a R$ 240.000.000,00 (duzentos e quarenta milhões de reais) ou receita bruta anual superior a R$ 300.000.000,00 (trezentos milhões de reais).

## 4.2 Normatização

Na Seção 2.3, do Capítulo 2, tratamos especificamente da normatização da profissão do auditor independente. Nesta seção, trataremos da normatização das atividades de auditoria independente.

Como vimos na Seção 1.8 do Capítulo 1, as Normas Brasileiras de Auditoria Independente (externa) integram o conjunto das Normas Brasileiras de Contabilidade derivadas do Conselho Federal de Contabilidade (CFC).

Essas normas estabelecem regras e procedimentos de conduta que devem ser observados como requisitos para o exercício da profissão contábil no desempenho das funções de auditoria independente.

As Normas de Auditoria Independente e de Asseguração, bem como as normas de auditoria interna, derivadas do Conselho Federal de Contabilidade (CFC), são convergentes com as Normas Internacionais de Auditoria (ISAs), emitidas pela Federação Internacional de Contadores (Ifac).

Conforme comentamos no Capítulo 1, a Ifac recomenda, como parte do serviço ao interesse público, que seus membros e associados elaborem a tradução das suas normas internacionais e demais publicações. No Brasil, essas traduções são realizadas pelo CFC e pelo Ibracon.

Portanto, a maior parte das Normas Brasileiras de Auditoria derivadas do CFC, a partir de 2008, são traduções das originais emitidas e divulgadas pela Ifac.

Entre as Normas Brasileiras de Contabilidade Profissionais encontram-se as do Auditor Independente, identificadas como "NBC PA" (aplicadas especificamente aos contadores que atuam como auditor independente).

Já entre as Normas Brasileiras de Contabilidade Técnicas encontram-se as de Auditoria Independente de Informação Contábil Histórica, identificadas como "NBC TA".

As NBCs TA, consideradas em conjunto, fornecem as normas para o trabalho do auditor no cumprimento dos seus objetivos gerais. As NBCs TA tratam das responsabilidades gerais do auditor, assim como das considerações adicionais do auditor, relevantes para a aplicação dessas responsabilidades a tópicos específicos (item A55 da NBC TA 200).

Segundo comentamos em capítulos anteriores, além das normatizações derivadas do CFC e do Ibracon, as atividades de auditoria independente no Brasil podem estar sujeitas às normatizações originadas de outros órgãos, conforme as entidades a serem auditadas a eles estejam subordinadas, como é o caso da Comissão de Valores Mobiliários (CVM), do Banco Central do Brasil (BCB) e da Superintendência de Seguros Privados (Susep).

Veja algumas das Normas Brasileiras de Contabilidade que tratam das atividades de auditoria independente, as quais serão objeto de estudo nos capítulos seguintes:

**NBC TA 200 –** Objetivos Gerais do Auditor Independente e a Condução da Auditoria em Conformidade com Normas de Auditoria.

**NBC TA 210 –** Concordância com os Termos do Trabalho de Auditoria.

**NBC TA 220 –** Controle de Qualidade da Auditoria de Demonstrações Contábeis.

**NBC TA 230** – Documentação de Auditoria.

**NBC TA 260** – Comunicação com os Responsáveis pela Governança.

**NBC TA 300** – Planejamento da Auditoria de Demonstrações Contábeis.

**NBC TA 320** – Materialidade no Planejamento e na Execução da Auditoria.

**NBC TA 402** – Considerações de Auditoria para a Entidade que Utiliza Organização Prestadora de Serviços.

**NBC TA 450** – Avaliação das Distorções Identificadas durante a Auditoria.

**NBC TA 530** - Amostragem em Auditoria.

**NBC TA 550** – Partes Relacionadas.

**NBC TA 560** – Eventos Subsequentes.

**NBC TA 600** – Considerações Especiais – Auditorias de Demonstrações Contábeis de Grupos, Incluindo o Trabalho dos Auditores dos Componentes.

**NBC TA 700** – Formação da Opinião e Emissão do Relatório do Auditor Independente sobre as Demonstrações Contábeis.

**NBC TA 800** – Considerações Especiais – Auditorias de Demonstrações Contábeis Elaboradas de Acordo com Estruturas de Contabilidade para Propósitos Especiais.

# 4.3 Etapas do ciclo de vida da auditoria independente

O ciclo de vida da auditoria independente é desenvolvido em três etapas: planejamento, execução e relatório.

O planejamento consiste na definição de estratégia global para o trabalho e para o desenvolvimento de plano de auditoria (item 2, da NBC TA 300). Essa etapa da auditoria envolve uma série de procedimentos que objetiva a elaboração do plano de auditoria. Veja mais detalhes no Capítulo 6.

A execução consiste no desenvolvimento dos trabalhos de auditoria. É o trabalho de campo realizado nas dependências da empresa auditada.

Nesta etapa, o auditor ou a equipe de trabalho aplica os procedimentos de auditoria conforme o planejamento, examinando toda a documentação que deu suporte às informações contidas nos relatórios contábeis visando à obtenção e análise das evidências que justificarão a opinião a ser apresentada no relatório. Os assuntos envolvendo a execução dos trabalhos de auditoria serão tratados principalmente nos Capítulos 7 a 14.

O relatório é um documento no qual o auditor independente expressa a sua opinião como resultado dos trabalhos de auditoria. Essa etapa é desenvolvida na firma de auditoria e será tratada no Capítulo 17.

Com a entrega do relatório de auditoria ao cliente que a contratou, encerra-se o cliclo de vida da auditoria independente.

## 4.4 Independência[1]

### 4.4.1 Introdução

A NBC PA 400 estabelece que é de interesse público e exigido que contadores que prestam serviços (contadores externos) sejam independentes ao realizarem trabalhos de auditoria e revisão.

Esses trabalhos são efetuados por auditores independentes com o intuito de expressar conclusão sobre as demonstrações contábeis por meio de relatórios de auditoria ou de revisão.

Os relatórios de auditoria são emitidos com base em um conjunto completo de demonstrações contábeis normalmente elaboradas no final do exercício social, enquanto os relatórios de revisão são preparados com fundamento em demonstrações contábeis intermediárias, elaboradas no final de cada trimestre.

Os procedimentos de auditoria realizados nas demonstrações contábeis são completos e o auditor emite sua opinião por meio do relatório de auditoria, conforme veremos no capítulo 17 deste livro.

Nos trabalhos de revisão, o auditor não desenvolve procedimentos de auditoria; apenas faz a revisão das demonstrações contábeis intermediárias, com o intuito de expressar uma conclusão sobre essas demonstrações.

Uma revisão de informações intermediárias consiste na realização de indagações, principalmente às pessoas responsáveis pelos assuntos financeiros e contábeis, e na apli-

---

[1] Os textos desta seção foram extraídos ou fundamentados na NBC PA 400.

cação de procedimentos analíticos e de outros procedimentos de revisão. O auditor conduz essas revisões de acordo com as normas brasileiras e internacionais de revisão de informações intermediárias (NBC TR).

Como o alcance de uma revisão é significativamente menor do que o de uma auditoria conduzida de acordo com as normas de auditoria, consequentemente, não permite ao auditor obter segurança de que tomou conhecimento de todos os assuntos significativos que poderiam ser identificados em uma auditoria. Por esse motivo, nos trabalhos de revisão o auditor não expressa uma opinião de auditoria.

## 4.4.2 Conceito

Entende-se como independência o estado no qual as obrigações ou os interesses da entidade de auditoria são, suficientemente, isentos dos interesses das entidades auditadas para permitir que os serviços sejam prestados com objetividade.

Em suma, a independência é a capacidade que a entidade de auditoria tem para julgar e atuar com integridade e objetividade, permitindo a emissão de relatórios imparciais em relação à entidade auditada, aos acionistas, aos sócios, aos cotistas, aos cooperados e a todas as demais partes que possam estar relacionadas com o seu trabalho.

Em decorrência dos trabalhos de auditoria serem do interesse público, é requerido pela norma que os membros das equipes de auditoria, firmas e firmas em rede sejam independentes dos seus clientes (aqueles que contratam os serviços de auditoria).

Segundo estabelece o item 400.5 da NBC PA 400, a independência está vinculada aos Princípios da Objetividade e da Integridade.[2]

A independência compreende:

a. independência de pensamento: postura que permite a apresentação de conclusão que não sofra efeitos de influências que comprometam o julgamento profissional, permitindo que a pessoa atue com integridade, objetividade e ceticismo profissional;

b. aparência de independência: evitar fatos e circunstâncias que sejam tão significativos a ponto de que um terceiro informado e prudente provavelmente concluiria, ponderando todos os fatos e circunstâncias específicas, que a integridade,

---

[2] Esses princípios foram tratados na seção 2.11 do Capítulo 2 deste livro.

a objetividade ou o ceticismo profissional da firma, ou de membro da equipe de auditoria, ficaram comprometidos.

## 4.4.3 Ameaças à Independência do Auditor

A NBC PA 400 estabelece nos itens 400.11 e 400.12 que a firma que realiza trabalho de auditoria deve ser independente e aplicar a estrutura conceitual descrita na Seção 120 da NBC PG 100 para:

**a.** identificar ameaças à independência;

**b.** avaliar a importância das ameaças identificadas;

**c.** aplicar salvaguardas, quando necessário, para eliminar as ameaças ou reduzi-las a um nível aceitável.

Quando o auditor avalia que salvaguardas apropriadas não estão disponíveis ou não podem ser aplicadas para eliminar as ameaças ou reduzi-las a um nível aceitável, o auditor deve eliminar a circunstância ou relacionamento que cria as ameaças, declinar ou descontinuar o trabalho de auditoria.

O auditor deve usar julgamento profissional ao aplicar estes conceitos sobre a independência.

Ameaças podem ser criadas por ampla gama de relações e circunstâncias.

Quando um relacionamento ou circunstância cria uma ameaça, essa ameaça pode comprometer, ou pode ser vista como se comprometesse, o cumprimento dos princípios fundamentais por um auditor.

As ameaças se enquadram em uma ou mais de uma das categorias a seguir:

**a.** ameaça de interesse próprio: é a ameaça de que interesse financeiro ou outro interesse influenciará de forma não apropriada o julgamento ou o comportamento do auditor;

**b.** ameaça de autorrevisão: é a ameaça de que o auditor não avaliará apropriadamente os resultados de julgamento dado ou serviço prestado anteriormente por ele, ou por outra pessoa da firma dele, nos quais o auditor confiará para formar um julgamento como parte da prestação do serviço atual;

**c.** ameaça de defesa de interesse do cliente: é a ameaça de que o auditor promoverá ou defenderá a posição de seu cliente a ponto em que a sua objetividade fique comprometida;

**d.** ameaça de familiaridade: é a ameaça de que, devido ao relacionamento longo ou próximo com o cliente, o auditor tornar-se-á solidário aos interesses dele ou aceitará seu trabalho sem muito questionamento;

**e.** ameaça de intimidação: é a ameaça de que o auditor será dissuadido de agir objetivamente em decorrência de pressões reais ou aparentes, incluindo tentativas de exercer influência indevida sobre o auditor.

---

**LEITURA OBRIGATÓRIA:**

NBC PA 400 – Independência para Trabalho de Auditoria e Revisão

---

## 4.5 Objetivo

Segundo estabelecem os itens 3 e A3 da NBC TA 200, o objetivo da auditoria externa ou independente é aumentar o grau de confiança nas demonstrações contábeis por parte dos usuários.

Para alcançar esse objetivo, o auditor independente expressa uma opinião sobre as demonstrações contábeis terem sido elaboradas, em todos os aspectos relevantes, em conformidade com uma estrutura de relatório financeiro aplicável.

Estrutura de relatório financeiro aplicável é a estrutura de relatório financeiro adotada pela administração e, quando apropriado, pelos responsáveis pela governança na elaboração das demonstrações contábeis, que é aceitável em vista da natureza da entidade e do objetivo das demonstrações contábeis ou que seja exigida por lei ou regulamento (item 13 da NBC TA 200 (R1)).

No caso da maioria das estruturas conceituais para fins gerais, a opinião do auditor evidenciará se as demonstrações contábeis estão apresentadas adequadamente, em todos os aspectos relevantes, em conformidade com a estrutura de relatório financeiro.

Para que o auditor independente esteja devidamente capacitado a expressar a opinião, é necessário que a auditoria seja conduzida em conformidade com as normas de auditoria e exigências éticas relevantes.

É importante destacar, conforme consta do item A3 da NBC TA 200 (R1), que, ao expressar uma opinião sobre as demonstrações contábeis, o auditor preocupa-se em determinar se elas foram elaboradas, em todos os aspectos relevantes, em conformidade com a estrutura de relatório financeiro aplicável. Entretanto, a opinião do auditor não assegura, por exemplo, a viabilidade futura da entidade nem a eficiência ou eficácia com a qual a administração conduziu os negócios da entidade.

Em algumas situações, porém, lei e regulamento aplicáveis podem exigir que o auditor forneça opinião sobre outros assuntos específicos, como a eficácia do controle interno ou a compatibilidade de um relatório separado da administração com as demonstrações contábeis. Nesse caso, o auditor deve empreender trabalho adicional para embasar tais opiniões.

## 4.6 Demonstrações contábeis sujeitas à auditoria

As demonstrações contábeis sujeitas à auditoria por força do § 3º do art.177, da Lei n. 6.404/1976, são o Balanço Patrimonial, a Demonstração do Resultado do Exercício, a Demonstração das Mutações do Patrimônio Líquido, a Demonstração dos Fluxos de Caixa, a Demonstração do Valor Adicionado e as respectivas Notas Explicativas.

Essas demonstrações contábeis, exigidas pelo art. 176, da Lei n. 6.404/1976, são elaboradas pela administração, com supervisão geral dos responsáveis pela governança das companhias.

## 4.7 Requisitos éticos

Veja o que dispõem os itens 14 e A14 a A17, da NBC TA 200 (R1).

**Requisitos éticos relacionados à auditoria de demonstrações contábeis**

**14.** O auditor deve cumprir as exigências éticas relevantes, inclusive as pertinentes à independência, no que se refere aos trabalhos de auditoria de demonstrações contábeis.

**Forma da opinião do auditor (ver item 8)**

**A14.** A opinião expressa pelo auditor é se as demonstrações contábeis foram elaboradas, em todos os aspectos relevantes, em conformidade com a estrutura de relatório financeiro aplicável. A forma da opinião do auditor, porém, depende da estrutura de relatório financeiro aplicável e de lei ou regulamento, que sejam aplicáveis. Grande parte das estruturas de relatório financeiro inclui exigências relativas à apresentação das demonstrações contábeis. Para tais estruturas, a elaboração das demonstrações contábeis em conformidade com a estrutura de relatório financeiro aplicável inclui a apresentação.

**A15.** Quando a estrutura de relatório financeiro é uma estrutura de apresentação adequada, como geralmente ocorre no caso de demonstrações contábeis para fins gerais, a opinião exigida pelas NBCs TA é se as demonstrações contábeis foram apresentadas adequadamente, em todos os aspectos relevantes. Quando a estrutura de relatório financeira é uma estrutura de conformidade (compliance), a opinião exigida é se as demonstrações contábeis foram elaboradas, em todos os aspectos relevantes, em conformidade com a estrutura. A menos que haja declaração em contrário, as referências nas NBCs TA à opinião do auditor abrangem ambas as formas de opinião.

**Requisitos éticos relacionados à auditoria de demonstrações contábeis (ver item 14)**

**A16.** O auditor está sujeito a exigências éticas relevantes, inclusive as relativas à independência, no que diz respeito a trabalhos de auditoria de demonstrações contábeis. As exigências éticas relevantes abrangem o Código de Ética Profissional do Contabilista, relacionados à auditoria de demonstrações contábeis bem como as NBCs PA aplicáveis.

**A17.** Os Princípios Fundamentais de Ética Profissional relevantes para o auditor quando da condução de auditoria de demonstrações contábeis estão implícitos no Código de Ética Profissional do Contabilista e na NBC PA 01, que trata do controle de qualidade. Esses princípios estão em linha com os Princípios do Código de Ética do Ifac, cujo cumprimento é exigido dos auditores. Esses princípios são:

a) Integridade;
b) Objetividade;
c) Competência e zelo profissional;
d) Confidencialidade; e
e) Comportamento (ou conduta) profissional.

O Código de Ética Profissional do Contabilista e as normas profissionais do CFC relacionadas mostram como a estrutura conceitual deve ser aplicada em situações específicas. Fornecem exemplos de salvaguardas que podem ser apropriadas para tratar das ameaças ao cumprimento dos princípios fundamentais e fornece, também, exemplos de situações onde não há salvaguardas disponíveis para tratar as ameaças.

# 4.8  Ceticismo profissional

Veja o que dispõem os itens 15 e A18 a A 22 da NBC TA 200 (R1):

> **15.** O auditor deve planejar e executar a auditoria com ceticismo profissional, reconhecendo que podem existir circunstâncias que causam distorção relevante nas demonstrações contábeis.

**A18.** No caso de trabalho de auditoria ser de interesse público e, portanto, exigido pelo Código de Ética Profissional do Contabilista e pelas normas profissionais do CFC, se exige que o auditor seja independente da entidade sujeita a auditoria. O Código de Ética Profissional do Contabilista e as normas profissionais descrevem a independência como abrangendo postura mental independente e independência na aparência. A independência do auditor frente à entidade salvaguarda a capacidade do auditor de formar opinião de auditoria sem ser afetado por influências que poderiam comprometer essa opinião. A independência aprimora a capacidade do auditor de atuar com integridade, ser objetivo e manter postura de ceticismo profissional.

**A19.** A NBC PA 01 trata das responsabilidades da firma (e dos auditores independentes pessoas físicas) ao estabelecer e manter sistema de controle de qualidade para a execução de trabalhos de auditoria ou revisão de informações históricas, outros trabalhos de asseguração (informações não históricas) e serviços correlatos. A referida NBC PA, itens 20 a 24, apresenta as responsabilidades do auditor (pessoa física ou jurídica) para o estabelecimento de políticas e procedimentos para lhe fornecer segurança razoável de que a firma e seu pessoal cumprem com as exigências éticas relevantes, inclusive as relacionadas com independência. A NBC TA 220 – Controle de Qualidade da Auditoria de Demonstrações Contábeis, itens 9 a 11, apresenta as responsabilidades do sócio do trabalho no que diz respeito às exigências éticas relevantes. Essas responsabilidades incluem alertas adicionais, por meio de observação e indagações quando necessário para evidências de não cumprimento com requerimentos éticos relevantes por membros da equipe de trabalho, determinando a ação apropriada se vierem ao conhecimento do sócio do trabalho assuntos que indiquem que membros da equipe do trabalho não cumpriram com exigências éticas relevantes, e formar uma conclusão sobre a conformidade com as exigências de independência que se aplicam ao trabalho de auditoria. A NBC TA 220 reconhece que a equipe do trabalho tem direito de se valer dos sistemas de controle de qualidade da firma para cumprir suas responsabilidades no que se refere a procedimentos de controle de qualidade aplicáveis ao trabalho de auditoria individual, a menos que a informação fornecida pela firma ou outras partes sugira outra ação.

### Ceticismo profissional

**A20.** O ceticismo profissional inclui estar alerta, por exemplo, a:

- evidências de auditoria que contradigam outras evidências obtidas;
- informações que coloquem em dúvida a confiabilidade dos documentos e respostas a indagações a serem usadas como evidências de auditoria;
- condições que possam indicar possível fraude;
- circunstâncias que sugiram a necessidade de procedimentos de auditoria além dos exigidos pelas NBCs TA.

**A21.** A manutenção do ceticismo profissional ao longo de toda a auditoria é necessária, por exemplo, para que o auditor reduza os riscos de:

- ignorar circunstâncias não usuais;
- generalização excessiva ao tirar conclusões das observações de auditoria;
- uso inadequado de premissas ao determinar a natureza, a época e a extensão dos procedimentos de auditoria e ao avaliar os resultados destes.

**A22.** O ceticismo profissional é necessário para a avaliação crítica das evidências de auditoria. Isso inclui questionar evidências de auditoria contraditórias e a confiabilidade dos documentos e respostas a indagações e outras informações obtidas junto à administração e aos responsáveis pela governança. Também inclui a consideração da suficiência e adequação das evidências de auditoria obtidas considerando as circunstâncias, por exemplo, no caso de existência de fatores de risco de fraude e um documento individual, de natureza suscetível de fraude, for a única evidência que corrobore um valor relevante da demonstração contábil.

# 4.9 Utilização dos trabalhos de auditoria interna

O auditor independente, ao desenvolver os trabalhos de auditoria em uma entidade que tenha a função de auditoria interna, poderá optar pela utilização do trabalho dos auditores internos para modificar a natureza, a época ou reduzir a extensão dos procedimentos de auditoria que realizará. Entretanto, essa opção somente será adotada quando o auditor independente tiver certeza de que a função de auditoria interna da entidade seja relevante para os trabalhos da auditoria externa. Isso ocorre quando a natureza das responsabilidades e atividades da função de auditoria interna estiver relacionada com os relatórios contábeis da entidade.

É importante destacar, conforme estabelece o item 11 da NBC TA 610, que o auditor independente tem total responsabilidade pela opinião expressa em seu relatório de auditoria e essa responsabilidade não é reduzida pela utilização de trabalhos da função de auditoria interna.

Veja, agora, o que dispõem os itens 21 a 24 da NBC TA 610:

### Utilização do trabalho da auditoria interna

**21.** Caso o auditor independente planeje usar o trabalho da auditoria interna, ele deve discutir com a auditoria interna o uso planejado desse trabalho como base para coordenar as suas respectivas atividades (ver itens A24 a A26).

**22.** O auditor independente deve ler os relatórios da auditoria interna relativos ao trabalho que o auditor independente planeja utilizar para obter entendimento da natureza e extensão dos procedimentos executados e as constatações dos auditores internos.

**23.** O auditor independente deve executar procedimentos de auditoria suficientes sobre o conjunto do trabalho da auditoria interna que ele planeja utilizar para determinar a sua adequação para fins da sua auditoria, incluindo a avaliação se:

a) o trabalho da auditoria interna foi planejado, executado, supervisionado, revisado e documentado de modo apropriado;

b) foi obtida evidência suficiente e apropriada que possibilite a auditoria interna chegar a conclusões razoáveis; e

c) as conclusões alcançadas são apropriadas nas circunstâncias e os relatórios elaborados pela auditoria interna são consistentes com os resultados do trabalho realizado (ver itens A27 a A30).

**24.** A natureza e a extensão dos procedimentos de auditoria do auditor independente devem estar em consonância com a sua avaliação sobre:

a) o volume ou o grau de julgamento envolvido;

b) o risco avaliado de distorção relevante;

c) se a posição hierárquica da auditoria interna na organização e se suas políticas e procedimentos relevantes propiciam apropriada objetividade dos auditores internos;

d) o nível de competência da auditoria interna (ver itens 18, A27 a A29) e deve incluir a reexecução de parte do trabalho (ver item A30).

Por fim, é importante destacar que, conforme comentamos e de acordo com o que faculta a NBC TA 610, nas ocasiões em que o auditor independente não tiver certeza de que a função de auditoria interna da entidade seja relevante para os seus trabalhos, ele pode decidir não utilizar os trabalhos dos auditores internos para não afetar a natureza, a época ou a extensão dos seus procedimentos de auditoria.

# 4.10  Auditoria interna × Auditoria externa

São vários os motivos que tornam a auditoria interna diferente da auditoria externa:

• enquanto as funções de auditoria interna são desenvolvidas por auditores pertencentes ao quadro de empregados da própria organização ou por auditores independentes contratados para esse fim, as funções de auditoria externa são realizadas exclusivamente por auditores independentes;

• enquanto as etapas do ciclo de vida da auditoria independente são realizadas parte na firma de auditoria e parte na organização auditada, essas etapas do ciclo de vida da auditoria interna, quando executadas por auditores da organização auditada, são realizadas dentro da própria organização auditada;

- enquanto o principal objetivo do auditor independente é expressar uma opinião que possibilite aumentar o grau de confiança dos usuários externos em relação às demonstrações contábeis, os objetivos das funções de auditoria interna variam amplamente e dependem do tamanho e da estrutura da entidade e dos requerimentos da administração e, quando aplicável, dos responsáveis pela governança. As atividades da função de auditoria interna podem incluir: monitoramento do controle interno, exame das informações contábeis e operacionais, revisão das atividades operacionais etc.;

- enquanto o ciclo de vida da auditoria independente pode ser dividido em três etapas: planejamento, execução e relatório, o ciclo de vida da auditoria interna, que é mais abrangente, pode ser dividido em quatro etapas: planejamento, execução, relatório e *follow-up*;

- enquanto a atitude dos auditores internos, embora independente, é limitada aos interesses da organização, os auditores externos têm independência plena para expor suas opiniões em seus relatórios de auditoria;

- enquanto, para exercer as atividades de auditoria independente, o auditor precisa ser obrigatoriamente contador, estar devidamente registrado em Conselho Regional de Contabilidade e no Cadastro Nacional de Auditores Independentes (CNAI); para exercer as funções de auditoria interna, o auditor não precisa ser contador e também não está sujeito a se cadastrar nos órgãos citados.

## 4.11 Relatório de auditoria

Conforme já comentamos, o resultado dos trabalhos de auditoria realizados por auditores independentes será consubstanciado em um relatório de auditoria dirigido aos usuários que contrataram os serviços de auditoria. Normalmente, esses usuários são os acionistas ou os responsáveis pela governança da entidade cujas demonstrações contábeis foram auditadas.

O relatório deve ser apresentado por escrito, isto é, emitido de forma impressa em papel ou em meio eletrônico, com a assinatura do auditor independente ou do sócio da firma de auditoria.

O item A64 da NBC TA 700 estabelece que, em certas jurisdições, a assinatura do auditor é em nome da firma de auditoria, em nome pessoal do auditor ou dos dois, conforme apropriado.

Ao expressar sua opinião sobre as demonstrações contábeis, por meio do relatório de auditoria, o auditor independente deve indicar a base que fundamenta a opinião.

É importante destacar, conforme consta do item A3 da NBC TA 200 (R1), que a opinião do auditor independente sobre as demonstrações contábeis deve determinar se as demonstrações contábeis são elaboradas, em todos os aspectos relevantes, em conformidade com a estrutura de relatório financeiro aplicável. Tal opinião é comum a todas as auditorias de demonstrações contábeis.

Segundo o item 20 da NBC TA 200 (R1), o auditor não deve declarar, no seu relatório, conformidade com as normas de auditoria (brasileiras e internacionais), a menos que ele tenha cumprido com as exigências dessa Norma e de todas as demais NBCs TA relevantes para a auditoria.

Segundo o item 49 da NBC TA 700, o relatório do auditor não pode ter data anterior à data em que ele obteve evidência de auditoria apropriada e suficiente para fundamentar a sua opinião sobre as demonstrações contábeis, incluindo evidência de que (ver itens A66 a A69):

a. todas as demonstrações e divulgações que compõem as demonstrações contábeis foram elaboradas e divulgadas; e

b. as pessoas com autoridade reconhecida afirmam que assumem a responsabilidade sobre essas demonstrações contábeis.

A NBC TA 700 indica, no item 50, os elementos que devem compor o relatório do auditor independente, que são:

a. título;

b. destinatário, conforme exigido pelas circunstâncias da contratação;

c. parágrafo da opinião contendo a opinião expressa sobre as demonstrações contábeis e referência à estrutura de relatório financeiro aplicável utilizada para elaborar as demonstrações contábeis (práticas contábeis adotadas no Brasil ou, se for o caso, incluir a identificação de origem da estrutura de relatório financeiro aplicada);

d. identificação de que as demonstrações contábeis da entidade foram auditadas;

e. declaração de que o auditor é independente da entidade, de acordo com as exigências éticas relevantes relacionadas com a auditoria, e que ele atendeu às outras responsabilidades éticas do auditor, de acordo com essas exigências. A declaração deve incluir a identificação da jurisdição de origem das exigências éticas relevantes (Código de Ética Profissional do Contador) ou fazer referência ao Código de Ética do International Ethics Standards Board for Accountants (Iesba) da Federação Internacional de Contadores (Ifac);

**f.** quando aplicável, uma seção que trate das exigências de apresentação de relatórios constantes no item 22 da NBC TA 570 e que não seja inconsistente com as referidas exigências;

**g.** quando aplicável, uma seção "Base para opinião com ressalva (ou adversa)" que trate das exigências de apresentação de relatórios constantes no item 23 da NBC TA 570 e que não seja inconsistente com as referidas exigências;

**h.** quando aplicável, uma seção que inclua as informações exigidas pela NBC TA 701, ou informações adicionais sobre a auditoria que estejam previstas por lei ou regulamento, que trate das exigências de apresentação de relatórios constantes nesta norma e que não seja inconsistente com as referidas exigências dos itens 11 a 16 da NBC TA 701;

**i.** quando aplicável, uma seção que trate das exigências de apresentação constantes no item 24 da NBC TA 720;

**j.** descrição das responsabilidades da administração pela elaboração das demonstrações contábeis e identificação dos responsáveis pela supervisão do processo de apresentação de relatórios financeiros que trate das exigências constantes nos itens 33 a 36 e que não seja inconsistente com as referidas exigências;

**k.** referência às normas brasileiras e internacionais de auditoria e à lei ou regulamento e descrição da responsabilidade do auditor pela auditoria das demonstrações contábeis que trate das exigências constantes nos itens 37 a 40 e que não seja inconsistente com as referidas exigências (ver itens A50 a A53);

**l.** nome do sócio ou técnico responsável e seu número de registro no CRC;

**m.** assinatura do auditor;

**n.** localidade em que o relatório foi emitido; e

**o.** data do relatório do auditor.

Mais detalhes sobre o relatório do auditor independente você encontra no Capítulo 17 deste livro.

# Atividades Teóricas

Responda:

1. O que é auditoria independente?
2. O que são companhias?
3. O que são sociedades de grande porte?
4. Quais são as etapas do ciclo de vida da auditoria independente?
5. Em que consiste a etapa do planejamento do ciclo de vida da auditoria independente?
6. Em que consiste a etapa da execução do ciclo de vida da auditoria independente?
7. O que é o relatório de auditoria?
8. O que é independência do auditor independente?
9. Qual é o objetivo da auditoria externa?
10. O que a opinião do auditor evidenciará no caso da maioria das estruturas conceituais para fins gerais?
11. O que é necessário para que o auditor independente esteja devidamente capacitado a expressar a opinião?
12. Cite as principais demonstrações contábeis que estão sujeitas à auditoria independente.
13. Em que situação o auditor independente pode optar por aproveitar os trabalhos da auditoria interna em seu trabalho?
14. Cite três motivos que evidenciam diferenças entre a auditoria interna e a auditoria externa.
15. Em que circunstância o auditor independente deve afirmar que os trabalhos foram realizados de conformidade com as normas brasileiras e internacionais de auditoria?

Classifique as afirmativas em falsas ou verdadeiras:

1. ( ) A auditoria externa é realizada por auditores independentes contratados pela organização para examinar suas demonstrações contábeis e expressar uma opinião.
2. ( ) A opinião do auditor independente é expressa por meio de parecer técnico consubstanciado em um relatório.
3. ( ) A opinião do auditor tem o propósito de aumentar o grau de confiança dos usuários das demonstrações contábeis objeto da auditoria.
4. ( ) O auditor independente não pode ser pessoa jurídica.
5. ( ) As Normas Brasileiras de Auditoria Independente (externa) integram o conjunto das Normas Brasileiras de Contabilidade derivadas do Conselho Federal de Contabilidade.

6. (   ) As Normas Brasileiras de Auditoria estabelecem regras e procedimentos de conduta que devem ser observados como requisitos para o exercício da profissão contábil no desempenho das funções de auditoria independente.

7. (   ) As Normas Brasileiras de Auditoria, derivadas do CFC, são convergentes com as normas internacionais IFRS.

8. (   ) A condição de independência é fundamental e óbvia para o exercício da atividade de auditoria independente.

9. (   ) Para alcançar o objetivo da auditoria independente, o auditor expressa uma opinião sobre as demonstrações contábeis terem sido elaboradas, em todos os aspectos relevantes, em conformidade com uma estrutura de relatório financeiro aplicável.

10. (   ) Conforme estabelece o item A16 da NBC TA 200 (R1), a independência aprimora a capacidade do auditor de atuar com integridade, ser objetivo e manter postura de ceticismo profissional.

11. (   ) O auditor independente, ao desenvolver os trabalhos de auditoria em uma entidade que tenha a função de auditoria interna, não poderá, em situação alguma, optar pela utilização do trabalho dos auditores internos.

12. (   ) O relatório do auditor independente deve ser apresentado por escrito, sendo vedada sua apresentação por meio eletrônico.

13. (   ) O auditor está sujeito a exigências éticas relevantes, inclusive as relativas à independência, no que diz respeito a trabalhos de auditoria de demonstrações contábeis.

Escolha a alternativa correta:

1. As demonstrações contábeis das companhias devem ser submetidas à auditoria independente, em decorrência:

   a) de exigência contida no art. 3º da Lei n. 11.638/2007.

   b) de exigências derivadas dos órgãos administrativos.

   c) de exigência contida no § 3º do art. 177 da Lei n. 6.404/1976.

   d) de disposições contidas na legislação tributária.

   e) todas estão corretas.

2. As demonstrações contábeis das sociedades de grande porte devem ser submetidas à auditoria independente, em decorrência:

   a) de exigência contida no art. 3º da Lei n. 11.638/2007.

   b) de exigências derivadas dos órgãos administrativos.

   c) de exigência contida no § 3º do art. 177 da Lei n. 6.404/1976.

   d) de disposições contidas na legislação tributária.

   e) todas estão corretas.

3. Em relação às Normas Brasileiras de Auditoria, é correto afirmar:

   a) entre as Normas Brasileiras de Contabilidade Profissionais encontram-se as do Auditor Independente, identificadas como "NBC PA" (aplicadas especificamente aos contadores que atuam como auditor independente).

   b) entre as Normas Brasileiras de Contabilidade Técnicas encontram-se as de Auditoria Independente de Informação Contábil Histórica, identificadas como "NBC TA".

   c) as NBCs TA, consideradas em conjunto, fornecem as normas para o trabalho do auditor no cumprimento dos seus objetivos gerais.

   d) as alternativas "a" e "c" estão corretas.

   e) todas estão corretas.

4. Segundo estabelece o item 400.5 da NBC PA 400, a independência está vinculada aos seguintes princípios:

   a) da objetividade e da competência.

   b) do ceticismo e da prudência.

   c) da objetividade e da integridade.

   d) do ceticismo e do custo pelo valor original.

   e) todas estão corretas.

5. A NBC PA 400, estabelece que:

   a) a firma que realiza trabalho de auditoria não precisa ser independente, porém deve aplicar a estrutura conceitual descrita na Seção 120 da NBC PG 100.

   b) a firma que realiza trabalho de auditoria deve ser independente e aplicar a estrutura conceitual descrita na Seção 120 da NBC PG 100.

   c) a firma que realiza trabalho exclusivamente de auditoria interna deve ser dependente e aplicar a estrutura conceitual descrita na Seção 120 da NBC PG 100.

   d) as alternativas "a" a "c" estão corretas.

   e) NDA.

# CAPÍTULO 5

## SISTEMA DE CONTROLES INTERNOS

## Objetivos do Capítulo

### Após ler este capítulo[1], você estará apto a:

- ❑ Entender o que é controle interno.
- ❑ Saber o que é sistema de controles internos à luz da NBC TA 315.
- ❑ Saber qual a importância do controle interno para o desenvolvimento da organização.
- ❑ Discutir por que o auditor independente deve entender os controles internos da organização.
- ❑ Conhecer os quatro aspectos sobre o Controle Interno Segundo a NBC TA 315.
- ❑ Saber sobre a natureza e características gerais do controle interno.
- ❑ Saber por que os controles internos são relevantes para a auditoria.
- ❑ Discutir sobre a natureza e extensão do entendimento dos controles relevantes.
- ❑ Conhecer os cinco componentes do controle interno.
- ❑ Entender o que é ambiente de controle.
- ❑ Entender o processo de avaliação de riscos da entidade.
- ❑ Entender o processo da entidade para monitorar o sistema de controles internos.
- ❑ Entender sobre o sistema de informação e comunicação.
- ❑ Saber o que são atividades de controle.
- ❑ Discutir sobre as limitações do sistema de controles internos.
- ❑ Entender a importância do controle interno das instituições financeiras.
- ❑ Entender a importância do controle interno do Poder Público.
- ❑ Saber que o controle interno é uma preocupação internacional.

---

[1] Parte do texto deste capítulo, com as adaptações que julgamos convenientes para torná-lo de mais fácil entendimento, foi extraída ou fundamentada na NBC TA 315 (R2).

## 5.1 Conceito

A NBC TA 315 (R2), no item 12m, define sistema de controles internos como sendo o sistema planejado, implementado e mantido pelos responsáveis pela governança, pela administração e por outros empregados para fornecer segurança razoável quanto ao alcance dos objetivos da entidade no que se refere à confiabilidade dos relatórios financeiros, à efetividade e eficiência das operações e à conformidade com leis e regulamentos aplicáveis.

Para fins das normas de auditoria, o sistema de controles internos consiste de cinco componentes inter-relacionados:

- ambiente de controle;
- processo de avaliação de riscos da entidade;
- processo da entidade para monitorar o sistema de controles internos;
- sistema de informação e comunicação; e
- atividades de controle.

A NBC TA 315 (R2), no item 12c, define controle como sendo políticas ou procedimentos que uma entidade estabelece para alcançar os objetivos de controle da administração ou dos responsáveis pela governança. Nesse contexto:

- políticas são declarações do que deve, ou não deve, ser feito em uma entidade para se efetuar o controle. Essas declarações podem ser documentadas, explicitamente apresentadas em comunicados, ou implícitas em ações e decisões; e
- procedimentos são ações para implementar as políticas.

## 5.2 A importância do controle interno

Uma das responsabilidades do auditor independente quando desenvolve auditoria de demonstrações contábeis é identificar e avaliar possíveis riscos de distorção que possam influenciar a veracidade dos dados informados nas respectivas demonstrações contábeis por ele auditadas.

As falhas que, porventura, ocorrem no controle interno podem afetar diretamente os resultados apurados pela organização.

Dessa forma, as organizações devem manter um sistema de controles internos eficiente que possibilite a detecção de eventuais falhas para que as providências sejam tomadas, evitando a descaracterização ou mesmo o prejuízo da reputação da entidade perante o mercado e seus acionistas.

Um sistema de controles internos adequado garante não só ao auditor independente obter maior credibilidade nas informações contidas nas demonstrações contábeis, como também auxilia a administração no aperfeiçoamento das suas operações em busca dos seus objetivos, aprimorando a eficiência dos processos produtivos com a redução de custos e melhoria na qualidade dos produtos e serviços, tornando-a cada vez mais competitiva no mercado.

Para que o auditor independente adquira segurança e possa expressar uma opinião que possibilite aumentar o grau de confiança dos usuários em relação às demonstrações contábeis, ele precisa ter certeza de que essas demonstrações contábeis como um todo estejam livres de distorções relevantes, independentemente se tais distorções resultem de fraude ou erro.

Diante disso, antes de iniciar os trabalhos de auditoria, é necessário que o auditor independente adquira um bom entendimento da entidade e do seu ambiente, especialmente do sistema de controles internos, e fique sabendo como a entidade inicia ações corretivas para sanar as deficiências identificadas nos seus controles.

A NBC TA 315 trata da identificação e avaliação dos riscos de distorção relevante por meio do entendimento da entidade e do seu ambiente.

Portanto, é necessário que os controles internos sejam eficazes (possibilitem que sejam feitas as tarefas que precisam ser feitas) e eficientes (possibilitem que as tarefas sejam feitas com o menor esforço possível), para que os resultados informados nas demonstrações contábeis da entidade sejam devidamente reconhecidos com credibilidade, não só entre seus dirigentes como também entre os usuários externos que direta ou indiretamente tenham interesse nos resultados da organização.

## 5.3 Por que o auditor independente deve entender os controles internos da organização?

Conforme já comentamos, nas providências preliminares que o auditor desenvolve com o objetivo de orientar a confecção do planejamento, ele avalia o sistema de controles internos da organização a ser auditada, para que possa dimensionar a amplitude dos trabalhos.

O auditor deve realizar tarefas que possibilitem entender o risco de fraude e os cinco componentes do controle interno. Veja mais detalhes na Seção 5.4.5.

É importante destacar que, embora seja mais provável que a maioria dos controles relevantes para a auditoria esteja relacionada com demonstrações contábeis, nem todos os controles que se relacionam com as demonstrações contábeis são relevantes para a auditoria. Caberá sempre ao auditor julgar se um controle, individualmente ou em combinação com outros, é relevante ou não para a auditoria independente.

O entendimento do controle interno auxilia o auditor tanto na identificação de tipos de distorções potenciais e fatores que afetem os riscos de distorção relevante como também no planejamento da natureza, da época e da extensão de procedimentos adicionais de auditoria.

O auditor independente deve comunicar apropriadamente, aos responsáveis pela governança e à administração, as deficiências de controle interno que identificar durante a auditoria e que, no seu julgamento profissional, são de importância suficiente para merecer a atenção deles (item 5, da NBC TA 265).

A deficiência de controle interno existe quando:

- o controle é planejado, implementado ou operado de tal forma que não consegue prevenir, ou detectar e corrigir, tempestivamente, distorções nas demonstrações contábeis; ou

- falta um controle necessário para prevenir, ou detectar e corrigir, tempestivamente, distorções nas demonstrações contábeis.

Deficiência significativa de controle interno é a deficiência ou a combinação de deficiências de controle interno que, no julgamento profissional do auditor, é de importância suficiente para merecer a atenção dos responsáveis pela governança (item 6, da NBC TA 265).

# 5.4 Aspectos sobre o Controle Interno Segundo a NBC TA 315

## 5.4.1 Introdução

A NBC TA 315, em sua primeira versão, estabeleceu que aspectos sobre o controle interno são apresentados em quatro seções:

a. natureza e características gerais do controle interno;
b. controles relevantes para a auditoria;

c. natureza e extensão do entendimento dos controles relevantes; e

d. componentes do controle interno.

## 5.4.2 Natureza e características gerais do controle interno

O controle interno é planejado, implementado e mantido para enfrentar riscos de negócio identificados que ameacem o cumprimento de qualquer um dos objetivos da entidade com relação a:

- confiabilidade das informações e demonstrações contábeis da entidade;

- efetividade e eficiência de suas operações; e

- sua conformidade com leis e regulamentos aplicáveis.

A administração da companhia é responsável pelos controles internos determinados por ela como necessários para permitir a elaboração de demonstrações contábeis livres de distorção relevante, independentemente se causada por fraude ou erro (Apêndice 1, da NBC TA 700).

A maneira como o controle interno é planejado, implementado e mantido varia de acordo com o tamanho e a complexidade da entidade. As entidades de pequeno porte podem usar meios menos estruturados, processos e procedimentos mais simples para alcançar seus objetivos.

## 5.4.3 Controles relevantes para a auditoria

Há uma relação direta entre os objetivos da entidade e os controles que ela implementa para fornecer segurança razoável a respeito do seu cumprimento.

Os objetivos e, portanto, os controles da entidade relacionam-se com demonstrações contábeis, operações e conformidade; contudo, nem todos esses objetivos e controles são relevantes para a avaliação de riscos pelo auditor.

Fatores relevantes para o julgamento do auditor ao determinar se um controle, individualmente ou em combinação com outros, é relevante para a auditoria podem incluir assuntos como os seguintes:

- materialidade;

- importância do risco relacionado;

- tamanho da entidade;

- natureza do negócio da entidade, inclusive suas características de organização e propriedade;
- diversidade e complexidade das operações da entidade;
- exigências legais e regulatórias aplicáveis;
- circunstâncias e componente aplicável de controle interno;
- natureza e complexidade dos sistemas que fazem parte do controle interno da entidade, inclusive o uso de organizações de serviços;
- se, e como, um controle específico, individualmente ou em combinação com outros, impede ou detecta e corrige distorção relevante.

Os controles sobre a integridade e a exatidão das informações produzidas pela entidade podem ser relevantes para a auditoria se o auditor pretende fazer uso das informações ao planejar e executar procedimentos adicionais.

Os controles relacionados aos objetivos das operações e de conformidade também podem ser relevantes para a auditoria se eles se relacionarem com dados que o auditor avalia ou usa ao aplicar os procedimentos de auditoria.

O controle interno para salvaguarda de ativos contra aquisição, uso e alienação não autorizados pode incluir controles relacionados aos objetivos das demonstrações contábeis e de operações. A consideração de tais controles pelo auditor geralmente se limita aos que são relevantes para a confiabilidade dos relatórios contábeis.

A entidade geralmente tem controles relacionados a objetivos que não são relevantes para a auditoria e, portanto, não precisam ser considerados. Por exemplo, a entidade pode utilizar um sistema sofisticado de controles automatizados para fornecer operações eficientes e efetivas (tais como o sistema de controles automatizado de linha aérea para manter horários de voos), mas esses controles geralmente não são relevantes para a auditoria. Além disso, embora o controle interno se aplique à entidade como um todo ou a qualquer uma de suas unidades operacionais ou processos de negócios, o entendimento do controle interno relativo a cada uma das unidades operacionais e processos de negócios da entidade pode não ser relevante para a auditoria.

É importante destacar que auditores do setor público muitas vezes têm responsabilidades adicionais no que se refere ao controle interno. Exemplo: emitir um relatório sobre o cumprimento de código de prática estabelecido. Auditores do setor público também podem ter responsabilidade de emitir relatório sobre conformidade com leis, regulamentos ou outras normas. Assim, sua revisão do controle interno pode ser mais ampla e detalhada.

### 5.4.4 Natureza e extensão do entendimento dos controles relevantes

Na obtenção do entendimento dos controles que são relevantes para a auditoria, o auditor deve avaliar o desenho desses controles e determinar se eles foram implementados, por meio da execução de procedimentos, além de indagações junto ao pessoal da entidade.

A avaliação do desenho de controle envolve considerar se o controle, individualmente ou em combinação com outros controles, é capaz de impedir, ou de detectar e corrigir efetivamente, distorções relevantes.

A implementação de controle significa que ele existe e que a entidade o está usando. Há pouco sentido em avaliar a implementação de controle que não seja efetivo e, portanto, a concepção do controle é o primeiro ponto a ser considerado.

Um controle inadequadamente planejado pode representar deficiência significativa no controle interno.

Procedimentos de avaliação de risco para obter evidência de auditoria a respeito do desenho e implementação dos controles relevantes podem incluir:

- indagações junto ao pessoal da entidade;
- observação da aplicação de controles específicos;
- inspeção de documentos e relatórios;
- rastreamento das transações por meio de sistema de informação relevante para as demonstrações contábeis.

É importante ressaltar que a indagação isolada não é suficiente para tais propósitos e que a obtenção do entendimento dos controles da entidade não é suficiente para testar a sua efetividade operacional, a menos que haja alguma automatização que proporcione o funcionamento consistente dos controles. Por exemplo, obter evidências de auditoria a respeito da implementação de controle manual em um ponto no tempo não fornece evidências de auditoria a respeito da eficácia operacional do controle em outras ocasiões durante o período sob auditoria. Contudo, devido à consistência inerente do processamento da tecnologia da informação (TI) (ver Apêndice 5 da NBC TA 315 (R2)), executar procedimentos de auditoria para determinar se o controle automatizado foi ou não implementado pode servir como teste da efetividade operacional desse controle, dependendo da avaliação do auditor e de testes de controles gerais do sistema, como os de modificações de programa. A NBC TA 330 apresenta detalhes acerca dos testes de efetividade operacional dos controles.

## 5.4.5 Componentes do controle interno

### 5.4.5.1 Introdução

Conforme comentamos na seção 5.1, segundo estabelece o item 12m da NBC TA 315 (R2), para fins das normas de auditoria, o sistema de controles internos consiste em cinco componentes inter-relacionados:

- ambiente de controle;
- processo de avaliação de riscos da entidade;
- processo da entidade para monitorar o sistema de controles internos;
- sistema de informação e comunicação; e
- atividades de controle.

O entendimento do sistema de controles internos da entidade pelo auditor é obtido por meio de procedimentos de avaliação de risco realizados para entender e avaliar cada um dos componentes do sistema de controles internos.

Para planejar, implementar e manter seu sistema de controles internos ou para classificar um componente específico, as entidades podem usar diferentes terminologias ou estruturas para descrever os diversos aspectos do sistema de controles internos.

O modo como o sistema de controles internos da entidade é planejado, implementado e mantido varia com o porte e a complexidade da entidade. Por exemplo, entidades menos complexas podem usar controles menos estruturados ou mais simples (isto é, políticas e procedimentos) para alcançarem seus objetivos.

### 5.4.5.2 Ambiente de controle

O auditor deve obter entendimento do ambiente de controle.

Como parte da obtenção deste entendimento, o auditor deve avaliar se:

- a administração, com a supervisão geral dos responsáveis pela governança, criou e manteve uma cultura de honestidade e conduta ética; e
- os pontos fortes no ambiente de controle fornecem coletivamente fundamento apropriado para os outros componentes do controle interno, e se os outros componentes não são prejudicados por deficiências no ambiente de controle.

O ambiente de controle inclui as funções de governança e administração, as atitudes, a consciência e as ações dos responsáveis pela governança e da administração no que se refere ao controle interno da entidade e sua importância na entidade.

O ambiente de controle estabelece o tom da organização, influenciando a consciência de controle de suas pessoas.

Elementos do ambiente de controle que podem ser relevantes na obtenção de seu entendimento incluem:

**a.** comunicação e aplicação de valores de integridade e ética: estes são elementos essenciais que influenciam a efetividade do desenho, administração e monitoramento dos controles;

**b.** compromisso com a competência: assuntos como a consideração por parte da administração dos níveis de competência para trabalhos específicos e como esses níveis se traduzem nas habilidades e conhecimento necessários;

**c.** participação dos responsáveis pela governança: atributos dos responsáveis pela governança, como:

- sua independência em relação à administração;
- sua experiência e reputação;
- a extensão de seu envolvimento e as informações que recebem, bem como o exame que fazem das atividades;
- a adequação de suas ações, inclusive o grau em que assuntos complexos são levantados e tratados junto à administração, bem como sua interação com os auditores internos e externos;

**d.** filosofia e estilo operacional da administração: características da administração como:

- abordagem na aceitação e gerenciamento dos riscos de negócio;
- atitudes e ações com referência às informações e demonstrações contábeis;
- atitudes relacionadas ao processamento de informações e às funções contábil e de pessoal;

**e.** estrutura organizacional: a estrutura em que as atividades da entidade são planejadas, executadas, controladas e revisadas para alcançar seus objetivos;

**f.** atribuição de autoridade e responsabilidade: assuntos relativos à maneira como a autoridade e a responsabilidade por atividades operacionais são atribuídas e como as relações de reporte e hierarquias de autorização são estabelecidas;

**g.** políticas e práticas de recursos humanos: políticas e práticas que se relacionam, por exemplo, com recrutamento, orientação, treinamento, avaliação, aconselhamento, promoção, remuneração e ações corretivas.

### 5.4.5.3  Processo de avaliação de riscos da entidade

O item 22 da NBC TA 315 (R2) estabelece que o auditor deve obter entendimento do processo de avaliação de riscos da entidade relevante para a preparação das demonstrações contábeis por meio da realização de procedimentos de avaliação de risco mediante:

**a.** entendimento do processo da entidade para:

    **i.** identificar os riscos do negócio relevantes para os objetivos dos relatórios financeiros;

    **ii.** avaliar a importância desses riscos, incluindo a probabilidade de sua ocorrência; e

    **iii.** endereçar esses riscos; e

**b.** análise se o processo de avaliação de riscos da entidade é apropriado para as circunstâncias da entidade, considerando a sua natureza e a complexidade.

No item 23 da NBC TA 315 (R2), encontramos que se o auditor identificar riscos de distorção relevante que a administração deixou de identificar, ele deve:

**a.** determinar se esses riscos são do tipo que o auditor espera que tivessem sido identificados pelo processo de avaliação de riscos da entidade e, caso afirmativo, obter entendimento do motivo pelo qual o processo de avaliação de riscos da entidade deixou de identificar esses riscos de distorção relevante; e

**b.** considerar as implicações para a avaliação do auditor no item 22(b), descrito anteriormente.

### 5.4.5.4  Processo da entidade para monitorar o sistema de controles internos

A NBC TA (R2), no item 24, estabelece que o auditor deve obter entendimento do processo da entidade para monitorar o sistema de controles internos relevante para a preparação das demonstrações contábeis por meio da realização de procedimentos de avaliação de risco, mediante:

**a.** entendimento desses aspectos do processo da entidade que tratam:

    **i.** das avaliações contínuas e separadas para monitorar a efetividade dos controles e a identificação e correção das deficiências dos controles identificadas; e

    **ii.** da função de auditoria interna da entidade, se houver, incluindo sua natureza, suas responsabilidades e suas atividades;

b. entendimento das fontes das informações usadas no processo da entidade para monitorar o sistema de controles internos e o embasamento sobre o qual a administração considera as informações suficientemente confiáveis para esse propósito;

c. avaliação de se o processo da entidade para monitorar o sistema de controles internos é apropriado para as circunstâncias da entidade, considerando a natureza e a complexidade da entidade.

## 5.4.5.5 Sistema de informação e comunicação

Segundo o item 25 da NBC TA 315 (R2), o auditor deve obter entendimento do sistema de informação e comunicação relevante para a elaboração das demonstrações contábeis por meio da realização de procedimentos de avaliação de risco mediante:

a. entendimento das atividades de processamento das informações da entidade, incluindo seus dados e informações, dos recursos a serem usados nessas atividades e das políticas que definem, para as classes significativas de transações, saldos contábeis e divulgações:

   i. como as informações fluem por meio do sistema de informação da entidade, incluindo como:

      a. transações são iniciadas e as informações a seu respeito são registradas, processadas, corrigidas conforme necessário, incorporadas no razão geral e apresentadas nas demonstrações contábeis; e

      b. informações sobre eventos e condições, exceto transações, são capturadas, processadas e divulgadas nas demonstrações contábeis;

   ii. os registros contábeis, as contas específicas nas demonstrações contábeis e outros registros de suporte relacionados com os fluxos de informações no sistema de informação;

   iii. o processo de apresentação de relatórios financeiros usado para preparar as demonstrações contábeis da entidade, incluindo divulgações; e

   iv. os recursos da entidade, incluindo o ambiente de TI, relevantes para a alínea (a)(i) a (iii);

b. entendimento de como a entidade comunica assuntos importantes que suportam a elaboração das demonstrações contábeis e as respectivas responsabilidades de apresentação de relatório no sistema de informação e em outros componentes do sistema de controles internos:

     **i.** entre as pessoas na entidade, incluindo como os papéis e as responsabilidades de apresentação de relatório são comunicados;

     **ii.** entre a administração e os responsáveis pela governança; e

     **iii.** com partes externas, como com autoridades reguladoras; e

**c.** avaliação de se o sistema de informação e comunicação da entidade suporta, de maneira apropriada, a elaboração das demonstrações contábeis da entidade de acordo com a estrutura de relatório financeiro aplicável.

## 5.4.5.6 Atividades de controle

A NBC TA 315 (R2), no item 26, estabelece que o auditor deve obter entendimento do componente das atividades de controle, por meio da realização de procedimentos de avaliação de riscos, mediante:

**a.** identificação de controles que tratam dos riscos de distorção relevante no nível de afirmação no componente das atividades de controle, como segue:

     **i.** controles que tratam de um risco que é determinado como sendo risco significativo;

     **ii.** controles sobre lançamentos no livro diário, inclusive lançamentos no livro diário não rotineiros usados para registrar transações ou ajustes não usuais;

     **iii.** controles para os quais o auditor planeja testar a efetividade operacional para determinar a natureza, a época e a extensão do teste substantivo, que deve incluir os controles que tratam dos riscos para os quais somente os procedimentos substantivos não fornecem evidência de auditoria apropriada e suficiente; e

     **iv.** outros controles que o auditor considera como sendo apropriados para permitir que ele atenda aos objetivos do item 13, da NBC TA em estudo, com relação aos riscos no nível da afirmação com base no seu julgamento profissional;

**b.** com base nos controles identificados na alínea (a), identificação dos aplicativos de TI e de outros aspectos do ambiente de TI da entidade que estão sujeitos aos riscos decorrentes do uso de TI (Tecnologia da informação);

**c.** para esses aplicativos de TI e outros aspectos do ambiente de TI identificados na alínea (b), a identificação:

     **i.** dos riscos relacionados decorrentes do uso de TI; e

     **ii.** dos controles gerais de TI da entidade que tratam desses riscos; e

**d.** para cada controle identificado nas alíneas (a) ou (c):

    **i.** avaliar se o controle é efetivamente planejado para tratar do risco de distorção relevante no nível da afirmação ou efetivamente planejado para suportar a operação de outros controles; e

    **ii.** determinar se o controle foi implementado mediante a realização de procedimentos além da indagação junto ao pessoal da entidade.

## 5.5 Limitações do sistema de controles internos[2]

O sistema de controles internos da entidade, não importa o quão efetivo, pode fornecer à entidade apenas asseguração razoável quanto ao cumprimento dos objetivos das demonstrações contábeis da entidade.

A probabilidade de seu cumprimento é afetada por limitações inerentes ao controle interno. Estas incluem os pressupostos de que o julgamento humano em tomadas de decisões é falho e de que rupturas no sistema de controles internos da entidade podem ocorrer por erro humano. Por exemplo, pode haver erro na concepção ou na modificação do controle. Igualmente, a operação de controle pode não ser efetiva, por exemplo, quando as informações apresentadas para os fins do sistema de controles internos da entidade (por exemplo, relatório de exceção) não são usadas, efetivamente, porque o indivíduo responsável pela revisão das informações não compreende o seu propósito ou deixa de tomar a ação apropriada.

Adicionalmente, os controles podem ser contornados pelo conluio de duas ou mais pessoas ou podem ser indevidamente transgredidos pela administração. Por exemplo, a administração pode firmar com os clientes contratos paralelos que alterem os termos e as condições dos contratos de venda que são padrão da entidade, o que pode resultar no reconhecimento inadequado de receita. Também podem ser anulados ou desativados os testes de verificação em aplicativo de TI destinados a identificar e a relatar transações que excedam limites de créditos especificados.

Além disso, ao planejar e implementar controles, a administração pode fazer julgamentos sobre a natureza e a extensão dos controles selecionados para serem implementados, bem como a natureza e a extensão dos riscos que ela decide assumir.

---

[2]  Itens 22 a 24 da NBC TA 315 (R2).

## 5.6 O controle interno das instituições financeiras

As instituições financeiras e demais instituições autorizadas a funcionar pelo Banco Central do Brasil (BCB), por força da Resolução Bacen n. 2.554/1998, são obrigadas a implantar e executar controles internos voltados para as atividades por elas desenvolvidas, seus sistemas de informações financeiras, operacionais e gerenciais, além do cumprimento das normas legais e regulamentares a elas aplicáveis.

O § 1º, do art. 1º, da citada Resolução estabelece que os controles internos, independentemente do porte da instituição, devem ser efetivos e consistentes com a natureza, a complexidade e o risco das operações por ela realizadas.

Estabelece, ainda, o art. 1º, em seu § 2º, que são de responsabilidade da diretoria da instituição:

> I – a implantação e a implementação de uma estrutura de controles internos efetiva, mediante a definição de atividades de controle para todos os níveis de negócios da instituição;
> II – o estabelecimento dos objetivos e procedimentos pertinentes a estes; e
> III – a verificação sistemática da adoção e do cumprimento dos procedimentos definidos em função do disposto no inciso II.

As disposições dos controles internos devem ser acessíveis a todos os funcionários da instituição de forma a assegurar que sejam conhecidas a respectiva função no processo e as responsabilidades atribuídas aos diversos níveis da organização (art. 2º). Essas disposições devem prever:

> I – a definição de responsabilidades dentro da instituição;
> II – a segregação das atividades atribuídas aos integrantes da instituição de forma a que seja evitado o conflito de interesses, bem como meios de minimizar e monitorar adequadamente áreas identificadas como de potencial conflito da espécie;
> III – meios de identificar e avaliar fatores internos e externos que possam afetar adversamente a realização dos objetivos da instituição;
> IV – a existência de canais de comunicação que assegurem aos funcionários, segundo o correspondente nível de atuação, o acesso a confiáveis, tempestivas e compreensíveis informações consideradas relevantes para suas tarefas e responsabilidades;
> V – a contínua avaliação dos diversos riscos associados às atividades da instituição;
> VI – o acompanhamento sistemático das atividades desenvolvidas, de forma que se possa avaliar se os objetivos da instituição estão sendo alcançados, se os limites estabelecidos e as leis e os regulamentos aplicáveis estão sendo cumpridos, bem como assegurar que quaisquer desvios possam ser prontamente corrigidos; e

VII – a existência de testes periódicos de segurança para os sistemas de informações, em especial para os mantidos em meio eletrônico.

Conforme estabelecem os § 1º e § 2º do art. 2º da mencionada Resolução, os controles internos devem ser periodicamente revisados e atualizados, de forma que sejam a eles incorporadas medidas relacionadas a riscos novos ou anteriormente não abordados e que a atividade de auditoria interna deva fazer parte do sistema de controles internos.

O § 3º do artigo em estudo estabelece que a atividade de auditoria interna, quando não executada por unidade específica da própria instituição ou de instituição integrante do mesmo conglomerado financeiro, poderá ser exercida:

I – por auditor independente devidamente registrado na Comissão de Valores Mobiliários (CVM), desde que não seja aquele responsável pela auditoria das demonstrações financeiras;

II – pela auditoria da entidade ou associação de classe ou de órgão central a que estiver filiada a instituição; e

III – por auditoria de entidade ou associação de classe de outras instituições autorizadas a funcionar pelo Banco Central, mediante convênio, previamente aprovado por este, firmado entre a entidade a que estiver filiada a instituição e a entidade prestadora do serviço.

O art. 3º da citada Resolução determina que o acompanhamento sistemático das atividades relacionadas com o sistema de controles internos deve ser objeto de relatórios, no mínimo semestrais, contendo:

I – as conclusões dos exames efetuados;

II – as recomendações a respeito de eventuais deficiências, com o estabelecimento de cronograma de saneamento destas, quando for o caso; e

III – a manifestação dos responsáveis pelas correspondentes áreas a respeito das deficiências encontradas em verificações anteriores e das medidas efetivamente adotadas para saná-las. Incumbe à diretoria da instituição a promoção de elevados padrões éticos e de integridade e de uma cultura organizacional que demonstre e enfatize, a todos os funcionários, a importância dos controles internos e o papel de cada um no processo (art. 4º da mencionada Resolução Bacen).

As instituições financeiras e demais instituições autorizadas a funcionar pelo Banco Central do Brasil (BCB) estão obrigadas, ainda, à implementação de estrutura de gerenciamento do risco operacional relativo ao controle interno, conforme disciplina contida na Resolução Bacen n. 3.380/2006.

Essa estrutura deve ser compatível com a natureza e a complexidade dos produtos, dos serviços, das atividades, dos processos e de sistemas da instituição.

O risco operacional é a possibilidade de ocorrência de perdas resultantes de falha, deficiência ou inadequação de processos internos, pessoas e sistemas, ou de eventos externos (art. 2º da Resolução Bacen n. 3.380/2006).

Estabelece, ainda, a citada Resolução que, entre os eventos de risco operacional, se incluam:

I – fraudes internas;

II – fraudes externas;

III – demandas trabalhistas e segurança deficiente do local de trabalho;

IV – práticas inadequadas relativas a clientes, produtos e serviços;

V – danos a ativos físicos próprios ou em uso pela instituição;

VI – aqueles que acarretem a interrupção das atividades da instituição;

VII – falhas em sistemas de tecnologia da informação; e

VIII – falhas na execução, cumprimento de prazos e gerenciamento das atividades na instituição.

Por fim, é importante destacar que o Banco Central do Brasil (BCB), por meio da Circular n. 3.467, de 14 de setembro de 2009, estabeleceu critérios para elaboração dos relatórios de avaliação da qualidade e adequação do sistema de controles internos e de descumprimento de dispositivos legais e regulamentares.

## 5.7 O controle interno do Poder Público

A Secretaria Federal de Controle Interno do Ministério da Fazenda, por meio da Instrução Normativa n. 01, de 06 de abril de 2001, definiu diretrizes, princípios, conceitos e aprovou as normas técnicas relativas à ação de controle aplicáveis ao Serviço Público Federal, com a finalidade de disciplinar e padronizar a atuação do Sistema de Controles Internos do Poder Executivo Federal.

Essa disciplina está consubstanciada no Manual do Sistema de Controles Internos do Poder Executivo Federal, aprovado pela mencionada Instrução Normativa.

Veja, na íntegra, a Seção I, do Capítulo I – Finalidades, organização e competências do sistema de controles internos do Poder Executivo Federal:

### Seção I – Finalidades e Atividades do Sistema de Controles Internos

1) O Sistema de Controles Internos do Poder Executivo Federal visa à avaliação da ação governamental, da gestão dos administradores públicos federais e da aplicação de recursos públicos por entidades de Direito Privado, por intermédio da fiscalização contábil, financeira, orçamentária, operacional e patrimonial.

2) A fiscalização contábil, financeira, orçamentária, operacional e patrimonial, para atingir as finalidades constitucionais, consubstancia-se nas técnicas de trabalho desenvolvidas no âmbito do Sistema de Controles Internos do Poder Executivo Federal, denominadas nesta Instrução Normativa de auditoria e fiscalização.

**Finalidades**

3) O Sistema de Controles Internos do Poder Executivo Federal tem como finalidades:

a) avaliar o cumprimento das metas previstas no Plano Plurianual, a execução dos programas de governo e dos orçamentos da União;

b) comprovar a legalidade e avaliar os resultados, quanto à eficácia e à eficiência da gestão orçamentária, financeira e patrimonial nos órgãos e entidades da Administração Pública Federal, bem como da aplicação de recursos públicos por entidades de direito privado;

c) exercer o controle das operações de crédito, avais e garantias, bem como dos direitos e haveres da União; e

d) apoiar o controle externo no exercício de sua missão institucional.

**Atividades Precípuas**

4) O Sistema de Controles Internos do Poder Executivo Federal para atingir as finalidades básicas compreende o seguinte conjunto de atividades essenciais:

a) a avaliação do cumprimento das metas do Plano Plurianual que visa a comprovar a conformidade da sua execução;

b) a avaliação da execução dos programas de governo que visa a comprovar o nível de execução das metas, o alcance dos objetivos e a adequação do gerenciamento;

c) a avaliação da execução dos orçamentos da União que visa a comprovar a conformidade da execução com os limites e as destinações estabelecidas na legislação pertinente;

d) a avaliação da gestão dos administradores públicos federais que visa a comprovar a legalidade e a legitimidade dos atos e examinar os resultados quanto à economicidade, eficiência e eficácia da gestão orçamentária, financeira, patrimonial, de pessoal e demais sistemas administrativos e operacionais;

e) o controle das operações de crédito, avais, garantias, direitos e haveres da União que visa a aferir sua consistência e a adequação;

f) a avaliação da aplicação de recursos públicos por entidades de Direito Privado que visa à verificação do cumprimento do objeto avançado;

g) a avaliação das aplicações das subvenções que visa a avaliar o resultado da aplicação das transferências de recursos concedidas pela União às entidades, públicas e privadas, destinadas a cobrir despesas com a manutenção dessas entidades, de natureza autárquica ou não, e das entidades sem fins lucrativos; e

h) a avaliação das renúncias de receitas que visa a avaliar o resultado da efetiva política de anistia, remissão, subsídio, crédito presumido, concessão de isenção em caráter não geral, alteração de alíquota ou modificação de base de cálculo que implique redução discriminada de tributos ou contribuições, e outros benefícios que correspondam a tratamento diferenciado.

### Atividade de Apoio ao Controle Externo

5) O Sistema de Controles Internos do Poder Executivo Federal prestará apoio ao órgão de controle externo no exercício de sua missão institucional. O apoio ao controle externo, sem prejuízo do disposto em legislação específica, consiste no fornecimento de informações e dos resultados das ações do Sistema de Controles Internos do Poder Executivo Federal.

### Atividade de Orientação

6) O Sistema de Controles Internos do Poder Executivo Federal prestará orientação aos administradores de bens e recursos públicos nos assuntos pertinentes à área de competência do Sistema de Controles Internos, inclusive sobre a forma de prestar contas.

Essa atividade não se confunde com as de consultoria e assessoramento jurídico que competem à Advocacia Geral da União e a seus respectivos órgãos e suas unidades, consoante estabelecido pela Lei Complementar n. 73, de 10 de fevereiro de 1993.

### Atividades Subsidiárias

7) As atividades a cargo do Sistema de Controles Internos do Poder Executivo Federal destinam-se, preferencialmente, a subsidiar:

a) o exercício da direção superior da Administração Pública Federal, a cargo do presidente da República;

b) a supervisão ministerial;

c) o aperfeiçoamento da gestão pública nos aspectos de formulação, planejamento, coordenação, execução e monitoramento das políticas públicas; e

d) os órgãos responsáveis pelas ações de planejamento, orçamento, finanças, contabilidade e administração federal, no ciclo de gestão governamental.

## 5.8 Controle interno: uma preocupação internacional

É importante destacar que o Committee of Sponsoring Organization of the Treadway Commission (Coso), com sede nos Estados Unidos, publicou o documento Gerenciamento de Riscos Corporativos – Estrutura Integrada. O documento tem como objetivo ser considerado um modelo conceitual para o gerenciamento de riscos corporativos, proporcionando as diretrizes para a evolução e o aprimoramento do gerenciamento de riscos e dos procedimentos para a sua análise.

O Coso é formado por representantes da American Accounting Association (AAA); American Institute of Certified Public Accountants (AICPA); Financial Executives International (FEI); Institute of Management Accountants (IMA); e pelo Institute of Internal Auditors (IIA Global), ao qual está ligado o Instituto dos Auditores Internos do Brasil (Audibra), por intermédio da Federação Latino-americana de Auditores Internos (Flai).

O documento supracitado foi traduzido para a língua portuguesa no Brasil pelo Audibra, com a PricewaterhouseCoopers, e destina-se não só aos profissionais de auditoria interna como também àqueles que desempenham atividades de auditoria externa, gerenciamento de riscos, controles internos, órgãos reguladores, conselheiros e administradores em geral visando a difundir os conceitos de riscos corporativos definidos pelo Comitê Consultivo do Coso.

Esse documento contém os componentes essenciais do gerenciamento de riscos corporativos, seus princípios e conceitos-chave, as técnicas de aplicação com exemplos relacionados com cada um dos componentes e os elementos de controle interno.

## LEITURA OBRIGATÓRIA:

NBC TA 315 (R2).

## Atividades Teóricas

Responda:

1. O que é sistema de controles internos segundo a NBC TA 315?
2. Quantos e quais são os componentes do sistema de controles internos?
3. Por que o auditor independente deve identificar e avaliar possíveis riscos de distorção no seu trabalho de auditoria?
4. Por que é importante que as organizações mantenham um sistema de controles internos eficientes?

5. Por que nas providências preliminares que o auditor desenvolve com o objetivo de orientar a confecção do planejamento, ele avalia o sistema de controles internos da organização a ser auditada?

6. Quando o controle interno é eficaz?

7. Quando o controle interno é eficiente?

8. A quem o auditor independente deve comunicar as deficiências de controle interno que identificar?

9. Cite três fatores relevantes para o julgamento do auditor ao determinar se um controle, individualmente ou em combinação com outros, é relevante para a auditoria.

10. O que um controle inadequadamente planejado pode representar?

11. Qual é a finalidade do sistema de controle interno do Poder Executivo Federal?

Classifique as afirmativas em falsas ou verdadeiras:

1. ( ) A NBC TA 315 define controle como sendo políticas ou procedimentos que uma entidade estabelece para alcançar os objetivos de controle da administração ou dos responsáveis pela governança.

2. ( ) As falhas que, porventura, ocorrem no controle interno não afetam os resultados apurados pela organização.

3. ( ) As falhas que, porventura, ocorrem no controle interno podem afetar diretamente os resultados apurados pela organização.

4. ( ) Controles internos eficientes são aqueles que possibilitam que sejam feitas as tarefas que precisam ser feitas.

5. ( ) Controles internos eficazes são aqueles que possibilitam que as tarefas que precisam ser feitas sejam feitascom o menor esforço possível.

6. ( ) Nem todos os controles que se relacionam com as demonstrações contábeis são relevantes para a auditoria.

7. ( ) Caberá sempre ao auditor julgar se um controle, individualmente ou em combinação com outros, é relevante ou não para a auditoria independente.

8. ( ) Auditores do setor público não têm responsabilidade de emitir relatório sobre conformidade com leis, regulamentos ou outras normas.

9. ( ) O modo como o sistema de controles internos da entidade é planejado, implementado e mantido varia conforme o porte e a complexidade da entidade.

10. ( ) O sistema de controles internos da entidade pode fornecer a ela apenas asseguração razoável quanto ao cumprimento dos objetivos das demonstrações contábeis da entidade.

11. (  ) Os controles internos, independentemente do porte da instituição, devem ser efetivos e consistentes com a natureza, complexidade e risco das operações por ela realizadas (§ 1º do art. 1º da Resolução BACEN n. 2.554/1998).

12. (  ) O Committee of Sponsoring Organization of the Treadway Commission (COSO), com sede nos Estados Unidos, publicou um documento denominado "Gerenciamento de Riscos Corporativos – Estrutura Integrada", com o objetivo de ser considerado como um modelo conceitual para o gerenciamento de riscos corporativos, proporcionando as diretrizes para a evolução e aprimoramento do gerenciamento de riscos e dos procedimentos para sua análise.

Escolha a alternativa correta:

1. Segundo a NBC TA 315, declarações do que deve, ou não deve, ser feito em uma entidade para se efetuar o controle, são:

    a) políticas.

    b) normas.

    c) resultados do trabalho de auditoria.

    d) o conjunto de técnicas de auditoria interna.

    e) procedimentos.

2. Segundo a NBC TA 315, procedimentos são:

    a) políticas.

    b) ações para implementar as políticas.

    c) procedimentos substantivos.

    d) técnicas de auditoria.

    e) todas estão corretas.

3. Além de garantir ao auditor independente obter maior credibilidade nas informações contidas nas demonstrações contábeis, um eficiente sistema de controles internos:

    a) auxilia a administração no aperfeiçoamento das suas operações em busca dos seus objetivos.

    b) auxilia a administração no aprimoramento da eficiência dos processos produtivos.

    c) as alternativas "a" e "b" estão corretas.

    d) somente a alternativa "a" está correta.

    e) NDA.

4. Para que o auditor independente adquira segurança e possa expressar uma opinião que possibilite aumentar o grau de confiança dos usuários em relação às demonstrações contábeis, ele precisa ter:

    a) ajuda dos auditores internos da organização.

b) acompanhamento diário dos responsáveis pela governança da empresa auditada.

c) certeza de que essas demonstrações contábeis como um todo estejam livres de distorções relevantes, desde que tais distorções resultem somente de fraude.

d) certeza de que essas demonstrações contábeis como um todo estejam afetadas por distorções relevantes, independentemente se tais distorções resultem de fraude ou erro.

e) certeza de que essas demonstrações contábeis como um todo estejam livres de distorções relevantes, independentemente se tais distorções resultem de fraude ou erro.

5. É correto afirmar que:

a) controles internos eficazes possibilitam que sejam feitas as tarefas que precisam ser feitas.

b) controles internos eficientes possibilitam que sejam feitas as tarefas que precisam ser feitas.

c) controles internos eficientes possibilitam que as tarefas que precisam ser feitas sejam feitas com o menor esforço possível.

d) as alternativas "a" e "c" estão corretas.

e) todas estão corretas.

6. Em relação às entidades de pequeno porte, é correto afirmar que:

a) podem usar meios menos estruturados, processos e procedimentos mais simples para alcançar seus objetivos.

b) não podem usar meios menos estruturados, processos e procedimentos mais simples para alcançar seus objetivos.

c) estão sujeitas à auditoria das demonstrações contábeis.

d) estão dispensadas de manter sistemas de controles internos.

e) NDA.

7. Estabelece o tom da organização, influenciando a consciência de:

a) processo de avaliação de riscos da entidade.

b) processo da entidade para monitorar o sistema de controles internos.

c) ambiente de controle.

d) sistema de informação e comunicação.

e) atividades de controle.

8. As instituições financeiras e demais instituições autorizadas a funcionar pelo Banco Central do Brasil, por força da Resolução BACEN nº 2.554/1998, estabelece a obrigatoriedade de implantação e execução de controles internos para as seguintes organizações:

a) todas as sociedades anônimas de capital aberto ou companhias.

b) todas as sociedades de grande porte.

c) as instituições financeiras e demais instituições autorizadas a funcionar pelo Banco Central do Brasil.

d) as alternativas "a" e "c" estão corretas.

e) NDA.

9. A atividade de auditoria interna deve fazer parte do sistema de controle interno da organização. Essa obrigatoriedade alcança:

a) as instituições financeiras e demais instituições autorizadas a funcionar pelo Banco Central do Brasil, por força da Resolução BACEN n. 2.554/1998.

b) o Poder Público Federal, por força da Instrução Normativa n. 01/2001 da Secretaria Federal de Controle Interno do Ministério da Fazenda.

c) todas as sociedades por ações, por força da Lei n. 6.404/1976.

d) somente a alternativa "c" está errada.

e) NDA.

10. O Sistema de Controle Interno do Poder Executivo Federal tem como finalidades:

a) avaliar o cumprimento das metas previstas no Plano Plurianual.

b) comprovar a legalidade e avaliar os resultados.

c) exercer o controle das operações de crédito, avais e garantias.

d) apoiar o controle externo no exercício de sua missão institucional.

e) todas estão corretas.

SÉRIE ⊕ EM **FOCO**

# CAPÍTULO 6

# PLANEJAMENTO DE AUDITORIA

## Objetivos do Capítulo

### Após ler este capítulo, você estará apto a:

❑ Conhecer a responsabilidade do auditor no planejamento da auditoria das demonstrações contábeis.

❑ Saber o que é planejamento e a sua importância para o sucesso dos trabalhos de auditoria.

❑ Conhecer o objetivo do planejamento.

❑ Conhecer as atividades preliminares do trabalho de auditoria.

❑ Conhecer a estratégia global de auditoria para definir o alcance, a época e a direção da auditoria.

❑ Saber o que é plano de auditoria.

❑ Saber o que é e entender a necessidade de documentar a estratégia global de auditoria, o plano de auditoria, e eventuais alterações incorridas na estratégia global ou no plano de auditoria.

## 6.1 Conceito[1]

O planejamento da auditoria consiste na definição de estratégia global para o trabalho e para o desenvolvimento do plano de auditoria.

Quando o planejamento para auditoria das demonstrações contábeis é adequado, ele oferece vários benefícios:

---

[1] Itens 2 e A1 a A3, da NBC TA 300 (R1).

- auxilia o auditor a dedicar atenção apropriada às áreas importantes da auditoria;

- ajuda o auditor a identificar e resolver tempestivamente problemas potenciais;

- auxilia o auditor a organizar adequadamente o trabalho de auditoria para que seja realizado de forma eficaz e eficiente;

- auxilia na seleção dos membros da equipe de trabalho com níveis apropriados de capacidade e competência para responder aos riscos esperados e na alocação apropriada de tarefas;

- facilita a direção e a supervisão dos membros da equipe e a revisão do seu trabalho; e

- auxilia, se for o caso, na coordenação do trabalho realizado por outros auditores e especialistas.

Os itens A1 a A3, da NBC TA 300 (R1), estabelecem que:

- a natureza e a extensão das atividades de planejamento variam conforme o porte e a complexidade da entidade, a experiência anterior dos membros-chave da equipe de trabalho com a entidade e as mudanças nas circunstâncias que ocorrem durante o trabalho de auditoria;

- planejamento não é uma fase isolada da auditoria, mas um processo contínuo e iterativo, que muitas vezes começa logo após (ou em conexão com) a conclusão da auditoria anterior, continuando até a conclusão do trabalho de auditoria atual. Entretanto, o planejamento inclui a consideração da época de certas atividades e procedimentos de auditoria que devem ser concluídos antes da realização de procedimentos adicionais de auditoria. Por exemplo, o planejamento inclui a necessidade de considerar, antes da identificação e avaliação pelo auditor dos riscos de distorções relevantes, aspectos como:

  a. os procedimentos analíticos a serem aplicados como procedimentos de avaliação de risco;

  b. obtenção de entendimento global da estrutura jurídica e o ambiente regulatório aplicável à entidade e como a entidade cumpre com os requerimentos dessa estrutura;

  c. a determinação da materialidade;

  d. o envolvimento de especialistas; e

  e. a aplicação de outros procedimentos de avaliação de risco.

O auditor pode optar por discutir esses elementos do planejamento com a administração da entidade, de forma a facilitar a condução e o gerenciamento do trabalho de auditoria (por exemplo, coordenar alguns dos procedimentos de auditoria planejados com o trabalho do pessoal da entidade). Apesar de normalmente essas discussões ocorrerem, a estratégia global de auditoria e o plano de auditoria continuam sendo de responsabilidade do auditor. Na discussão de temas incluídos na estratégia global de auditoria ou no plano de auditoria, deve-se atentar para não comprometer a eficácia dessa auditoria. Por exemplo, a discussão com a administração da natureza e da época de procedimentos de auditoria detalhados pode comprometer a eficácia da auditoria ao tornar tais procedimentos demasiadamente previsíveis.

Risco de distorção relevante é o risco de que as demonstrações contábeis contenham distorção relevante antes da auditoria. Consiste em dois componentes, descritos a seguir no nível das afirmações:

- risco inerente é a suscetibilidade de uma afirmação a respeito de uma transação, saldo contábil ou divulgação, a uma distorção que possa ser relevante, individualmente ou em conjunto com outras distorções, antes da consideração de quaisquer controles relacionados;

- risco de controle é o risco de que uma distorção que possa ocorrer em uma afirmação sobre uma classe de transação, saldo contábil ou divulgação e que possa ser relevante, individualmente ou em conjunto com outras distorções, não seja prevenida, detectada e corrigida tempestivamente pelo controle interno da entidade (item 13, da NBC TA 200 (R1)).

Distorção é a diferença entre o valor, a classificação, a apresentação ou a divulgação de uma demonstração contábil relatada e o valor, a classificação, a apresentação ou a divulgação que é exigida para que o item esteja de acordo com a estrutura de relatório financeiro aplicável. As distorções podem originar-se de erro ou fraude (item 13, da NBC TA 200 (R1)). A distorção por fraude é intencional, enquanto a distorção por erro não é intencional.

Já as distorções relevantes são as que, individualmente ou em conjunto, influenciam as decisões econômicas dos usuários tomadas com base nas demonstrações contábeis (item 6, da NBC TA 200 (R1)).

## 6.2 Objetivo do planejamento[2]

O objetivo do planejamento de auditoria é possibilitar que a auditoria seja realizada de forma eficaz. Para isso, é indispensável o envolvimento de membros-chave da equipe de trabalho, como o gerente e o sócio, inclusive na discussão entre os membros da equipe de trabalho.

O envolvimento do sócio do trabalho e de outros membros-chave da equipe de trabalho no planejamento da auditoria é importante porque incorpora a sua experiência e seus pontos de vista, otimizando assim a eficácia e a eficiência do processo de planejamento.

Para que o planejamento de auditoria alcance seus objetivos, o auditor precisa ter pleno conhecimento da entidade que será auditada, inclusive do seu ambiente e respectivo controle interno.

Esse conhecimento, que tem por fim possibilitar a detecção e avaliação dos riscos de distorção relevantes, é obtido pela equipe de planejamento por meio da aplicação dos procedimentos de avaliação de riscos.

Aplicando os procedimentos de avaliação de riscos, a equipe de planejamento da auditoria identifica o risco de distorção relevante que terá consideração especial durante o desenvolvimento dos trabalhos de auditoria.

## 6.3 Discussão para planejar[3]

O sócio do trabalho e outros membros-chave da equipe encarregada do trabalho discutirão a suscetibilidade das demonstrações contábeis da entidade, a distorção relevante e a aplicação da estrutura de relatório financeiro aplicável aos fatos e circunstâncias da entidade. Cabe ao sócio do trabalho determinar quais assuntos devem ser comunicados aos membros da equipe encarregada do trabalho não envolvidos na discussão.

A discussão a respeito da suscetibilidade das demonstrações contábeis da entidade é importante pelos seguintes motivos:

- fornece uma oportunidade para que membros mais experientes da equipe de trabalho, inclusive o sócio do trabalho, compartilhem seus pontos de vista baseados no seu conhecimento da entidade;

---

[2]  Itens 4, 10 e A4, da NBC TA 300 (R1).
[3]  Itens 10 e A14, da NBC TA 300 (R1).

- permite à equipe de trabalho que troquem informações sobre os riscos de negócio aos quais a entidade está sujeita e de que maneira e em que lugar as demonstrações contábeis podem ser suscetíveis à distorção relevante por fraude ou erro;

- auxilia a equipe de trabalho na obtenção de melhor entendimento do potencial para distorção relevante das demonstrações contábeis nas áreas específicas a eles confiadas e a entender como os resultados dos procedimentos de auditoria que eles executam podem afetar outros aspectos da auditoria, inclusive as decisões a respeito da natureza, época e extensão de procedimentos adicionais de auditoria; e

- fornece uma base sobre a qual os membros da equipe de trabalho comunicam e compartilham novas informações obtidas ao longo da auditoria e que possam afetar a avaliação de riscos de distorção relevante ou os procedimentos de auditoria executados para enfrentar tais riscos.

A NBC TA 240 (R1), item 15, fornece requisitos adicionais e orientação no que se refere à discussão da equipe encarregada do trabalho a respeito dos riscos de fraude.

Muitas auditorias de entidade de pequeno porte são conduzidas inteiramente pelo sócio do trabalho (que pode ser um auditor pessoa física). Em tais situações, o sócio do trabalho, depois de ter conduzido pessoalmente o planejamento da auditoria, seria responsável por considerar a suscetibilidade das demonstrações contábeis, a distorção relevante por fraude ou erro.

A NBC TA 240 (R1) – Responsabilidade do Auditor em Relação à Fraude, no Contexto da Auditoria de Demonstrações Contábeis, orienta sobre a ênfase dada durante essa discussão à exposição das demonstrações contábeis da entidade a distorções relevantes devido à fraude.

## 6.4  Atividades preliminares do trabalho de auditoria[4]

Trataremos nesta seção das atividades preliminares que devem ser desenvolvidas no início do trabalho de auditoria corrente. Elas auxiliam o auditor na identificação e avaliação de eventos ou situações que possam afetar adversamente a capacidade de planejar e realizar o trabalho de auditoria.

---

[4]  Itens 6, 13, A5 e A6, da NBC TA 300 (R1).

## 6.4.1 Procedimentos exigidos pela NBC TA 220

O auditor deve realizar os procedimentos exigidos pela NBC TA 220 (R3) – Gestão de Qualidade da Auditoria de Demonstrações Contábeis, itens 22 a 24, que tratam da aceitação e continuidade de relacionamentos com clientes e trabalhos de auditoria. O sócio encarregado do trabalho deve estar satisfeito de que foram seguidos os procedimentos apropriados em relação à aceitação e continuidade de relacionamentos com clientes e trabalhos de auditoria, e deve determinar que as conclusões obtidas sobre esse aspecto são apropriadas.

A NBC PA 01 estabelece que a firma deve obter informações consideradas necessárias nas circunstâncias antes de aceitar um trabalho com um novo cliente, ao decidir sobre continuar um trabalho existente e ao considerar sobre aceitar um novo trabalho de um cliente existente.

Durante todo o trabalho de auditoria, o sócio encarregado do trabalho deve permanecer alerta, observando e fazendo indagações, conforme necessário, para evidenciar o não cumprimento de exigências éticas relevantes pelos membros da equipe de trabalho.

A NBC TA 220 (R3), em estudo, apresenta nos itens 16 a 21 os requisitos éticos relevantes, incluindo aqueles relacionados com independência. Veja:

> O sócio do trabalho deve entender os requisitos éticos relevantes, incluindo aqueles relacionados com independência, que são aplicáveis dadas a natureza e as circunstâncias do trabalho de auditoria.
>
> O sócio do trabalho deve assumir a responsabilidade pelos outros membros da equipe de trabalho terem tomado conhecimento dos requisitos éticos relevantes aplicáveis dada a natureza e as circunstâncias do trabalho de auditoria, e das políticas ou dos procedimentos relacionados da firma, incluindo aqueles que tratam de:
>
> a. identificação, avaliação e tratamento das ameaças ao cumprimento dos requisitos éticos relevantes, incluindo aqueles relacionados com independência;
>
> b. circunstâncias que podem causar violação dos requisitos éticos relevantes, incluindo aqueles relacionados com independência, e as responsabilidades dos membros da equipe de trabalho quando tomam conhecimento de violações; e
>
> c. as responsabilidades dos membros da equipe de trabalho quando tomam conhecimento de caso de não conformidade com leis e regulamentos por parte da entidade (NBC TA 250 – Consideração de Leis e Regulamentos na Auditoria de Demonstrações Contábeis).

Conforme comentamos, o sócio do trabalho deve permanecer atento durante todo o trabalho de auditoria, observando e fazendo indagações conforme necessário, não só em relação às violações dos requisitos éticos relevantes, como também em relação às políticas ou aos procedimentos relacionados da firma por parte dos membros da equipe de trabalho.

Se o sócio do trabalho tomar conhecimento, por meio do sistema de gestão de qualidade da firma ou de outras fontes, de assuntos que indicam o não cumprimento dos requisitos éticos relevantes aplicáveis à natureza e às circunstâncias do trabalho de auditoria, ele deve, mediante consulta a outros indivíduos na firma, tomar a ação apropriada.

Portanto, antes de datar o relatório do auditor, o sócio do trabalho deve assumir a responsabilidade por determinar se os requisitos éticos relevantes, incluindo aqueles relacionados com independência, foram cumpridos.

Cabe, também, ao sócio do trabalho, determinar se as políticas ou os procedimentos para a aceitação e a continuidade de relacionamentos com clientes e trabalhos de auditoria foram seguidos e que as conclusões obtidas sobre esse aspecto são apropriadas.

Finalmente, é importante destacar, conforme consta do item 12k da NBC TA 220 (R3), que os requisitos éticos relevantes aplicáveis a profissionais da contabilidade na realização de trabalhos de auditoria compreendem as disposições da NBC PG 01 – Código de Ética Profissional do Contador (Código do CFC) e NBCs PG 100, 200 e 300, NBC PA 400 e NBC PO 900 (Código do Iesba) e das demais normas profissionais que as complementam, relacionadas com a auditoria de demonstrações contábeis, juntamente aos requisitos nacionais que são mais restritivos.

## 6.4.2 Procedimentos exigidos pela NBC TA 210

O auditor deve estabelecer os termos do trabalho, conforme exigido pela NBC TA 210 (R1) – Concordância com os Termos do Trabalho de Auditoria, itens 9 a 12, com a administração e os responsáveis pela governança.

A realização dessas atividades preliminares permite ao auditor planejar o trabalho de auditoria para que sejam mantidas a necessária independência e a capacidade para realizar o trabalho, para que não ocorram problemas de integridade da administração que possam afetar a disposição do auditor de continuar o trabalho e para que não haja desentendimentos com o cliente em relação aos termos do trabalho.

É importante destacar, ainda, que o auditor deve realizar as seguintes atividades antes de começar os trabalhos de auditoria:

- aplicar procedimentos exigidos pela NBC TA 220 (R3), itens 22 a 24, relativos à aceitação do cliente e do trabalho de auditoria específico; e
- entrar em contato com o auditor antecessor, caso haja mudança de auditores, de acordo com os requisitos éticos pertinentes.

## 6.5 Estratégia global de auditoria[5]

O auditor deve estabelecer uma estratégia global de auditoria que defina o alcance, a época e a direção da auditoria, para orientar o desenvolvimento do plano de auditoria.

Ao definir a estratégia global, o auditor deve:

a. identificar as características do trabalho para estabelecer seu alcance;

b. definir os objetivos do relatório do trabalho de forma a planejar a época da auditoria e a natureza das comunicações requeridas;

c. considerar os fatores que no julgamento profissional do auditor são significativos para orientar os esforços da equipe do trabalho;

d. considerar os resultados das atividades preliminares do trabalho de auditoria e, quando aplicável, se é relevante o conhecimento obtido em outros trabalhos realizados pelo sócio do trabalho para a entidade; e

e. determinar a natureza, a época e a extensão dos recursos necessários para realizar o trabalho.

O processo de definição da estratégia global auxilia o auditor a determinar, dependendo da conclusão dos procedimentos de avaliação de risco, os recursos a serem alocados em áreas de auditoria específicas, como membros da equipe com experiência adequada para áreas de alto risco ou o envolvimento de especialista em temas complexos; os recursos a alocar para áreas de auditoria específicas, por exemplo, o número de membros da equipe alocados para observar as contagens de estoque em locais relevantes, a extensão da revisão do trabalho de outros auditores no caso de auditoria de grupo de empresas ou o orçamento de horas de auditoria a serem alocadas nas áreas de alto risco; quando esses recursos devem ser alocados, por exemplo, se em etapa intermediária de auditoria ou em determinada data-base de corte; e como esses recursos são gerenciados, direcionados e supervisionados, por exemplo, para quando estão previstas as reuniões

---

[5]  Itens 7 a 11, da NBC TA 300 (R1).

preparatórias e de atualização, como devem ocorrer as revisões do sócio e do gerente do trabalho (por exemplo, em campo ou fora dele) e se devem ser realizadas revisões de controle de qualidade do trabalho.

O Anexo à NBC TA 300 (R1) relaciona exemplos de considerações na definição da estratégia global de auditoria.

Uma vez definida a estratégia global de auditoria, pode ser desenvolvido plano de auditoria para tratar dos diversos temas identificados na estratégia global de auditoria, levando-se em conta a necessidade de atingir os objetivos da auditoria por meio do uso eficiente dos recursos do auditor.

A definição da estratégia global de auditoria e o plano de auditoria detalhado não são necessariamente processos isolados ou sequenciais, estando intimamente relacionados, uma vez que as mudanças em um podem resultar em mudanças no outro.

Em auditoria de entidade de pequeno porte, toda a auditoria pode ser conduzida por equipe pequena. Muitas auditorias de entidades de pequeno porte envolvem o sócio do trabalho trabalhando com um membro da equipe de trabalho ou sozinho. Com uma equipe menor, a coordenação e a comunicação entre membros da equipe ficam facilitadas.

A definição da estratégia global para a auditoria de entidade de pequeno porte não precisa ser complexa ou um exercício demorado, variando de acordo com o tamanho da entidade, a complexidade da auditoria e o tamanho da equipe de trabalho. Por exemplo, um memorando breve, elaborado na conclusão da auditoria anterior, baseado na revisão dos papéis de trabalho e destacando assuntos identificados na auditoria que acabou de ser concluída, atualizado no período corrente, com base em discussões com o proprietário ou administrador da entidade, pode servir como documentação da estratégia de auditoria para o trabalho de auditoria corrente, caso o auditor, ao definir a estratégia global, cubra os temas mencionados nas letras "a" a "d" transcritas no início desta seção.

Por fim, é importante destacar, conforme estabelece o item A22 da NBC TA 300 (R1), que a finalidade e o objetivo do planejamento da auditoria não mudam, caso a auditoria seja inicial ou em trabalho recorrente. Entretanto, no caso de auditoria inicial, o auditor pode ter a necessidade de estender as atividades de planejamento por falta da experiência anterior que é normalmente utilizada durante o planejamento dos trabalhos.

Para a auditoria inicial, o auditor pode considerar os seguintes temas adicionais na definição da estratégia global e do plano de auditoria:

* exceto se for proibido por lei ou norma, manter contato com o auditor antecessor, por exemplo, para conduzir a revisão de seus papéis de trabalho;

- quaisquer assuntos importantes (inclusive a aplicação de princípios contábeis ou de auditoria e normas de elaboração de relatórios) discutidos com a administração e relacionados com a escolha do auditor, a comunicação desses temas aos responsáveis pela governança e como eles afetam a estratégia global de auditoria e o plano de auditoria;

- os procedimentos de auditoria necessários para obter evidência de auditoria suficiente e apropriada relativa aos saldos iniciais (veja NBC TA 510 – Trabalhos Iniciais – Saldos Iniciais); e

- outros procedimentos exigidos pelo sistema de controle de qualidade da firma para trabalhos de auditoria inicial (por exemplo, esse sistema pode exigir o envolvimento de outro sócio ou profissional experiente para a revisão da estratégia global de auditoria antes de iniciar procedimentos de auditoria significativos ou de revisão dos relatórios antes da sua emissão).

## 6.6 Plano de auditoria[6]

O auditor deve desenvolver o plano de auditoria, que incluirá a descrição:

- da natureza, da época e da extensão dos procedimentos planejados de avaliação de risco, conforme estabelecido na NBC TA 315 (R2) – Identificação e Avaliação dos Riscos de Distorção Relevante;

- da natureza, da época e da extensão dos procedimentos adicionais de auditoria planejados no nível de afirmação, conforme previsto na NBC TA 330 (R1) – Resposta do Auditor aos Riscos Avaliados; e

- de outros procedimentos de auditoria planejados e necessários para que o trabalho esteja em conformidade com as normas de auditoria.

O plano de auditoria é mais detalhado que a estratégia global de auditoria, visto que inclui a natureza, a época e a extensão dos procedimentos de auditoria a serem realizados pelos membros da equipe de trabalho.

O planejamento desses procedimentos de auditoria ocorre no decurso da auditoria, à medida que o plano de auditoria para o trabalho é desenvolvido. Por exemplo, o planejamento dos procedimentos de avaliação de riscos ocorre na fase inicial de audito-

---

[6] Itens 9 a 11 e A12 a A15, da NBC TA 300 (R1).

ria. Entretanto, o planejamento da natureza, da época e da extensão de procedimentos específicos adicionais de auditoria depende do resultado dessa avaliação de riscos. Além disso, o auditor pode iniciar a execução de procedimentos adicionais de auditoria para alguns tipos de operação, saldos de conta e divulgação antes de planejar todos os procedimentos adicionais de auditoria.

O auditor deve atualizar e alterar a estratégia global de auditoria e o plano de auditoria sempre que necessário no curso da auditoria.

Em decorrência de imprevistos, mudanças nas condições ou na evidência de auditoria[7] obtida na aplicação de procedimentos de auditoria, o auditor pode ter de modificar a estratégia global e o plano de auditoria e, portanto, a natureza, a época e a extensão dos procedimentos adicionais de auditoria planejados, considerando a revisão dos riscos avaliados. Pode ser o caso de informação identificada pelo auditor que difere de forma significativa da informação disponível quando o auditor planejou os procedimentos de auditoria. Por exemplo, a evidência de auditoria obtida por meio da aplicação de procedimentos substantivos pode ser contraditória à evidência de auditoria obtida por meio de testes de controle.

Os testes de controle efetuados na fase do planejamento servem para testar a qualidade dos controles internos do auditado, com a finalidade de se determinar a extensão dos trabalhos de auditoria.

Esses testes são efetuados depois de concluído o mapeamento das atividades e identificados os riscos e controles praticados pela organização que será auditada. Assim, o auditor testa os controles internos identificados no mapeamento (como se fosse o trabalho da auditoria interna). Os resultados dos testes de controle impactarão na amostra dos testes substantivos (testes que serão executados durante o desenvolvimento da auditoria das demonstrações contábeis).

Portanto, a qualidade e eficácia dos controles internos, conhecidas por meio da aplicação dos testes de controle, ajudam a definir a amostra e a extensão dos testes da auditoria.

Os procedimentos substantivos compreendem as tarefas realizadas pelo auditor durante a execução da auditoria. Após o mapeamento, o levantamento dos riscos e controles, a definição das contas significativas, a execução dos testes de controle, inicia-se a fase dos procedimentos substantivos, que é a fase da auditoria propriamente dita.

---

[7] Evidências (certezas) de auditoria são as informações utilizadas pelo auditor para fundamentar suas conclusões em que se baseia sua opinião. As evidências de auditoria incluem informações contidas nos registros contábeis subjacentes às demonstrações contábeis e outras informações.

O auditor deve planejar a natureza, a época e a extensão do direcionamento e da supervisão da equipe de trabalho e a revisão do seu trabalho.

A natureza, a época e a extensão do direcionamento e da supervisão dos membros da equipe e a revisão do seu trabalho podem variar, dependendo de diversos fatores, incluindo:

- o porte e a complexidade da entidade;
- a área da auditoria;
- os riscos de distorções relevantes (por exemplo, um aumento no risco de distorções relevantes para dada área de auditoria costuma exigir um correspondente aumento na extensão e no direcionamento e supervisão tempestiva por parte dos membros da equipe e uma revisão mais detalhada do seu trabalho); e
- a capacidade e a competência dos membros individuais da equipe que realiza o trabalho de auditoria.

Quando a auditoria é realizada integralmente pelo sócio do trabalho, não se colocam questões de direção e supervisão dos membros da equipe de trabalho e de revisão do seu trabalho. Nesses casos, o sócio do trabalho, tendo dirigido todos os aspectos do trabalho estará ciente de todos os assuntos relevantes. A formação de uma visão objetiva da adequação dos julgamentos feitos no decurso da auditoria pode gerar problemas práticos quando a mesma pessoa também executa toda a auditoria.

Quando existem assuntos particularmente complexos ou incomuns e a auditoria é realizada por um único profissional, pode ser recomendável a consulta a outros auditores com experiência adequada ou à entidade profissional dos auditores.

## 6.7 Documentação[8]

O auditor deve documentar (NBC TA 230 (R1) – Documentação de Auditoria, itens 8 a 13 e A1 a A20):

a. a estratégia global de auditoria;

b. o plano de auditoria; e

c. eventuais alterações significativas ocorridas na estratégia global de auditoria ou no plano de auditoria durante o trabalho de auditoria, e as razões dessas alterações.

---

[8] Itens 12 e A18 a A21 da NBC TA 300 (R1).

A documentação da estratégia global de auditoria é o registro das decisões-chave consideradas necessárias para planejar adequadamente a auditoria e comunicar temas importantes à equipe de trabalho. Por exemplo, o auditor pode resumir a estratégia global de auditoria na forma de memorando que contenha as decisões-chave relativas ao alcance global, à época e à condução da auditoria.

A documentação do plano de auditoria é o registro da natureza, da época e da extensão planejadas dos procedimentos de avaliação de risco e dos procedimentos adicionais de auditoria no nível da afirmação, em resposta aos riscos avaliados. Também serve para registrar o apropriado planejamento dos procedimentos de auditoria que podem ser revisados e aprovados antes da sua aplicação.

O auditor pode utilizar programas de auditoria padrão ou listas de verificação de conclusão da auditoria, adaptados de forma a refletir as circunstâncias particulares do trabalho.

O registro das mudanças significativas na estratégia global de auditoria e no plano de auditoria e nas respectivas mudanças na natureza, época e extensão planejadas dos procedimentos de auditoria explica o motivo de mudanças significativas, a estratégia global e o plano de auditoria adotado para a auditoria. Também reflete a resposta apropriada a mudanças significativas ocorridas no decurso da auditoria.

## Atividades Teóricas

Responda:

1. O que é planejamento da auditoria?
2. Cite três benefícios que um planejamento adequado para a auditoria das demonstrações contábeis oferece.
3. O que é risco de distorção relevante?
4. Quais são os componentes do risco de distorção relevante?
5. O que é distorção para a auditoria?
6. Qual é a diferença entre distorção por erro e distorção por fraude?
7. Qual é o objetivo do planejamento de auditoria?
8. O que é indispensável para que a auditoria seja realizada de forma eficaz?
9. Por que é importante a presença do sócio e de outros membros-chave da equipe de trabalho na discussão do planejamento da auditoria?

10. O que a aplicação dos procedimentos de avaliação de riscos proporciona para a equipe de planejamento da auditoria?

11. Tendo em vista que na discussão visando ao planejamento da auditoria participam o sócio e os membros-chave da equipe de auditores, a quem compete selecionar os assuntos discutidos para informar aos membros da equipe não envolvidos na discussão?

13. Nas auditorias de entidades de pequeno porte, a quem cabe a responsabilidade por considerar a suscetibilidade das demonstrações contábeis, a distorção relevante por fraude ou erro?

14. Qual é a finalidade das atividades preliminares realizadas no início do trabalho de auditoria corrente?

15. O que o auditor deve estabelecer para orientar o desenvolvimento do plano de auditoria?

16. Por que, quando a auditoria é inicial, o auditor pode ter a necessidade de estender as atividades de planejamento?

17. Por que o plano de auditoria é mais detalhado que a estratégia global de auditoria?

18. Que procedimento o auditor deverá tomar em relação à estratégia e ao plano de auditoria, quando no desenvolvimento dos trabalhos o auditor identificar informação que difere significativamente da informação disponível quando o auditor planejou os procedimentos de auditoria?

19. O que são e em que período são aplicados os testes de controle?

20. O que são procedimentos substantivos do auditor?

21. Em que circunstância não se colocam questões de direção e supervisão dos membros da equipe de trabalho e de revisão do trabalho no planejamento de auditoria?

22. Em que circunstância pode ser recomendável a consulta a outros auditores com experiência adequada ou à entidade profissional dos auditores?

23. Em relação ao planejamento da auditoria, o que o auditor deve documentar?

Classifique as afirmativas em falsas ou verdadeiras:

1. (   ) É correto afirmar que o planejamento não é uma fase isolada da auditoria, mas um processo contínuo e iterativo, que muitas vezes começa logo após (ou em conexão com) a conclusão da auditoria anterior, continuando até a conclusão do trabalho de auditoria atual.

2. (   ) As distorções podem originar-se de erro, porém, nunca de fraude.

3. (   ) Para que o planejamento de auditoria alcance seus objetivos, o auditor precisa ter pleno conhecimento da entidade que será auditada.

4. (   ) Recomenda-se realizar o plano de auditoria antes de se definir a estratégia global de auditoria.

5. ( ) Após definida a estratégia, bem como elaborado o plano de auditoria, para evitar transtornos nos trabalhos, em nenhuma hipótese esses instrumentos poderão ser alterados.

6. ( ) Os testes de controle são efetuados após concluído o mapeamento das atividades e identificados os riscos e controles praticados pela organização que será auditada.

7. ( ) As evidências de auditoria incluem informações contidas nos registros contábeis subjacentes às demonstrações contábeis e outras informações.

8. ( ) O auditor deve planejar a natureza, a época e a extensão do direcionamento e da supervisão da equipe de trabalho e a revisão do seu trabalho.

Escolha a alternativa correta:

1. O planejamento inclui a necessidade de considerar, antes da identificação e avaliação pelo auditor dos riscos de distorções relevantes, aspectos como:

   a) os procedimentos analíticos a serem aplicados como procedimentos de avaliação de risco.

   b) a obtenção de entendimento global da estrutura jurídica e o ambiente regulatório aplicável à entidade e como a entidade cumpre com os requerimentos dessa estrutura.

   c) a determinação da materialidade.

   d) o envolvimento de especialistas e a aplicação de outros procedimentos de avaliação de risco.

   e) todas estão corretas.

2. A suscetibilidade de uma afirmação a respeito de uma transação, saldo contábil ou divulgação, a uma distorção que possa ser relevante, individualmente ou em conjunto com outras distorções, antes da consideração de quaisquer controles relacionados, é:

   a) risco inerente.

   b) risco de controle.

   c) risco de evidência.

   d) risco detectado.

   e) todas estão corretas.

3. O risco de que uma distorção que possa ocorrer em uma afirmação sobre uma classe de transação, saldo contábil ou divulgação e que possa ser relevante, individualmente ou em conjunto com outras distorções, não seja prevenida, detectada e corrigida tempestivamente pelo controle interno da entidade é:

   a) risco inerente.

   b) risco de controle.

   c) risco de evidência.

   d) risco detectado.

   e) todas estão corretas.

4. Quando uma distorção ou omissão individual ou conjuntamente não influencia as decisões econômicas dos usuários tomadas com base nas demonstrações contábeis, ela é considerada:

   a) distorção relevante.

   b) evidência de distorção.

   c) distorção não relevante.

   d) risco de distorção.

   e) risco de evidência de distorção.

5. O auditor deve realizar as seguintes atividades no início do trabalho de auditoria corrente:

   a) realizar os procedimentos exigidos pela NBC TA 220 – Controle de Qualidade da Auditoria de Demonstrações Contábeis.

   b) avaliação da conformidade com os requisitos éticos, inclusive independência, conforme exigido pela NBC TA 220.

   c) estabelecimento do entendimento dos termos do trabalho, conforme exigido pela NBC TA 210.

   d) as alternativas "a" a "c" estão corretas.

   e) NDA.

6. Ao definir a estratégia global de auditoria, o auditor deve:

   a) identificar as características do trabalho para definir seu alcance.

   b) definir os objetivos do relatório do trabalho de forma a planejar a época da auditoria e a natureza das comunicações requeridas.

   c) discutir sobre o treinamento de auditores recém–concursados.

   d) as alternativas "a" a "c" estão corretas.

   e) as alternativas "a" e "b" estão corretas.

7. A natureza, a época e a extensão dos procedimentos planejados de avaliação de risco; a natureza, a época e a extensão dos procedimentos adicionais de auditoria planejados no nível de afirmação; e outros procedimentos de auditoria planejados e necessários para que o trabalho esteja em conformidade com as normas de auditoria.

Os itens anteriores devem integrar:

   a) o planejamento de auditoria.

   b) o plano de auditoria.

c) o papel de trabalho do auditor.

d) o contrato firmado entre o auditor e o auditado.

e) todas estão corretas.

8. Os testes de auditoria aplicados durante a execução da auditoria denominam-se:

a) testes de controle.

b) testes substantivos.

c) testes de alcance.

d) testes de amostragem.

e) todas estão corretas.

9. As informações utilizadas pelo auditor para fundamentar suas conclusões em que se baseia sua opinião se denominam:

a) riscos de distorção.

b) distorções relevantes.

c) evidências de auditoria.

d) riscos de auditoria.

e) todas estão corretas.

# CAPÍTULO 7

# DOCUMENTAÇÃO DE AUDITORIA – PAPÉIS DE TRABALHO

## Objetivos do Capítulo

### Após ler este capítulo,[1] você estará apto a:

- ❑ Saber qual é o objetivo do auditor na elaboração da documentação de auditoria.
- ❑ Conhecer a natureza e finalidade da documentação de auditoria.
- ❑ Saber quais os cuidados que o auditor deve tomar na preparação dos papéis de trabalho.
- ❑ Discutir acerca das documentações dos procedimentos de auditoria executados e da evidência de auditoria obtida.
- ❑ Saber o que são e para que servem os papéis de trabalho.
- ❑ Conhecer a natureza e a finalidade da documentação de auditoria.
- ❑ Saber como proceder quando deixar de atender a uma exigência relevante contida em uma norma de auditoria.
- ❑ Conhecer os procedimentos para montar o arquivo final de auditoria.
- ❑ Conhecer a forma, o conteúdo e a extensão da documentação de auditoria.
- ❑ Conhecer a documentação de assuntos e julgamentos profissionais significativos.
- ❑ Entender sobre a identificação de itens ou assuntos específicos submetidos a teste do elaborador e revisor.
- ❑ Conhecer e saber da importância da documentação das discussões de assuntos significativos.

---

[1] Parte do texto deste capítulo, com as adaptações que julgamos convenientes para torná-lo de mais fácil entendimento, foi extraída da NBC TA 230 (R1) – Documentação de Auditoria.

❑ Conhecer situações específicas para a auditoria de entidades de pequeno porte.

❑ Saber como tratar os assuntos surgidos após a data do relatório.

❑ Conhecer a simbologia (*ticks*) adotada nos papéis de trabalho.

## 7.1 Conceito[2]

Documentação de auditoria ou papéis de trabalho (PT), que em inglês se escreve Working Papers (WP), são os registros dos procedimentos de auditoria executados, da evidência relevante obtida e das conclusões alcançadas pelo auditor no desenvolvimento das atividades.

A NBC TA 230 (R1), no item 6a, define documentação de auditoria como sendo o registro dos procedimentos de auditoria executados, da evidência de auditoria relevante obtida e conclusões alcançadas pelo auditor (usualmente também é utilizada a expressão "papéis de trabalho").

Após concluídos os trabalhos de auditoria, os respectivos Working Papers serão armazenados em arquivos próprios. Esses arquivos, que serão tratados com mais detalhes na Seção 7.6, denominados "arquivos de auditoria", compreendem uma ou mais pastas ou outros modos de armazenamento, em forma física ou eletrônica, contendo os registros que constituem a documentação de trabalho específico.

O auditor deve ter uma elaboração tempestiva[3] da documentação de auditoria suficiente e apropriada, que aprimore a qualidade da auditoria e facilite a revisão e a avaliação eficazes das evidências e das conclusões obtidas antes da finalização do relatório do auditor.

Para facilitar o manuseio, bem como a localização das informações e documentos colecionados pelo auditor, ele deve organizar os papéis de trabalho, arquivando-os de forma sistemática e lógica.

Qualquer documento acoplado ao papel de trabalho pelo auditor, cuja elaboração tenha sido de autoria da auditada ou de terceiros que com ela se relacionam, antes de incluí-lo no rol dos papéis de trabalho, o auditor deve examiná-lo cuidadosamente e certificar-se da sua exatidão e idoneidade.

---

[2]   Itens 6, 7 e A1, da NBC TA 230 (R1).

[3]   No momento em que os trabalhos estão sendo executados.

## 7.2 Natureza e finalidade da documentação de auditoria[4]

A documentação de auditoria, que atende às exigências da NBC TA 230 e às exigências específicas de documentação de outras normas de auditoria relevantes, fornece:

**a.** evidência da base do auditor para uma conclusão quanto ao cumprimento do objetivo global do auditor (NBC TA 200); e

**b.** evidência de que a auditoria foi planejada e executada em conformidade com as normas de auditoria e exigências legais e regulamentares aplicáveis.

A documentação de auditoria serve para várias finalidades adicionais, que incluem:

- assistir a equipe de trabalho no planejamento e execução da auditoria;
- assistir os membros da equipe de trabalho responsáveis pela direção e supervisão do trabalho de auditoria e no cumprimento de suas responsabilidades de revisão em conformidade com a NBC TA 220 – Controle de Qualidade da Auditoria de Demonstrações Contábeis;
- permitir que a equipe de trabalho possa ser responsabilizada por seu trabalho;
- manter um registro de assuntos de importância recorrente para auditorias futuras;
- permitir a condução de revisões e inspeções de controle de qualidade em conformidade com a NBC PA 01 – Controle de Qualidade para Firmas (Pessoas Jurídicas e Físicas) de Auditores Independentes que executam exames de auditoria e revisões de informação financeira histórica, e outros trabalhos de asseguração e de serviços correlatos (NBC TA 220, item 2);
- permitir a condução de inspeções externas em conformidade com as exigências legais, regulamentares e outras exigências aplicáveis.

## 7.3 Objetivo e cuidados na preparação dos papéis de trabalho

### 7.3.1 Objetivo

O objetivo do auditor é preparar documentação que forneça:

**a.** registro suficiente e apropriado do embasamento do relatório do auditor; e

**b.** evidências de que a auditoria foi planejada e executada em conformidade com as normas e as exigências legais e regulamentares aplicáveis (item 5 da NBC TA 230 (R1)).

---

[4] Itens 2 e 3 da NBC TA 230 (R1).

## 7.3.2 Cuidados na preparação dos papéis de trabalho

Ao preparar os papéis de trabalho, durante a execução da auditoria, para que eles sejam de boa qualidade, o auditor deve tomar alguns cuidados como:

- deixar expresso com clareza o objetivo do respectivo papel de trabalho, indicando no cabeçalho a etapa específica do programa e sua finalidade;
- indicar o nome do auditado e da conta;
- indicar o ano da auditoria e das demonstrações financeiras, objeto da auditoria;
- citar a origem (fonte) das informações anotadas;
- informar os critérios adotados para escolha dos testes, bem como para a seleção dos itens testados;
- anotar, nos papéis de trabalho, todas as ocorrências, especialmente aquelas que vão orientar as informações que serão incluídas no seu relatório; e
- as conclusões inseridas nos papéis de trabalho devem ser completas, isto é, isentas de dúvidas que inviabilizem a opinião sobre os resultados apurados.

Os papéis de trabalho devem conter ainda:

- as evidências de todos os procedimentos que foram solicitados;
- a descrição e qualificação de todos os resultados apurados;
- as conclusões com as respectivas explicações em forma de notas;
- todos os passos dos programas auditados devidamente identificados, datados e assinados;
- explicações por meio de notas, quando forem necessárias, sobre o propósito dos papéis de trabalho. Costuma-se inserir essas notas na parte inferior dos papéis de trabalho;
- valores significativos devidamente referenciados com suas origens e destinações;
- ajustes de auditoria devidamente referenciados e justificados; e
- identificação do auditor e data da elaboração.

É importante destacar, também, que os papéis de trabalho devem ser elaborados com esmero, evitando rasuras e anotações desnecessárias. Lembre-se: o sucesso da opinião do auditor requer, também, que ela esteja devidamente suportada por evidências (provas) que sejam claras, objetivas, concisas, completas e idôneas.

Para facilitar o manuseio, bem como a busca de evidências, os papéis de trabalho devem estar adequadamente organizados, com sumário que facilite a localização de cada assunto neles contidos. Além disso, devem ser arquivados observando-se as etapas do programa que orientou a sequência dos trabalhos.

Assim, a documentação comprobatória de cada etapa dos trabalhos deverá estar arquivada observando-se a seguinte sequência: em primeiro lugar as folhas mestras (folhas rosto, resumos, sínteses) e, em seguida, os papéis com detalhes e outros documentos anexados.

É importante destacar ainda que não pode haver divergências entre os valores transcritos nos papéis de trabalho com os valores correspondentes constantes da contabilidade ou de outros documentos de onde foram extraídos. É prudente reservar espaços para comentários não rotineiros.

Na Seção 7.7, apresentamos outras informações acerca do conteúdo dos papéis de trabalho, à luz da NBC TA 230.

## 7.4 Documentações dos procedimentos de auditoria executados e da evidência de auditoria obtida[5]

O auditor deve preparar documentação de auditoria que seja suficiente para permitir que um auditor experiente, sem nenhum envolvimento anterior com a auditoria, entenda:

a. a natureza, a época e a extensão dos procedimentos de auditoria executados para cumprir com as normas de auditoria e exigências legais e regulamentares aplicáveis (veja a Seção 7.9);

b. os resultados dos procedimentos de auditoria executados e a evidência de auditoria obtida; e

c. os assuntos significativos identificados durante a auditoria, as conclusões obtidas a respeito deles e os julgamentos profissionais significativos exercidos para chegar a essas conclusões (veja a Seção 7.10).

A NBC TA 230 (R1) estabelece no item 6c que auditor experiente é um indivíduo (interno ou externo à firma de auditoria) que possui experiência prática de auditoria e conhecimento razoável de:

i. processos de auditoria;

ii. normas de auditoria e exigências legais e regulamentares aplicáveis;

---

[5]  Itens 8 a 11 da NBC TA 230 (R1).

iii. ambiente de negócios em que opera a entidade; e

iv. assuntos de auditoria e de relatório financeiro relevantes ao setor de atividade da entidade.

Ao documentar a natureza, a época e a extensão dos procedimentos de auditoria executados, o auditor deve registrar:

* as características que identificam os itens ou assuntos específicos testados (veja a Seção 7.10);
* quem executou o trabalho de auditoria e a data em que foi concluído; e
* quem revisou o trabalho de auditoria executado e a data e extensão de tal revisão.

A NBC TA 220 (R3), item 32, requer que na data, ou antes da data, do relatório do auditor, o sócio do trabalho deve determinar, por meio da revisão da documentação de auditoria e da discussão com a equipe de trabalho, que foi obtida evidência de auditoria apropriada e suficiente para suportar as conclusões obtidas e o relatório do auditor a ser emitido.

O requisito de documentar quem revisou o trabalho de auditoria executado não implica a necessidade de que cada documento de trabalho inclua evidência de revisão. O requisito, porém, significa documentar que o trabalho de auditoria foi revisado, quem revisou e quando foi feita a revisão.

O auditor deve documentar discussões de assuntos significativos com a administração, os responsáveis pela governança e outros, incluindo a natureza dos assuntos significativos discutidos e quando e com quem as discussões ocorreram (veja a Seção 7.12).

Se o auditor identificou informações referentes a um assunto significativo que são inconsistentes com a sua conclusão final, ele deve documentar como tratou essa inconsistência.

A exigência de documentar como o auditor tratou a inconsistência nas informações não implica que o auditor necessite reter documentação que esteja incorreta ou superada.

## 7.5 Não atendimento de exigência relevante[6]

Se, em circunstâncias excepcionais, o auditor julgar necessário não atender um requisito relevante de uma norma, ele deve documentar como os procedimentos alternativos de auditoria executados cumprem a finalidade desse requisito, e as razões para o não atendimento (veja a Seção 7.14).

---

[6] Itens 12, A18 e A19 da NBC TG 230 (R1).

Os requisitos das normas de auditoria destinam-se a permitir ao auditor cumprir os objetivos especificados nas normas de auditoria e, portanto, dos objetivos globais do auditor. Desta forma, a não ser em circunstâncias excepcionais, as normas pedem conformidade com cada requisito que seja relevante nas circunstâncias da auditoria.

A exigência de documentação aplica-se apenas àquelas que sejam relevantes nas circunstâncias. Uma exigência não é relevante (NBC TA 200, item 22) apenas nos casos em que:

**a.** a NBC TA por inteiro não é relevante (por exemplo, se uma entidade carece de uma função de auditoria interna, nada na NBC TA 610 é relevante); ou

**b.** a exigência é condicional e a condição não existe (por exemplo, o requisito de modificar a opinião do auditor quando há impossibilidade de obter evidência de auditoria apropriada suficiente e não existe tal impossibilidade).

## 7.6 Montagem do arquivo final de auditoria[7]

O auditor deve montar a documentação em arquivo de auditoria e completar o processo administrativo de montagem do arquivo final tempestivamente após a data do relatório do auditor.

A NBC PA 01, item 31f, requer que as firmas de auditoria estabeleçam políticas e procedimentos para a conclusão tempestiva da montagem dos arquivos de auditoria.

Leis, regulamentos ou normas profissionais podem determinar os limites de tempo para a conclusão da montagem de arquivos finais para tipos de trabalho específicos. Quando esses limites de tempo não são determinados em lei ou regulamento, o limite de tempo pode ser determinado pela firma. No caso de trabalhos conduzidos de acordo com as normas de auditoria (NBCs TA) ou normas de asseguração diferentes de auditoria ou revisão (NBCs TO), o limite de tempo adequado para a conclusão da montagem do arquivo final do trabalho é, normalmente, de, no máximo, 60 dias após a data do relatório do trabalho (item A83 da NBC PA 01).

A conclusão da montagem do arquivo final de auditoria após a data do relatório do auditor é um processo administrativo que não envolve a execução de novos procedimentos de auditoria nem novas conclusões. Contudo, novas modificações podem

---

[7] Itens 14 a 16 e A21 a A24, da NBC TA 230 (R1).

ser feitas na documentação de auditoria durante o processo final de montagem se estas forem de natureza administrativa. Exemplos de tais modificações incluem:

- apagar ou descartar documentação superada;
- selecionar, conferir e acrescentar referências cruzadas aos documentos de trabalho;
- conferir itens das listas de verificação evidenciando ter cumprido os passos relativos ao processo de montagem do arquivo; e
- documentar evidência de auditoria que o auditor obteve, discutiu e com a qual concordou com os membros relevantes da equipe de trabalho antes da data do relatório de auditoria.

Após a montagem do arquivo final de auditoria ter sido completada, o auditor não apaga nem descarta documentação de auditoria de qualquer natureza antes do fim do seu período de guarda dessa documentação.

A NBC PA 01, no item A85, estabelece que leis, regulamentos ou normas profissionais podem determinar os períodos de retenção para documentação de trabalhos. Se os períodos de retenção não são determinados, a firma pode considerar a natureza e as circunstâncias deles, incluindo se a documentação é necessária para fornecer registro de assuntos de importância contínua para futuros trabalhos. No caso de trabalhos conduzidos de acordo com as NBCs TA e NBCs TO, o período de retenção normalmente é de, pelo menos, cinco anos a partir da data do relatório do trabalho, ou, se aplicável, a partir da data do reporte para o grupo, se emitido posteriormente.

Há, ainda, circunstâncias nas quais o auditor pode julgar necessário modificar a documentação de auditoria existente ou acrescentar nova documentação de auditoria após a montagem do arquivo final de auditoria. Nesses casos, o auditor, independentemente da natureza das modificações ou acréscimos, deve documentar as razões específicas para fazê-los e documentar quando e por quem foram executados e revisados.

Um exemplo de circunstância em que o auditor pode julgar necessário modificar a documentação de auditoria existente ou acrescentar nova documentação de auditoria após ter sido completada a montagem do arquivo é a necessidade de esclarecimento da documentação de auditoria existente em resposta a comentários recebidos durante as inspeções de monitoramento executadas por partes internas ou externas.

## 7.7 Forma, conteúdo e extensão da documentação de auditoria[8]

A forma, o conteúdo e a extensão da documentação de auditoria dependem de fatores como:

a. tamanho e complexidade da entidade;

b. natureza dos procedimentos de auditoria a serem executados;

c. riscos identificados de distorção relevante;

d. importância da evidência de auditoria obtida;

e. natureza e extensão das exceções identificadas;

f. necessidade de documentar a conclusão ou a base da conclusão não prontamente determinável a partir da documentação do trabalho executado ou da evidência de auditoria obtida;

g. metodologia e as ferramentas de auditoria usadas.

A documentação de auditoria pode ser registrada em papel, em formatos eletrônicos ou outros.

Exemplos de documentação de auditoria:

a. programas de auditoria;

b. análises;

c. memorandos de assuntos do trabalho;

d. resumos de assuntos significativos;

e. cartas de confirmação e representação;

f. listas de verificação;

g. correspondências (inclusive correio eletrônico) referentes a assuntos significativos.

O auditor pode incluir resumos ou cópias de registros da entidade (por exemplo, contratos e acordos significativos e específicos) como parte da documentação de auditoria.

É importante destacar que, segundo a NBC TA em estudo, a documentação de auditoria não substitui os registros contábeis da entidade.

O auditor não precisa incluir na documentação de auditoria versões superadas de papéis de trabalho e demonstrações contábeis, notas que reflitam entendimento in-

---

[8] Itens A2 a A5 da NBC TA 230 (R1).

completo ou preliminar, cópias anteriores de documentos corrigidos em decorrência de erros tipográficos ou de outro tipo de documentos em duplicata.

Explicações verbais do auditor, por si só, não representam documentação adequada para o trabalho executado pelo auditor ou para as conclusões obtidas, mas podem ser usadas para explicar ou esclarecer informações contidas na documentação de auditoria.

## 7.8 Documentação de conformidade com as normas de auditoria[9]

Em princípio, a conformidade com as exigências da NBC TA 230 tem como resultado documentação de auditoria suficiente e apropriada às circunstâncias. É importante destacar que outras normas contêm requisitos específicos de documentação que se destinam a esclarecer a aplicação da NBC TA 230 às circunstâncias específicas de outras normas. Contudo, as exigências de documentação de outras normas não limitam a aplicação da NBC TA em estudo nesta seção.

A documentação de auditoria fornece evidências de que a auditoria está em conformidade com as normas de auditoria. Entretanto, não é necessário nem praticável para o auditor documentar todos os assuntos considerados ou todos os julgamentos profissionais exercidos na auditoria. Além disso, é desnecessário o auditor documentar separadamente (como em lista de verificação, por exemplo) a conformidade em assuntos já demonstrada por documentos incluídos no arquivo de auditoria. Por exemplo:

- a existência de plano de auditoria adequadamente documentado demonstra que o auditor planejou a auditoria;
- a existência de carta de contratação assinada no arquivo de auditoria demonstra que o auditor e a administração concordaram com os termos do trabalho de auditoria, ou, quando apropriado, junto aos responsáveis pela governança;
- o relatório do auditor que contém opinião com ressalva demonstra que o auditor cumpriu o requisito de expressar opinião com ressalva sob as circunstâncias especificadas nas normas;
- em relação às exigências que se aplicam geralmente ao longo de toda a auditoria, podem haver várias maneiras pelas quais a conformidade a elas pode ser demonstrada no arquivo de auditoria.

---

[9] Itens A6 e A7 da NBC TA 230 (R1).

Por exemplo, o ceticismo profissional do auditor pode não ser passível de documentação, todavia, a documentação de auditoria, não obstante, pode fornecer evidências do exercício do ceticismo profissional do auditor em conformidade com as normas de auditoria. Tais evidências podem incluir procedimentos específicos executados para corroborar as respostas da administração às indagações do auditor.

De forma similar, o fato de que o sócio do trabalho assumiu a responsabilidade pela direção, supervisão e execução da auditoria em conformidade com as normas de auditoria pode ser evidenciado de várias maneiras na documentação de auditoria. Isso pode incluir a documentação do envolvimento tempestivo do sócio do trabalho em aspectos da auditoria, tais como a participação nas discussões da equipe exigida pela NBC TA 315.

## 7.9 Documentação de assuntos e julgamentos profissionais significativos[10]

Conforme já comentamos, é sempre bom ressaltar que o auditor deve preparar documentação de auditoria que seja suficiente para permitir que um auditor experiente, sem nenhum envolvimento anterior com a auditoria, entenda os assuntos significativos identificados durante a auditoria, as conclusões obtidas a respeito deles e os julgamentos profissionais significativos exercidos para chegar a essas conclusões.

A documentação de auditoria fornece evidências de que a auditoria está em conformidade com as normas de auditoria. Contudo, não é necessário nem praticável para o auditor documentar todos os assuntos considerados ou todos os julgamentos profissionais exercidos na auditoria. Além disso, é desnecessário o auditor documentar separadamente a conformidade em assuntos já demonstrada por documentos incluídos no arquivo de auditoria.

Julgar a importância de assunto exige análise objetiva dos fatos e circunstâncias. Exemplos de assuntos significativos incluem:

- assuntos que dão origem a riscos significativos (como definidos na NBC TA 315, item 4(e));
- resultados de procedimentos de auditoria que indiquem:
  - i. que as demonstrações contábeis podem conter distorção relevante; ou
  - ii. a necessidade de revisar a avaliação anterior dos riscos de distorção relevante feita pelo auditor e as respostas do auditor aos riscos avaliados;

---

[10] Itens A7 a A11 da NBC TA 230 (R1).

- circunstâncias que causam dificuldade significativa ao auditor para aplicar os procedimentos de auditoria necessários;
- constatações que possam resultar em modificação do relatório de auditoria ou na inclusão de parágrafo de ênfase no relatório do auditor.

Um fator importante na determinação da forma, conteúdo e extensão da documentação de auditoria sobre assuntos significativos é a extensão do julgamento profissional exercido na execução do trabalho e avaliação dos resultados.

A documentação das decisões profissionais tomadas, quando significativas, serve para explicar as conclusões do auditor e reforçar a qualidade da decisão.

Tais assuntos são de particular interesse para os responsáveis pela revisão da documentação de auditoria, inclusive os que conduzirem auditorias subsequentes, quando forem rever assuntos de importância recorrente (por exemplo, na execução de revisão retrospectiva de estimativas contábeis). Alguns exemplos de circunstâncias em que é apropriado preparar documentação de auditoria relativa à aplicação do julgamento profissional incluem, quando assuntos e julgamentos forem significativos:

- a justificativa para a conclusão do auditor quando uma exigência determina que o auditor "deve considerar" certas informações ou fatores, e que a consideração é significativa no contexto do trabalho específico;
- a base para a conclusão do auditor quanto à razoabilidade das áreas de julgamento subjetivo (por exemplo, a razoabilidade de estimativa contábil significativa);
- a base para as conclusões do auditor a respeito da autenticidade de documento quando investigações adicionais (tais como utilizar de forma apropriada um perito ou de procedimentos de confirmação) são conduzidas em resposta a condições identificadas durante a auditoria que levaram o auditor a acreditar que o documento pode não ser autêntico.

# 7.10 Identificação de itens ou assuntos específicos[11]

Ao documentar a natureza, a época e a extensão dos procedimentos de auditoria executados, o auditor deve registrar:

**a.** as características que identificam os itens ou assuntos específicos testados;

**b.** quem executou o trabalho de auditoria e a data em que foi concluído; e

**c.** quem revisou o trabalho de auditoria executado e a data e extensão de tal revisão.

---

[11] Itens 9, A12 e A13, da NBC TA 230 (R1).

Registrar as características que identificam os itens testados serve a vários propósitos. Por exemplo, permite que a equipe de trabalho seja responsabilizada por seu trabalho e facilita a investigação de exceções ou inconsistências.

A identificação varia com a natureza do procedimento de auditoria e o item ou assunto testado. Por exemplo:

- para um teste detalhado de pedidos de compra gerados pela entidade, o auditor pode identificar os documentos selecionados por meio das suas datas e números;
- para um procedimento que exija seleção ou revisão de todos os itens acima de um valor específico em uma dada população, o auditor pode registrar o alcance do procedimento e identificar a população (por exemplo, todos os lançamentos em livro diário acima de um valor especificado);
- para um procedimento que exija amostragem sistemática de uma população de documentos, o auditor pode identificar os documentos selecionados registrando sua fonte, o ponto de partida e o intervalo de amostragem;
- para um procedimento que exija indagações junto a funcionários específicos da entidade, o auditor pode registrar as datas das indagações e os nomes e as funções dos funcionários da entidade;
- para um procedimento de observação, o auditor pode registrar o processo ou o assunto em observação, os indivíduos relacionados, suas respectivas responsabilidades e onde e quando a observação foi realizada.

A NBC TA 220, item 17, requer que o auditor revise o trabalho executado por meio da revisão da documentação de auditoria. O requisito de documentar quem revisou o trabalho de auditoria executado não implica a necessidade de que cada documento de trabalho inclua evidência de revisão. O requisito, porém, significa documentar que o trabalho de auditoria foi revisado, quem revisou e quando foi feita a revisão.

## 7.11 Documentação das discussões de assuntos significativos[12]

O auditor deve documentar discussões de assuntos significativos com a administração, com os responsáveis pela governança e com outros, incluindo a natureza dos assuntos significativos discutidos e quando e com quem as discussões ocorreram.

---

[12] Itens 10, A14 e A15 da NBC TA 230 (R1).

A documentação não se limita aos registros elaborados pelo auditor, mas podem incluir outros registros apropriados, como minutas de reuniões elaboradas pelo pessoal da entidade e acordadas com o auditor.

O auditor pode discutir assuntos significativos com outros empregados da entidade e terceiros (pessoas que prestam serviço de consultoria para a empresa auditada).

A exigência de documentar como o auditor tratou inconsistência nas informações não implica que o auditor necessite reter documentação que esteja incorreta ou superada.

## 7.12 Considerações específicas para a auditoria de entidades de pequeno porte[13]

A documentação para a auditoria de entidade de pequeno porte geralmente é menos extensa do que a documentação de uma entidade de maior porte. Além disso, no caso de auditoria em que o sócio do trabalho executa todo o trabalho de auditoria, a documentação não incluirá assuntos que possam ter de ser documentados apenas para informar ou instruir membros da equipe de trabalho ou para fornecer evidência de revisão por outros membros da equipe (por exemplo, não há assuntos a documentar relativamente a discussões ou supervisão da equipe). Contudo, o sócio do trabalho cumpre a exigência de elaborar documentação de auditoria que possa ser entendida por auditor experiente, já que a documentação de auditoria pode estar sujeita a revisão de partes externas para fins regulamentares ou outros fins.

Ao elaborar a documentação de auditoria, o auditor de entidade de pequeno porte também pode entender ser adequado e eficiente registrar em um único documento vários aspectos da auditoria, com referências cruzadas para dar suporte aos papéis de trabalho.

Exemplos de assuntos que podem ser documentados em conjunto na auditoria de entidade de pequeno porte incluem o entendimento da entidade e do seu controle interno, a estratégia global de auditoria e o plano de auditoria, a materialidade determinada de acordo com a NBC TA 320, riscos avaliados, assuntos significativos observados durante a auditoria e as conclusões obtidas.

---

[13] Itens A16 e A17 da NBC TA 230 (R1).

## 7.13 Assuntos surgidos após a data do relatório do auditor[14]

Se, em circunstâncias excepcionais, o auditor executar procedimentos novos ou adicionais ou chegar a outras conclusões após a data do relatório, o auditor deve documentar:

**a.** as circunstâncias identificadas;

**b.** os procedimentos novos ou adicionais executados, a evidência de auditoria obtida e as novas conclusões alcançadas, e seu efeito sobre orelatório do auditor; e

**c.** quando e por quem as modificações resultantes da documentação de auditoria foram executadas e revisadas.

Exemplos de circunstâncias excepcionais incluem fatos que chegaram ao conhecimento do auditor após a data do seu relatório, mas que existiam naquela data e que, se conhecidos na data, poderiam ter causado correções nas demonstrações contábeis ou levado o auditor a modificar o seu relatório (NBC TA 560, item 14).

As modificações resultantes na documentação de auditoria são revisadas de acordo com as responsabilidades de revisão expostas na NBC TA 220, item 16, e a responsabilidade final pelas mudanças cabe ao sócio do trabalho.

## 7.14 Simbologia

Para facilitar a identificação das evidências, o auditor usa, em seus papéis de trabalho, símbolos também conhecidos por *ticks* ou códigos.

É recomendável que o auditor inclua, no seu papel de trabalho, uma legenda com explicações do significado de cada *tick* utilizado.

Algumas firmas de auditoria podem criar "*ticks*-padrão", o que elimina a necessidade da legenda.

É recomendável também que os *ticks* sejam coloridos. Algumas firmas de auditoria usam a cor azul e aconselham a adoção de *ticks* diferentes para cada trabalho, porém não aconselham a variação da cor.

---

[14]  Item 13 e A20 da NBC TA 730 (R1).

Veja, a seguir, uma tabela contendo alguns exemplos de *ticks*:

| TICKS | |
|---|---|
| ✓ | Verificado. |
| Π | Conforme Balancete de 31/12/XX gerado pelo sistema XX. |
| Ω | Conforme documentação do ano anterior. |
| ∞ | Refere-se à razão contábil da conta XX de 31/12/XX gerada pelo sistema XX. |
| Δ | Conforme Contrato de Prestação de Serviços. |
| Ψ | Refere-se ao Manual de Políticas da Instituição. |

Além dos *ticks*, existem as notas e a referência cruzada.

**NOTA:**

Recurso utilizado para esclarecer melhor algum fato. Por exemplo, se no WP foi identificada uma diferença, pode-se usar a letra (a). Nesse caso, no final do WP, coloca-se como legenda a letra (a) com a respectiva explicação da diferença.

Podem-se usar, também, números para identificar as notas.

Veja como as notas podem ser apresentadas no final do WP:

- **Notas:**
  a. Em 31/12/XX ocorreu uma diferença na conta XX decorrente de pagamento indevido.
  b. Os contratos de prestação de serviços não detalham a quantidade de operações a serem efetuadas pelo contratante.

- **Referências Cruzadas:** marcações inseridas no WP remetendo o leitor para outra parte do próprio WP em que os procedimentos foram efetuados.

    Recomenda-se o uso de referências para os valores significativos, para os ajustes de auditoria, bem como para todos os pontos de recomendação.

# 7.15 Outras informações importantes

O apêndice da NBC TA 230 apresenta a seguinte relação de itens de outras normas de auditoria que tratam da documentação de auditoria (papéis de trabalho):

- NBC TA 210, itens 10 a 12;
- NBC TA 220, itens 24 e 25;

- NBC TA 240, itens 44 a 47;
- NBC TA 250, item 29;
- NBC TA 260, item 23;
- NBC TA 300, item 12;
- NBC TA 315, item 32;
- NBC TA 320, item 14;
- NBC TA 330, itens 28 a 30;
- NBC TA 450, item 15;
- NBC TA 540, item 39;
- NBC TA 550, item 28;
- NBC TA 600, item 50;
- NBC TA 610, itens 36 e 37;
- NBC TA 720, item 25.

## Atividades Teóricas

Responda:

1. O que é documentação de auditoria?
2. O que são arquivos de auditoria?
3. Em que momento o auditor deve preparar os papéis de trabalho?
4. Cite uma finalidade adicional dos papéis de trabalho.
5. Qual é o objetivo do auditor em relação aos papéis de trabalho?
6. Ao documentar a natureza, a época e a extensão dos procedimentos de auditoria executados, o que o auditor deve registrar?
7. Cite duas das finalidades dos papéis de trabalho.
8. Cite dois cuidados que o auditor deve tomar ao preparar os papéis de trabalho, durante a execução da auditoria, para que eles sejam de boa qualidade.
9. Para facilitar o manuseio, bem como a busca de evidências, como devem estar os papéis de trabalho?
10. Qual é a sequência ideal para arquivamento da documentação comprobatória de cada etapa dos trabalhos de auditoria?

11. O auditor deve preparar documentação de auditoria que seja suficiente para permitir que um determinado profissional possa entender as características que identificam os itens ou assuntos específicos testados. Qual é esse profissional?

12. Como deve proceder o auditor quando identificar informações referentes a um assunto significativo que são inconsistentes com a sua conclusão final?

13. Como deve proceder o auditor que, em circunstâncias excepcionais, julgar necessário não atender um requisito relevante de uma norma?

14. Em que momento o auditor deve montar a documentação em arquivo de auditoria?

15. Cite três fatores que influenciam a forma, o conteúdo e a extensão da documentação de auditoria.

16. Cite três exemplos de documentação de auditoria.

17. O que significa documentar a revisão do trabalho executado pelo auditor?

18. Cite três exemplos de assuntos que podem ser documentados em conjunto na auditoria de entidade de pequeno porte.

19. Em que consistem os símbolos utilizados pelo auditor em seu papel de trabalho?

Classifique as afirmativas em falsas ou verdadeiras:

1. (   ) Para facilitar o manuseio, bem como a localização das informações e documentos colecionados pelo auditor, ele deve organizar os papéis de trabalho, arquivando-os de forma sistemática e lógica.

2. (   ) O auditor não precisa verificar a veracidade de qualquer documento acoplado ao papel de trabalho, desde que a elaboração tenha sido de autoria da auditada.

3. (   ) As conclusões inseridas nos papéis de trabalho devem ser completas, isto é, isentas de dúvidas que inviabilizem a opinião sobre os resultados apurados.

4. (   ) O auditor não precisa documentar discussões de assuntos significativos com a administração, os responsáveis pela governança e outros.

5. (   ) A NBC PA 01, item 31f, requer que as firmas de auditoria estabeleçam políticas e procedimentos para a conclusão intempestiva da montagem dos arquivos de auditoria.

6. (   ) A conclusão da montagem do arquivo final de auditoria após a datado relatório do auditor é um processo administrativo que envolve a execução de novos procedimentos de auditoria e também novas conclusões.

7. (   ) Após a montagem do arquivo final de auditoria ter sido completada, o auditor deve apagar e descartar toda documentação de auditoria de qualquer natureza.

8. (   ) Após a montagem do arquivo final de auditoria ter sido completada, o auditor não apaga nem descarta documentação de auditoria de qualquer natureza antes do fim do seu período de guarda dessa documentação.

9. (   ) O auditor não poderá modificar a documentação de auditoria existente ou acrescentar nova documentação de auditoria após a montagem do arquivo final de auditoria.

10. (   ) Após a montagem do arquivo final de auditoria ter sido completada, o auditor pode apagar ou mesmo descartar documentação de auditoria de qualquer natureza mesmo antes do fim do seu período de guarda dessa documentação.

11. (   ) Após a montagem do arquivo final de auditoria ter sido completada, o auditor não apaga nem descarta documentação de auditoria de qualquer natureza antes do fim do seu período de guarda dessa documentação.

12. (   ) A documentação de auditoria pode ser registrada em papel, em formatos eletrônicos ou outros.

13. (   ) Segundo a NBC TA 230, a documentação de auditoria substitui os registros contábeis.

14. (   ) Explicações verbais do auditor, por si só, representam documentação adequada para o trabalho executado pelo auditor.

15. (   ) A documentação de auditoria fornece evidências de que a auditoria está em conformidade com as normas de auditoria.

16. (   ) O auditor deve preparar documentação de auditoria que seja suficiente para permitir que um auditor experiente, sem nenhum envolvimento anterior com a auditoria, entenda assuntos significativos identificados durante a auditoria, as conclusões obtidas a respeito deles e os julgamentos profissionais significativos exercidos para chegar a essas conclusões.

17. (   ) A exigência de documentar como o auditor tratou inconsistência nas informações implica a necessidade de reter documentação que esteja incorreta ou superada.

18. (   ) A documentação de auditoria nas entidades de pequeno porte pode estar sujeita a revisão de partes externas para fins regulamentares ou outros fins.

19. (   ) É recomendável que o auditor inclua no seu papel de trabalho uma legenda com explicações do significado de cada *tick* utilizado.

20. (   ) A adoção dos "*ticks*-padrão" elimina a necessidade de legenda.

Escolha a alternativa correta:

1. Após concluídos os trabalhos de auditoria, os respectivos Working Papers serão armazenados em arquivos próprios. Esses arquivos são:

   a) impressos em forma física e abandonados os arquivos magnéticos.

   b) armazenados em arquivos próprios.

   c) entregues ao responsável pela governança da empresa auditada.

    **d)** revisados pelo sócio da firma de auditoria em conjunto com um representante da empresa auditada.

    **e)** NDA.

2. São finalidades da documentação de auditoria:

    **a)** manter um registro de assuntos de importância recorrente para auditorias futuras.

    **b)** permitir a condução de revisões e inspeções de controle de qualidade em conformidade com a NBC PA 01.

    **c)** permitir a condução de inspeções externas em conformidade com as exigências legais, regulamentares e outras exigências aplicáveis.

    **d)** as alternativas "a" e "b" estão erradas.

    **e)** a alternativa "d" está errada.

3. Deixar expresso com clareza o objetivo do respectivo papel de trabalho, indicando no cabeçalho a etapa específica do programa e sua finalidade; indicar o nome do auditado e da conta; indicar o ano da auditoria e das demonstrações financeiras, objeto da auditoria, e citar a origem (fonte) das informações anotadas. Esses procedimentos correspondem a:

    **a)** cuidados que o auditor deve tomar no planejamento da auditoria.

    **b)** atitudes do sócio da firma de auditoria no momento da escolha da equipe de trabalho.

    **c)** cuidados que o responsável pela governança deve tomar antes de contratar um trabalho de auditoria interna.

    **d)** cuidados que o auditor deve tomar ao preparar papéis de trabalho, durante a execução da auditoria, para que eles sejam de boa qualidade.

    **e)** NDA.

4. Os papéis de trabalho devem conter:

    **a)** as evidências de todos os procedimentos que foram solicitados.

    **b)** a descrição e qualificação de todos os resultados apurados.

    **c)** as conclusões com as respectivas explicações em forma de notas.

    **d)** todos os passos dos programas auditados devidamente identificados, datados e assinados.

    **e)** todas estão corretas.

5. O requisito de documentar quem revisou o trabalho de auditoria executado:

    **a)** não implica a necessidade de que cada documento de trabalho inclua evidência de revisão.

    **b)** significa documentar que o trabalho de auditoria foi revisado, quem revisou e quando foi feita a revisão.

    **c)** implica a necessidade de que cada documento de trabalho inclua evidência de revisão.

    **d)** não significa documentar que o trabalho de auditoria foi revisado, quem revisou e quando foi feita a revisão.

    **e)** as alternativas "c" e "d" estão erradas.

6. O auditor deve montar a documentação em arquivo de auditoria e completar o processo administrativo de montagem do arquivo final:

   a) tempestivamente após a data do relatório do auditor.

   b) intempestivamente após a data do relatório do auditor.

   c) tempestivamente antes da data do relatório do auditor.

   d) todas estão corretas.

   e) NDA.

7. Quando os limites de tempo para a conclusão da montagem de arquivos finais para tipos de trabalho específicos não são determinados em lei, regulamentos ou normas profissionais, pode determinar esses limites de tempo:

   a) a equipe de administradores da empresa auditada.

   b) a firma de auditoria.

   c) a empresa que contratou os serviços de auditoria.

   d) as alternativas "a" a "c" estão corretas.

   e) NDA.

8. O período de retenção para documentação dos trabalhos conduzidos de acordo com as NBCs TA e NBCs TO normalmente é de pelo menos:

   a) cinco anos a partir da data do relatório do trabalho.

   b) sessenta dias a partir da data do relatório do trabalho.

   c) cinco meses.

   d) cinco meses a partir da data do relatório do trabalho.

   e) NDA.

9. Ao documentar a natureza, a época e a extensão dos procedimentos de auditoria executados, o auditor deve registrar:

   a) as características que identificam os itens ou assuntos específicos testados.

   b) quem executou o trabalho de auditoria e a data em que foi concluído.

   c) quem revisou o trabalho de auditoria executado e a data e extensão de tal revisão.

   d) as alternativas "a" a "c" estão corretas.

   e) NDA.

10. A documentação para a auditoria de entidade de pequeno porte geralmente é:

    a) menos extensa do que a documentação de uma entidade de maior porte.

    b) mais extensa do que a documentação de uma entidade de maior porte.

    c) igual a documentação de uma entidade de maior porte.

    d) exigida pela Lei n. 6.404/76.

    e) todas estão corretas.

# CAPÍTULO 8

# EVIDÊNCIA DE AUDITORIA

## Objetivos do Capítulo

### Após ler este capítulo,[1] você estará apto a:

- ❏ Entender o que é evidência de auditoria.
- ❏ Saber o que é evidência de auditoria apropriada e suficiente.
- ❏ Conhecer as fontes da evidência de auditoria.
- ❏ Conhecer as técnicas de auditoria como procedimentos utilizados para obtenção de evidências de auditoria.
- ❏ Saber identificar os procedimentos de avaliação de riscos.
- ❏ Saber o que significam os procedimentos de: inspeção, observação, confirmação externa, recálculo, reexecução e da indagação.
- ❏ Entender o que são procedimentos analíticos.
- ❏ Discutir as informações a serem utilizadas como evidência de auditoria, como: relevância e confiabilidade, informações apresentadas por especialista da administração ou pela entidade.
- ❏ Saber como efetuar a seleção dos itens para testes.
- ❏ Entender o que significa amostragem em auditoria.
- ❏ Discutir sobre a inconsistência ou dúvidas quanto à confiabilidade da evidência de auditoria.

---

[1] Parte do texto do presente capítulo, com as adaptações que julgamos convenientes para torná-lo de mais fácil entendimento, foi extraída da NBC TA 500 (R1) – Evidência de Auditoria, aprovada pelo CFC em seu Plenário de 19 de agosto de 2016, conforme indicações inseridas em notas no início de cada seção.

# 8.1 Conceito[2]

A evidência de auditoria compreende as informações utilizadas pelo auditor para chegar às conclusões em que se fundamentam sua opinião.

Se consultarmos os principais dicionários da língua portuguesa, entenderemos que a palavra evidência significa a qualidade daquilo que é evidente, que é incontestável, que todos veem ou podem ver e verificar; caráter de objeto de conhecimento que não comporta nenhuma dúvida quanto a sua verdade ou falsidade.

Da mesma forma, entenderemos, também, que a palavra evidente significa aquilo que se compreende sem nenhuma dificuldade, que não oferece dúvidas; que é claro, manifesto, patente.

A evidência de auditoria inclui as informações contidas nos registros contábeis que suportam as demonstrações contábeis e informações obtidas de outras fontes (alterado pela NBC TA 500 (R1)).

Os registros contábeis compreendem os registros de lançamentos contábeis e sua documentação-suporte (cheques e registros de transferências eletrônicas de fundos, faturas, contratos); os livros diário, razões geral e auxiliares, as reclassificações nas demonstrações contábeis não refletidas no diário e as planilhas de trabalho, que suportem as alocações de custos, cálculos, conciliações e divulgações.

# 8.2 Evidência de auditoria apropriada e suficiente[3]

O auditor deve definir e executar procedimentos de auditoria que sejam apropriados às circunstâncias com o objetivo de obter evidência de auditoria apropriada e suficiente.

A evidência de auditoria é necessária para fundamentar a opinião e o relatório do auditor. Ela tem natureza cumulativa e é obtida principalmente a partir dos procedimentos de auditoria realizados durante o curso do trabalho. Contudo, ela também pode incluir informações obtidas de outras fontes, como auditorias anteriores (contanto que o auditor tenha determinado se ocorreram mudanças desde a auditoria anterior que possam afetar sua relevância para a atual auditoria (veja NBC TA 315, item 9) ou procedimentos de controle de qualidade da firma de auditoria para aceitação e continuidade de clientes.

---

[2]  Item 5, da NBC TA 500 (R1).
[3]  Itens 6 e A1 a A6, da NBC TA 500 (R1).

Além de outras fontes, dentro e fora da entidade, seus registros contábeis são importantes fontes de evidência de auditoria. Além disso, informações que podem ser utilizadas como evidência de auditoria podem ter sido elaboradas com a utilização do trabalho de especialista da administração.

A evidência de auditoria abrange informações que suportam e corroboram (comprovam) as afirmações da administração e qualquer informação que contradiga tais afirmações. Além disso, em alguns casos, a ausência de informações (por exemplo, a recusa da administração em fornecer uma representação solicitada) é utilizada pelo auditor e, portanto, também constitui evidência de auditoria.

A maior parte do trabalho do auditor para formar sua opinião consiste na obtenção e avaliação da evidência de auditoria.

Os procedimentos de auditoria para obter evidência de auditoria podem incluir a inspeção, observação, confirmação, recálculo, reexecução e procedimentos analíticos, muitas vezes em combinação, além da indagação.

Embora a indagação possa fornecer importante evidência de auditoria e possa produzir evidência de distorção,[4] sozinha, ela geralmente não fornece evidência de auditoria suficiente da ausência de distorção relevante no nível da afirmação nem da eficácia operacional dos controles.

Como explicado na NBC TA 200, item 5, obtém-se segurança razoável quando o auditor tiver evidência de auditoria apropriada e suficiente para a redução do risco de auditoria (isto é, o risco de que o auditor expresse uma opinião não apropriada quando as demonstrações contábeis apresentam distorção relevante) a um nível aceitavelmente baixo.

A suficiência e adequação da evidência de auditoria estão inter-relacionadas. A suficiência é a medida da quantidade de evidência de auditoria. A quantidade da evidência de auditoria necessária é afetada pela avaliação do auditor dos riscos de distorção (quanto mais elevados os riscos avaliados, maior a probabilidade de que seja exigida mais evidência de auditoria) e também pela qualidade de tal evidência de auditoria (quanto maior a qualidade, menos evidência pode ser exigida).

A obtenção de mais evidência de auditoria, porém, não compensa sua má qualidade.

---

[4] Evidência de distorção é a informação obtida pelo auditor que justifica a diferença entre o valor, a classificação, a apresentação ou a divulgação de uma demonstração contábil relatada e o valor, a classificação, a apresentação ou a divulgação que são exigidos para que o item esteja de acordo com a estrutura de relatório financeiro aplicável.

Adequação é a medida da qualidade da evidência de auditoria, isto é, sua relevância e confiabilidade para fornecer suporte às conclusões em que se fundamenta a opinião do auditor.

A confiabilidade da evidência é influenciada pela sua fonte e natureza e depende das circunstâncias individuais em que é obtida.

A NBC TA 330, item 28, exige que o auditor conclua se foi obtida evidência de auditoria apropriada e suficiente. É questão de julgamento profissional determinar se foi obtida evidência de auditoria apropriada e suficiente para reduzir o risco de auditoria a um nível aceitavelmente baixo e, com isso, possibilitar ao auditor atingir conclusões razoáveis que fundamentem sua opinião.

A NBC TA 200 contém a discussão de assuntos, como a natureza dos procedimentos de auditoria, a tempestividade dos relatórios financeiros e a relação entre benefício e custo, que são fatores relevantes quando o auditor exerce o julgamento profissional e determina se foi obtida evidência de auditoria apropriada e suficiente.

## 8.3  Fontes da evidência de auditoria[5]

Alguma evidência de auditoria é obtida pela execução de procedimentos de auditoria para testar os registros contábeis, por exemplo, por meio de análise e revisão, reexecução dos procedimentos seguidos no processo de elaboração das demonstrações contábeis e conciliação de tipos e aplicações relacionadas das mesmas informações.

Pela execução de tais procedimentos de auditoria, o auditor pode determinar que os registros contábeis sejam internamente consistentes e estejam de acordo com as demonstrações contábeis.

Em geral, obtém-se mais segurança com evidência de auditoria consistente obtida a partir de fontes ou de natureza diferentes do que a partir de itens de evidência de auditoria considerados individualmente. Por exemplo, informações corroborativas (comprobatórias) adquiridas de uma fonte independente da entidade podem aumentar a segurança que o auditor obtém da evidência de auditoria gerada internamente, tais como a evidência existente em registros contábeis, minutas de reuniões ou representação da administração.

---

[5]  Itens A7 a A9, da NBC TA 500 (R1).

Entre as informações de fontes independentes da entidade que o auditor pode usar como evidência de auditoria podem estar confirmações de terceiros, relatórios de analistas e dados comparáveis sobre concorrentes (dados referenciais para *benchmarking*).[6]

## 8.4 Técnicas de auditoria[7]

### 8.4.1 Introdução

Técnicas de auditoria compreendem os procedimentos de auditoria realizados pelo auditor no desenvolvimento dos trabalhos visando à obtenção de evidências de auditoria.

Para obter evidência de auditoria apropriada e suficiente que possa fundamentar sua opinião, o auditor deve definir e executar procedimentos de auditoria que sejam apropriados de acordo com a extensão dos trabalhos e as circunstâncias encontradas em cada situação.

Haverá sempre uma técnica adequada para testar e avaliar a eficácia e a eficiência das operações de gestão, cabendo ao auditor selecioná-la com precisão, para evitar desperdícios de tempo e de recursos materiais e humanos.

As evidências de auditoria para a obtenção de conclusões que fundamentem a opinião do auditor são conseguidas pela execução de dois tipos de procedimentos: procedimentos de avaliação de riscos e procedimentos adicionais de auditoria.

Os procedimentos adicionais de auditoria abrangem os testes de controles (quando exigidos pelas normas de auditoria ou quando o auditor assim escolher) e procedimentos substantivos, inclusive testes de detalhes e procedimentos analíticos substantivos.

Esses procedimentos de auditoria aplicados pelo auditor no desenvolvimento do seu trabalho, visando a identificar evidências, são também conhecidos por técnicas de auditoria.

As técnicas de auditoria, que trataremos nas subseções seguintes, portanto, podem ser utilizadas como procedimentos de avaliação de riscos ou como procedimentos adicionais de auditoria (testes de controles ou procedimentos substantivos), dependendo do contexto em que sejam aplicadas pelo auditor.

---

[6] Padrão de referência. Ferramenta útil na busca de melhores práticas utilizadas pelas companhias reconhecidamente líderes e consideradas de classe mundial.

[7] Parte do texto desta seção e respectivas subseções foi extraída dos itens A11 a A25, da NBC TA 500 (R1).

Existem várias técnicas de auditoria que já estão devidamente consagradas entre os profissionais que atuam na área de auditoria.

A NBC TA 500, nos itens A14 a A25, trata das seguintes técnicas de auditoria: inspeção, observação, confirmação externa, recálculo, reexecução, procedimentos analíticos e indagação.

É importante destacar, ainda, que, conforme a NBC TA 500, a natureza e a época dos procedimentos (técnicas) de auditoria a serem utilizados podem ser afetadas pelo fato de que alguns dados contábeis e outras informações podem estar disponíveis apenas em forma eletrônica ou apenas em certos pontos ou períodos. Por exemplo, documentos de fonte, tais como ordens de compra e faturas, podem existir apenas em forma eletrônica, quando a entidade utiliza comércio eletrônico, ou podem ser descartados após a leitura óptica, quando a entidade utiliza sistemas de processamento de imagem para facilitar o armazenamento e a referência.

Certas informações eletrônicas podem não ser recuperáveis após um período especificado, por exemplo, se os arquivos forem modificados e se não houver *backup* (cópias de segurança). Portanto, o auditor pode julgar necessário, como resultado das políticas de retenção de informação da entidade, solicitar a retenção de algumas informações para a sua revisão ou executar procedimentos de auditoria em um tempo em que a informação esteja disponível.

Nas subseções a seguir, trataremos das principais técnicas ou procedimentos de auditoria.

## 8.4.2 Indagação

A indagação é uma técnica de auditoria que consiste na coleta de informações junto a pessoas com conhecimento, financeiro e não financeiro, dentro ou fora da entidade.

As indagações podem ser escritas (formais – questionários) ou orais (informais – entrevistas).

Tendo em vista que a indagação feita por meio de questionário dispensa a presença do entrevistador, recomenda-se, para garantir a veracidade nas respostas, que esses questionários sejam aplicados pelo próprio auditor. Para que o respondente compreenda com clareza o que está sendo perguntado, a linguagem utilizada deve ser simples e direta.

Por meio das entrevistas os auditores podem avaliar se os empregados estão cumprindo adequadamente: as orientações inseridas no controle interno da organização; as determinações legais aplicáveis; as determinações definidas pelo fabricante, no caso de operações de máquinas e equipamentos etc.

Para que as entrevistas constituam importantes instrumentos capazes de auxiliar os auditores na busca de evidências de auditoria, é preciso observar regras: algumas comuns a todo tipo de entrevista, outras específicas para os trabalhos de auditoria, como:

- os entrevistados devem ser escolhidos entre as pessoas-chave, isto é, aquelas que executam tarefas relacionadas ao objetivo da auditoria;
- as entrevistas nunca devem ser realizadas fora do horário de trabalho ou em local diverso daquele onde o entrevistado desempenha suas atividades;
- é muito importante que o entrevistado se sinta à vontade para esclarecer tudo o que for necessário;
- o auditor pode iniciar a entrevista solicitando que o entrevistado faça um relato das suas atividades;
- as entrevistas devem ser transparentes: o auditor deve conscientizar o entrevistado sobre a importância das suas informações em benefício da organização;
- o auditor deve ser um bom ouvinte e elaborar perguntas objetivas que não influenciem as respostas do entrevistado; e
- ao findar a entrevista, o auditor deve agradecer a colaboração e apresentar o resultado ao entrevistado para que eventuais interpretações incorretas não prejudiquem o andamento da auditoria.

A avaliação das respostas às indagações é parte integral do processo de indagação.

As respostas às indagações podem fornecer ao auditor informações não obtidas anteriormente ou evidência de auditoria comprobatória.

Alternativamente, as respostas podem fornecer informações significativamente divergentes das informações que o auditor obteve, por exemplo, informações referentes à possibilidade de a administração burlar os controles.

Em alguns casos, as respostas às indagações fornecem uma base para que o auditor modifique ou realize procedimentos de auditoria adicionais.

É importante destacar que, conforme estabelece o item A24 da NBC TA 500, embora a corroboração da evidência obtida por meio da indagação muitas vezes seja de particular importância, no caso de indagações sobre a intenção da administração, a informação disponível para suportar a intenção da administração pode ser limitada. Nesses casos, o entendimento do histórico da administração na realização de intenções por ela formuladas, das razões por ela alegadas para escolher determinado curso de ação, e sua capacidade de seguir um curso de ação específico, podem fornecer informações relevantes para corroborar a evidência obtida por meio de indagação.

No que diz respeito a alguns assuntos, o auditor pode considerar necessário obter representações formais da administração e, quando apropriado, dos responsáveis pela governança, para confirmar respostas a indagações verbais (veja a NBC TA 580, para orientação adicional).

## 8.4.3 Recálculo

> O recálculo ou a conferência de cálculo é uma técnica de auditoria que consiste na verificação da exatidão matemática de documentos ou registros.

O recálculo pode ser realizado de forma manual ou eletronicamente.

A conferência de cálculos é imprescindível nos trabalhos de auditoria de Demonstrações Contábeis.

É inadmissível que o auditor expresse sua opinião aprovando conformidades em demonstrações contábeis que apresentem erros de cálculos.

Portanto, uma das primeiras providências do auditor, ao auditar demonstrações contábeis, é conferir os totais de cada grupo de contas e, em seguida, cotejar os valores apresentados em todas as demonstrações contábeis com os respectivos valores constantes do livro-razão.

A conferência de cálculos nos trabalhos de auditoria abrange também os cálculos efetuados pelo contador durante o exercício social e no final deste cujos resultados estão contidos nas peças contábeis, objeto de auditoria.

Assim, o auditor deve conferir todos os cálculos das demonstrações contábeis que estiver auditando e, por amostragem, testar a exatidão de cálculos contidos em documentos que comprovem valores lançados na escrituração contábil, como aqueles efetuados para atribuir valores aos estoques (critérios PEPS, UEPS, Média Ponderada etc.); para depreciação, amortização, ajustes a valor presente, valorizações de bens do imobilizado e de estoques; para apurar as variações monetárias e cambiais; para cálculos das retenções de valores das folhas de pagamento, dos valores de tributos pagos ou provisionados (especialmente do imposto de renda e da contribuição social), de dividendos etc.

## 8.4.4 Reexecução

A reexecução é uma técnica de auditoria que envolve a execução independente pelo auditor de procedimentos ou controles que foram originalmente realizados como parte do controle interno da entidade.

## 8.4.5 Inspeção

A inspeção é uma técnica de auditoria que envolve o exame de registros ou documentos, internos ou externos, em forma de papel, em forma eletrônica ou em outras mídias, ou o exame físico de um ativo.

A inspeção física é o procedimento (ação) que possibilita ao auditor testar e verificar não só a existência física ou a qualidade de bens corpóreos, como também constatar se as quantidades e os valores informados no Balanço Patrimonial ou em outras demonstrações contábeis correspondem à realidade.

Quando falamos em inspeção física, logo nos vem à mente o inventário de materiais (contagem física de mercadorias, produtos acabados e em elaboração, materiais de embalagem e materiais de consumo) que as empresas efetuam no final de cada exercício social, visando a apurar seus resultados. O auditor não refaz os inventários por completo. Faz testes. Escolhendo alguns itens dos estoques, aplicando a técnica da amostragem, ele constata a existência de alguns itens e, além de contar as unidades existentes, verifica se os valores atribuídos aos respectivos bens estão em conformidade com os critérios adotados pela organização ou permitidos por Lei.

A inspeção de registros e documentos fornece evidência de auditoria com graus variáveis de confiabilidade, dependendo de sua natureza e fonte e, no caso de registros internos e documentos, da eficácia dos controles sobre a sua produção.

Um exemplo de inspeção utilizada como teste é a inspeção de registros em busca de evidência de autorização.

Alguns documentos representam evidência de auditoria direta da existência de um ativo, por exemplo, um documento que constitui um instrumento financeiro, como uma ação ou um título. A inspeção de tais documentos pode não fornecer necessariamente evidência de auditoria sobre propriedade ou valor. Além disso, a inspeção de um contrato executado pode fornecer evidência de auditoria relevante para a aplicação de políticas contábeis da entidade, tais como reconhecimento de receita.

A inspeção de ativos tangíveis pode fornecer evidência de auditoria confiável quanto à sua existência, mas não necessariamente quanto aos direitos e às obrigações da entidade ou à avaliação dos ativos. A inspeção de itens individuais do estoque pode acompanhar a observação (veja a Seção 8.4.6) da contagem do estoque.

É importante destacar que a contagem física abrange não só os estoques de bens destinados à venda, à aplicação nos processos produtivos ou ao consumo, como também:

- o dinheiro e outros documentos componentes do saldo da conta Caixa;
- os bens de uso como móveis e utensílios, máquinas, equipamentos, veículos, computadores etc.;
- os documentos que possam comprovar valores lançados em contas representativas de direitos e de obrigações como contratos, duplicatas, extratos bancários etc.;
- os documentos comprobatórios de investimentos como ações, debêntures, contratos etc.; e
- documentos comprobatórios das despesas e das receitas como folhas de pagamentos, notas fiscais, recibos, extratos bancários etc.

## 8.4.6 Observação

A técnica de observação consiste no exame de processo ou procedimento executado por outros, por exemplo, a observação pelo auditor da contagem do estoque pelos empregados da entidade ou da execução de atividades de controle.

A observação fornece evidência de auditoria a respeito da execução de processo ou procedimento, mas é limitada ao ponto no tempo em que a observação ocorre e pelo fato de que o ato de ser observado pode afetar a maneira como o processo ou procedimento é executado.

## 8.4.7 Confirmação externa (circularização)

A circularização, também conhecida por confirmação, é uma técnica que consiste na checagem de saldos contidos em contas representativas de direitos e de obrigações por meio de informações recebidas dos próprios credores ou devedores da organização que está sendo auditada.

A NBC TA 500 estabelece que uma confirmação externa representa evidência de auditoria obtida pelo auditor como resposta escrita de terceiro (a parte que confirma) ao auditor, em forma escrita, eletrônica ou em outra mídia.

Para checar informações e, principalmente, os valores (saldos) das contas apresentadas nas demonstrações contábeis, o ideal é que o auditor faça a verificação física. Para conferir o saldo da conta Caixa, por exemplo, o auditor deve se dirigir até a tesouraria da entidade e fazer a contagem física do dinheiro em espécie e demais documentos componentes do saldo de Caixa. É evidente que o auditor deve tomar certas precauções. Sempre que precisar realizar a verificação física do saldo de Caixa, deve fazê-lo na presença do tesoureiro e de seu superior, normalmente o diretor financeiro, conforme discutiremos na Seção 16.2, do Capítulo 16.

Entretanto, quando a verificação física não for possível, como ocorre com a verificação dos saldos das contas representativas de direitos e de obrigações, o auditor lança mão da circularização.

No processo da circularização, os credores e os devedores da organização informam os saldos e o movimento dos respectivos direitos e das obrigações em resposta à solicitação que a eles foi encaminhada por escrito.

As cartas para circularização, normalmente, são padronizadas e preparadas pelo auditor que as encaminha ao auditado para que as reproduza em três vias. É o próprio auditor que, após conferir as cartas devidamente reproduzidas e assinadas pelo auditado, encaminha duas vias ao cliente da auditada, arquivando a terceira via em seus papéis de trabalho, para se certificar de que os dados nelas contidos não sejam modificados.

Para garantir maior confiabilidade nas informações recebidas de terceiros por meio da circularização, nas cartas encaminhadas aos devedores da auditada, consideradas cartas ativas ou positivas, são informados os valores dos direitos e solicitada a confirmação desses valores; contudo, nas cartas dirigidas aos credores, também denominadas de cartas passivas ou negativas, a auditada não apresenta os valores das dívidas, os quais são informados pelos credores. Ocorre que, no caso dos direitos, como eles são gerados na auditada, o auditor tem como conferir os respectivos valores por meio dos documentos que lhes deram origem, situação que não ocorre com as obrigações, uma vez que elas são geradas nos estabelecimentos dos credores.

Nas cartas de circularização enviadas aos clientes da auditada, ela solicita que os seus clientes respondam diretamente ao auditor, afirmando se o saldo devido na circularização é correto; caso contrário o cliente deve informar o valor real conforme consta dos seus registros.

Examinando as respostas da circularização, o auditor poderá observar casos em que o cliente concorda com o saldo devido (sem divergências), ou o cliente não concorda com o saldo devido (com divergências).

As divergências podem não ser relevantes, isto é, quando simplesmente correspondem a não conformidades de datas, como ocorre normalmente entre o saldo da conta Bancos Conta Movimento e os extratos bancários da respectiva conta. Pode ocorrer de um cliente ter efetuado o pagamento via estabelecimento bancário cujo crédito, até a data do Balanço, não tenha sido informado à auditada.

Nos casos em que o auditor suspeitar de alguma divergência, ele deve fornecer a resposta ao auditado para que ele prepare uma conciliação entre as contas, justificando, assim, a não conformidade.

Pode ocorrer, também, de o auditor não receber as respostas dos clientes da auditada. Nesse caso, ele realiza procedimentos alternativos, examinando documentos do controle interno da auditada como: se todas as duplicatas foram recebidas (checar com comprovantes de recebimento que podem ser recibos ou extratos bancários, por exemplo).

Quando houver duplicatas ainda não recebidas, a checagem poderá ser efetuada solicitando os documentos de vendas (notas fiscais e comprovantes de entrega das mercadorias ou da prestação do serviço).

Veja, nas Seções 16.3 e 16.9, do Capítulo 16, modelos de cartas de circularização.

A circularização pode ser feita também para o auditor confirmar a existência de bens da empresa em poder de terceiros ou bens de terceiros em poder da empresa. É comum a empresa possuir bens que estejam em poder de terceiros, como também é comum existir na empresa bens de propriedade de terceiros. Esses bens devem estar devidamente documentados por meio de contratos de arrendamento mercantil (*leasing*), contratos de empréstimo de bens (comodato), notas fiscais comprovando operações de beneficiamento, industrialização etc.

Portanto, a circularização pode ser feita não só para checar valores como também para confirmar a existência de bens e até mesmo de contratos que embasem as operações realizadas entre a auditada e terceiros.

Assim, a critério do auditor, as cartas de circularização podem ser encaminhadas a qualquer uma das pessoas que se relacionam com o auditado, estejam elas estabelecidas dentro do País ou no exterior. Essas pessoas são: clientes, fornecedores, bancos, instituições financeiras que atuam com financiamentos e investimentos, advogados, partes relacionadas, órgãos custodiantes etc.

## 8.4.8 Amostragem

Amostragem é a mais importante das técnicas de auditoria. Alguns tratadistas de contabilidade afirmam, e com propriedade, que auditoria é um processo de verificação por amostragem.

Conforme estabelece o item 5 da NBC TA 530, aprovada pela Resolução CFC n. 1.222/2009, a amostragem em auditoria é a aplicação de procedimentos de auditoria em menos de 100% dos itens de população relevante para fins de auditoria, de maneira que todas as unidades de amostragem tenham a mesma chance de serem selecionadas para proporcionar uma base razoável que possibilite ao auditor concluir sobre toda a população.

População é o conjunto completo de dados sobre o qual a amostra é selecionada e sobre o qual o auditor deseja concluir.

Veja mais detalhes sobre a técnica de amostragem no Capítulo 9.

## 8.4.9 Corte das operações ou *Cut-off*

O *Cut-off* é outra importante técnica utilizada pela auditoria que consiste na interrupção ou corte de uma operação ou de um processo, com a finalidade de apurar, de forma seccionada, a dinâmica de um procedimento. Na auditoria da conta Caixa, por exemplo, a técnica do *Cut-off* é aplicada no sentido de se paralisar por um breve momento o movimento de entradas e saídas de dinheiro, possibilitando a checagem do montante em espécie com os documentos comprobatórios e respectivos registros contábeis. Após essa breve paralisação, a conta Caixa é liberada para evitar a paralisação definitiva das operações dos fluxos de entradas e de saídas de dinheiro. Embora o saldo de Caixa se altere, o que vale para a auditoria é aquele existente no momento do *Cut-off*.

## 8.4.10 Rastreamento

- Rastreamento: investigação minuciosa, com exame de documentos, setores, unidades, órgãos e procedimentos interligados, visando a dar segurança à opinião do responsável pela execução do trabalho sobre o fato observado (letra X, do item 10, da Seção II do Capítulo IV, da Instrução Normativa n. 1/2001, da Secretaria Federal de Controle Interno do Ministério da Fazenda).

- Rastrear ou investigar para a frente: na análise de um processo de vendas, por exemplo, pode-se partir do pedido de um cliente e acompanhar toda a rotina envolvendo a emissão da documentação, expedição do produto do almoxarifado, seu transporte até a entrega no endereço do cliente.

- Rastrear ou investigar para trás: ainda usando o exemplo de um contrato de vendas, consiste em acompanhar o processo de vendas no sentido inverso, ou seja, partindo-se da expedição do produto até chegar ao pedido de compra efetuado pelo cliente.

- Livre deslocamento: verificação aleatória por parte do auditor da rotina de um determinado processo escolhido por ele para verificação.

## 8.4.11 Procedimentos analíticos

Os procedimentos analíticos consistem em avaliação das informações feitas por meio de estudo das relações plausíveis entre dados financeiros e não financeiros.

Os procedimentos analíticos incluem também a investigação de flutuações e relações identificadas que sejam inconsistentes com outras informações relevantes ou que se desviem significativamente dos valores previstos (veja a NBC TA 520, para orientação adicional).

> **OBSERVAÇÃO:**
> Na Seção 3.9, do Capítulo 3, você encontra uma relação de técnicas de auditoria conforme interpretação dos dirigentes do setor público.

# 8.5 Informações a serem utilizadas como evidência de auditoria[8]

Ao estabelecer e executar procedimentos de auditoria, o auditor deve considerar a relevância e confiabilidade das informações a serem utilizadas como evidência de auditoria.

---

[8] Itens 7 e A26 a A33, da NBC TA 500 (R1).

## 8.5.1 Relevância e confiabilidade

Conforme já comentamos, embora a evidência de auditoria seja principalmente obtida a partir de procedimentos de auditoria realizados durante o curso do trabalho, ela também pode incluir informações obtidas de outras fontes, por exemplo, de auditorias anteriores, em certas circunstâncias, e procedimentos de controle de qualidade da firma de auditoria para aceitação e continuidade de clientes.

A qualidade de toda evidência de auditoria é afetada pela relevância e confiabilidade das informações em que ela se baseia.

### 8.5.1.1 Relevância

A relevância trata da ligação lógica ou influência sobre a finalidade do procedimento de auditoria e, quando apropriado, a afirmação em consideração.

A relevância das informações a serem utilizadas como evidência de auditoria pode ser afetada pela direção do teste. Por exemplo, se a finalidade de um procedimento de auditoria é testar para verificar se há superavaliação na existência ou valorização das Contas a Pagar, testar as Contas a Pagar Registradas pode ser um procedimento de auditoria relevante. Por outro lado, para testar se há subavaliação na existência ou valorização das Contas a Pagar, testar as Contas a Pagar Registradas não seria relevante, mas testar informações como desembolsos subsequentes, faturas não pagas, faturas de fornecedores e exceções apontadas nos relatórios de recebimento de mercadorias podem ser relevantes.

Dado conjunto de procedimentos de auditoria pode fornecer evidência relevante para certas afirmações, mas não para outras. Por exemplo, a inspeção de documentos relacionados com a cobrança de Contas a Receber após o fim do período pode fornecer evidência de auditoria referente à existência e valorização, mas não necessariamente ao corte.

De forma similar, a obtenção de evidência de auditoria referente a uma afirmação específica, por exemplo, a existência de estoque, não substitui a obtenção de evidência de auditoria referente a outra afirmação, por exemplo, a valorização desse estoque. Por outro lado, evidência de auditoria de diferentes fontes ou de diferente natureza pode ser relevante para a mesma afirmação.

Os testes de controle são definidos para avaliar a eficácia operacional dos controles na prevenção, detecção e correção de distorções relevantes no nível da afirmação.

A definição de testes de controles para obtenção de evidência de auditoria inclui a identificação de condições (características ou atributos) que indiquem a realização de controle, e condições de desvio que indiquem desvios da execução apropriada. A presença ou ausência dessas condições pode então ser testada pelo auditor.

Os procedimentos são definidos para detectar distorções relevantes no nível da afirmação. Eles compreendem testes de detalhes e procedimentos analíticos substantivos.

A definição de procedimentos substantivos inclui a identificação de condições relevantes para o propósito do teste que constituem uma distorção na afirmação relevante.

## 8.5.1.2 Confiabilidade

A confiabilidade das informações a serem utilizadas como evidência de auditoria e, portanto, da própria auditoria, é influenciada pela sua fonte e natureza e as circunstâncias nas quais são obtidas, incluindo os controles sobre sua elaboração e manutenção, quando relevantes.

Portanto, as generalizações sobre a confiabilidade de vários tipos de evidência de auditoria estão sujeitas a importantes exceções.

Mesmo quando as informações a serem utilizadas como vidência de auditoria forem obtidas de fontes externas à entidade, podem existir circunstâncias que podem afetar sua confiabilidade. Por exemplo, informações obtidas de fonte externa independente podem não ser confiáveis se a fonte não tiver conhecimento ou se for possível que especialista da administração não tenha objetividade.

Embora reconhecendo que podem existir exceções, as seguintes generalizações sobre a confiabilidade da evidência de auditoria podem ser úteis:

- a confiabilidade da evidência de auditoria é maior quando ela é obtida de fontes independentes fora da entidade;
- a confiabilidade da evidência de auditoria gerada internamente é maior quando os controles relacionados, incluindo os controles sobre sua elaboração e manutenção, impostos pela entidade, são efetivos;
- a evidência de auditoria obtida diretamente pelo auditor (por exemplo, a observação da aplicação de um controle) é mais confiável do que a evidência de auditoria obtida indiretamente ou por inferência (por exemplo, indagação a respeito da aplicação de controle);
- a evidência de auditoria em forma de documentos, em papel, mídia eletrônica ou de outro tipo, é mais confiável do que a evidência obtida verbalmente (por exemplo, uma ata de reunião elaborada tempestivamente é mais confiável que uma representação verbal subsequente dos assuntos discutidos); e

- a evidência de auditoria fornecida por documentos originais é mais confiável que a evidência de auditoria fornecida por fotocópias ou fac-símiles ou por documentos que foram filmados, digitalizados ou transpostos de outra maneira para forma eletrônica cuja confiabilidade pode depender dos controles sobre sua elaboração e manutenção.

A NBC TA 520, item 5(a), fornece orientação adicional sobre a confiabilidade dos dados utilizados para fins de definição de procedimentos analíticos como procedimentos substantivos.

A NBC TA 240, item 13, trata das circunstâncias em que o auditor tem razão para crer que um documento pode não ser autêntico ou pode ter sido modificado sem que essa modificação tenha sido divulgada ao auditor.

## 8.5.2  Informações apresentadas por especialista da administração[9]

Quando as informações a serem utilizadas como evidência de auditoria forem elaboradas com a utilização de um especialista da administração, o auditor deve, na medida necessária, levando em conta a importância do trabalho desse especialista para os propósitos do auditor:

- avaliar a competência, as habilidades e a objetividade do especialista;
- obter entendimento do trabalho do especialista; e
- avaliar a adequação do trabalho desse especialista como evidência de auditoria para a afirmação relevante.

A elaboração das demonstrações contábeis da entidade pode exigir conhecimento especializado em outro campo que não a contabilidade ou a auditoria, como cálculos atuariais, avaliações ou dados de engenharia.

A entidade pode empregar ou contratar especialistas desses campos para obter o conhecimento especializado necessário para a elaboração das demonstrações contábeis.

Deixar de fazê-lo quando tal conhecimento especializado é necessário aumenta os riscos de distorção relevante.

A natureza, a época e a extensão dos procedimentos de auditoria aplicáveis às informações apresentadas por especialista da administração podem ser afetadas por assuntos como:

---

[9]  Itens 8 e A34 a A36, da NBC TA 500 (R1).

- a natureza e a complexidade do assunto relacionado ao especialista da administração;
- os riscos de distorção relevante no assunto;
- a disponibilidade de fontes alternativas de evidência de auditoria;
- a natureza, o alcance e os objetivos do trabalho do especialista da administração;
- se o especialista da administração é empregado pela entidade ou é parte contratada por ela para fornecer serviços relevantes;
- a extensão em que a administração pode exercer controle ou influência sobre o trabalho do especialista da administração;
- se o especialista da administração está sujeito a padrões de desempenho técnico ou outras exigências profissionais ou da indústria;
- a natureza e extensão de quaisquer controles dentro da entidade sobre o trabalho do especialista da administração;
- o conhecimento e experiência do auditor sobre a área de atuação do especialista da administração; e
- a experiência prévia do auditor com o trabalho desse especialista.

Por fim, é importante destacar que, nos itens A37 a A48 da NBC TA 500 (R1), constam outros detalhes sobre a confiabilidade das informações apresentadas por especialista da administração.

## 8.5.3 Informações apresentadas pela entidade[10]

Ao usar as informações apresentadas pela entidade, o auditor deve avaliar se as informações são suficientemente confiáveis para os seus propósitos, incluindo, como necessário nas circunstâncias:

- obter evidência de auditoria sobre a exatidão e integridade das informações; e
- avaliar se as informações são suficientemente precisas e detalhadas para os fins da auditoria.

Para que o auditor obtenha evidência de auditoria confiável, as informações apresentadas pela entidade que serão utilizadas para a execução dos procedimentos de auditoria precisam ser suficientemente completas e exatas. Por exemplo, a eficácia de auditar a receita pela aplicação de preços–padrão a registros de volume de vendas é afetada pela

---

[10] Itens 9 e A49 a A51, da NBC TA 500 (R1).

exatidão da informação de preços e pela integridade e exatidão dos dados de volume de vendas. Similarmente, se o auditor pretende testar uma população para verificar certa característica, os resultados do teste serão menos confiáveis se a população na qual os itens foram selecionados, não estiver completa.

A população e a característica supramencionadas podem ser, por exemplo, pagamentos e autorização de pagamento respectivamente.

A obtenção de evidência de auditoria a respeito da exatidão e integridade de tais informações pode ser realizada em conjunto com o procedimento efetivo de auditoria aplicado às informações, quando a obtenção de tal evidência for parte integrante do procedimento de auditoria em si. Em outras situações, o auditor pode ter obtido evidência de auditoria da exatidão e integridade de tais informações testando controles sobre a elaboração e manutenção de tais informações.

Em algumas situações, porém, o auditor pode determinar que procedimentos adicionais de auditoria são necessários.

Em alguns casos, o auditor pode pretender utilizar informações apresentadas pela entidade para outros fins de auditoria. Por exemplo, o auditor pode pretender utilizar medidas de desempenho da entidade para fins de procedimentos analíticos ou utilizar informações da entidade apresentadas para atividades de monitoramento, como relatório de auditoria interna. Em tais casos, a adequação da evidência de auditoria obtida é afetada pelo fato de as informações serem ou não suficientemente precisas ou detalhadas para as finalidades do auditor.

Por exemplo, as medidas de desempenho utilizadas pela administração podem não ser precisas o suficiente para a detecção de distorções relevantes.

## 8.5.4 Seleção dos itens para testes[11]

Ao definir os testes de controles e os testes de detalhes para a obtenção de evidência de auditoria, o auditor deve determinar meios para selecionar itens a serem testados que sejam eficazes para o cumprimento dos procedimentos de auditoria.

Um teste eficaz fornece evidência de auditoria apropriada na medida em que, considerada com outra evidência de auditoria obtida ou a ser obtida, será suficiente para as finalidades do auditor.

---

[11] Itens 10 e A52 a A56, da NBC TA 500 (R1).

Ao selecionar itens a serem testados, é importante, como vimos, que o auditor determine a relevância e a confiabilidade das informações a serem utilizadas como evidência de auditoria.

Outro aspecto da eficácia (suficiência) é uma consideração importante na seleção de itens a serem testados.

Os meios à disposição do auditor para a seleção de itens a serem testados são:

- seleção de todos os itens (exame de 100%);
- seleção de itens específicos; e
- amostragem de auditoria.

A aplicação de qualquer um desses meios ou de uma combinação deles pode ser apropriada, dependendo das circunstâncias específicas, por exemplo, os riscos de distorção relevante relacionados à afirmação que está sendo testada, e a praticidade e eficiência dos diferentes meios.

## 8.5.4.1 Seleção de todos os itens

O auditor pode decidir que será mais apropriado examinar toda a população de itens que constituem uma classe de transações ou saldo contábil (ou um estrato dentro dessa população).

É improvável um exame de 100% no caso de testes de controles; contudo, é mais comum para testes de detalhes.

Um exame de 100% pode ser apropriado quando, por exemplo:

- a população constitui um número pequeno de itens de grande valor;
- há um risco significativo e outros meios não fornecem evidência de auditoria apropriada e suficiente; ou
- a natureza repetitiva de um cálculo ou outro processo executado automaticamente por sistema de informação torna um exame de 100% eficiente quanto aos custos.

## 8.5.4.2 Seleção de itens específicos

O auditor pode decidir selecionar itens específicos de uma população. Ao tomar essa decisão, fatores que podem ser relevantes incluem o entendimento da entidade pelo auditor, os riscos avaliados de distorção relevante e as características da população que está sendo testada.

A seleção com base em julgamento de itens específicos está sujeita ao risco de não amostragem.

Os itens específicos selecionados podem incluir:

- valor alto ou itens-chave: o auditor pode decidir selecionar itens específicos dentro de uma população porque eles têm valor elevado ou exibem alguma característica, por exemplo, itens suspeitos, não usuais, particularmente propensos a risco ou que tenham histórico de erro;
- todos os itens acima de certo valor: o auditor pode decidir examinar itens cujos valores registrados excedam certo valor, de modo a verificar uma grande proporção do valor total de uma classe de transações ou saldo contábil;
- itens para obtenção de informação: o auditor pode examinar itens para obter informações sobre assuntos como a natureza da entidade ou a natureza de transações.

Embora o exame seletivo de itens específicos de uma classe de transações ou saldo contábil frequentemente seja um meio eficiente de obter evidência de auditoria, ele não constitui amostragem em auditoria.

Os resultados de procedimentos de auditoria aplicados a itens selecionados dessa maneira não podem ser projetados para a população inteira; portanto, o exame seletivo de itens específicos não fornece evidência de auditoria referente ao restante da população.

### 8.5.4.3 Amostragem em auditoria

A amostragem em auditoria destina-se a possibilitar conclusões a serem tiradas de uma população inteira com base no teste de amostragem extraída dela.

Veja mais detalhes sobre amostragem no Capítulo 9.

## 8.5.5 Inconsistência ou dúvidas quanto à confiabilidade da evidência de auditoria[12]

Se a evidência de auditoria obtida em uma fonte é inconsistente com a obtida em outra  ou o auditor tem dúvidas quanto à confiabilidade das informações a serem utilizadas como evidência de auditoria, ele deve determinar quais modificações ou acréscimos aos procedimentos de auditoria são necessários para solucionar o assunto e deve considerar o efeito desse assunto, se houver, sobre outros aspectos da auditoria.

---

[12] Itens 11 e A57, da NBC TA 500 (R1).

A obtenção de evidência de auditoria de fontes ou de natureza diferentes pode indicar que um item individual da evidência de auditoria não é confiável, como quando a evidência de auditoria obtida em uma fonte é incompatível com a evidência obtida em outra. Pode ser este o caso, por exemplo, quando respostas a indagações feitas à administração, a auditoria interna e a outros são inconsistentes ou quando respostas a indagações feitas aos responsáveis pela governança para corroborar as respostas às indagações feitas à administração forem inconsistentes com a resposta da administração. A NBC TA 230, item 11, inclui uma exigência de documentação específica se o auditor identificou informação incompatível com a conclusão final do auditor referente a um assunto significativo.

## Atividades Teóricas

Responda:

1. O que é evidência de auditoria?
2. O que são registros contábeis?
3. Qual é a principal fonte de evidências de auditoria?
4. Cite os principais procedimentos (técnicas) de auditoria utilizados para obter evidências de auditoria.
5. O que é evidência de distorção?
6. O que é suficiência da evidência de auditoria?
7. O que é adequação da evidência de auditoria?
8. As evidências de auditoria para a obtenção de conclusões que fundamentem a opinião do auditor são conseguidas pela execução de dois tipos de procedimentos. Quais são eles?
9. Tendo em vista que certas informações eletrônicas podem não ser recuperáveis após um período especificado, que procedimento o auditor deverá tomar para evitar que esse problema cause danos no seu trabalho?
10. Em que consiste a técnica da inspeção?
11. Em que consiste a técnica de observação?
12. Em que consiste a técnica da confirmação?
13. Em que consiste a técnica do recálculo?

14. Em que consiste a técnica de indagação?
15. O que significa circularização ativa ou positiva?
16. O que significa circularização passiva ou negativa?
17. Em que consiste a técnica de amostragem?
18. Em que consiste a técnica do rastreamento?
19. Em que consistem os procedimentos analíticos?

Classifique as afirmativas em falsas ou verdadeiras:

1. ( ) A maior parte do trabalho do auditor para formar sua opinião consiste na obtenção e avaliação da evidência de auditoria.

2. ( ) Geralmente, obtém-se mais segurança com evidência de auditoria consistente obtida a partir de fontes ou de natureza diferentes do que a partir de itens de evidência de auditoria considerados individualmente. Por exemplo: é muito mais confiável o valor de um direito informado pelo devedor que o mesmo valor extraído dos registros contábeis da auditada.

3. ( ) Os procedimentos de avaliação de riscos podem ser os mesmos testes de controles ou procedimentos substantivos, dependendo do contexto em que sejam aplicados pelo auditor.

4. ( ) As técnicas de auditoria podem ser utilizadas como procedimentos de avaliação de riscos ou como procedimentos adicionais de auditoria (testes de controles ou procedimentos substantivos).

5. ( ) A qualidade de toda evidência de auditoria é afetada pela relevância e confiabilidade das informações em que ela se baseia.

Escolha a alternativa correta:

1. A evidência de auditoria para a obtenção de conclusões para fundamentar a opinião do auditor é conseguida pela execução de:
   a) procedimentos de avaliação de riscos.
   b) procedimentos adicionais de auditoria.
   c) testes de controles.
   d) procedimentos substantivos, inclusive testes de detalhes e procedimentos analíticos substantivos.
   e) todas estão corretas, uma vez que as alternativas "c" e "d" são procedimentos adicionais de auditoria indicados na alternativa "c".

2. A técnica de auditoria, que envolve a execução independente pelo auditor de procedimentos ou controles que foram originalmente realizados como parte do controle interno da entidade, denomina-se:

   a) inspeção.

   b) circularização.

   c) indagação.

   d) reexecução.

   e) procedimentos analíticos.

3. A avaliação das informações feitas por meio de estudo das relações plausíveis entre dados financeiros e não financeiros denomina-se:

   a) inspeção.

   b) circularização.

   c) indagação.

   d) reexecução.

   e) procedimentos analíticos.

4. A interrupção de uma operação ou de um processo, com a finalidade de apurar, de forma seccionada, a dinâmica de um procedimento, é uma técnica de auditoria denominada:

   a) *cut-off*.

   b) amostragem.

   c) inspeção.

   d) observação.

   e) NDA.

# CAPÍTULO 9

# AMOSTRAGEM EM AUDITORIA

## Objetivos do Capítulo

Após ler este capítulo,[1] você estará apto a:

❑ Entender a técnica de amostragem.
❑ Saber o que significa risco de amostragem.
❑ Identificar risco não resultante da amostragem.
❑ Saber o que significa unidade de amostragem.
❑ Saber quando uma distorção é considerada tolerável.
❑ Entender o que é anomalia.
❑ Saber o que significa amostragem estatística.
❑ Saber o que significa estratificação.
❑ Conhecer a taxa tolerável de desvio.
❑ Entender a definição e o tamanho da amostra.
❑ Saber selecionar os itens para teste.
❑ Saber o que é desvio do controle previsto ou distorção.
❑ Conhecer a natureza e causa de desvios e distorções.
❑ Entender o que significa projeção de distorções.
❑ Saber avaliar o resultado da amostragem em auditoria.

---

[1] Os textos de todas as seções e subseções deste capítulo, com as adaptações que julgamos convenientes para torná-los de mais fácil entendimento, foram extraídos da NBC TA 530, aprovada pela Resolução CFC n. 1222/2009, conforme indicações inseridas em notas no início de cada seção.

# 9.1 Conceitos[2]

## 9.1.1 Amostragem em auditoria

A amostragem em auditoria é a aplicação de procedimentos de auditoria em menos de 100% dos itens de população relevante para fins de auditoria, de maneira que todas as unidades de amostragem tenham a mesma chance de serem selecionadas para proporcionar uma base razoável que possibilite ao auditor concluir sobre toda a população.

População é o conjunto completo de dados sobre o qual a amostra é selecionada e sobre o qual o auditor deseja concluir.

## 9.1.2 Risco de amostragem

Risco de amostragem é o risco de que a conclusão do auditor, com base em amostra, possa ser diferente se toda a população fosse sujeita ao mesmo procedimento de auditoria.

O risco de amostragem pode levar a dois tipos de conclusões errôneas:

- No caso de teste de controles, em que os controles são considerados mais eficazes do que realmente são, ou no caso de teste de detalhes, em que não seja identificada distorção relevante, quando, na verdade, ela existe. O auditor está preocupado com esse tipo de conclusão errônea porque ela afeta a eficácia da auditoria e é provável que leve a uma opinião de auditoria não apropriada.

- No caso de teste de controles, em que os controles são considerados menos eficazes do que realmente são, ou no caso de teste de detalhes, em que seja identificada distorção relevante, quando, na verdade, ela não existe. Esse tipo de conclusão errônea afeta a eficiência da auditoria porque ela normalmente levaria a um trabalho adicional para estabelecer que as conclusões iniciais estavam incorretas.

---

[2]  Itens 5 e A1 a A3, da NBC TA 530.

### 9.1.3 Risco não resultante da amostragem

O risco não resultante da amostragem é o risco de o auditor chegar a uma conclusão errônea por qualquer outra razão que não seja relacionada ao risco de amostragem.

Os exemplos de risco não resultante da amostragem incluem o uso de procedimentos de auditoria não apropriados ou a interpretação errônea da evidência de auditoria e o não reconhecimento de uma distorção ou de um desvio.

### 9.1.4 Unidade de amostragem

Unidade de amostragem é cada um dos itens individuais que constituem uma população.

As unidades de amostragem podem ser itens físicos (por exemplo, cheques relacionados em comprovante de depósito, lançamentos de crédito em extratos bancários, faturas de venda ou saldos de devedores) ou unidades monetárias.

### 9.1.5 Distorção tolerável

Distorção tolerável é um valor monetário definido pelo auditor para obter um nível apropriado de segurança de que esse valor monetário não seja excedido pela distorção real na população.

Ao definir uma amostra, o auditor determina a distorção tolerável para avaliar o risco de que o conjunto de distorções individualmente irrelevantes possa fazer as demonstrações contábeis apresentarem distorções relevantes e fornecerem margem para possíveis distorções não detectadas.

A distorção tolerável é a aplicação da materialidade na execução da auditoria, conforme definido na NBC TA 320, item 9, em procedimento de amostragem específico.

A distorção tolerável pode ter o mesmo valor ou valor menor que o da materialidade na execução da auditoria.

### 9.1.6 Anomalia

A anomalia ou anormalidade é a distorção ou o desvio que é comprovadamente não representativo de distorção ou desvio em uma população.

### 9.1.7 Amostragem estatística

A amostragem estatística é a abordagem à amostragem com as seguintes características:

* seleção aleatória dos itens da amostra; e
* uso da teoria das probabilidades para avaliar os resultados das amostras, incluindo a mensuração do risco de amostragem.

### 9.1.8 Estratificação

Estratificação é o processo de dividir uma população em subpopulações, sendo cada uma delas um grupo de unidades de amostragem com características semelhantes (geralmente, valor monetário).

### 9.1.9 Taxa tolerável de desvio

A taxa tolerável de desvio é a taxa de desvio dos procedimentos de controles internos previstos, definida pelo auditor para obter um nível apropriado de segurança de que essa taxa de desvio não seja excedida pela taxa real de desvio na população.

## 9.2 Definição da amostra[3]

Ao definir uma amostra de auditoria, o auditor deve considerar a finalidade do procedimento de auditoria e as características da população da qual será retirada a amostra.

A amostragem de auditoria permite que o auditor obtenha e avalie a evidência de auditoria em relação a algumas características dos itens selecionados de modo a concluir, ou ajudar a concluir, sobre a população da qual a amostra é retirada. A amostragem em auditoria pode ser aplicada usando tanto a abordagem de amostragem não estatística como a estatística.

---

[3] Itens 6 e A4 a A9, da NBC TA 530.

Ao definir uma amostra de auditoria, o auditor deve considerar os fins específicos a serem alcançados e a combinação de procedimentos de auditoria que devem alcançar esses fins. A consideração da natureza da evidência de auditoria desejada e as eventuais condições de desvio ou distorção ou outras características relacionadas com essa evidência de auditoria ajudam o auditor a definir o que constitui desvio ou distorção e qual população usar para a amostragem. Ao cumprir com as exigências do item 10, da NBC TA 500 (R1) (o auditor deve selecionar itens para a amostragem de forma que cada unidade de amostragem da população tenha a mesma chance de ser selecionada), quando definir a amostragem em auditoria, o auditor executa os procedimentos de auditoria para obter evidência de que a população da qual a amostra de auditoria foi extraída está completa.

Ao definir uma amostra de auditoria, o auditor deve considerar a finalidade do procedimento de auditoria e as características da população da qual será retirada a amostra. A consideração do auditor sobre a finalidade desse procedimento inclui um claro entendimento do que constitui desvio ou distorção, de modo que todas essas condições, e somente elas, que são relevantes para a finalidade do procedimento de auditoria estejam incluídas na avaliação de desvios ou na projeção de distorções. Por exemplo, em um teste de detalhes relacionado com a existência de Contas a Receber, tais como confirmação, pagamentos efetuados pelo cliente da entidade antes da data de confirmação, mas que a entidade recebeu pouco depois dessa data, não é considerada distorção.

Adicionalmente, um registro errôneo entre as contas de clientes não afeta o saldo total das Contas a Receber. Portanto, pode não ser apropriado considerar que isso seja uma distorção na avaliação dos resultados da amostragem desse procedimento de auditoria em particular, embora isso possa ter um efeito importante em outras áreas da auditoria, por exemplo, na avaliação do risco de fraude ou da adequação da provisão para créditos de liquidação duvidosa.

> **NOTA:**
> Julgamos importante esclarecer que, no Brasil, o termo "Provisão" sempre foi amplamente empregado tanto pelas legislações comercial, societária, trabalhista, previdenciária e tributária como pelas Normas Brasileiras de Contabilidade, na intitulação de várias contas redutoras do Ativo (Provisões Ativas) e de contas representativas de algumas obrigações (Provisões Passivas). Com a adoção das Normas Internacionais de Contabilidade que entraram em vigor no Brasil a partir de 1º de janeiro de 2008, esse termo passou a ser adotado na terminologia contábil de maneira restrita. A NBC TG 25, fundamentada no CPC 25 convergente com as Normas Internacionais de Contabilidade IFRS, restringiu o uso desse termo, passando a ser utilizado na terminologia contábil somente na intitulação de contas representativas de passivos com prazo e valor incertos. Contudo, a própria NBC TG 25, em

seu item 7, reconhece que em alguns países o termo "provisão" é também usado no contexto de itens como depreciação, redução ao valor recuperável de ativos e créditos de liquidação duvidosa, que representam ajustes de valores contábeis ativos.

Portanto, para adequar a terminologia contábil brasileira aos padrões internacionais, a conta "Provisão para Créditos de Liquidação Duvidosa" poderá ser redenominada para "Perdas Estimadas em Créditos de Liquidação Duvidosa".

Diante do exposto, é importante evidenciar que, embora nos Planos de Contas das entidades brasileiras em geral o termo "Provisão", a partir da adoção das Normas Internacionais de Contabilidade IFRS, tenha ficado restrito a um pequeno grupo de contas do Passivo, ele continua sendo empregado com as mesmas funções de antes, nos textos das legislações comercial, societária, trabalhista, previdenciária e tributária brasileiras.

Ao considerar as características de uma população, para testes de controles, o auditor faz uma avaliação da taxa esperada de desvio com base no entendimento do auditor dos controles relevantes ou no exame de pequena quantidade de itens da população. Essa avaliação é feita para estabelecer a amostra de auditoria e determinar o tamanho dessa amostra.

Por exemplo, se a taxa esperada de desvio for inaceitavelmente alta, o auditor geralmente decide por não executar os testes de controles. Da mesma forma, para os testes de detalhes, o auditor faz uma avaliação da distorção esperada na população. Se a distorção esperada for alta, o exame completo ou o uso de amostra maior pode ser apropriado ao executar os testes de detalhes.

Ao considerar as características da população da qual a amostra será extraída, o auditor pode determinar que a estratificação ou a seleção com base em valores é apropriada.

A decisão quanto ao uso de abordagem de amostragem estatística ou não estatística é uma questão de julgamento do auditor, entretanto, o tamanho da amostra não é um critério válido para distinguir entre as abordagens estatísticas e não estatísticas.

Veja agora, na íntegra, o Apêndice 1, da NBC TA 530, que apresenta mais detalhes sobre a estratificação e seleção com base em valor.

## Apêndice 1

Este apêndice fornece orientação para o auditor sobre o uso das técnicas de estratificação e de amostragem com base em valores.

## Estratificação e seleção com base em valor

Ao considerar as características da população da qual a amostra será retirada, o auditor pode determinar que a estratificação ou a seleção com base em valores é apropriada.

## Estratificação

1. A eficiência da auditoria pode ser melhorada se o auditor estratificar a população dividindo-a em subpopulações distintas que tenham características similares. O objetivo da estratificação é o de reduzir a variabilidade dos itens de cada estrato e, portanto, permitir que o tamanho da amostra seja reduzido sem aumentar o risco de amostragem.

2. Na execução dos testes de detalhes, a população é geralmente estratificada por valor monetário. Isso permite que o trabalho maior de auditoria possa ser direcionado para os itens de valor maior, uma vez que esses itens podem conter maior potencial de distorção em termos de superavaliação. Da mesma forma, a população pode ser estratificada de acordo com uma característica específica que indica maior risco de distorção, como no teste das perdas estimadas com créditos de liquidação duvidosa na avaliação de Contas a Receber, os saldos podem ser estratificados por idade.

3. Os resultados dos procedimentos de auditoria aplicados a uma amostra de itens dentro de um estrato só podem ser projetados para os itens que compõem esse estrato. Para concluir sobre toda a população, o auditor precisa considerar o risco de distorção relevante em relação a quaisquer outros estratos que componham toda a população. Por exemplo, 20% dos itens em uma população podem compor 90% do saldo de uma conta. O auditor pode decidir examinar uma amostra desses itens. O auditor avalia os resultados dessa amostra e chega a uma conclusão sobre 90% do saldo de uma conta separadamente dos 10% remanescentes (nos quais outra amostra ou outros meios de reunir evidências de auditoria serão usados ou que possam ser considerados não relevantes).

4. Se uma classe de operações ou o saldo de uma conta tiver sido dividido em estratos, a distorção é projetada para cada estrato separadamente. As distorções projetadas para cada estrato são, então, combinadas na consideração do possível efeito das distorções no total das classes de operações ou do saldo da conta. Seleção com base em valor.

5. Ao executar os testes de detalhes, pode ser eficaz identificar a unidade de amostragem como unidades monetárias individuais que compõem a população. Após ter selecionado unidades específicas da população, como o saldo das Contas a Receber, o auditor pode, então, examinar os itens específicos, como os saldos individuais que contêm essas unidades monetárias. O benefício dessa abordagem para definir a unidade de amostragem é que o trabalho de auditoria é direcionado para itens de valor maior porque eles têm mais chances de serem selecionados e podem resultar em amostras de tamanhos menores.

Essa abordagem pode ser usada juntamente com o método sistemático de seleção de amostras (descrito no Apêndice 4 apresentado na seção 9.4) e é muito eficiente quando os itens são selecionados usando a seleção aleatória.

# 9.3 Tamanho da amostra[4]

O tamanho da amostra pode ser determinado mediante aplicação de fórmula com base em estatística ou por meio do exercício do julgamento profissional.

Os apêndices 2 e 3 da NBC TA 530 apresentados a seguir indicam a influência que geralmente vários fatores têm na determinação do tamanho da amostra.

Quando as circunstâncias são semelhantes, o efeito de fatores no tamanho da amostra, como aqueles identificados nos apêndices 2 e 3, é semelhante, independentemente da abordagem escolhida, estatística ou não estatística.

## Apêndice 2

### Exemplos de fatores que influenciam o tamanho da amostra para os testes de controles

A seguir, os fatores que o auditor pode levar em consideração ao determinar o tamanho da amostra para os testes de controles. Esses fatores, que precisam ser considerados em conjunto, pressupõem que o auditor não modifique a natureza ou a época dos testes de controles nem de outra forma modifica a abordagem aos procedimentos substantivos em resposta aos riscos avaliados.

---

[4]   Itens 7, A10 e A11, da NBC TA 530.

## Fator efeito no tamanho da amostra

1. Aumento na extensão na qual a avaliação de risco do auditor leva em consideração os controles relevantes:

*Aumento*

Quanto mais segurança o auditor pretende obter da efetividade operacional dos controles, menor será a avaliação do auditor quanto ao risco de distorção relevante e maior deve ser o tamanho da amostra.

Quando a avaliação do auditor quanto ao risco de distorção relevante no nível de afirmações inclui uma expectativa da efetividade operacional dos controles, o auditor tem de executar os testes de controles. Sendo os outros fatores iguais, quanto maior for a confiança que o auditor deposita na efetividade operacional dos controles na avaliação de risco, maior será a extensão dos testes de controles do auditor (e, portanto, maior o tamanho da amostra).

2. Aumento na taxa tolerável de desvio:

*Redução*

Quanto menor a taxa tolerável de desvio, maior o tamanho da amostra precisa ser.

3. Aumento na taxa esperada de desvio da população a ser testada:

*Aumento*

Quanto mais alta a taxa esperada de desvio, maior o tamanho da amostra precisa ser para que o auditor esteja em posição de fazer uma estimativa razoável da taxa real de desvio. Fatores relevantes para a consideração do auditor sobre a taxa esperada de desvio incluem o entendimento do auditor dos negócios da entidade (em particular, procedimentos de avaliação de risco realizados para obter entendimento do controle interno), mudanças no pessoal ou no controle interno, resultados dos procedimentos de auditoria aplicados em períodos anteriores e os resultados de outros procedimentos de auditoria. Altas taxas esperadas de desvio de controle geralmente garantem, se garantirem, pouca redução do risco de distorção relevante avaliado.

4. Aumento no nível de segurança desejado do auditor de que a taxa tolerável de desvio não seja excedida pela taxa real de desvio na população:

*Aumento*

Quanto maior for o nível de segurança que o auditor espera para que os resultados da amostra sejam de fato indicativos com relação à incidência real de desvio na população, maior deve ser o tamanho da amostra.

**5.** Aumento na quantidade de unidades de amostragem na população:

*Efeito negligenciável*

Para populações grandes, o tamanho real da população tem pouco efeito, se houver, no tamanho da amostra. Para pequenas populações, entretanto, a amostragem de auditoria pode não ser tão eficiente quanto os meios alternativos para obter evidência de auditoria apropriada e suficiente.

# Apêndice 3

## Exemplos de fatores que influenciam o tamanho da amostra para os testes de detalhes

A seguir, apresentamos os fatores que o auditor pode levar em consideração ao determinar o tamanho da amostra para testes de detalhes.

Esses fatores, que precisam ser considerados em conjunto, pressupõem que o auditor não modifique a abordagem aos testes de controles nem de outra forma modifica a natureza ou a época dos procedimentos substantivos em resposta aos riscos avaliados.

## Fator efeito no tamanho da amostra

**1.** Aumento na avaliação do risco de distorção relevante do auditor [0]:

*Aumento*

Quanto mais alta a avaliação do risco de distorção relevante do auditor, maior deve ser o tamanho da amostra. A avaliação do risco de distorção relevante do auditor é afetada pelo risco inerente e pelo risco de controle. Por exemplo, se o auditor não executar os testes de controles, a avaliação de risco do auditor não pode ser reduzida pela operação eficiente dos controles internos com relação à afirmação em particular. Portanto, para reduzir o risco de auditoria a um nível baixo aceitável, o auditor precisa de um risco baixo de detecção e pode confiar mais em procedimentos substantivos. Quanto mais evidência de auditoria for obtida com os testes de detalhes (ou seja, quanto mais baixo for o risco de detecção), maior deve ser o tamanho da amostra.

**2.** Aumento no uso de outros procedimentos substantivos direcionados à mesma afirmação:

*Redução*

Quanto mais o auditor confia em outros procedimentos substantivos (testes de detalhes ou procedimentos analíticos substantivos) para reduzir a um nível aceitável o risco de detecção relacionado com uma população em particular, menos segurança o auditor precisa da amostragem e, portanto, menor pode ser o tamanho da amostra.

3. Aumento no nível de segurança desejado pelo auditor de que uma distorção tolerável não é excedida pela distorção real na população:

*Aumento*

Quanto maior o nível de segurança de que o auditor precisa para que os resultados da amostra sejam de fato indicativos do valor real de distorção na população, excedido pela distorção real na população, maior o tamanho da amostra precisa ser.

4. Aumento na distorção tolerável:

*Redução*

Quanto menor for a distorção tolerável, maior o tamanho da amostra precisa ser.

5. Aumento no valor da distorção que o auditor espera encontrar na população:

*Aumento*

Quanto maior for o valor da distorção que o auditor espera encontrar na população, maior deve ser o tamanho da amostra para se fazer uma estimativa razoável do valor real de distorção na população.

Os fatores relevantes para a consideração do auditor do valor de distorção esperado incluem a extensão na qual os valores dos itens são determinados subjetivamente, os resultados dos procedimentos de avaliação de risco, os resultados dos testes de controle, os resultados de procedimentos de auditoria aplicados em períodos anteriores e os resultados de outros procedimentos substantivos.

6. Estratificação da população, quando apropriado:

*Redução*

Quando houver uma faixa ampla (variabilidade) no tamanho monetário dos itens da população, pode ser útil estratificar a população. Quando a população pode ser adequadamente estratificada, o conjunto de tamanhos de amostra dos estratos geralmente será menor que o tamanho da amostra que seria necessária para alcançar certo nível de risco de amostragem se uma amostra tivesse sido retirada de toda a população.

7. Quantidade de unidades de amostragem na população:

*Efeito negligenciável*

Para populações grandes, o tamanho real da população tem pouco efeito, se houver, no tamanho da amostra. Assim, para pequenas populações, a amostragem de auditoria não é geralmente tão eficiente quanto os meios alternativos para obter evidência de auditoria apropriada e suficiente. (Entretanto, ao usar a amostragem de unidade monetária, um aumento no valor monetário da população aumenta o tamanho da amostra, a menos que isso seja compensado por um aumento proporcional na materialidade para as demonstrações contábeis como um todo e, se aplicável, no nível ou nos níveis de materialidade para classes específicas de operações, saldos de contas e divulgações.)

# 9.4 Seleção dos itens para teste[5]

O auditor deve selecionar itens para a amostragem de forma que cada unidade de amostragem da população tenha a mesma chance de ser selecionada.

Pela amostragem estatística, os itens da amostra são selecionados de modo que cada unidade de amostragem tenha uma probabilidade conhecida de ser selecionada.

Pela amostragem não estatística, o julgamento é usado para selecionar os itens da amostra. Como a finalidade da amostragem é a de fornecer base razoável para o auditor concluir quanto à população da qual a amostra é selecionada, é importante que o auditor selecione uma amostra representativa, de modo a evitar tendenciosidade (intenção oculta), mediante a escolha de itens da amostra que tenham características típicas da população.

Os principais métodos para selecionar amostras correspondem ao uso de seleção aleatória, seleção sistemática e seleção ao acaso. Cada um desses métodos é discutido no Apêndice 4, da NBC TA 530, e apresentado a seguir.

## Apêndice 4

### Métodos de seleção da amostra

Existem muitos métodos para selecionar amostras. Os principais são os seguintes:

* Seleção aleatória (aplicada por meio de geradores de números aleatórios, como tabelas de números aleatórios).

* Seleção sistemática, em que a quantidade de unidades de amostragem na população é dividida pelo tamanho da amostra para dar um intervalo de amostragem, por exemplo, 50, e, após determinar um ponto de início dentro das primeiras 50, toda 50ª unidade de amostragem seguinte é selecionada. Embora o ponto de início possa ser determinado ao acaso, é mais provável que a amostra seja real-

---

[5] Itens 8, A12 e A13, da NBC TA 530.

mente aleatória se ela for determinada pelo uso de um gerador computadorizado de números aleatórios ou de tabelas de números aleatórios. Ao usar uma seleção sistemática, o auditor precisaria determinar que as unidades de amostragem da população não estejam estruturadas de modo que o intervalo de amostragem corresponda a um padrão em particular da população.

- Amostragem de unidade monetária é um tipo de seleção com base em valores (conforme descrito no Apêndice 1), na qual o tamanho, a seleção e a avaliação da amostra resultam em uma conclusão em valores monetários.

- Seleção ao acaso, na qual o auditor seleciona a amostra sem seguir uma técnica estruturada. Embora nenhuma técnica estruturada seja usada, o auditor, ainda assim, evitaria qualquer tendenciosidade ou previsibilidade consciente (por exemplo, evitar itens difíceis de localizar ou de escolher ou evitar sempre os primeiros ou os últimos lançamentos de uma página) e, desse modo, procuraria se assegurar de que todos os itens da população tenham uma mesma chance de seleção. A seleção ao acaso não é apropriada quando se usar a amostragem estatística.

- Seleção de bloco envolve a seleção de um ou mais blocos de itens contíguos da população. A seleção de bloco geralmente não pode ser usada em amostragem de auditoria porque a maioria das populações está estruturada de modo que esses itens em sequência possam ter características semelhantes entre si, mas características diferentes de outros itens de outros lugares da população. Embora, em algumas circunstâncias, possa ser apropriado que um procedimento de auditoria examine um bloco de itens, ela raramente seria uma técnica de seleção de amostra apropriada quando o auditor pretende obter inferências válidas sobre toda a população com base na amostra.

## 9.5  Execução de procedimentos de auditoria[6]

O auditor deve executar os procedimentos de auditoria, apropriados à finalidade, para cada item selecionado.

Quando o procedimento de auditoria não for aplicável ao item selecionado, o auditor deve executar o procedimento em um item que substitua o anteriormente selecionado.

Um exemplo de quando é necessário executar o procedimento em item de substituição é quando um cheque cancelado é selecionado durante teste de evidência de

---

[6]  Itens 9,10 e A14, da NBC TA 530.

autorização de pagamento. Se o auditor estiver satisfeito que o cheque foi cancelado de forma apropriada de modo a não constituir desvio, um item escolhido de maneira apropriada para substituí-lo é examinado.

## 9.6 Desvio do controle previsto ou distorção[7]

Se o auditor não puder aplicar os procedimentos de auditoria definidos ou procedimentos alternativos adequados em um item selecionado, o auditor deve tratar esse item como um desvio do controle previsto, no caso de testes de controles ou uma distorção, no caso de testes de detalhes.

Um exemplo de quando o auditor não pode aplicar os procedimentos de auditoria definidos a um item selecionado é quando a documentação relacionada com esse item tiver sido perdida.

Um exemplo de procedimento alternativo adequado pode ser o exame de recebimentos subsequentes, com a evidência da fonte dos recebimentos e os itens que eles visam a liquidar quando nenhuma resposta tiver sido recebida para uma solicitação positiva de confirmação.

## 9.7 Natureza e causa de desvios e distorções[8]

O auditor deve investigar a natureza e a causa de quaisquer desvios ou distorções identificados e avaliar o possível efeito causado por eles na finalidade do procedimento de auditoria e em outras áreas de auditoria.

Ao analisar os desvios e as distorções identificados, o auditor talvez observe que muitos têm uma característica em comum, como tipo de operação, local, linha de produto ou período. Nessas circunstâncias, o auditor pode decidir identificar todos os itens da população que tenham a característica em comum e estender os procedimentos de auditoria para esses itens. Além disso, esses desvios ou distorções podem ser intencionais e podem indicar a possibilidade de fraude.

Em circunstâncias extremamente raras, quando o auditor considera que uma distorção ou um desvio descobertos na amostra sejam anomalias, o auditor deve obter alto grau de certeza de que essa distorção ou esse desvio não sejam representativos da população. O auditor deve obter esse grau de certeza mediante a execução de proce-

---

7  Itens 11, A15 e A16, da NBC TA 530.
8  Itens 12, 13 e A17, da NBC TA 530.

dimentos adicionais de auditoria, para obter evidência de auditoria apropriada e suficiente de que a distorção ou o desvio não afetem o restante da população.

## 9.8 Projeção de distorções[9]

Para os testes de detalhes, o auditor deve projetar, para a população, as distorções encontradas na amostra.

O auditor deve projetar as distorções para a população para obter uma visão mais ampla da escala de distorção, mas essa projeção pode não ser suficiente para determinar o valor a ser registrado.

Quando a distorção tiver sido estabelecida como uma anomalia (anormalidade), ela pode ser excluída da projeção das distorções para a população. Entretanto, o efeito de tal distorção, se não for corrigido, ainda precisa ser considerado, além da projeção das distorções não anômalas.

Para os testes de controles, não é necessária qualquer projeção explícita dos desvios, uma vez que a taxa de desvio da amostra também é a taxa de desvio projetada para a população como um todo. A NBC TA 330 (R1), item 17, fornece orientação para quando são detectados desvios nos controles nos quais o auditor pretende confiar.

## 9.9 Avaliação do resultado da amostragem em auditoria[10]

O auditor deve avaliar:

* os resultados da amostra; e
* se o uso de amostragem de auditoria forneceu uma base razoável para conclusões sobre a população que foi testada.

Para os testes de controles, uma taxa de desvio da amostra inesperadamente alta pode levar a um aumento no risco identificado de distorção relevante, a menos que sejam obtidas evidências adicionais de auditoria que comprovem a avaliação inicial. Para os testes de detalhes, o valor de distorção inesperadamente alto em uma amostra pode levar o auditor a acreditar que uma classe de operações ou o saldo de uma conta esteja distorcido de modo

---

[9] Itens 14 e A18 a A20, da NBC TA 530.
[10] Itens 15 e A21 a A23, da NBC TA 530.

relevante, na ausência de evidências adicionais de auditoria de que não há distorções relevantes. No caso de testes de detalhes, a distorção projetada mais a distorção anômala, quando houver, é a melhor estimativa do auditor de distorção na população.

Quando a distorção projetada mais a distorção anômala, se houver, excederem uma distorção tolerável, a amostra não fornece uma base razoável para conclusões sobre a população que foi testada. Quanto mais próximo o somatório da distorção projetada e da distorção anômala estiver da distorção tolerável, mais provável será a distorção real na população exceder a distorção tolerável. Além disso, se a distorção projetada for maior que as expectativas de distorção do auditor usadas para determinar o tamanho da amostra, o auditor pode concluir que há um risco inaceitável de amostragem de a distorção real na população exceder a distorção tolerável.

A consideração dos resultados de outros procedimentos de auditoria ajuda o auditor a avaliar o risco de a distorção real na população exceder a distorção tolerável, e o risco pode ser reduzido se for obtida evidência adicional de auditoria.

Se o auditor conclui que a amostragem de auditoria não forneceu uma base razoável para conclusões sobre a população que foi testada, ele pode:

- solicitar que a administração investigue as distorções identificadas e o potencial para distorções adicionais e faça quaisquer ajustes necessários; ou
- ajustar a natureza, a época e a extensão desses procedimentos adicionais de auditoria para melhor alcançar a segurança exigida. Por exemplo, no caso de testes de controles, o auditor pode aumentar o tamanho da amostra, testar um controle alternativo ou modificar os respectivos procedimentos substantivos.

## Atividades Teóricas

Responda:

1. O que é amostragem em auditoria?
2. O que é população para fins de amostragem de auditoria?
3. Em que consiste o risco de amostragem?
4. O que é risco não resultante da amostragem?
5. O que é unidade de amostragem?
6. Cite dois exemplos de itens físicos de unidades de amostragem.

7. O que é distorção tolerável?

8. Ao definir uma amostra, o que o auditor deve determinar?

9. Em que consiste a estratificação?

10. O que é anomalia em auditoria?

11. O que é amostragem estatística?

12. O que é taxa tolerável de desvio?

13. Como se determina o tamanho da amostra?

14. Quando o procedimento de auditoria não for aplicável ao item selecionado, qual deve ser o procedimento do auditor?

15. Em amostragem, o que significa desvio do controle previsto?

16. O que significa distorção em amostragem?

Classifique as afirmativas em falsas ou verdadeiras:

1. ( ) As unidades de amostragem podem ser itens físicos ou monetários.

2. ( ) A distorção tolerável é a aplicação da materialidade na execução da auditoria.

3. ( ) Ao definir uma amostra de auditoria, o auditor não deve considerar a finalidade do procedimento de auditoria nem as características da população da qual será retirada a amostra.

4. ( ) O auditor deve selecionar itens para a amostragem de forma que cada unidade de amostragem da população tenha a mesma chance de ser selecionada.

5. ( ) Pela amostragem estatística, os itens da amostra são selecionados de modo que cada unidade de amostragem tenha uma probabilidade conhecida de ser selecionada.

6. ( ) Pela amostragem não estatística, o julgamento é usado para selecionar os itens da amostra.

7. ( ) O auditor deve investigar a natureza e a causa de quaisquer desvios ou distorções identificados e avaliar o possível efeito causado por eles na finalidade do procedimento de auditoria e em outras áreas de auditoria.

8. ( ) O auditor deve avaliar os resultados da amostra e se o uso de amostragem de auditoria forneceu uma base razoável para conclusões sobre a população que foi testada.

Escolha a alternativa correta:

1. O uso de procedimentos de auditoria não apropriados ou a interpretação errônea da evidência de auditoria e o não reconhecimento de uma distorção ou de um desvio são exemplos de:

   a) risco resultante da amostragem.

   b) evidência de auditoria.

    **c)** risco não resultante da amostragem.

    **d)** todas estão corretas.

    **e)** NDA.

2. Ao definir uma amostra de auditoria, o auditor deve considerar:

    **a)** os fins específicos a serem alcançados.

    **b)** a combinação de procedimentos de auditoria que devem alcançar esses fins.

    **c)** o porte da organização auditada.

    **d)** as alternativas "a" e "b" estão corretas.

    **e)** NDA.

3. Para selecionar amostra, usa-se o seguinte método:

    **a)** seleção aleatória.

    **b)** seleção sistemática.

    **c)** seleção ao acaso.

    **d)** seleção por cor.

    **e)** somente a alternativa "d" não está correta.

4. Quando o auditor conclui que a amostragem de auditoria não forneceu uma base razoável para conclusões sobre a população que foi testada, ele pode:

    **a)** desistir da auditoria.

    **b)** solicitar que a administração investigue as distorções identificadas e o potencial para distorções adicionais e faça quaisquer ajustes necessários.

    **c)** ajustar a natureza, a época e a extensão dos procedimentos adicionais de auditoria para melhor alcançar a segurança exigida.

    **d)** no caso de testes de controles, o auditor pode aumentar o tamanho da amostra, testar um controle alternativo ou modificar os respectivos procedimentos substantivos.

    **e)** somente a alternativa "a" está incorreta.

# CAPÍTULO 10

# FRAUDE NA AUDITORIA DE DEMONSTRAÇÕES CONTÁBEIS

## Objetivos do Capítulo

Após ler este capítulo,[1] você estará apto a:

- ❑ Saber o que significa fraude na auditoria de demonstrações contábeis.
- ❑ Conhecer as características da fraude.
- ❑ Discutir sobre a responsabilidade pela prevenção e detecção da fraude.
- ❑ Conhecer qual é a responsabilidade do auditor em relação à fraude.
- ❑ Saber por que a aplicação do ceticismo é importante no levantamento de fraudes.
- ❑ Saber sobre a importância da discussão entre os membros da equipe de trabalho a respeito dos pontos em que as demonstrações contábeis da entidade são suscetíveis de distorção relevante decorrente de fraude.
- ❑ Entender os procedimentos de avaliação de risco e atividades relacionadas.
- ❑ Discutir sobre a possibilidade de o auditor estar sem condições de continuar o trabalho.
- ❑ Saber que é preciso comunicar às autoridades reguladoras e de controle.
- ❑ Conhecer as informações e os documentos que deve incluir nos papéis de trabalho.

---

[1] Os textos de todas as seções e subseções deste capítulo, com as adaptações que julgamos convenientes para torná-los de mais fácil entendimento, foram extraídos da NBC TA 240 (R1) – Responsabilidade do Auditor em Relação a Fraude, no Contexto da Auditoria de Demonstrações Contábeis, aprovada pelo CFC em seu Plenário de 19 de agosto de 2016.

## 10.1 Conceito

> Fraude é o ato intencional de um ou mais indivíduos da administração, dos responsáveis pela governança, empregados ou terceiros, que envolva dolo para obtenção de vantagem injusta ou ilegal (item 11a, da NBC TA 240 (R1)).

## 10.2 Características da fraude[2]

As distorções nas demonstrações contábeis podem originar-se de fraude ou erro.

O fator distintivo entre fraude e erro está no fato de ser intencional ou não a ação subjacente[3] que resulta em distorção[4] nas demonstrações contábeis.

Embora a fraude constitua um conceito jurídico amplo, para efeitos das normas de auditoria, o auditor está preocupado com a fraude que causa distorção relevante[5] nas demonstrações contábeis.

Dois tipos de distorções intencionais são pertinentes (importantes, relevantes) para o auditor: distorções decorrentes de informações contábeis fraudulentas e distorções decorrentes da apropriação indébita de ativos.

Apesar de o auditor poder suspeitar ou, em raros casos, identificar a ocorrência de fraude, ele não estabelece juridicamente se realmente ocorreu fraude.

A fraude, seja na forma de informações contábeis fraudulentas ou de apropriação indevida de ativos, envolve o incentivo ou a pressão para que ela seja cometida, uma oportunidade percebida para tal e alguma racionalidade (ou seja, dar razoabilidade a algo falso) do ato. Por exemplo:

- pode existir incentivo ou pressão para a informação financeira fraudulenta quando a administração sofre pressão, de fontes externas ou internas, para alcançar

---

[2] Itens 2, 3 e A1 a A6, da NBC TA 240 (R1).

[3] Está por baixo; que não se manifesta, mas está oculto ou subentendido.

[4] Distorção é a diferença entre o valor, a classificação, a apresentação ou a divulgação de uma demonstração contábil relatada e o valor, a classificação, a apresentação ou a divulgação que são exigidos para que o item esteja de acordo com a estrutura de relatório financeiro aplicável. As distorções podem originar-se de erro ou fraude (item 13, da NBC TA 200).

[5] Distorções relevantes: em geral, as distorções, inclusive as omissões, são consideradas relevantes (importantes) se for razoável esperar que, individual ou conjuntamente, elas influenciem as decisões econômicas dos usuários tomadas com base nas demonstrações contábeis (item 6, da NBC TA 200).

metas de ganhos ou resultados financeiros previstos (e talvez irrealistas) – em especial porque as consequências do insucesso no cumprimento dos objetivos financeiros para a administração podem ser significativas. Do mesmo modo, os indivíduos podem ter um incentivo para se apropriarem de ativos porque, por exemplo, estão vivendo além de suas possibilidades;

• pode haver uma oportunidade percebida de perpetrar (praticar) uma fraude quando um indivíduo acredita que o controle interno possa ser burlado, por exemplo, porque ele ocupa um cargo de confiança ou tem conhecimento de deficiências específicas no controle interno;

• os indivíduos podem ser capazes de racionalizar e perpetrar um ato fraudulento. Algumas pessoas têm uma postura, caráter ou valores éticos que os levam a perpetrar um ato desonesto de forma consciente e intencional. Entretanto, mesmo indivíduos normalmente honestos podem perpetrar uma fraude em ambiente em que sejam suficientemente pressionados.

A informação financeira fraudulenta envolve distorções intencionais, inclusive omissões de valor ou divulgações nas demonstrações contábeis para enganar os usuários destas. Ela pode ser causada pelas tentativas da administração de manipular os ganhos de modo a enganar os usuários das demonstrações contábeis, influenciando suas percepções do desempenho e da lucratividade da entidade. Essa manipulação de ganhos pode começar com pequenos atos ou com o ajuste inadequado de premissas e mudanças de julgamento pela administração.

Pressões e incentivos podem levar tais atos a crescer a ponto de resultarem em informação financeira fraudulenta. Essa situação pode ocorrer quando decorrem pressões para atender às expectativas do mercado ou a um desejo de maximizar a renumeração baseada em desempenho; a administração assume posições que fazem as informações contábeis fraudulentas provocarem distorções relevantes nas demonstrações contábeis.

Em algumas entidades, a administração pode ser motivada a reduzir os ganhos em valor relevante, para minimizar a tributação ou inflar ganhos para garantir financiamentos bancários.

Informações contábeis fraudulentas podem decorrer do seguinte:

• manipulação, falsificação (inclusive de assinatura) ou alteração de registros contábeis ou documentos comprobatórios que serviram de base à elaboração de demonstrações contábeis;

• mentira ou omissão intencional nas demonstrações contábeis de eventos, operações ou outras informações significativas;

- aplicação incorreta intencional dos princípios contábeis relativos a valores, classificação, forma de apresentação ou divulgação.

Muitas vezes, as informações contábeis fraudulentas envolvem a burla pela administração de controles que aparentemente estão funcionando com eficácia.

A administração pode perpetrar fraude, burlando controles por meio de técnicas como:

- registrar lançamentos fictícios no livro diário, em especial no final do período contábil, de forma a manipular resultados operacionais ou alcançar outros objetivos;
- ajustar indevidamente as premissas e alterar os julgamentos utilizados para estimar saldos contábeis;
- omitir, antecipar ou atrasar o reconhecimento, nas demonstrações contábeis, de eventos e operações que tenham ocorrido durante o período das demonstrações contábeis que estão sendo apresentadas;
- ocultar ou não divulgar fatos que possam afetar os valores registrados nas demonstrações contábeis;
- contratar operações complexas, que são estruturadas para refletir erroneamente a situação patrimonial ou o desempenho da entidade;
- alterar registros e condições relacionados a operações significativas e não usuais;
- a apropriação indevida de ativos envolve o roubo de ativos da entidade e, muitas vezes, é perpetrada por empregados em valores relativamente pequenos e irrelevantes. Entretanto, também pode envolver a administração, que geralmente tem mais possibilidades de disfarçar ou ocultar a apropriação indevida, de forma difícil de detectar. A apropriação indevida de ativos pode ser obtida de várias formas, incluindo:

  a. fraudar documentos (por exemplo, apropriando-se de valores cobrados ou desviando valores recebidos relativos a contas já baixadas para as suas contas bancárias pessoais);

  b. furtar ativos físicos ou propriedade intelectual (por exemplo, furtar estoques para uso pessoal ou venda, roubar sucata para revenda, entrar em conluio com concorrentes para repassar dados tecnológicos em troca de dinheiro);

**c.** fazer a entidade pagar por produtos e serviços não recebidos (por exemplo, pagamentos a fornecedores fictícios, propina paga por fornecedores aos compradores da entidade em troca de preços inflacionados, pagamentos a empregados fictícios); e

**d.** utilizar ativos da entidade para uso pessoal (por exemplo, usar ativos da entidade como garantia de empréstimo pessoal ou à parte relacionada). A apropriação indevida de ativos costuma ser acompanhada de registros ou documentos falsos ou enganosos, destinados a ocultar o desaparecimento dos ativos ou caucionados sem a devida autorização.

A responsabilidade do auditor do setor público em relação à fraude pode decorrer de lei, regulamentação e outra autoridade aplicável à entidade do setor público ou separadamente cobertas pelo mandato do auditor. Portanto, a responsabilidade do auditor do setor público pode não estar limitada à consideração dos riscos de distorção relevante das demonstrações contábeis, podendo também incluir responsabilidade mais ampla pela consideração dos riscos de fraude.

# 10.3 Responsabilidade pela prevenção e detecção da fraude

A principal responsabilidade pela prevenção e detecção da fraude é dos responsáveis pela governança da entidade e da sua administração.

É importante que a administração, com a supervisão geral dos responsáveis pela governança, enfatize a prevenção da fraude, o que pode reduzir as oportunidades de sua ocorrência, e a dissuasão[6] (da fraude), o que pode persuadir os indivíduos a não perpetrar fraude por causa da probabilidade de detecção e punição. Isso envolve um compromisso de criar uma cultura de honestidade e comportamento ético, que pode ser reforçado por supervisão ativa dos responsáveis pela governança.

A supervisão geral por parte dos responsáveis pela governança inclui a consideração do potencial de burlar controles ou de outra influência indevida sobre o processo de elaboração de informações contábeis, como tentativas da administração gerenciar os

---

[6] Dissuasão pelo medo: a que decorre do medo, receio ou temor das consequências de se cometer um ato que possa gerar represália muito violenta.

resultados para que influenciem a percepção dos analistas quanto à rentabilidade e desempenho da entidade (item 4, da NBC TA 240 (R1)).

## 10.4 Responsabilidade do auditor[7]

O auditor que realiza auditoria de acordo com as normas de auditoria é responsável por obter segurança razoável de que as demonstrações contábeis, como um todo, não contenham distorções relevantes, causadas por fraude ou erro.

Conforme descrito na NBC TA 200 (R1), devido às limitações inerentes da auditoria, há um risco inevitável de que algumas distorções relevantes das demonstrações contábeis possam não ser detectadas, apesar de a auditoria ser devidamente planejada e realizada de acordo com as normas de auditoria.

Como descrito na NBC TA 200 (R1), os efeitos potenciais das limitações inerentes são particularmente significativas no caso de a distorção resultar de fraude.

O risco de não ser detectada uma distorção relevante decorrente de fraude é mais alto que o risco de não ser detectada uma fraude decorrente de erro. Isso porque a fraude pode envolver esquemas sofisticados e cuidadosamente organizados, destinados a ocultá-la, como falsificação, omissão deliberada no registro de operações ou prestação intencional de falsas representações ao auditor.

Tais tentativas de ocultação podem ser ainda mais difíceis de detectar quando associadas a um conluio. O conluio pode levar o auditor a acreditar que a evidência é persuasiva, quando, na verdade, ela é falsa.

A capacidade do auditor de detectar uma fraude depende de fatores como a habilidade do perpetrador, a frequência e a extensão da manipulação, o grau de conluio, a dimensão relativa dos valores individuais manipulados e a posição dos indivíduos envolvidos.

Embora o auditor possa ser capaz de identificar oportunidades potenciais de perpetração de fraude, é difícil para ele determinar se as distorções em áreas de julgamento como estimativas contábeis foram causadas por fraude ou erro.

Além disso, o risco de o auditor não detectar uma distorção relevante decorrente de fraude da administração é maior do que no caso de fraude cometida por empregados, porque a administração frequentemente tem condições de manipular, direta ou indiretamente, os registros contábeis, apresentar informações contábeis fraudulentas ou

---

[7] Itens 5 a 8, da NBC TA 240 (R1).

burlar procedimentos de controle destinados a prevenir fraudes semelhantes, cometidas por outros empregados.

Na obtenção de segurança razoável, o auditor tem a responsabilidade de manter atitude de ceticismo profissional durante a auditoria, considerando o potencial de burlar os controles pela administração, e de reconhecer o fato de que procedimentos de auditoria eficazes na detecção de erros podem não ser eficazes na detecção de fraude.

Os requerimentos da NBC TA 240, cujo texto com adaptações efetuadas por nós está servindo de base para a redação do presente capítulo, destinam-se a auxiliar o auditor na identificação e avaliação dos riscos de distorção relevante decorrente de fraude e na elaboração de procedimentos para detectar tal distorção.

## 10.5  Ceticismo profissional[8]

Nos termos da NBC TA 200 (R1), item 15, o auditor deve manter postura de ceticismo profissional durante a auditoria, reconhecendo a possibilidade de existir distorção relevante decorrente de fraude, não obstante a experiência passada do auditor em relação à honestidade e integridade da administração e dos responsáveis pela governança da entidade. Na Seção 2.15 do Capítulo 2, você encontra mais detalhes acerca do ceticismo profissional.

## 10.6  Discussão entre a equipe de trabalho[9]

A NBC TA 315 requer a discussão entre os membros da equipe de trabalho e que o sócio (ou responsável técnico) do trabalho determine os assuntos que devem ser comunicados aos membros da equipe não envolvidos na discussão. Essa discussão deve enfatizar especialmente como e em que pontos as demonstrações contábeis da entidade são suscetíveis de distorção relevante decorrente de fraude, inclusive como a fraude pode ocorrer.

A discussão deve ocorrer deixando de lado a possível convicção dos membros da equipe de trabalho de que a administração e os responsáveis pela governança são honestos e íntegros.

---

[8]  Itens 12, 13, A7 e A8, da NBC TA 240 (R1).
[9]  Itens 15, A10 e A11, da NBC TA 240 (R1).

Discutir a suscetibilidade das demonstrações contábeis da entidade a distorções relevantes decorrente de fraude com a equipe de trabalho:

- oferece aos membros mais experientes da equipe de trabalho a oportunidade de compartilhar suas perspectivas sobre como e quando as demonstrações contábeis podem ser suscetíveis de distorção relevante decorrente de fraude;
- permite ao auditor considerar uma resposta apropriada a tal suscetibilidade e definir quais membros da equipe de trabalho realizarão determinados procedimentos de auditoria;
- permite ao auditor determinar como os resultados dos procedimentos de auditoria serão compartilhados com a equipe de trabalho e como lidar com as alegações de fraude que possam vir ao conhecimento do auditor.

A discussão pode incluir assuntos como:

- troca de ideias entre os membros da equipe de trabalho sobre como e onde acreditam que as demonstrações contábeis da entidade podem ser suscetíveis de distorção relevante decorrente de fraude, como a administração pode perpetrar e ocultar informações contábeis fraudulentas e como os ativos da entidade podem ser subtraídos;
- consideração das circunstâncias que podem indicar a manipulação de resultados e as práticas que podem ser adotadas para tal manipulação pela administração e que podem gerar informações contábeis fraudulentas etc.

## 10.7 Procedimentos de avaliação de risco e atividades relacionadas[10]

### 10.7.1 Introdução

Ao aplicar os procedimentos de avaliação de risco e atividades relacionadas para conhecer a entidade e seu ambiente, inclusive seu controle interno (veja o Capítulo 5), requeridos pela NBC TA 315, itens 5 a 24, o auditor deve aplicar também os procedimentos previstos nos itens 17 a 24, da NBC TA 240, objeto de estudo neste capítulo,

---

[10] Itens 16 a 24 e A12 a A27, da NBC TA 240 (R1).

para obter as informações a serem usadas na identificação de riscos de distorção relevante decorrente de fraude.

## 10.7.2  Administração e outros responsáveis na entidade

O auditor deve fazer indagações à administração relacionadas com:

- A avaliação pela administração do risco de que as demonstrações contábeis contenham distorções relevantes decorrentes de fraudes, inclusive a natureza, a extensão e a frequência de tais avaliações.

  A administração aceita responsabilidade pelo controle interno da entidade e pela elaboração das demonstrações contábeis da entidade. Por conseguinte, o auditor deve fazer indagações junto à administração sobre sua avaliação do risco de fraude e dos controles implantados para prevenir sua existência e detectá-la.

  A natureza, a extensão e a periodicidade da avaliação de tal risco e dos controles pela administração podem variar de entidade para entidade.

  Em algumas entidades, a administração pode fazer avaliações detalhadas, em base contínua ou como parte de monitoramento contínuo. Em outras, a avaliação da administração pode ser menos estruturada e menos frequente.

  A natureza, a extensão e a periodicidade dessa avaliação são relevantes para o entendimento do ambiente de controle da entidade pelo auditor. Por exemplo, o fato de a administração não ter realizado uma avaliação do risco de fraude pode, em certas circunstâncias, indicar que a administração não dá importância ao controle interno.

  Em algumas entidades, em especial aquelas de pequeno porte, o foco da avaliação da administração pode estar nos riscos de fraude por empregados ou apropriação indébita de ativos.

- O processo da administração para identificar e responder aos riscos de fraude na entidade, inclusive quaisquer riscos de fraude específicos identificados pela administração ou que foram levados a seu conhecimento, ou tipos de operações, saldos contábeis ou divulgações para os quais é provável existir risco de fraude.

  No caso de entidades com múltiplos locais, os processos da administração podem incluir diferentes níveis de monitoramento nos estabelecimentos operacionais ou segmentos de negócio. A administração também pode ter identificado estabelecimentos ou segmentos de negócio específicos nos quais é mais provável a existência de risco de fraude.

- Comunicação da administração, se houver, aos responsáveis pela governança em relação aos processos de identificação e resposta aos riscos de fraude na entidade.

- Comunicação da administração, se houver, aos empregados em relação às suas visões sobre práticas de negócios e comportamento ético.

## 10.7.3 Indagação junto à administração e outras pessoas na entidade

O auditor deve fazer indagações à administração e a outros responsáveis da entidade, conforme apropriado, para determinar se eles têm conhecimento de quaisquer casos reais, suspeitas ou indícios de fraude, que afetem a entidade.

Essas indagações junto à administração podem fornecer informações úteis relativas aos riscos de distorções relevantes nas demonstrações contábeis decorrentes de fraudes perpetradas por empregados. Entretanto, é improvável que essas indagações forneçam informações úteis em relação aos riscos de distorção relevante nas demonstrações contábeis decorrentes de fraude cometida pela administração. As indagações junto a outras pessoas da entidade podem oferecer uma oportunidade para que essas pessoas transmitam ao auditor informações que de outra forma não seriam relatadas.

Exemplos de outras pessoas da entidade junto às quais o auditor pode fazer indagações diretas sobre a existência ou suspeita de fraude:

- pessoal operacional sem envolvimento direto no processo de elaboração de informação contábil;

- empregados com diferentes níveis de alçada (competência);

- empregados envolvidos na iniciação, no processamento ou no registro de operações complexas ou não usuais e os que supervisam ou monitoram esses empregados;

- assessores jurídicos internos;

- diretor de ética ou equivalente; e

- pessoa ou pessoas responsáveis por lidar com alegações de fraude.

A administração está frequentemente em posição privilegiada para perpetrar fraudes. Por conseguinte, ao avaliar as respostas da administração às indagações com uma atitude de ceticismo profissional, o auditor pode julgar necessário corroborar as respostas com outras informações.

## 10.7.4 Indagação junto à auditoria interna

Em relação às entidades que têm uma função de auditoria interna, o auditor independente deve fazer indagações a seus responsáveis para determinar se eles têm conhecimento de quaisquer casos reais, suspeitas ou indícios de fraude, que afetem a entidade, e obter o ponto de vista deles (auditores internos) sobre os riscos de fraude.

As NBCs TA 315 e 610 estabelecem exigências e oferecem orientação nas auditorias de entidades que têm a função de auditoria interna.

## 10.7.5 Obtenção de entendimento da supervisão geral exercida pelos responsáveis pela governança

A não ser que os responsáveis pela governança estejam envolvidos na administração da entidade (NBC TA 260 (R1) – Comunicação com os Responsáveis pela Governança, item 13), o auditor deve obter entendimento de como esses responsáveis fazem a supervisão geral dos processos da administração para identificar e responder aos riscos de fraudes na entidade e do controle interno que a administração implantou para mitigar esses riscos.

Os responsáveis pela governança da entidade supervisionam os sistemas de monitoramento de risco, controle financeiro e conformidade com a lei. Em muitos países, as práticas de governança corporativa são bem desenvolvidas e os responsáveis pela governança desempenham papel ativo na supervisão geral da avaliação dos riscos de fraude e do controle interno relevante da entidade. Como a responsabilidade dos responsáveis pela governança e pela administração pode variar de uma para outra entidade, é importante que o auditor entenda a respectiva responsabilidade para obter entendimento da supervisão geral exercida pelos indivíduos apropriados. (A NBC TA 260 discute com quem o auditor se comunica quando a estrutura de governança da entidade não está bem definida.)

O entendimento da supervisão geral exercida pelos responsáveis pela governança pode oferecer subsídios sobre a suscetibilidade da entidade para fraude pela administração, para adequação do controle interno ante aos riscos de fraude e para competência e integridade da administração.

O auditor pode obter esse entendimento de várias maneiras, por exemplo, participando de reuniões nas quais ocorram essas discussões, lendo atas de tais reuniões ou fazendo indagações junto aos encarregados da governança.

Em alguns casos, todos os responsáveis pela governança estão envolvidos na administração da entidade. Este pode ser o caso em uma entidade de pequeno porte, na qual um único indivíduo administra a entidade e ninguém mais tem um papel de governança. Nesses casos, normalmente não há nenhuma ação por parte do auditor, porque não há supervisão geral separada da administração.

Exceto nos casos em que os responsáveis pela governança estão envolvidos com a administração da entidade, o auditor deve fazer indagações junto aos responsáveis pela governança para determinar se eles têm conhecimento de quaisquer casos reais, suspeitas ou indícios de fraude que afetem a entidade.

Essas indagações servem, em parte, para corroborar as respostas às indagações da administração.

## 10.7.6 Variação inesperada ou não usual identificada

O auditor deve avaliar se variações inesperadas ou não usuais que foram identificadas durante a aplicação dos procedimentos de revisão analítica, inclusive aqueles relacionados com as receitas, podem indicar riscos de distorção relevante decorrente de fraude.

O auditor deve considerar se outras informações por ele obtidas indicam riscos de distorção relevante decorrente de fraude.

Além das informações obtidas com a aplicação de procedimentos analíticos, outras informações obtidas a respeito da entidade e do seu ambiente podem ser úteis na identificação dos riscos de distorção relevante decorrente de fraude. A discussão entre membros da equipe pode fornecer informações úteis para a identificação de tais riscos. Além disso, as informações obtidas nos processos de aceitação e retenção do cliente pelo auditor, a experiência conseguida em outros trabalhos executados para a entidade, por exemplo, revisão das informações contábeis intermediárias, podem ser relevantes na identificação dos riscos de distorção relevante decorrente de fraude.

## 10.7.7 Avaliação de fatores de risco de fraude

Fatores de risco de fraude são eventos ou condições que indiquem incentivo ou pressão para que a fraude seja perpetrada ou ofereçam oportunidade para que ela ocorra (item 11b, da NBC TA 240 (R1)).

O auditor deve avaliar se as informações obtidas com outros procedimentos de avaliação de risco e atividades relacionadas realizadas indicam a presença de um ou mais fatores de risco de fraude.

Embora os fatores de risco de fraude não indiquem necessariamente sua efetiva existência, eles muitas vezes estão presentes em ocorrências de fraude e, portanto, podem indicar riscos de distorção relevante decorrente de fraude.

O fato de que a fraude geralmente é oculta pode tornar muito difícil a sua detecção. Contudo, o auditor pode identificar eventos ou condições que indiquem um incentivo ou pressão para a fraude ou que constituam uma oportunidade para a fraude (fatores de risco de fraude).

Por exemplo:

- a necessidade de satisfazer às expectativas de terceiros para obter capital adicional pode criar pressão para a fraude;
- a concessão de bônus significativos, caso sejam cumpridas metas irreais de lucro, pode criar um incentivo para se perpetrar uma fraude;
- um ambiente de controle que não é eficaz pode criar uma oportunidade para a fraude.

Não é fácil classificar os fatores de risco de fraude em ordem de importância. A significação dos fatores de risco de fraude varia amplamente. Alguns destes fatores estão presentes em entidades nas quais condições específicas não apresentam riscos de distorção relevante.

Portanto, determinar se um fator de risco está presente e se ele deve ser considerado na avaliação dos riscos de distorção relevante das demonstrações contábeis decorrente de fraude requer o exercício do julgamento profissional.

Exemplos de fatores de risco de fraude relacionados a informações contábeis fraudulentas e apropriação indevida de ativos são apresentados no Apêndice 1, da NBC TA 240.

Esses fatores de risco ilustrativos são classificados com base em três condições que geralmente estão presentes quando há fraude:

- incentivo ou pressão para perpetrar fraude;
- oportunidade percebida de cometer fraude;
- capacidade de racionalizar a ação fraudulenta.

Fatores de risco que refletem uma atitude que permite a racionalização da ação fraudulenta podem não ser suscetíveis de observação pelo auditor. Contudo, o auditor pode tomar conhecimento da existência de tais informações. Embora os fatores de risco de fraude descritos no Apêndice 1, da NBC TA 240, abranjam amplo leque de situações que podem vir a ser enfrentadas pelos auditores, eles são apenas exemplos, e outros fatores de risco podem existir.

O tamanho, a complexidade e as características de como está formada a propriedade da entidade têm influência significativa na consideração dos fatores de risco de fraude relevantes.

## 10.8  Auditor sem condições de continuar o trabalho

O item 38, da NBC TA 240, estabelece que, se como resultado de uma distorção decorrente de fraude ou suspeita de fraude, o auditor encontrar circunstâncias excepcionais que coloquem em dúvida sua capacidade de continuar a realizar a auditoria, este deve:

- determinar as responsabilidades profissionais e legais aplicáveis à situação, inclusive se é necessário ou não o auditor informar à pessoa ou às pessoas que aprovaram a contratação da auditoria ou, em alguns casos, às autoridades reguladoras. No Brasil, existem obrigações determinadas pelas autoridades reguladoras;

- considerar se seria apropriado o auditor retirar-se do trabalho, quando essa saída for possível conforme a lei ou regulamentação aplicável; e

- caso o auditor se retire:

  a. discutir com a pessoa no nível apropriado da administração e com os responsáveis pela governança a saída do auditor do trabalho e as razões para a interrupção; e

  b. determinar se existe exigência profissional ou legal de comunicar a retirada do auditor do trabalho e as razões da saída à pessoa ou às pessoas que contrataram a auditoria ou, em alguns casos, às autoridades reguladoras.

Os itens A54 a A57, da NBC TA 240 apresentam mais detalhes sobre esse assunto.

## 10.9  Comunicações às autoridades reguladoras e de controle[11]

Caso o auditor tenha identificado fraude ou suspeite de uma, deve determinar se há responsabilidade de comunicar a ocorrência ou suspeita a um terceiro fora da entidade. Embora o dever profissional do auditor de manter a confidencialidade da informação

---

[11]  Itens 43, 44 e A67 a A69, da NBC TA 240 (R1).

do cliente possa impedir que tais informações sejam dadas, as responsabilidades legais do auditor podem sobrepor-se ao dever de confidencialidade em algumas situações.

O dever profissional do auditor de manter a confidencialidade das informações do cliente pode impedir que ele relate a fraude a uma parte fora da entidade cliente. Contudo, a responsabilidade legal do auditor e, em certas circunstâncias, o dever de confidencialidade podem ser passados por cima por estatuto, lei ou tribunais de direito. No Brasil, o auditor de instituição financeira tem o dever de relatar a ocorrência de fraude a autoridades de supervisão. Em outros segmentos o auditor também tem o dever de relatar distorções nos casos em que a administração e os responsáveis pela governança deixam de adotar ações corretivas.

O auditor pode considerar apropriado obter assistência jurídica para determinar o curso de ação apropriado nas circunstâncias cujo propósito é verificar os passos necessários ao considerar aspectos de interesse público na fraude identificada.

No setor público, as exigências para relatar fraude, descobertas ou não durante o processo de auditoria, podem estar sujeitas aos aspectos específicos do mandato de auditoria de lei, regulamentação ou outra autoridade relacionada.

## 10.10 Documentação[12]

O auditor deve incluir a seguinte documentação de auditoria no entendimento da entidade e seu ambiente à avaliação dos riscos de distorção relevante pelo auditor, exigida pela NBC TA 315:

- as decisões significativas tomadas durante a discussão com a equipe de trabalho em relação à suscetibilidade das demonstrações contábeis da entidade para distorção relevante decorrente de fraude; e
- os riscos identificados e avaliados de distorção relevante decorrentes de fraude no âmbito das demonstrações contábeis e das afirmações.

O auditor deve incluir a seguinte documentação de auditoria para as respostas do auditor aos riscos avaliados de distorção relevante requerida pela NBC TA 330:

- as respostas globais aos riscos avaliados de distorção relevante decorrente de fraude no âmbito das demonstrações contábeis, e a natureza, a época e a extensão

---

[12] Itens 44 a 47, da NBC TA 240 (R1).

dos procedimentos de auditoria, além da ligação entre esses procedimentos e os riscos avaliados de distorção relevante decorrente de fraude nas afirmações; e

- os resultados dos procedimentos de auditoria, inclusive os desenhados para monitorar o risco de a administração burlar controles.

O auditor deve incluir na documentação de auditoria as comunicações sobre fraude feitas à administração, aos responsáveis pela governança, aos órgãos reguladores e outros.

Se o auditor conclui que a presunção de risco de distorção relevante decorrente de fraude relacionada ao reconhecimento de receita não é aplicável nas circunstâncias do trabalho, o auditor deve incluir na documentação de auditoria as razões dessa conclusão.

## Atividades Teóricas

Responda:

1. O que é fraude em auditoria?
2. Qual é a diferença entre uma distorção decorrente de fraude e uma decorrente de erro?
3. O que é distorção?
4. Quais são os dois tipos de distorções importantes para o auditor?
5. O que significa distorção relevante?
6. De quem é a principal responsabilidade pela prevenção e detecção da fraude na auditada?
7. Cite três fatores que influenciam a capacidade do auditor de detectar fraude.
8. Cite três benefícios alcançados na discussão entre os membros da equipe de auditoria sobre a suscetibilidade das demonstrações contábeis da entidade a distorções relevantes decorrente de fraude.
9. A quem cabe supervisionar os sistemas de monitoramento de risco, controle financeiro e conformidade com a lei na organização auditada?
10. Cite as três condições que geralmente estão presentes quando há fraude.

Classifique as afirmativas em falsas ou verdadeiras:

1. (   ) Informações contábeis fraudulentas podem decorrer de manipulação, falsificação (inclusive de assinatura) ou alteração de registros contábeis ou documentos comprobatórios que serviram de base à elaboração de demonstrações contábeis.

2. ( ) Informações contábeis fraudulentas podem decorrer de mentira ou omissão intencional nas demonstrações contábeis de eventos, operações ou outras informações significativas.

3. ( ) Informações contábeis fraudulentas podem decorrer da aplicação incorreta intencional dos princípios contábeis relativos a valores, classificação, forma de apresentação ou divulgação.

4. ( ) A apropriação indevida de ativos envolve o roubo de ativos por parte de empregados ou de terceiros, porém nunca por parte de administradores da organização.

5. ( ) O auditor que realiza auditoria de acordo com as normas de auditoria é responsável por obter segurança razoável de que as demonstrações contábeis, como um todo, não contêm distorções relevantes, causadas por fraude ou erro.

6. ( ) Não há risco de que algumas distorções relevantes das demonstrações contábeis possam não ser detectadas.

7. ( ) O risco de não ser detectada uma distorção relevante decorrente de fraude é mais alto que o risco de não ser detectada uma fraude decorrente de erro.

8. ( ) A discussão entre os membros de trabalho deve enfatizar especialmente como e em que pontos as demonstrações contábeis da entidade são suscetíveis de distorção relevante decorrente de fraude. A discussão deve ocorrer deixando de lado a possível convicção dos membros da equipe de trabalho de que a administração e os responsáveis pela governança sejam honestos e íntegros.

9. ( ) O fato de que a fraude geralmente é oculta pode tornar muito fácil sua detecção.

10. ( ) O tamanho, a complexidade e as características de como está formada a propriedade da entidade têm influência significativa na consideração dos fatores de risco de fraude relevantes.

11. ( ) O dever profissional do auditor de manter a confidencialidade das informações do cliente pode impedir que ele relate a fraude a uma parte fora da entidade cliente.

12. ( ) A responsabilidade legal do auditor e, em certas circunstâncias, o dever de confidencialidade não podem ser passados por cima por estatuto, lei ou tribunais de direito.

Escolha a alternativa correta:

1. A administração pode perpetrar fraude burlando controles por meio de técnicas como:
   a) registrar lançamentos fictícios no livro diário, em especial no final do período contábil, de forma a manipular resultados operacionais ou alcançar outros objetivos.
   b) ajustar indevidamente as premissas e alterar os julgamentos utilizados para estimar saldos contábeis.

    **c)** omitir, antecipar ou atrasar o reconhecimento, nas demonstrações contábeis, de eventos e operações que tenham ocorrido durante o período das demonstrações contábeis que estão sendo apresentadas.

    **d)** ocultar ou não divulgar fatos que possam afetar os valores registrados nas demonstrações contábeis.

    **e)** todas estão corretas.

2. A apropriação indevida de ativos pode ser conseguida de várias formas, incluindo:

    **a)** fraudar documentos.

    **b)** furtar ativos físicos ou propriedade intelectual.

    **c)** fazer a entidade pagar por produtos e serviços não recebidos.

    **d)** utilizar ativos da entidade para uso da própria entidade.

    **e)** somente a alternativa "d" não está correta.

3. Ao aplicar os procedimentos de avaliação de risco e atividades relacionadas para conhecer a entidade e seu ambiente, inclusive seu controle interno, o auditor deve fazer indagações à administração relacionadas com:

    **a)** avaliação pela administração do risco de que as demonstrações contábeis contenham distorções relevantes decorrente de fraudes.

    **b)** o processo da administração para identificar e responder aos riscos de fraude na entidade.

    **c)** comunicação da administração, se houver, aos responsáveis pela governança em relação aos processos de identificação e resposta aos riscos de fraude na entidade.

    **d)** comunicação da administração, se houver, aos empregados em relação às suas visões sobre práticas de negócios e comportamento ético.

    **e)** todas estão corretas.

4. Eventos ou condições que indiquem incentivo ou pressão para que a fraude seja perpetrada ou ofereçam oportunidade para que ela ocorra são (item 11, da NBC 240):

    **a)** resultados da supervisão da governança.

    **b)** fatores de risco de fraude.

    **c)** fatores especiais de evidências.

    **d)** as alternativas "a" a "c" estão corretas.

    **e)** NDA.

5. Quando o auditor encontrar circunstâncias excepcionais que coloquem em dúvida sua capacidade de continuar a realizar a auditoria, este deve:

a) determinar as responsabilidades profissionais e legais aplicáveis à situação, inclusive se é necessário ou não o auditor informar à pessoa ou às pessoas que aprovaram a contratação da auditoria ou, em alguns casos, às autoridades reguladoras.

b) considerar se seria apropriado o auditor retirar-se do trabalho, quando essa saída for possível conforme a lei ou regulamentação aplicável.

c) não há possibilidade de o auditor abandonar os trabalhos.

d) a alternativa "c" está correta.

e) as alternativas "a" e "b" estão corretas.

# CAPÍTULO 11

## GESTÃO DE QUALIDADE DA AUDITORIA DE DEMONSTRAÇÕES CONTÁBEIS

**Objetivos do Capítulo**

Após ler este capítulo[1], você estará apto a:

- ❑ Saber da importância do sistema de gestão de qualidade da firma no nível do trabalho de auditoria de demonstrações contábeis.
- ❑ Saber qual é o papel das equipes de trabalho de auditoria na gestão de qualidade no nível do trabalho de auditoria de demonstrações contábeis.
- ❑ Discutir acerca das responsabilidades do sócio do trabalho pelo sistema de gestão de qualidade.
- ❑ Saber qual é o objetivo do auditor na busca da qualidade da auditoria.
- ❑ Conhecer as responsabilidades da liderança pela gestão e pelo alcance da qualidade na auditoria.
- ❑ Entender acerca dos requisitos éticos relevantes no trabalho de auditoria.
- ❑ Conhecer as circunstâncias em que ocorrem a aceitação e a continuidade dos trabalhos de auditoria.
- ❑ Saber em que consiste a execução dos trabalhos de auditoria.
- ❑ Entender sobre a responsabilidade geral pela gestão e pelo alcance da qualidade.

---

[1] Os textos de todas as seções deste capítulo, com as adaptações que julgamos convenientes para torná-los de mais fácil entendimento, foram extraídos da NBC TA 220 (R3) – Gestão de Qualidade da Auditoria de Demonstrações Contábeis, de 18 de novembro de 2021.

# 11.1 Introdução

Este capítulo, fundamentado na NBC TA 220 (R3), trata das responsabilidades específicas do auditor em relação à gestão de qualidade no nível do trabalho de auditoria de demonstrações contábeis e das responsabilidades relacionadas do sócio do trabalho.

A NBC TA 220 se aplica a todas as auditorias de demonstrações contábeis, incluindo auditorias de demonstrações contábeis de grupos.

A NBC TA 600 trata das considerações especiais que se aplicam à auditoria de demonstrações contábeis de grupo e quando auditores de componentes estão envolvidos.

Para os fins das normas de auditoria, componentes são todas as entidades que integram um grupo de entidades. Pode ser, também, uma atividade de negócios para a qual a administração do grupo elabora informações contábeis que devem ser incluídas nas demonstrações contábeis do grupo.

É importante destacar que a NBC TA 600, com as devidas adaptações conforme necessário nas circunstâncias, também pode ser útil na auditoria de demonstrações contábeis quando a equipe de trabalho inclui indivíduos de outra firma[2]. Por exemplo, a NBC TA 600 pode ser útil quando esses indivíduos são envolvidos na participação de contagem física de estoque, na inspeção de imobilizado, ou na execução de procedimentos de auditoria em centro de serviços compartilhados em local remoto.

A NBC TA 200 requer que o auditor cumpra com os requisitos éticos relevantes, incluindo aqueles relacionados com independência, referentes a trabalhos de auditoria de demonstrações contábeis.

Os requisitos éticos relevantes podem variar, dependendo da natureza e das circunstâncias do trabalho. Por exemplo, determinados requisitos relacionados com independência podem ser aplicáveis somente na execução de auditorias de entidades de capital aberto. A NBC TA 600 inclui requisitos e orientações adicionais aos da NBC TA 220 (em estudo), relacionados a comunicações sobre requisitos éticos relevantes com auditores de componente.

A NBC TA 600 estabelece, no item 9b, que auditor do componente se refere ao auditor que, por solicitação da equipe de auditoria encarregada do trabalho do grupo, executa trabalho sobre informações contábeis relacionadas a um componente para a auditoria do grupo.

---

[2] Lembramos que firma é a empresa de auditoria.

## 11.2 Sistema de gestão de qualidade da firma e o papel das equipes de trabalho

A NBC PA 01, no item 14, estabelece que o objetivo da firma é planejar, implementar e operar o sistema de gestão de qualidade para auditorias, revisões das demonstrações contábeis, outros trabalhos de asseguração ou de serviços correlatos executados pela firma, para obter segurança razoável de que:

**a.** a firma e seu pessoal cumprem com suas responsabilidades de acordo com as normas profissionais e os requisitos legais e regulatórios aplicáveis, e conduzem trabalhos de acordo com essas normas e requisitos; e

**b.** os relatórios do trabalho emitidos pela firma ou pelos sócios do trabalho são apropriados nas circunstâncias.

Em firma menor, as políticas ou os procedimentos da firma podem designar um sócio do trabalho, em nome da firma, para planejar muitas das respostas aos riscos de qualidade da firma, uma vez que essa pode ser uma abordagem mais eficaz para planejar e implementar respostas como parte do sistema de gestão de qualidade da firma.

Além disso, as políticas ou os procedimentos de firma menor podem ser menos formais. Por exemplo, uma firma muito pequena, com número relativamente pequeno de trabalhos de auditoria, pode determinar que não há a necessidade de estabelecer um sistema para monitorar a independência para toda a firma e, em vez disso, a independência será monitorada, pelo sócio do trabalho, no nível de trabalho individual.

A NBC TA 220 (R3) baseia-se no pressuposto de que a firma está sujeita à NBC PA 01 – Gestão de Qualidade para Firmas (Pessoas Jurídicas e Físicas) de Auditores Independentes e à NBC PA 02 – Revisão de Qualidade do Trabalho ou a requisitos nacionais que sejam, no mínimo, tão exigentes.

As firmas ou os requisitos nacionais podem usar terminologia ou estruturas diferentes para descrever os componentes do sistema de gestão de qualidade.

Os requisitos nacionais que tratam das responsabilidades da firma pelo planejamento, pela implementação e operação do sistema de gestão de qualidade são, no mínimo, tão exigentes quanto a NBC PA 01 quando tratam dos seus requisitos e impõem obrigações à firma de alcançar o objetivo da NBC PA 01.

A equipe de trabalho, liderada pelo sócio do trabalho, é responsável, no contexto do sistema de gestão de qualidade da firma e por meio do cumprimento dos requisitos da NBC TA 220, pela:

a. implementação das respostas da firma aos riscos de qualidade (ou seja, as políticas ou os procedimentos da firma) aplicáveis ao trabalho de auditoria, usando informações comunicadas pela firma ou obtidas da firma;

b. determinação quanto a planejar e a implementar ou não respostas no nível do trabalho, dadas a natureza e as circunstâncias do trabalho de auditoria; e

c. comunicação à firma das informações do trabalho de auditoria que requerem comunicação segundo as políticas ou os procedimentos da firma para suportar o planejamento, a implementação e a operação do sistema de gestão de qualidade da firma.

É importante destacar que a NBC TA 200 estabelece que a equipe de trabalho deve planejar e executar a auditoria com ceticismo profissional[3] e exercer o julgamento profissional.

O julgamento profissional é exercido na tomada de decisões informadas a respeito dos cursos de ação apropriados para gerir e alcançar a qualidade dadas a natureza e as circunstâncias do trabalho de auditoria.

O ceticismo profissional suporta a qualidade dos julgamentos feitos pela equipe de trabalho e, por meio desses julgamentos, ele suporta a eficácia geral da equipe de trabalho no alcance da qualidade no nível do trabalho.

O exercício adequado do ceticismo profissional pode ser demonstrado por meio de ações e comunicações da equipe de trabalho. Essas ações e comunicações podem incluir etapas específicas para mitigar impedimentos que podem prejudicar o exercício adequado do ceticismo profissional, como tendência inconsciente ou restrições de recursos.

Convém mencionar, conforme já comentado, que em firma menor, as políticas ou os procedimentos da firma podem designar um sócio do trabalho, em nome da firma, para planejar muitas das respostas aos riscos de qualidade da firma, uma vez que essa pode ser uma abordagem mais eficaz para planejar e implementar respostas como parte do sistema de gestão de qualidade da firma. A NBC TA 220 estabelece, no item 8, que

---

[3] Estado de quem duvida de tudo; qualidade indispensável ao auditor.

os requisitos nela apresentados devem ser aplicados no contexto da natureza e das circunstâncias de cada auditoria. Por exemplo:

a. quando uma auditoria é totalmente conduzida pelo sócio do trabalho, como ocorre na auditoria desenvolvida nas empresas de pequeno porte, alguns requisitos apresentados na NBC TA 220 podem não ser relevantes, porque dependem do envolvimento de outros membros da equipe de trabalho;

b. quando uma auditoria não é totalmente conduzida pelo sócio do trabalho, ou em auditoria de entidade cuja natureza e circunstâncias são mais complexas, o sócio do trabalho pode designar o planejamento ou a execução de alguns procedimentos, tarefas ou ações a outros membros da equipe de trabalho.

## 11.3 Responsabilidade do sócio do trabalho pelo sistema de gestão de qualidade

O sócio do trabalho tem a responsabilidade final e cabe a ele o cumprimento dos requisitos contidos na NBC TA 220 em estudo.

A expressão "o sócio do trabalho deve assumir a responsabilidade por..." é usada para os requisitos em relação aos quais o sócio do trabalho pode designar o planejamento ou a execução de procedimentos, tarefas ou ações a membros da equipe de trabalho com habilidades apropriadas ou experiência adequada.

Para outros requisitos, o objetivo da NBC TA 220 é o de que o requisito ou a responsabilidade seja cumprida pelo sócio do trabalho, e o sócio do trabalho possa obter informações da firma ou de outros membros da equipe de trabalho.

Na medida em que a NBC TA 220, em estudo, tem o objetivo expresso de que um requisito ou uma responsabilidade seja cumprida pelo sócio do trabalho, ele pode precisar obter informações da firma ou de outros membros da equipe de trabalho para cumprir com o requisito como é o caso de informações para tomar a decisão necessária ou para fazer o julgamento necessário.

O exemplo apresentado pela NBC TA 220 dá conta de que o sócio do trabalho é requerido a determinar que os membros da equipe de trabalho têm, em conjunto, a competência e as habilidades apropriadas para executar o trabalho de auditoria.

Para fazer o julgamento sobre a competência e as habilidades da equipe de trabalho serem apropriadas, o sócio do trabalho pode precisar usar informações compiladas pela equipe de trabalho ou do sistema de gestão de qualidade da firma.

A NBC TA 220 no item A23 fixa que, no contexto do sistema de gestão de qualidade da firma, os membros da equipe de trabalho da firma são responsáveis pela implementação das políticas ou dos procedimentos da firma aplicáveis ao trabalho de auditoria.

Considerando que os membros da equipe de trabalho de outra firma não são sócios nem fazem parte do quadro de empregados da firma do sócio do trabalho, eles podem não estar sujeitos ao sistema de gestão de qualidade da firma ou às políticas ou aos procedimentos da firma. Ainda, as políticas ou os procedimentos de outra firma podem não ser semelhantes aos da firma do sócio do trabalho. É o caso das políticas ou dos procedimentos relacionados com a direção, da supervisão e da revisão podem ser diferentes, especialmente quando a outra firma está em jurisdição com sistema jurídico, idioma ou cultura diferentes daqueles da firma do sócio do trabalho. Consequentemente, se a equipe de trabalho inclui indivíduos de outra firma, diferentes ações podem ser tomadas pela firma ou pelo sócio do trabalho para implementar as políticas ou os procedimentos da firma em relação ao trabalho desses indivíduos.

No item A24, a NBC TA em questão considera que especificamente as políticas ou os procedimentos da firma podem requerer que a firma ou o sócio do trabalho tomem ações diferentes daquelas aplicáveis ao pessoal na obtenção do entendimento, desde que o indivíduo de outra firma:

- tenha a competência e as habilidades apropriadas para executar o trabalho de auditoria. Por exemplo, o indivíduo não estaria sujeito aos processos de recrutamento e treinamento da firma e, portanto, as políticas ou os procedimentos da firma podem estabelecer que essa determinação pode ser feita por meio de outras ações, como, por exemplo, a obtenção de informações da outra firma ou de órgão de licenciamento ou de registro. Os itens 19 e A38 da NBC TA 600 contêm orientações para a obtenção de entendimento sobre a competência e as habilidades dos auditores de componentes;
- entenda os requisitos éticos relevantes para o trabalho de auditoria de grupo. Por exemplo, o indivíduo não estaria sujeito ao treinamento da firma relacionado com as políticas ou os procedimentos da firma para requisitos éticos relevantes. As políticas ou os procedimentos da firma podem estabelecer que esse entendimento seja obtido por meio de outras ações, como, por exemplo, o fornecimento de informações, manuais ou guias que contenham as disposições dos requisitos éticos relevantes aplicáveis ao trabalho de auditoria para o indivíduo;

- confirme sua independência. Por exemplo, indivíduos que não fazem parte do pessoal talvez não possam preencher as declarações de independência diretamente nos sistemas de independência da firma. As políticas ou os procedimentos da firma podem estabelecer que esses indivíduos podem fornecer evidência de sua independência em relação ao trabalho de auditoria de outras maneiras, como uma confirmação por escrito.

## 11.4 Objetivo do auditor na busca da qualidade da auditoria

Segundo o item 11 da NBC TA 220, o objetivo do auditor é gerir a qualidade no nível do trabalho para obter segurança razoável de que a qualidade foi alcançada de modo que:

**a.** o auditor cumpriu com as suas responsabilidades e conduziu a auditoria, de acordo com as normas profissionais e com os requisitos legais e regulatórios aplicáveis; e

**b.** o relatório do auditor emitido é apropriado nas circunstâncias.

## 11.5 Responsabilidades da liderança pela gestão e pelo alcance da qualidade na auditoria

O sócio do trabalho deve assumir a responsabilidade geral pela gestão e pelo alcance da qualidade no trabalho de auditoria, incluindo a responsabilidade por criar ambiente para o trabalho que enfatiza a cultura da firma e o comportamento esperado dos membros da equipe de trabalho. Ao fazer isso, o sócio do trabalho deve estar suficiente e apropriadamente envolvido durante todo o trabalho de auditoria de modo a ter a base para determinar se os julgamentos significativos feitos e as conclusões obtidas são apropriados, dadas a natureza e as circunstâncias do trabalho (item 13 da NBC TA 220).

A NBC PA 01 requer que a firma estabeleça objetivos de qualidade que tratam da governança e da liderança da firma que suportam o planejamento, a implementação e a operação do sistema de gestão de qualidade.

A responsabilidade do sócio do trabalho pela gestão e pelo alcance da qualidade é suportada pela cultura da firma que demonstra compromisso com a qualidade.

Ao tratar dos requisitos previstos nos itens 13 e 14 da NBC TA 220, em estudo, o sócio do trabalho pode se comunicar diretamente com outros membros da equipe de trabalho e reforçar essa comunicação por meio de conduta e ações pessoais (liderando pelo exemplo).

Uma cultura que demonstra compromisso com a qualidade é ainda moldada e reforçada pelos membros da equipe de trabalho na medida em que eles demonstram os comportamentos esperados na execução do trabalho.

A NBC TA em foco determina, no item A29, que a natureza e a extensão das ações do sócio do trabalho para demonstrar o compromisso da firma com a qualidade podem depender de vários fatores, incluindo o tamanho, a estrutura, a dispersão geográfica e a complexidade da firma, da equipe de trabalho e da natureza e das circunstâncias do trabalho de auditoria.

Para equipe de trabalho menor com poucos membros, influenciar a cultura desejada por meio da interação direta e da conduta pode ser suficiente, enquanto para equipe de trabalho maior, dispersa em diversas localidades, comunicações mais formais podem ser necessárias.

O envolvimento suficiente e apropriado durante todo o trabalho de auditoria pode ser demonstrado pelo sócio do trabalho de diversas maneiras, como:

- assumindo a responsabilidade pela natureza, época e extensão da direção e da supervisão dos membros da equipe de trabalho, e da revisão do seu trabalho ao cumprir com os requisitos da NBC TA 220; e
- variando a natureza, a época e a extensão dessa direção, supervisão e revisão no contexto da natureza e das circunstâncias do trabalho.

Conforme consta no item A31 da NBC TA aqui tratada, a comunicação é o meio pelo qual a equipe de trabalho compartilha as informações relevantes de maneira tempestiva para cumprir com os requisitos da norma, contribuindo assim para o alcance da qualidade no trabalho de auditoria.

A comunicação pode ser entre dois ou mais membros da equipe de trabalho, ou com:

a. a firma (por exemplo, indivíduos que executam atividades no sistema de gestão de qualidade da firma, incluindo aqueles para os quais foi designada a responsabilidade final ou operacional pelo sistema de gestão de qualidade da firma);

b. outros indivíduos envolvidos na auditoria (por exemplo, auditores internos que prestam assistência direta ou especialista externo do auditor); e

c. partes externas à firma (por exemplo, administração, responsáveis pela governança ou autoridades reguladoras).

A natureza e as circunstâncias do trabalho de auditoria podem afetar as decisões do sócio do trabalho relacionadas com os meios apropriados para a comunicação eficaz com os membros da equipe de trabalho. Por exemplo, para suportar a direção, a supervisão e a revisão apropriada, a firma pode usar aplicativos de TI para facilitar a comunicação entre os membros da equipe quando eles estiverem executando o trabalho em diferentes localidades geográficas.

O sócio do trabalho é responsável por enfatizar a importância de cada membro da equipe de trabalho exercer o ceticismo profissional durante todo o trabalho de auditoria.

As condições inerentes a alguns trabalhos de auditoria podem gerar pressões sobre a equipe de trabalho que podem impedir o devido exercício do ceticismo profissional no planejamento, na execução dos procedimentos de auditoria e na avaliação da evidência de auditoria. Consequentemente, ao desenvolver a estratégia geral de auditoria, de acordo com a NBC TA 300, a equipe de trabalho pode precisar considerar se essas condições existem no trabalho de auditoria e, caso afirmativo, quais ações a firma ou a equipe de trabalho podem precisar tomar para mitigar esses impedimentos.

Os impedimentos ao exercício do ceticismo profissional no nível do trabalho podem incluir, mas não são limitados a:

- restrições de orçamento, que podem desencorajar o uso de recursos suficientemente experientes ou tecnicamente qualificados, incluindo especialistas, necessários para auditorias de entidades nas quais a experiência técnica ou habilidades especializadas são necessárias para o efetivo entendimento, a avaliação e respostas aos riscos e questionamento à administração;

- prazos curtos, que podem afetar negativamente o comportamento dos que executam o trabalho e dos que dirigem, supervisionam e revisam. Por exemplo, pressões de tempo externas podem criar restrições para a análise eficaz de informações complexas;

- falta de cooperação ou pressões indevidas impostas pela administração, que podem afetar negativamente a capacidade da equipe de trabalho de resolver questões complexas ou controversas;

- entendimento insuficiente da entidade e de seu ambiente, do seu sistema de controles internos e da estrutura de relatório financeiro aplicável, que pode restringir a capacidade da equipe de trabalho de fazer julgamentos apropriados e questionamento das afirmações da administração;

- dificuldades na obtenção de acesso a registros, instalações, determinados empregados, clientes, fornecedores ou outros, que podem levar a equipe de trabalho à tendência na seleção de fontes de evidência de auditoria e a buscar evidência de auditoria de fontes que são mais facilmente acessíveis; e
- confiança excessiva em ferramentas e técnicas automatizadas, que pode levar a equipe de trabalho a não avaliar criticamente a evidência de auditoria.

As tendências inconscientes ou conscientes do auditor podem afetar os julgamentos profissionais da equipe de trabalho, incluindo, por exemplo, no planejamento e na execução de procedimentos de auditoria ou na avaliação da evidência de auditoria.

A NBC TA 220 apresenta vários exemplos de tendências inconscientes do auditor que podem impedir o exercício do ceticismo profissional. Veja:

- tendência de disponibilidade, que é a tendência de se dar peso maior a eventos ou experiências que imediatamente vêm à mente ou que estão prontamente disponíveis do que aos que não vêm imediatamente à mente ou não estão prontamente disponíveis;
- tendência de confirmação, que é a tendência de se dar peso maior a informações que corroboram uma crença existente do que as informações que contradizem ou levantam dúvidas sobre essa crença;
- pensamento de grupo, que é a tendência de pensar ou tomar decisões como grupo que desencoraja a criatividade ou a responsabilidade individual;
- tendência de excesso de confiança, que é a tendência de superestimar a própria capacidade de fazer avaliações precisas de risco ou outros julgamentos ou decisões;
- tendência de ancoragem, que é a tendência de usar uma informação inicial como âncora em relação à qual as informações posteriores são avaliadas inadequadamente;
- tendência de automação, que é a tendência de favorecer resultados gerados por sistemas automatizados mesmo quando o raciocínio humano ou informações contraditórias levantam questões sobre a confiabilidade do resultado ou sua adequação para o propósito.

Veja agora, exemplos das possíveis ações que a equipe de trabalho pode tomar para mitigar os impedimentos ao exercício do ceticismo profissional no nível do trabalho:

- permanecer atento às mudanças na natureza ou nas circunstâncias do trabalho de auditoria que necessitam de recursos adicionais ou diferentes para o trabalho, e solicitar recursos adicionais ou diferentes aos indivíduos dentro da firma, responsáveis pela alocação ou designação de recursos para o trabalho;

- alertar explicitamente a equipe de trabalho para casos ou situações em que a vulnerabilidade a tendências inconscientes ou conscientes do auditor pode ser maior (por exemplo, áreas que envolvem mais julgamento), e enfatizar a importância de buscar aconselhamento de membros mais experientes da equipe de trabalho no planejamento e na execução dos procedimentos de auditoria;

- mudar a composição da equipe de trabalho, por exemplo, solicitando que indivíduos mais experientes com maiores habilidades, conhecimento ou experiência específica sejam designados para o trabalho;

- envolver membros mais experientes da equipe de trabalho ao lidar com membros da administração com os quais a interação seja difícil ou desafiadora;

- envolver membros da equipe de trabalho com habilidades e conhecimento especializados ou especialista do auditor para auxiliar a equipe de trabalho em áreas complexas ou subjetivas da auditoria;

- modificar a natureza, a época e a extensão da direção, da supervisão ou da revisão mediante o envolvimento de membros mais experientes da equipe de trabalho, de supervisão presencial mais frequente ou de revisões mais aprofundadas de determinados papéis de trabalho para:
  - áreas complexas ou subjetivas da auditoria;
  - áreas que oferecem riscos para alcançar a qualidade no trabalho de auditoria;
  - áreas com risco de fraude; e
  - não conformidade identificada ou suspeita de não conformidade com leis e regulamentos;

- estabelecer expectativas para:
  - os membros menos experientes da equipe de trabalho buscarem aconselhamento com frequência e de maneira tempestiva de membros mais experientes da equipe de trabalho ou do sócio do trabalho; e
  - os membros mais experientes da equipe de trabalho estarem disponíveis para os membros menos experientes durante todo o trabalho de auditoria e responderem positivamente e de maneira tempestiva às percepções dos membros menos experientes e às suas solicitações de aconselhamento ou assistência;

- comunicar aos responsáveis pela governança quando a administração impõe pressão indevida ou a equipe de trabalho tem dificuldades para obter acesso a registros, instalações, determinados empregados, clientes, fornecedores ou outros dos quais pode-se buscar evidência de auditoria.

A NBC TA 220, no item A37, determina que o envolvimento suficiente e apropriado durante todo o trabalho de auditoria quando procedimentos, tarefas ou ações foram designados a outros membros da equipe de trabalho pode ser demonstrado pelo sócio do trabalho de diversas maneiras, incluindo:

- informar as pessoas designadas sobre a natureza de suas responsabilidades e autoridade, o alcance do trabalho designado e os seus objetivos, e fornecer quaisquer outras instruções necessárias e informações relevantes;
- dirigir e supervisionar os indivíduos designados;
- revisar o trabalho dos indivíduos designados para avaliar as conclusões obtidas, além dos requisitos nos itens de 29 a 34.

A NBC TA, em estudo, estabelece no item 14 que, ao criar o ambiente para o trabalho que enfatiza a cultura da firma e o comportamento esperado dos membros da equipe de trabalho, o sócio do trabalho deve assumir a responsabilidade por tomar ações claras, coerentes e eficazes, que reflitam o compromisso da firma com a qualidade e estabeleçam e comuniquem o comportamento esperado dos membros da equipe de trabalho, inclusive enfatizando:

a. que todos os membros da equipe de trabalho são responsáveis por contribuir para a gestão e o alcance da qualidade no nível do trabalho;

b. a importância da ética, dos valores e das atitudes profissionais para os membros da equipe de trabalho;

c. a importância da comunicação aberta e firme dentro da equipe de trabalho, e que suporte a capacidade dos membros da equipe de trabalho de levantarem questões sem medo de represálias; e

d. a importância de cada membro da equipe de trabalho exercer o ceticismo profissional durante todo o trabalho de auditoria.

O envolvimento suficiente e apropriado durante todo o trabalho de auditoria pode ser demonstrado pelo sócio do trabalho de diversas maneiras, como:

- assumindo a responsabilidade pela natureza, época e extensão da direção e da supervisão dos membros da equipe de trabalho, e da revisão do seu trabalho ao cumprir com os requisitos desta Norma; e
- variando a natureza, a época e a extensão dessa direção, supervisão e revisão no contexto da natureza e das circunstâncias do trabalho.

## 11.6  Requisitos éticos relevantes

Trataremos nesta seção dos requisitos éticos relevantes, incluindo aqueles relacionados com independência.

A NBC TA 220, em seu item 16, estabelece que o sócio do trabalho deve entender os requisitos éticos relevantes, incluindo aqueles relacionados com independência, que são aplicáveis dadas a natureza e as circunstâncias do trabalho de auditoria.

Os itens 14 e de A16 a A19 da NBC TA 200 também requerem que o auditor cumpra com os requisitos éticos relevantes, incluindo aqueles relacionados com independência, referentes a trabalhos de auditoria de demonstrações contábeis.

É importante esclarecer que os requisitos éticos relevantes podem variar dependendo da natureza e das circunstâncias do trabalho. Por exemplo, determinados requisitos relacionados com independência podem ser aplicáveis somente na execução de auditorias de entidades de capital aberto. A NBC TA 600 inclui requisitos e orientações adicionais aos da NBC TA 220, relacionados a comunicações sobre requisitos éticos relevantes com auditores de componente.

Com base na natureza e nas circunstâncias do trabalho de auditoria, determinadas leis, regulamentos ou aspectos dos requisitos éticos relevantes, como aqueles referentes à não conformidade com leis e regulamentos, podem ser relevantes para o trabalho, como, por exemplo, leis ou regulamentos que tratam de lavagem de dinheiro, corrupção ou suborno.

A NBC TA 220 (R3), em estudo, estabelece no item A40 que o sistema de informações da firma e os recursos fornecidos por ela podem ajudar a equipe de trabalho a entender e cumprir com os requisitos éticos relevantes aplicáveis à natureza e às circunstâncias do trabalho de auditoria. Por exemplo, a firma pode:

- comunicar os requisitos de independência para as equipes de trabalho;
- fornecer treinamento para as equipes de trabalho sobre os requisitos éticos relevantes;

- estabelecer manuais e guias (ou seja, recursos intelectuais) contendo as disposições dos requisitos éticos relevantes e orientações sobre o modo como elas são aplicadas na natureza e nas circunstâncias da firma e de seus trabalhos;
- designar pessoal para gerenciar e monitorar o cumprimento dos requisitos éticos relevantes (por exemplo, a NBC PA 01 requer que a firma obtenha, no mínimo anualmente, uma confirmação documentada do cumprimento dos requisitos de independência de todo pessoal cuja independência é requerida pelos requisitos éticos relevantes) ou prestar consultoria sobre assuntos relacionados com os requisitos éticos relevantes;
- estabelecer políticas ou procedimentos para que os membros da equipe de trabalho comuniquem informações relevantes e confiáveis às partes apropriadas dentro da firma ou ao sócio do trabalho, como políticas ou procedimentos para as equipes de trabalho:
  - comunicarem informações sobre os trabalhos de clientes e o alcance dos serviços, incluindo serviços de não asseguração, para permitir que a firma identifique ameaças à independência durante o período do trabalho e durante o período coberto pelo objeto;
  - comunicarem circunstâncias e relacionamentos que podem gerar ameaça à independência, de modo que a firma possa avaliar se essa ameaça está em nível aceitável e, se não estiver, para que ela possa tratar das ameaças de forma a eliminá-las ou reduzi-las a um nível aceitável;
  - comunicarem prontamente quaisquer violações dos requisitos éticos relevantes, incluindo aqueles relacionados com independência.

O sócio do trabalho pode levar em consideração as informações, a comunicação e os recursos descritos no item A40 da NBC TA 220 (R3) apresentados anteriormente, ao determinar se ele pode depender das políticas ou dos procedimentos da firma no cumprimento dos requisitos éticos relevantes.

A comunicação aberta e robusta entre os membros da equipe de trabalho sobre os requisitos éticos relevantes também pode ajudar a:

- chamar a atenção dos membros da equipe de trabalho para os requisitos éticos relevantes que podem ser de especial importância para o trabalho de auditoria; e
- manter o sócio do trabalho informado sobre assuntos relevantes para o entendimento e o cumprimento dos requisitos éticos relevantes e das respectivas políticas ou procedimentos da firma pela equipe de trabalho.

## 11.7 Continuidade e execução dos trabalhos de auditoria

O sócio do trabalho deve determinar que as políticas ou os procedimentos para a aceitação e a continuidade de relacionamentos com clientes e trabalhos de auditoria foram seguidos e que as conclusões obtidas sobre esse aspecto são apropriadas.

O sócio do trabalho deve levar em consideração as informações obtidas no processo de aceitação e continuidade ao planejar e executar o trabalho de auditoria de acordo com as normas de auditoria e no cumprimento dos requisitos da NBC TA em estudo.

Se a equipe de trabalho tomar conhecimento de informações que poderiam ter levado a firma a recusar o trabalho de auditoria, caso essas informações fossem conhecidas antes da aceitação ou da continuidade do relacionamento com o cliente ou do trabalho específico, o sócio do trabalho deve comunicar essas informações prontamente para a firma, de modo que a firma e o sócio do trabalho possam tomar a ação necessária.

Ao sócio do trabalho cabe:

- assumir a responsabilidade pela direção e supervisão dos membros da equipe de trabalho e pela revisão do trabalho deles;
- determinar que a natureza, a época e a extensão da direção, supervisão e revisão são:
  - a. planejadas e executadas de acordo com as políticas ou os procedimentos da firma, as normas profissionais e os requisitos legais e regulatórios aplicáveis; e
  - b. suscetíveis à natureza e às circunstâncias do trabalho de auditoria e aos recursos designados e disponibilizados para a equipe de trabalho pela firma;
- revisar a documentação de auditoria em momentos apropriados durante o trabalho de auditoria, incluindo a documentação de auditoria relacionada com:
  - a. assuntos significativos;
  - b. julgamentos significativos, incluindo aqueles relacionados com assuntos difíceis ou controversos identificados durante o trabalho de auditoria, e as conclusões obtidas; e
  - c. outros assuntos que, no julgamento profissional do sócio do trabalho, são relevantes para suas responsabilidades.

Cabe, ainda ao sócio do trabalho:

- determinar, na data, ou antes da data, do relatório do auditor, por meio da revisão da documentação de auditoria e da discussão com a equipe de trabalho, que foi obtida evidência de auditoria apropriada e suficiente para suportar as conclusões obtidas e o relatório do auditor a ser emitido;

- antes de datar o relatório do auditor, revisar as demonstrações contábeis e o relatório do auditor, incluindo, se aplicável, a descrição dos principais assuntos de auditoria de acordo com a NBC TA 701 – Comunicação dos Principais Assuntos de Auditoria no Relatório do Auditor Independente e a documentação de auditoria relacionada, para determinar que o relatório a ser emitido será apropriado nas circunstâncias;

- revisar as comunicações formais feitas por escrito para a administração, para os responsáveis pela governança ou para as autoridades reguladoras antes de sua emissão.

É dever do sócio do trabalho, também:

a. assumir a responsabilidade pela realização de consulta por parte da equipe de trabalho sobre:

   i. assuntos difíceis ou controversos e assuntos sobre os quais as políticas ou os procedimentos da firma requerem consulta; e

   ii. outros assuntos que, no julgamento profissional do sócio do trabalho, requerem consulta;

b. determinar que os membros da equipe de trabalho realizaram consultas apropriadas durante o trabalho de auditoria, tanto dentro da equipe de trabalho quanto entre a equipe de trabalho e outros indivíduos no nível apropriado dentro ou fora da firma;

c. determinar que a natureza e o alcance dessas consultas e das conclusões resultantes foram acordados com a parte consultada; e

d. determinar que as conclusões acordadas foram implementadas.

## 11.7.1  Revisão de qualidade do trabalho

O item 36 da NBC TA 220 estabelece que, para os trabalhos de auditoria para os quais a revisão de qualidade do trabalho é necessária, o sócio do trabalho deve:

a. determinar que o revisor de qualidade do trabalho foi nomeado;

b. cooperar com o revisor de qualidade do trabalho e informar os outros membros da equipe de trabalho sobre sua responsabilidade de cooperar;

c. discutir assuntos e julgamentos significativos levantados durante o trabalho de auditoria, incluindo aqueles identificados durante a revisão de qualidade do trabalho, com o revisor de qualidade do trabalho; e

d. não datar o relatório do auditor antes da conclusão da revisão de qualidade do trabalho (ver itens de A104 a A106 da NBC TA 220 (R3)).

## 11.8 Responsabilidade geral pela gestão e pelo alcance da qualidade

Segundo o item 40 da NBC TA 220 (R3), antes de datar o relatório do auditor, o sócio do trabalho deve determinar que assumiu a responsabilidade geral pela gestão e pelo alcance da qualidade no trabalho de auditoria.

Ao fazer isso, o sócio do trabalho deve determinar que:

a. seu envolvimento foi suficiente e apropriado durante todo o trabalho de auditoria de modo a ter a base para determinar que os julgamentos significativos feitos e as conclusões obtidas são apropriados dadas a natureza e as circunstâncias do trabalho; e

b. a natureza e as circunstâncias do trabalho de auditoria, quaisquer mudanças na natureza e nas circunstâncias do trabalho de auditoria, e as políticas ou os procedimentos relacionados da firma foram levados em consideração no cumprimento dos requisitos da NBC TA 220.

A NBC TA 220 (R3) estabelece no item 41 que o auditor deve incluir na documentação de auditoria:

a. assuntos identificados, discussões relevantes com o pessoal e conclusões obtidas relacionadas com:

   i. o cumprimento das responsabilidades relacionadas com os requisitos éticos relevantes, incluindo aqueles relacionados com independência;

   ii. a aceitação e a continuidade de relacionamentos com clientes e trabalhos de auditoria;

b. a natureza e o alcance de consultas feitas durante o trabalho de auditoria, e das conclusões resultantes, e o modo como essas conclusões foram implementadas;

c. se o trabalho de auditoria está sujeito à revisão de qualidade do trabalho, que a revisão de qualidade do trabalho foi concluída na data, ou antes da data, do relatório do auditor.

## LEITURAS OBRIGATÓRIAS:

- NBC TA 220 (R3) – Gestão de Qualidade da Auditoria de Demonstrações Contábeis, de 18 de novembro de 2021; e
- NBC TA 600 (R1) – Considerações Especiais – Auditorias de Demonstrações Contábeis de Grupos, Incluindo o Trabalho dos Auditores dos Componentes, de 19 de agosto de 2016.

## Atividades Teóricas

Responda:

1. Para os fins das normas de auditoria, o que são componentes?
2. O que é auditor do componente?
3. Em firma pequena, a quem cabe planejar muitas das respostas aos riscos de qualidade da firma?
4. O que é ceticismo profissional?
5. Em que circunstâncias uma auditoria é conduzida somente pelo sócio do trabalho?
6. A quem compete a responsabilidade final dos trabalhos de auditoria?
7. Qual é o objetivo do auditor no nível do trabalho para obter segurança razoável de que a qualidade será alcançada?
8. Cite três fatores que interferem na natureza e na extensão das ações do sócio do trabalho para demonstrar o compromisso da firma com a qualidade.
9. Cite três tendências inconscientes do auditor que podem impedir o exercício do ceticismo profissional.
10. Cite três exemplos das possíveis ações que a equipe de trabalho pode tomar para mitigar os impedimentos ao exercício do ceticismo profissional no nível do trabalho.
11. O envolvimento suficiente e apropriado durante todo o trabalho de auditoria pode ser demonstrado pelo sócio do trabalho de diversas maneiras. Cite uma delas.

12. Segundo o item 40 da NBC TA 220 (R3), como deve proceder o sócio do trabalho, antes de datar o relatório do auditor?

Classifique as afirmativas em falsas ou verdadeiras:

1. ( ) A NBC TA 220 (R3) baseia-se no pressuposto de que a firma está sujeita à NBC PA 01 e à NBC PA 02 – Auditores Independentes.

2. ( ) As firmas ou os requisitos nacionais não podem usar terminologia ou estruturas diferentes para descrever os componentes do sistema de gestão de qualidade.

3. ( ) A NBC TA 200 estabelece que a equipe de trabalho deve planejar e executar a auditoria com ceticismo profissional.

4. ( ) O exercício adequado do ceticismo profissional pode ser demonstrado por meio de ações e comunicações da equipe de trabalho.

5. ( ) Na medida em que a NBC TA 220 tem o objetivo expresso de que um requisito ou uma responsabilidade seja cumprida pelo sócio do trabalho, ele não precisa obter informações da firma ou de outros membros da equipe de trabalho para tomar suas decisões.

6. ( ) Os membros de outra firma que integram a equipe de trabalho, exatamente porque integram a equipe de trabalho da firma do sócio do trabalho, estão sujeitos ao sistema de gestão de qualidade da firma do sócio do trabalho.

7. ( ) A comunicação é o meio pelo qual a equipe de trabalho compartilha as informações relevantes de maneira tempestiva para cumprir com os requisitos da NBC TA 220.

8. ( ) A natureza e as circunstâncias do trabalho de auditoria podem afetar as decisões do sócio do trabalho.

9. ( ) Tendências inconscientes ou conscientes do auditor não afetam os julgamentos profissionais da equipe de trabalho.

10. ( ) É correto afirmar que os requisitos éticos relevantes podem variar dependendo da natureza e das circunstâncias do trabalho.

Escolha a alternativa correta:

1. A NBC TA 220 se aplica:

    a) a todas as auditorias de demonstrações contábeis, exceto auditorias de demonstrações contábeis de grupos.

    b) a todas as auditorias de demonstrações contábeis.

    c) somente aos trabalhos de auditoria interna e de asseguração.

    d) somente na auditoria de revisão.

    e) NDA.

2. Podem provocar variações nos requisitos éticos relevantes dos trabalhos de auditoria:

a) natureza do trabalho.

b) circunstâncias do trabalho.

c) conhecimentos técnicos do auditor.

d) as alternativas de "a" a "c" estão corretas.

e) as alternativas "a" e "b" estão corretas.

3. A equipe de trabalho, liderada pelo sócio do trabalho, é responsável, no contexto do sistema de gestão de qualidade da firma, pela:

a) implementação das respostas da firma aos riscos de qualidade.

b) determinação quanto a planejar e a implementar ou não respostas no nível do trabalho, dadas a natureza e as circunstâncias do trabalho de auditoria.

c) comunicação à firma das informações do trabalho de auditoria que requerem comunicação.

d) as alternativas "a", "b" e "c" estão corretas.

e) NDA.

4. O julgamento profissional é exercido:

a) no planejamento dos trabalhos de auditoria.

b) no momento da conclusão do relatório de auditoria.

c) na tomada de decisões.

d) no encerramento dos trabalhos de auditoria.

e) NDA.

5. No contexto do sistema de gestão de qualidade da firma, são responsáveis pela implementação das políticas ou dos procedimentos da firma aplicáveis ao trabalho de auditoria:

a) os membros da equipe de trabalho da firma.

b) todos os auditores da firma.

c) somente os sócios da firma.

d) os administradores da empresa auditada e os sócios da firma de auditoria.

e) NDA.

6. É responsável por enfatizar a importância de cada membro da equipe de trabalho exercer o ceticismo profissional durante todo o trabalho de auditoria:

a) qualquer membro da governança da auditada.

b) o sócio do trabalho.

c) qualquer membro da equipe de trabalho.

d) o auditor de componente.

e) NDA.

7. Os impedimentos ao exercício do ceticismo profissional no nível do trabalho podem incluir:

a) restrições de orçamento.

b) prazos curtos.

c) falta de cooperação ou pressões indevidas impostas pela administração.

d) entendimento insuficiente da entidade e de seu ambiente, do seu sistema de controles internos e da estrutura de relatório financeiro aplicável.

e) todas estão corretas.

8. A comunicação aberta e robusta entre os membros da equipe de trabalho sobre os requisitos éticos relevantes também pode ajudar a:

a) chamar a atenção dos membros da equipe de trabalho para os requisitos éticos relevantes.

b) manter o sócio do trabalho informado sobre assuntos relevantes para o entendimento e o cumprimento dos requisitos éticos relevantes.

c) evitar que os responsáveis pela governança tomem conhecimento dos assuntos éticos.

d) as alternativas "a" e "b" estão corretas.

e) NDA.

# CAPÍTULO 12

# MATERIALIDADE NO PLANEJAMENTO E NA EXECUÇÃO DA AUDITORIA

## Objetivos do Capítulo

### Após ler este capítulo,[1] você estará apto a:

❑ Conhecer a responsabilidade de o auditor independente aplicar o conceito de materialidade no planejamento e na execução de auditoria de demonstrações contábeis.

❑ Conhecer a definição de materialidade.

❑ Entender a materialidade no contexto de auditoria.

❑ Discutir a determinação da materialidade no planejamento.

❑ Discutir a materialidade para execução de auditoria.

❑ Entender a necessidade da revisão no decorrer da auditoria.

## 12.1 Introdução[2]

A estrutura de relatórios financeiros frequentemente discute o conceito de materialidade no contexto da elaboração e apresentação de demonstrações contábeis. Embora a estrutura de relatórios financeiros discuta materialidade em termos diferentes, em geral, ela explica que:

• distorções, incluindo omissões, são consideradas relevantes quando for razoavelmente esperado que estas possam, individualmente ou em conjunto, influenciar as decisões econômicas de usuários tomadas com base nas demonstrações contábeis;

---

[1] Os textos de todas as seções e subseções deste capítulo, com as adaptações que julgamos convenientes para torná-los de mais fácil entendimento, foram extraídos da NBC TA 320 (R1).

[2] Itens 2 e 3, da NBC TA 320 (R1).

- julgamentos sobre materialidade são feitos à luz das circunstâncias envolvidas, e são afetados pela magnitude e natureza das distorções, ou a combinação de ambos; e

- julgamentos sobre quais assuntos são relevantes para usuários das demonstrações contábeis são baseados em considerações sobre as necessidades de informações financeiras comuns a usuários como um grupo.

Não se considera o possível efeito de distorções sobre usuários individuais específicos cujas necessidades podem variar de forma significativa.

A NBC TG ESTRUTURA CONCEITUAL (Estrutura Conceitual para a Elaboração e Apresentação de Demonstrações Contábeis) indica que, para a entidade com fins lucrativos, considerando-se que os investidores forneçam o capital de risco para o empreendimento, o fornecimento de demonstrações contábeis, além de atender às suas necessidades, também atende à maioria das necessidades dos outros usuários das demonstrações contábeis.

Esse tipo de discussão, quando presente na estrutura de relatório financeiro aplicável, fornece um referencial para o auditor na determinação da materialidade para a auditoria.

## 12.2  Definição

O conceito de "materialidade" é utilizado nos meios contábeis sempre que se pretende medir a relevância (importância) de um procedimento em relação a um conjunto de procedimentos.

A comparação do procedimento em relação ao conjunto é feita no sentido de justificar a realização ou não do referido procedimento.

Em uma indústria de confecções, por exemplo, costumam-se considerar, como custos indiretos em relação a cada produto fabricado, os gastos com aviamentos (botões, zíperes, colchetes, linhas etc.), embora integrem o produto caracterizando custos diretos. Esse procedimento se justifica pela falta de materialidade dos custos dos aviamentos aplicados em um lote de produtos em relação ao custo total do referido lote de produtos.

Em outras palavras: a relação "custo/benefício" indica, nesse caso, que os custos com a mão de obra necessária para realizar os minuciosos controles dos custos dos aviamentos para agregar ao custo de cada produto superam os custos dos respectivos aviamentos. Fica, portanto, mais barato para a indústria calcular os custos dos aviamentos juntamente aos custos indiretos, principalmente porque, nesse caso, aplicando-se os dois critérios, o resultado seria praticamente o mesmo.

O conceito de materialidade, conforme estabelece o item 5 da NBC TA 320 (R1), é aplicado pelo auditor no planejamento e na execução da auditoria, e na avaliação do efeito de distorções identificadas na auditoria e de distorções não corrigidas, se houver, sobre as demonstrações contábeis e na formação da opinião no relatório do auditor independente.

Veja a definição de materialidade contida no item 9, da NBC TA 320 (R1):

> Para fins das normas de auditoria, materialidade para execução da auditoria significa o valor ou os valores fixados pelo auditor, inferiores ao considerado relevante para as demonstrações contábeis como um todo, para adequadamente reduzir a um nível baixo a probabilidade de as distorções não corrigidas e não detectadas em conjunto excederem à materialidade para as demonstrações contábeis como um todo.
>
> Se aplicável, materialidade para execução da auditoria refere-se, também, ao valor ou aos valores fixados pelo auditor inferiores ao nível ou aos níveis de materialidade para as classes específicas de transações, saldos contábeis e divulgações.

Veja, agora, a definição contida no item 2.11 da NBC TG ESTRUTURA CON-CEITUAL – Estrutura Conceitual para Relatório Financeiro, aprovada pelo CFC em seu Plenário de 21 de novembro de 2019:

> A informação é material se a sua omissão, distorção ou obscuridade puder influenciar, razoavelmente, as decisões que os principais usuários de relatórios financeiros para fins gerais tomam com base nesses relatórios, que fornecem informações financeiras sobre entidade específica que reporta. Em outras palavras, materialidade é um aspecto de relevância específico da entidade com base na natureza ou magnitude, ou ambas, dos itens aos quais as informações se referem no contexto do relatório financeiro da entidade individual. Consequentemente, não se pode especificar um limite quantitativo uniforme para materialidade ou predeterminar o que pode ser material em uma situação específica.

## 12.3 Materialidade no contexto de auditoria[3]

A determinação de materialidade pelo auditor é uma questão de julgamento profissional e é afetada pela percepção do auditor das necessidades de informações financeiras dos usuários das demonstrações contábeis.

Nesse contexto, é razoável que o auditor assuma que os usuários:

- possuam conhecimento razoável de negócios, atividades econômicas, de contabilidade e a disposição de estudar as informações das demonstrações contábeis com razoável diligência;

- entendam que as demonstrações contábeis são elaboradas, apresentadas e auditadas considerando-se os níveis de materialidade;

- reconheçam as incertezas inerentes à mensuração de valores baseados no uso de estimativas, julgamento e a consideração sobre eventos futuros; e

- tomem decisões econômicas razoáveis com base nas informações das demonstrações contábeis.

Conforme já reproduzido na Seção 12.2, o item 5, da NBC TA 320 (R1), estabelece que o conceito de materialidade é aplicado pelo auditor no planejamento e na execução da auditoria, e na avaliação do efeito de distorções identificadas na auditoria e de distorções não corrigidas, se houver, sobre as demonstrações contábeis e na formação da opinião no relatório do auditor independente.

Ao conduzir a auditoria de demonstrações contábeis, os objetivos globais do auditor são obter segurança razoável de que as demonstrações contábeis como um todo estão livres de distorções relevantes, devido a fraude ou erro, possibilitando, dessa maneira, ao auditor expressar uma opinião sobre as demonstrações contábeis terem sido elaboradas, em todos os aspectos relevantes, de acordo com a estrutura de relatório financeiro aplicável, assim como reportar os assuntos identificados (NBC TA 200 (R1), item 11).

O auditor obtém segurança razoável mediante a obtenção de evidência de auditoria suficiente e apropriada para reduzir o risco de auditoria a um nível aceitavelmente baixo (NBC TA 200 (R1), item 17).

O risco de auditoria é aquele de o auditor expressar uma opinião de auditoria inadequada quando as demonstrações contábeis apresentam distorções relevantes.

---

[3]  Itens 4 a 6 e A1, da NBC TA 320.

O risco de auditoria é derivado da combinação entre os riscos de distorção relevante e de detecção (NBC TA 200 (R1), item 13(c)).

A materialidade e os riscos de auditoria são levados em consideração durante a auditoria, especialmente na:

- identificação e avaliação dos riscos de distorção relevante (NBC TA 315 – Identificação e Avaliação dos Riscos de Distorção Relevante por meio do Entendimento da Entidade e de seu Ambiente);
- determinação da natureza, da época e da extensão de procedimentos adicionais de auditoria (NBC TA 330 – Resposta do Auditor aos Riscos Avaliados); e
- avaliação do efeito de distorções não corrigidas, se houver, sobre as demonstrações contábeis (NBC TA 450) e na formação da opinião no relatório do auditor independente (NBC TA 700 – Formação da Opinião e Emissão do Relatório do Auditor Independente sobre as Demonstrações Contábeis).

Ao planejar a auditoria, o auditor exerce julgamento sobre a magnitude das distorções que são consideradas relevantes. Esses julgamentos fornecem a base para:

- determinar a natureza, a época e a extensão de procedimentos de avaliação de risco;
- identificar e avaliar os riscos de distorção relevante; e
- determinar a natureza, a época e a extensão de procedimentos adicionais de auditoria.

A materialidade determinada no planejamento da auditoria não estabelece necessariamente um valor abaixo do qual as distorções não corrigidas, individualmente ou em conjunto, serão sempre avaliadas como não relevantes.

As circunstâncias relacionadas a algumas distorções podem levar o auditor a avaliá-las como relevantes mesmo que estejam abaixo do limite de materialidade. Apesar de não ser praticável definir procedimentos de auditoria para detectar distorções que poderiam ser relevantes somente por sua natureza, ao avaliar seu efeito sobre as demonstrações contábeis, o auditor considera não apenas a magnitude, mas, também, a natureza de distorções não corrigidas, e as circunstâncias específicas de sua ocorrência (NBC TA 450 R1, item A21).

## 12.4 Objetivo do auditor independente

O objetivo do auditor é aplicar o conceito de Materialidade adequadamente no Planejamento e na Execução da Auditoria (item 8, da NBC TA 320 (R1)).

## 12.5 Determinação da materialidade no planejamento[4]

Ao estabelecer a estratégia global de auditoria, o auditor deve determinar a materialidade para as demonstrações contábeis como um todo.

Se, nas circunstâncias específicas da entidade, houver uma ou mais classes específicas de transações, saldos contábeis ou divulgação para as quais se poderia razoavelmente esperar que distorções de valores menores que a materialidade para as demonstrações contábeis como um todo influenciem as decisões econômicas dos usuários tomadas com base nas demonstrações contábeis, o auditor deve determinar, também, o nível ou os níveis de materialidade a serem aplicados a essas classes específicas de transações, saldos contábeis e divulgações.

No caso de entidade do setor público, os legisladores e reguladores são frequentemente os principais usuários das demonstrações contábeis.

Além disso, as demonstrações contábeis podem ser utilizadas para se tomar outras decisões que não sejam econômicas. A determinação da materialidade para as demonstrações contábeis como um todo (e, se aplicável, o nível ou os níveis de materialidade para classes específicas de transações, saldos contábeis ou divulgação) em uma auditoria das demonstrações contábeis de entidade do setor público é, portanto, influenciada por lei, regulamentação ou outra autoridade e pelas necessidades de informações financeiras de legisladores e do público em relação a programas do setor público.

A determinação da materialidade para o planejamento envolve o exercício de julgamento profissional.

Com frequência, aplica-se uma porcentagem a um referencial selecionado como ponto de partida para determinar a materialidade para as demonstrações contábeis como um todo.

Os fatores que podem afetar a identificação de referencial apropriado incluem:

- os elementos das demonstrações contábeis (por exemplo, ativo, passivo, patrimônio líquido, receita, despesa);
- se há itens que tendem a atrair a atenção dos usuários das demonstrações contábeis da entidade específica (por exemplo, com o objetivo de avaliar o desempenho das operações, os usuários tendem a focar sua atenção em lucro, receita ou patrimônio líquido);

---

[4] Itens 10 e A2 a A11, da NBC TA 320 (R1).

- a natureza da entidade, a fase do seu ciclo de vida, seu setor e o ambiente econômico em que atua;

- a estrutura societária da entidade e como ela é financiada (por exemplo, se a entidade é financiada somente por dívida em vez de capital próprio, os usuários dão mais importância a informações sobre os ativos, e processos que os envolvam, do que nos resultados da entidade); e

- a volatilidade relativa do referencial.

Exemplos de referenciais que podem ser apropriados, dependendo das circunstâncias da entidade, incluem categorias de resultado informado como lucro antes do imposto, receita total, lucro bruto e total de despesa, total do patrimônio líquido ou ativos líquidos.

O lucro antes do imposto de operações em continuidade[5] é frequentemente usado para entidades com fins lucrativos. Quando o lucro antes do imposto de operações em continuidade é volátil, outros referenciais podem ser mais apropriados, como lucro bruto ou receita total.

Em relação ao referencial escolhido, os dados relevantes incluem resultados e posições financeiras de períodos anteriores e corrente, acumulados até o último mês disponível e orçamentos ou previsões para o período corrente, ajustados pelas mudanças significativas nas circunstâncias da entidade (por exemplo, uma aquisição significativa) e mudanças relevantes das condições no setor ou ambiente econômico em que a entidade atua. Por exemplo, quando, como ponto de partida, a materialidade para as demonstrações contábeis no seu conjunto é determinada para uma entidade em particular como uma porcentagem do lucro das atividades continuadas antes de impostos, as circunstâncias que geram uma redução ou um aumento excepcional nesse lucro podem levar o auditor a concluir que a materialidade para as demonstrações contábeis como um todo é estabelecida de forma mais apropriada ao usar um valor normalizado de lucro antes do imposto baseado em resultados anteriores.

A materialidade refere-se às demonstrações contábeis sobre as quais o auditor está emitindo um relatório. Quando as demonstrações contábeis são elaboradas para período de apresentação de mais ou menos doze meses, como seria o caso de nova entidade ou

---

[5] A Lei n. 6.404/1976, em seu art. 187, tem na Demonstração do Resultado do Exercício, o lucro ou o prejuízo operacional. Para as Normas Internacionais de Contabilidade, o resultado do exercício é dividido em resultados das atividades continuadas e resultado das atividades não continuadas (veja o item 137 do Comunicado Técnico CT 03 aprovado pela Resolução CFC n. 1.157/2009).

mudança no período de apresentação, a materialidade corresponde às demonstrações contábeis elaboradas para aquele período de apresentação.

A determinação da porcentagem a ser aplicada ao referencial selecionado envolve o exercício de julgamento profissional. Existe uma relação entre a porcentagem e o referencial escolhido de modo que a porcentagem aplicada ao lucro das atividades continuadas antes do imposto de operações será normalmente maior que a porcentagem aplicada à receita total. Por exemplo, o auditor pode considerar 5% do lucro das atividades continuadas antes do imposto apropriado para entidade com fins lucrativos no setor de manufatura, e considerar 1% da receita total ou do total de despesa apropriado para entidade sem fins lucrativos.

Entretanto, porcentagens mais altas ou mais baixas podem ser consideradas apropriadas nas circunstâncias. Quando o lucro das atividades continuadas antes do imposto é consistentemente baixo, como seria o caso de negócio administrado pelo proprietário (empresas de pequeno porte), em que o proprietário retira parte do lucro antes do imposto na forma de remuneração, o lucro antes da remuneração e do imposto pode ser um referencial mais relevante.

Na auditoria de entidade do setor público, o custo total ou custo líquido (despesas menos receita ou gastos menos recebimentos) podem ser referenciais apropriados. Quando a entidade do setor público possui custódia de bens públicos, o ativo pode ser um referencial apropriado.

## 12.6 Materialidade para execução de auditoria[6]

O auditor deve determinar a materialidade para a execução da auditoria com o objetivo de avaliar os riscos de distorções relevantes e determinar a natureza, a época e a extensão de procedimentos adicionais de auditoria.

Planejar a auditoria somente para detectar distorção individualmente relevante negligencia o fato de as distorções individualmente irrelevantes em conjunto poderem levar à distorção relevante das demonstrações contábeis e não deixa margem para possíveis distorções não detectadas.

A materialidade para execução da auditoria (que, conforme definição, são um ou mais valores) é fixada para reduzir a um nível adequadamente baixo a probabilidade de

---

[6] Itens 11 e A12, da NBC TA 320 (R1).

as distorções não corrigidas e não detectadas em conjunto nas demonstrações contábeis excederem a materialidade para as demonstrações contábeis como um todo.

Da mesma forma, a materialidade para execução da auditoria relacionada a um nível de materialidade determinado para classe específica de transações, saldos contábeis ou divulgação é fixada para reduzir a um nível adequadamente baixo a probabilidade de as distorções não corrigidas e não detectadas em conjunto nessa classe específica de transações, saldos contábeis ou divulgação excederem o nível de materialidade para essa classe específica de transações.

A determinação de materialidade para execução de testes não é um cálculo mecânico simples e envolve o exercício de julgamento profissional. É afetado pelo entendimento que o auditor possui sobre a entidade, atualizado durante a execução dos procedimentos de avaliação de risco, e pela natureza e extensão de distorções identificadas em auditorias anteriores e, dessa maneira, pelas expectativas do auditor em relação a distorções no período corrente.

## 12.7  Revisão no decorrer da auditoria[7]

O auditor deve revisar a materialidade para as demonstrações contábeis como um todo (e, se aplicável, o nível ou níveis de materialidade para classes específicas de transações, saldos contábeis ou divulgação) no caso de tomar conhecimento de informações durante a auditoria que teriam levado o auditor a determinar inicialmente um valor (ou valores) diferente.

A materialidade das demonstrações contábeis como um todo (e, se aplicável, o nível ou níveis de materialidade para classes específicas de transações, saldos contábeis ou divulgação) pode precisar ser revista em decorrência de mudança nas circunstâncias que ocorreram durante a auditoria (por exemplo, decisão de alienar grande parte dos negócios da entidade), novas informações, ou mudança no entendimento do auditor sobre a entidade e suas operações em decorrência da execução de procedimentos adicionais de auditoria. Por exemplo, se durante a auditoria existem indícios de que o resultado efetivo será substancialmente diferente do resultado previsto para o final do período, que foi usado inicialmente para determinar a materialidade para as demonstrações contábeis como um todo, o auditor deve revisar essa materialidade.

---

[7]  Itens 12, 13 e A13, da NBC TA 320 (R1).

Se o auditor concluir que é apropriada a materialidade mais baixa para as demonstrações contábeis tomadas em conjunto (e, se aplicável, o nível ou níveis de materialidade para classes específicas de transações, saldos contábeis ou divulgação) do que inicialmente determinado, o auditor deve estabelecer se é necessário revisar a materialidade para execução da auditoria e se a natureza, a época e a extensão dos procedimentos adicionais de auditoria continuam apropriadas.

## 12.8 Documentação

Conforme estabelece o item 14 da NBC TA 320 (R1), o auditor deve incluir na documentação de auditoria os seguintes valores e fatores considerados em sua determinação (NBC TA 230 – Documentação de Auditoria; itens 8 a 11 e A6):

- materialidade para as demonstrações contábeis como um todo;
- se aplicável, o nível ou níveis de materialidade para classes específicas de transações, saldos contábeis ou divulgação;
- materialidade para execução da auditoria; e
- qualquer revisão de (a) a (c) com o andamento da auditoria (veja a Seção 12.7).

## Atividades Teóricas

Responda:

1. Quando é usado nos meios contábeis o conceito de materialidade?
2. Por que é feita a comparação do procedimento em relação ao conjunto?
3. Ao conduzir a auditoria de demonstrações contábeis, quais são os objetivos globais do auditor?
4. O que é risco de auditoria?
5. Em relação à materialidade, qual é o objetivo do auditor?
6. No caso de entidade do setor público, quem são os usuários das demonstrações contábeis?
7. Como pode ser determinada a materialidade para o planejamento?
8. Cite seis elementos, entre aqueles componentes das demonstrações contábeis, que normalmente são utilizados como referencial para fins de se determinar a materialidade.
9. Na auditoria de entidade do setor público, quais referenciais podem ser utilizados?

10. Com que objetivo o auditor deve determinar a materialidade para execução da auditoria?

11. Por que deve ser fixada a materialidade para execução da auditoria?

Classifique as afirmativas em falsas ou verdadeiras:

1. ( ) Distorções, incluindo omissões, são consideradas irrelevantes quando for razoavelmente esperado que estas possam, individualmente ou em conjunto, influenciar as decisões econômicas de usuários tomadas com base nas demonstrações contábeis.

2. ( ) Julgamentos sobre materialidade são feitos à luz das circunstâncias envolvidas, e não são afetados pela magnitude e natureza das distorções, ou da combinação de ambos.

3. ( ) É correto afirmar que não se pode especificar um limite quantitativo uniforme para materialidade ou predeterminar o que pode ser material em uma situação específica.

4. ( ) A determinação de materialidade pelo auditor é uma questão de julgamento profissional e é afetada pela percepção do auditor das necessidades de informações financeiras dos usuários das demonstrações contábeis.

5. ( ) O risco de auditoria é derivado da combinação entre os riscos de correção relevante e de detecção.

6. ( ) Ao planejar a auditoria, o auditor exerce julgamento sobre a magnitude das distorções que são consideradas relevantes.

7. ( ) A materialidade determinada no planejamento da auditoria não estabelece necessariamente um valor abaixo do qual as distorções não corrigidas, individualmente ou em conjunto, serão sempre avaliadas como não relevantes.

8. ( ) As circunstâncias relacionadas a algumas distorções não podem, em hipótese alguma, levar o auditor a avaliá-las como relevantes ainda que estejam abaixo do limite de materialidade.

9. ( ) A determinação da materialidade para o planejamento envolve o exercício de julgamento profissional.

10. ( ) A materialidade refere-se às demonstrações contábeis sobre as quais o auditor está emitindo um relatório.

11. ( ) A determinação da porcentagem a ser aplicada ao referencial selecionado envolve o exercício de julgamento profissional.

Escolha a alternativa correta:

1. Na determinação de materialidade o auditor considera que os usuários:

    a) possuem conhecimento razoável de negócios, atividades econômicas e de contabilidade.

    b) estão à disposição para estudar as informações das demonstrações contábeis com razoável diligência.

c) entendem que as demonstrações contábeis são elaboradas, apresentadas e auditadas considerando níveis de materialidade.

d) reconhecem as incertezas inerentes à mensuração de valores baseados no uso de estimativas, julgamento e a consideração sobre eventos futuros.

e) todas estão corretas.

2. A materialidade e os riscos de auditoria são levados em consideração durante a auditoria, especialmente na:

a) identificação e divisão dos riscos de distorção relevante.

b) identificação e avaliação dos riscos de distorção relevante.

c) determinação da natureza, espécie e distorção de procedimentos adicionais de auditoria.

d) as alternativas "a" e "c" estão corretas.

e) NDA.

SÉRIE⊕ EM FOCO

# CAPÍTULO 13

## EVENTOS SUBSEQUENTES

### Objetivos do Capítulo

Após ler este capítulo,[1] você estará apto a:

❑ Saber o que são eventos subsequentes.

❑ Conhecer a responsabilidade do auditor independente em relação a eventos subsequentes na auditoria de demonstrações contábeis.

❑ Ter conhecimento das seguintes datas: das demonstrações contábeis, do relatório do auditor independente, de aprovação e de divulgação das demonstrações contábeis.

❑ Conhecer o tratamento a ser dado aos eventos que ocorrem entre a data das demonstrações contábeis e a data do relatório.

❑ Saber do tratamento a ser dado aos eventos que chegam ao conhecimento do auditor independente após a data do seu relatório, mas antes da data de divulgação das demonstrações contábeis.

❑ Saber que o auditor independente não tem obrigação alguma de executar procedimento de auditoria em relação às demonstrações contábeis após a data do seu relatório.

❑ Saber sobre a possibilidade de a administração reapresentar demonstrações contábeis.

❑ Conhecer as medidas para inibir uso indevido do relatório.

❑ Saber o que fazer com os fatos que chegam ao conhecimento do auditor independente após a divulgação das demonstrações contábeis.

---

[1] Os textos de todas as seções e subseções deste capítulo, com as adaptações que julgamos convenientes para torná-los de mais fácil entendimento, foram extraídos da NBC TA 560 (R1) – Eventos Subsequentes, aprovada pelo CFC em 19 de agosto de 2016.

# 13.1 Introdução²

As demonstrações contábeis podem ser afetadas por certos eventos que acontecem após a data das demonstrações contábeis. Muitas estruturas de relatórios financeiros se referem especificamente a esses eventos.

No Brasil, a NBC TG 24 – Evento Subsequente analisa o tratamento nas demonstrações contábeis de eventos, favoráveis ou não, ocorridos entre a data das demonstrações contábeis (mencionada neste capítulo como "data do balanço") e a data na qual é autorizada a conclusão da elaboração das demonstrações contábeis.

Essas estruturas costumam identificar dois tipos de eventos:

• os que fornecem evidência de condições existentes na data das demonstrações contábeis; e

• os que fornecem evidência de condições que surgiram após a data das demonstrações contábeis.

A NBC TA 700 – Formação da Opinião e Emissão do Relatório do Auditor Independente sobre as Demonstrações Contábeis, item 49, explica que o relatório do auditor não pode ter data anterior à data em que ele obteve evidência de auditoria apropriada e suficiente para fundamentar a sua opinião sobre as demonstrações contábeis.

Quando as demonstrações contábeis auditadas são incluídas em outros documentos após a emissão das demonstrações contábeis, é possível que o auditor tenha responsabilidades adicionais em relação a eventos subsequentes que o auditor pode ter de considerar, como exigências legais ou regulatórias envolvendo a oferta pública de títulos, em jurisdições nas quais os títulos estão sendo oferecidos. Por exemplo, o auditor pode precisar realizar procedimentos adicionais de auditoria até a data do documento da oferta final. Esses procedimentos podem incluir aqueles mencionados nos itens 6 e 7, da NBC TA 560 em estudo (transcritos na Seção 13.3) até a data de vigência do documento da oferta final ou data próxima a ela, e a leitura do documento de oferta para avaliar se as outras informações no documento de oferta são condizentes com as informações contábeis e financeiras com as quais o auditor esteja associado (NBC TA 200, item 2).

Portanto, os objetivos do auditor independente em relação aos eventos subsequentes são:

---

² Itens 1, 2, 4 e A1, da NBC TA 560 (R1).

- obter evidência de auditoria apropriada e suficiente sobre os eventos ocorridos entre a data das demonstrações contábeis e a data do relatório do auditor independente que precisam ser ajustados ou divulgados nas demonstrações contábeis estarem adequadamente refletidos nessas demonstrações contábeis; e
- responder adequadamente aos fatos que chegaram ao conhecimento do auditor independente após a data de seu relatório, que, se fossem do seu conhecimento naquela data (do relatório), poderiam ter levado o auditor a alterar seu relatório.

## 13.2 Definições[3]

### 13.2.1 Eventos subsequentes

São eventos ocorridos entre a data das demonstrações contábeis e a data do relatório do auditor independente. Incluem-se, também, entre os eventos subsequentes, os fatos que chegaram ao conhecimento do auditor independente após a data do seu relatório.

### 13.2.2 Data das demonstrações contábeis

É a data de encerramento do último período coberto pelas demonstrações contábeis.

### 13.2.3 Data do relatório do auditor independente

É a data do relatório do auditor independente sobre as demonstrações contábeis de acordo com a NBC TA 700.

O relatório do auditor independente não pode ter data anterior àquela em que o auditor independente obteve evidência de auditoria apropriada e suficiente para servir de base para sua opinião sobre as demonstrações contábeis. E isso inclui a evidência de que todos os quadros que compõem as demonstrações contábeis, inclusive as notas explicativas, foram elaborados e que as pessoas com autoridade reconhecida afirmaram que assumiram responsabilidade por essas demonstrações contábeis (NBC TA 700, item 49). Consequentemente, a data do relatório do auditor independente não pode ser anterior à data de aprovação das demonstrações contábeis.

---

[3] Itens 5 e A2 a A5, da NBC TA 560 (R1).

É importante destacar que um período pode decorrer, devido a questões administrativas, entre a data do relatório do auditor independente e a data em que o relatório do auditor independente é fornecido à entidade.

## 13.2.4 Data de aprovação das demonstrações contábeis

É a data em que todos os quadros que compõem as demonstrações contábeis foram elaborados e que aqueles com autoridade reconhecida afirmam que assumiram a responsabilidade por essas demonstrações contábeis.

A legislação ou a regulamentação identificam as pessoas físicas ou órgãos (por exemplo, a administração ou os responsáveis pela governança) que são responsáveis por concluir que todos os quadros que compõem as demonstrações contábeis, incluindo as notas explicativas, foram preparados e especificam o processo de aprovação necessário. Em certos contextos, o processo de aprovação não é previsto na legislação ou na regulamentação, e a entidade segue seus próprios procedimentos na elaboração e finalização das demonstrações contábeis, levando em consideração suas estruturas de administração e governança.

Em qualquer caso, é necessária a aprovação final das demonstrações contábeis pelos acionistas. Nesses casos, a aprovação final pelos acionistas não é necessária para o auditor independente concluir que foi obtida evidência de auditoria apropriada e suficiente para servir de base para sua opinião sobre as demonstrações contábeis.

Portanto, a data de aprovação das demonstrações contábeis para fins das normas de auditoria é a primeira data em que as pessoas com autoridade reconhecida determinam que todos os quadros que compõem as demonstrações contábeis, incluindo as notas explicativas, foram elaborados e que as pessoas com autoridade reconhecida assumiram responsabilidade por essas demonstrações contábeis.

## 13.2.5 Data de divulgação das demonstrações contábeis

É a data em que o relatório do auditor independente e as demonstrações contábeis auditadas são disponibilizados para terceiros.

A data de divulgação das demonstrações contábeis geralmente depende do ambiente regulatório da entidade.

No caso do setor público, a data de divulgação das demonstrações contábeis pode ser a data em que as demonstrações contábeis auditadas e o respectivo relatório do auditor independente são apresentados ao órgão legislativo ou, de outra forma, divulgados.

## 13.3 Eventos entre a data das demonstrações contábeis e a do relatório[4]

Trataremos, nesta seção, dos eventos ocorridos entre a data das demonstrações contábeis e a data do relatório.

Conforme estabelece o item 6 da NBC TA 560, o auditor independente deve executar procedimentos de auditoria desenhados para obter evidência de auditoria apropriada e suficiente de que todos os eventos ocorridos entre a data das demonstrações contábeis e a data do relatório do auditor independente que precisam ser ajustados ou divulgados nas demonstrações contábeis foram identificados. Não se espera, contudo, que o auditor execute procedimentos adicionais de auditoria para assuntos para os quais os procedimentos de auditoria anteriormente aplicados forneceram conclusões satisfatórias.

Dependendo da avaliação de risco do auditor independente, os procedimentos de auditoria requeridos no item 6, da NBC TA 520, já mencionado, podem incluir procedimentos necessários para obter evidência de auditoria apropriada e suficiente que envolvam a revisão ou o teste de registros contábeis ou transações ocorridos entre a data das demonstrações contábeis e a data do relatório do auditor independente.

Os procedimentos de auditoria requeridos pelos itens 6, mencionado anteriormente, e 7, a seguir, são complementares aos procedimentos que o auditor independente pode executar para outros fins. E, não obstante, podem fornecer evidência sobre eventos subsequentes (por exemplo, para obter evidência de auditoria para saldos de contas na data das demonstrações contábeis, como procedimentos de corte ou procedimentos relacionados com os recebimentos posteriores de Contas a Receber).

Segundo estabelece o item 7, da NBC TA 560, o auditor independente deve executar os procedimentos exigidos pelo item 6, da NBC citada, de forma a cobrir o período entre a data das demonstrações contábeis e a data do seu relatório, ou o mais próximo possível dessa data.

O auditor independente deve levar em consideração a avaliação de risco pelo auditor para determinar a natureza e extensão desses procedimentos de auditoria, que devem incluir o seguinte:

- obtenção de entendimento dos procedimentos estabelecidos pela administração para assegurar que os eventos subsequentes sejam identificados;

---

[4]   Itens 6 a 8 e A6 a A10, da NBC TA 560 (R1).

- indagação à administração e, quando apropriado, aos responsáveis pela governança sobre a ocorrência de eventos subsequentes que poderiam afetar as demonstrações contábeis;

- leitura das atas, se houver, das reuniões dos proprietários (dos acionistas em sociedade anônima), da administração e dos responsáveis pela governança da entidade, realizadas após a data das demonstrações contábeis, e indagação sobre assuntos discutidos nas reuniões para as quais as atas ainda não estão disponíveis; e

- leitura das últimas demonstrações contábeis intermediárias da entidade, se houver.

Se, em decorrência dos procedimentos aplicados conforme exigido pelos itens 6 e 7 anteriormente apresentados, o auditor identificar eventos que requerem ajuste ou divulgação nas demonstrações contábeis, ele deve determinar se cada um desses eventos está refletido de maneira apropriada nas referidas demonstrações contábeis de acordo com a estrutura conceitual aplicável.

O item 7 citado estipula certos procedimentos de auditoria nesse contexto que o auditor independente deve realizar de acordo com o item 6, também já citado.

Os procedimentos de eventos subsequentes executados pelo auditor independente podem, contudo, depender das informações disponíveis e, especialmente, da extensão na qual os registros contábeis foram elaborados desde a data das demonstrações contábeis.

Caso os registros contábeis não estejam atualizados e, portanto, nenhuma demonstração contábil intermediária tenha sido elaborada (seja para fins internos ou externos), ou atas de reuniões da administração ou dos responsáveis pela governança tenham sido elaboradas, os procedimentos de auditoria relevantes podem ser aplicados na forma de inspeção dos livros e registros disponíveis, incluindo extratos bancários.

Veja, a seguir, exemplos de alguns assuntos adicionais que o auditor independente pode considerar no curso dessas indagações.

Além dos procedimentos de auditoria requeridos pelo item 7, o auditor independente pode considerar necessário e apropriado:

- ler os últimos orçamentos disponíveis, previsões de fluxos de caixa e outros relatórios da administração relacionados de períodos posteriores à data das demonstrações contábeis;

- indagar, ou estender as indagações anteriores verbais ou por escrito, os consultores jurídicos sobre litígios e reclamações; e

- considerar a necessidade de representações formais que cubram determinados eventos subsequentes para corroborar outra evidência de auditoria e assim obter evidência de auditoria apropriada e suficiente.

Ao indagar a administração e, quando apropriado, os responsáveis pela governança, sobre a ocorrência de algum evento subsequente que poderia afetar as demonstrações contábeis, o auditor independente pode questionar sobre a situação atual de itens que foram contabilizados com base em dados preliminares ou não conclusivos e pode fazer indagações específicas sobre os seguintes assuntos:

- se foram celebrados novos compromissos, empréstimos ou garantias;
- se foram feitas ou estão sendo planejadas vendas ou aquisições de ativos;
- se houve aumentos de capital ou emissão de instrumentos de dívida, como a emissão de novas ações ou debêntures, ou se foi feito ou está sendo planejado um acordo de fusão ou de liquidação;
- se algum ativo foi apropriado pelo governo ou destruído, por exemplo, em decorrência de incêndio ou inundação;
- se houve algum fato novo relacionado a contingências;
- se foi feito ou contemplado algum ajuste contábil não usual;
- se ocorreu ou é provável que ocorra algum evento que levantará a questão da adequação das políticas contábeis utilizadas nas demonstrações contábeis, como seria o caso, por exemplo, se esse evento levantasse a questão da validade do pressuposto de continuidade dos negócios da entidade;
- se ocorreu algum evento relevante para a mensuração de estimativas ou provisões feitas nas demonstrações contábeis; e
- se ocorreu algum evento relevante para a recuperação dos ativos.

No setor público, o auditor independente pode ler os registros oficiais de processos relevantes do órgão legislativo e indagar sobre assuntos tratados nos processos cujos registros oficiais ainda não foram disponibilizados.

O auditor independente deve solicitar à administração e, quando apropriado, aos responsáveis pela governança uma representação formal de acordo com a NBC TA 580 – Representações Formais de que todos os eventos subsequentes à data das demonstrações contábeis e que, segundo a estrutura de relatório financeiro aplicável, requerem ajuste ou divulgação foram ajustados ou divulgados.

# 13.4  Fatos pós-relatório e pré-divulgação[5]

Trataremos, nesta seção e respectivas subseções, dos fatos que chegam ao conhecimento do auditor independente após a data do seu relatório, mas antes da data de divulgação das demonstrações contábeis.

## 13.4.1 Responsabilidade da administração

O auditor independente não tem obrigação de executar nenhum procedimento de auditoria em relação às demonstrações contábeis após a data do seu relatório. Entretanto, se, após a data do seu relatório, mas antes da data de divulgação das demonstrações contábeis, o auditor tomar conhecimento de fato que, se fosse do seu conhecimento na data do relatório, poderia ter levado o auditor a alterar seu relatório, ele deve:

- discutir o assunto com a administração e, quando apropriado, com os responsáveis pela governança;
- determinar se as demonstrações contábeis precisam ser alteradas; e, caso afirmativo;
- indagar como a administração pretende tratar o assunto nas demonstrações contábeis.

Caso a administração altere as demonstrações contábeis, o auditor independente deve:

- aplicar os procedimentos de auditoria necessários nas circunstâncias da alteração;
- exceto se as circunstâncias no item 12, apresentado a seguir, forem aplicáveis:
  a. estender os procedimentos de auditoria mencionados nos itens 6 e 7 (veja a Seção 13.3) até a data do novo relatório do auditor independente; e
  b. fornecer novo relatório de auditoria sobre as demonstrações contábeis alteradas.

O novo relatório do auditor independente não deve ter data anterior à data de aprovação das demonstrações contábeis alteradas.

Conforme estabelece o item 12 da NBC TA 560 (R1) em estudo, se a legislação não proíbe a administração de restringir a alteração das demonstrações contábeis aos efeitos do evento ou eventos subsequentes que causaram essa alteração e em que os responsáveis pela aprovação das demonstrações contábeis não estão proibidos de restringir a aprovação a essa alteração, o auditor pode limitar os procedimentos de auditoria aos eventos subsequentes exigidos na letra "a" (supramencionadas) a essa alteração. Nesses casos, o auditor independente deve alterar o relatório para incluir data adicional restrita

---

[5]  Itens 10 a 13 e A11 a A16, da NBC TA 560 (R1).

a essa alteração que indique que os procedimentos do auditor independente sobre os eventos subsequentes estejam restritos unicamente às alterações das demonstrações contábeis descritas na respectiva nota explicativa.

Quando, nas circunstâncias descritas no item 12, da NBC TA 560 (R1) (apresentado anteriormente), o auditor independente alterar seu relatório para incluir data adicional restrita a essa alteração, a data do relatório do auditor independente sobre as demonstrações contábeis anterior à alteração subsequente feita pela administração permanece inalterada, pois essa data informa ao leitor quando o trabalho de auditoria para essas demonstrações contábeis foi concluído. Entretanto, é incluída data adicional no relatório do auditor independente para informar os usuários de que os procedimentos do auditor independente posteriores àquela data se restringiram à alteração subsequente das demonstrações contábeis. Veja, a seguir, exemplo desse tipo de data adicional:

> (Data do relatório do auditor independente), exceto para a Nota Y, que é de (data da conclusão dos procedimentos de auditoria restritos à alteração descrita na Nota Y).

Conforme estabelece o item 13 da NBC TA 560 (R1) em estudo, pode ser que não haja exigência da legislação ou regulamentação para que a administração reapresente demonstrações contábeis e, portanto, o auditor não precisa fornecer novo relatório de auditoria ou alterar o atual.

Entretanto, se a administração não alterar as demonstrações contábeis nas circunstâncias em que o auditor considerar necessário (veja a Seção 13.4.2), e:

- se o relatório do auditor independente ainda não tiver sido fornecido à entidade, o auditor independente deve modificá-lo conforme exigido pela NBC TA 705 – Modificações na Opinião do Auditor Independente, e depois fornecê-lo; ou

- se o relatório do auditor independente já tiver sido fornecido à entidade, o auditor independente deve notificar a administração e, a menos que todos os responsáveis pela governança façam parte da administração da entidade, os responsáveis pela governança, para que não divulguem as demonstrações contábeis para terceiros antes de serem feitas as alterações necessárias. Se, mesmo assim, as demonstrações contábeis forem divulgadas posteriormente sem as modificações necessárias, o auditor independente deve tomar medidas para procurar evitar o uso por terceiros daquele relatório de auditoria (veja a Seção 13.4.3).

## 13.4.2 Reapresentação de demonstrações pela administração

Em geral, pode ser que não haja exigência da legislação ou regulamentação para que a administração reapresente demonstrações contábeis com alterações. Este é frequentemente o caso quando a emissão das demonstrações contábeis para o período seguinte é iminente, desde que sejam feitas as divulgações apropriadas nessas demonstrações.

Em relação ao setor público, as medidas tomadas de acordo com o item 13 da NBC TA 560 (R1) (veja a Seção 13.4.1), quando a administração não altera as demonstrações contábeis, elas podem incluir, também, a apresentação de relatório em separado para o órgão legislativo ou outro órgão relevante na hierarquia de apresentação de relatórios sobre as implicações do evento subsequente nas demonstrações contábeis e no relatório do auditor independente.

## 13.4.3 Medidas para inibir uso indevido do relatório

O auditor independente deve tomar medidas para tentar evitar o uso indevido do relatório do auditor independente por terceiros.

O auditor independente pode ter de cumprir com obrigações legais adicionais mesmo no caso de o auditor independente ter notificado a administração para não divulgar as demonstrações contábeis e de a administração ter concordado com essa solicitação.

No Brasil, este é o caso para empresas com atuação em segmentos regulados.

Caso a administração tenha divulgado as demonstrações contábeis, apesar da notificação do auditor independente para não divulgar as demonstrações contábeis, para terceiros, o auditor deve avaliar a adoção de medidas a serem tomadas em função de seus direitos e das suas obrigações legais. Consequentemente, o auditor independente pode considerar apropriado buscar assessoria legal.

## 13.5 Fatos conhecidos após a divulgação das demonstrações contábeis[6]

O que fazer com os fatos que chegam ao conhecimento do auditor independente após a divulgação das demonstrações contábeis?

Após a divulgação das demonstrações contábeis, o auditor independente não tem a obrigação de executar nenhum procedimento de auditoria em relação às demonstrações

---

[6] Itens 14 a 16 e A17, da NBC TA 560 (R1).

contábeis. Entretanto, se, após a divulgação das demonstrações contábeis, o auditor independente tomar conhecimento de fato que, se fosse do seu conhecimento na data do relatório do auditor independente, poderia tê-lo levado a alterar seu relatório, o auditor independente deve:

- discutir o assunto com a administração e, quando apropriado, com os responsáveis pela governança;
- determinar se as demonstrações contábeis precisam ser alteradas; e
- indagar como a administração pretende tratar do assunto nas demonstrações contábeis, caso o item anterior seja afirmativo.

Caso a administração altere as demonstrações contábeis, o auditor independente deve:

- aplicar os procedimentos de auditoria necessários nas circunstâncias das alterações;
- revisar as providências tomadas pela administração para garantir que todos os que receberam as demonstrações contábeis com o respectivo relatório do auditor independente sejam informados da situação;
- exceto se as circunstâncias no item 12 da NBC TA 560 (R1) (veja a Seção 13.4.1) forem aplicáveis:
  a. estender os procedimentos de auditoria mencionados nos itens 6 e 7 da NBC TA 560 (R1) (veja a Seção 13.3) até a data do novo relatório do auditor independente e datar o novo relatório com data posterior àquela de aprovação das demonstrações contábeis reapresentadas; e
  b. fornecer novo relatório do auditor independente sobre as demonstrações contábeis reapresentadas.

No caso em que as circunstâncias no item 12 da NBC TA 560 (R1) se aplicam, o auditor independente deve alterar o seu relatório.

Em alguns casos, as entidades do setor público podem ser proibidas pela legislação ou regulamentação de alterar as demonstrações contábeis divulgadas.

Nessas circunstâncias, o curso de ação apropriado do auditor independente pode ser o de informar o órgão estatutário pertinente.

O auditor independente deve incluir no seu relatório, novo ou reemitido, Parágrafo de Ênfase com referência à nota explicativa que esclarece mais detalhadamente a razão da alteração das demonstrações contábeis emitidas anteriormente e do relatório anterior fornecido pelo auditor independente.

# Atividades Teóricas

Responda:

1. O que significam eventos subsequentes?
2. Quais são os objetivos do auditor independente em relação aos eventos subsequentes?
3. O que é data das demonstrações contábeis?
4. O que é data do relatório?
5. O que é data de aprovação das demonstrações contábeis?
6. O que é data da divulgação das demonstrações contábeis?
7. Caso os registros contábeis não estejam atualizados e, portanto, nenhuma demonstração contábil intermediária tenha sido elaborada (seja para fins internos ou externos), ou atas de reuniões da administração ou dos responsáveis pela governança tenham sido elaboradas, como os procedimentos de auditoria relevantes podem ser aplicados?
8. Caso a administração não altere as demonstrações contábeis nas circunstâncias em que o auditor considerar necessário, e se o relatório do auditor independente ainda não tiver sido fornecido à entidade, que atitude o auditor independente deverá tomar?
9. Ainda em relação à questão anterior, qual será o procedimento do auditor, caso o relatório do auditor independente já tiver sido fornecido à entidade?

Classifique as afirmativas em falsas ou verdadeiras:

1. ( ) A data do relatório do auditor independente não pode ser anterior à data de aprovação das demonstrações contábeis.
2. ( ) A data de divulgação das demonstrações contábeis geralmente depende do ambiente regulatório da entidade.
3. ( ) O auditor deve executar procedimentos adicionais de auditoria para assuntos para os quais os procedimentos de auditoria anteriormente aplicados forneceram conclusões satisfatórias.
4. ( ) Os procedimentos de eventos subsequentes executados pelo auditor independente podem, contudo, depender das informações disponíveis e, especialmente, da extensão na qual os registros contábeis foram elaborados desde a data das demonstrações contábeis.
5. ( ) Haverá sempre exigência da legislação ou regulamentação para que a administração reapresente demonstrações contábeis com alterações.
6. ( ) O auditor independente não precisa tomar medidas para tentar evitar o uso indevido do relatório do auditor independente por terceiros.

7. (   ) O auditor independente não precisa cumprir com obrigações legais adicionais mesmo no caso em que ele tenha notificado a administração para não divulgar as demonstrações contábeis e de a administração ter concordado com essa solicitação.

Escolha a alternativa correta:

1. A primeira data em que as pessoas com autoridade reconhecida determinam que todos os quadros que compõem as demonstrações contábeis, incluindo as notas explicativas, foram elaborados e que as pessoas com autoridade reconhecida assumiram responsabilidade por essas demonstrações contábeis, denomina-se:
   a) data de aprovação das demonstrações contábeis.
   b) data de divulgação das demonstrações contábeis.
   c) data da elaboração das demonstrações contábeis.
   d) data do relatório do auditor independente.
   e) NDA.

2. O auditor independente deve levar em consideração a avaliação de risco pelo auditor para determinar a natureza e extensão desses procedimentos de auditoria, que devem incluir o seguinte:
   a) obtenção de entendimento dos relatórios da auditoria interna para verificar sobre a segurança do sistema contábil.
   b) obtenção de entendimento dos procedimentos estabelecidos pela administração para assegurar que os eventos subsequentes sejam identificados.
   c) indagação à administração e, quando apropriado, aos responsáveis pela governança sobre a ocorrência de eventos subsequentes que poderiam afetar as demonstrações contábeis.
   d) a alternativa "c" está errada.
   e) as alternativas "a" e "c" estão corretas.

3. Para que os eventos subsequentes interfiram nos trabalhos do auditor, ele pode considerar necessário e apropriado:
   a) ler os últimos orçamentos disponíveis, previsões de fluxos de caixa e outros relatórios da administração relacionados de períodos posteriores à data das demonstrações contábeis.
   b) considerar a necessidade de representações formais que cubram determinados eventos subsequentes para corroborar outra evidência de auditoria e assim obter evidência de auditoria apropriada e suficiente.
   c) indagar se foram celebrados novos compromissos, empréstimos ou garantias.
   d) indagar se foram feitas ou estão planejadas vendas ou aquisições de ativos.
   e) todas estão corretas.

# CAPÍTULO 14

## PARTES RELACIONADAS

## Objetivos do Capítulo

### Após ler este capítulo,[1] você estará apto a:

- ❑ Entender o que é parte relacionada.
- ❑ Entender o que são partes relacionadas com influência dominante.
- ❑ Conhecer a responsabilidade do auditor no que se refere ao relacionamento e transações com partes relacionadas durante a execução da auditoria de demonstrações contábeis.
- ❑ Conhecer os objetivos do auditor independente em relação à auditoria de partes relacionadas.
- ❑ Conhecer as exigências das estruturas de relatórios em relação ao tratamento com as partes relacionadas.
- ❑ Conhecer os procedimentos de avaliação de risco e atividades relacionadas.
- ❑ Saber o que é risco de distorção relevante associado aos relacionamentos e transações com partes relacionadas.
- ❑ Entender os relacionamentos e as transações com partes relacionadas.
- ❑ Saber identificar as partes relacionadas da entidade.

---

[1] Os textos de todas as seções e subseções deste capítulo, com as adaptações que julgamos convenientes para torná-los de mais fácil entendimento, foram extraídos da NBC TA 550, aprovada pela Resolução CFC n. 1.224/2009, conforme indicações inseridas em notas no início de cada seção.

## 14.1 Introdução[2]

Muitas transações com partes relacionadas são efetuadas no curso normal dos negócios. Em tais circunstâncias, elas podem não representar um risco de distorção relevante maior que o de transações similares com partes não relacionadas. Contudo, a natureza do relacionamento e transações com partes relacionadas em algumas circunstâncias pode dar origem a riscos de distorção relevante nas demonstrações contábeis maiores que os de transações com partes não relacionadas. Por exemplo:

- partes relacionadas podem operar por meio de uma série extensa e complexa de relacionamentos e estruturas, com um aumento correspondente na complexidade das transações com partes relacionadas;

- os sistemas de informação podem ser ineficazes na identificação e resumo de transações e saldos em aberto entre a entidade e as suas partes relacionadas; e

- as transações com partes relacionadas podem não ser conduzidas nos termos e nas condições normais de mercado. Por exemplo, algumas transações com partes relacionadas podem ser conduzidas sem o pagamento de contraprestação.

As exigências contidas na NBC TA 550, objeto de estudo do presente capítulo, destinam-se a ajudar o auditor na identificação e avaliação dos riscos de distorção relevante associados aos relacionamentos e transações com partes relacionadas, e na definição de procedimentos de auditoria para responder aos riscos avaliados.

## 14.2 Definições[3]

### 14.2.1 Parte relacionada

A parte relacionada é:

- aquela definida na estrutura de relatório financeiro adequada; ou

- quando a estrutura de relatório financeiro aplicável não estabelece nenhuma exigência ou estabelece exigências mínimas para partes relacionadas:

---

[2] Item 2, da NBC TA 550.
[3] Itens 10 e A4 a A7, da NBC TA 550.

a. uma pessoa ou outra entidade que tem controle ou influência significativa, direta ou indiretamente, por meio de um ou mais intermediários, sobre a entidade que reporta;

b. outra entidade sobre a qual a entidade que reporta tem controle ou influência significativa, direta ou indiretamente, por meio de um ou mais intermediários; ou

c. outra entidade que está sob controle comum com a entidade a que reporta, por ter um controlador comum proprietários que são parentes próximos ou administração-chave comum.

Contudo, as entidades que estão sob o controle comum de um estado (isto é, governo nacional, regional ou local) não são consideradas partes relacionadas a menos que se envolvam em transações significativas ou compartilhem recursos em medida significativa.

Algumas estruturas de relatório financeiro discutem os conceitos de controle e influência significativa. Embora possam discutir esses conceitos usando termos diferentes, elas geralmente explicam que:

- controle é o poder de governar as políticas financeiras e operacionais de uma entidade de modo a obter benefícios de suas atividades; e

- influência significativa (que pode ser conseguida por meio de propriedade de ações, estatuto ou acordo) é o poder de participar das decisões de política financeira e operacional de uma entidade, mas não tem controle sobre essas políticas.

A existência dos seguintes relacionamentos pode indicar a presença de controle ou influência significativa:

a. participações diretas ou indiretas no capital ou outros interesses financeiros na entidade;

b. participações em capital direto ou indireto da entidade ou outros interesses financeiros em outras entidades;

c. ser parte dos responsáveis pela governança ou administração-chave (isto é, os membros da administração que detêm a autoridade e responsabilidade pelo planejamento, direção e controle das atividades da entidade);

d. ser parente próximo de qualquer pessoa mencionada em (c);

e. ter relação de negócios significativa com qualquer pessoa mencionada em (c).

## 14.2.2  Partes relacionadas com influência dominante

As partes relacionadas, em virtude de sua capacidade de exercer controle ou influência significativa, podem estar em posição de exercer influência dominante sobre a entidade ou sua administração.

A consideração de tal comportamento é relevante na identificação e avaliação dos riscos de distorção relevante decorrente de fraude, como explicado adicionalmente nos itens A29 e A30, da NBC TA 550 em estudo.

# 14.3  Objetivos do auditor independente[4]

Os objetivos do auditor são:

- independentemente de serem estabelecidas exigências para partes relacionadas na estrutura de relatório financeiro aplicável, atingir entendimento suficiente dos relacionamentos e transações com partes relacionadas para que ele seja capaz de:

  a. reconhecer fatores de risco de fraude, se houver, decorrentes de relacionamentos e transações com partes relacionadas, que sejam relevantes para a identificação e avaliação dos riscos de distorção relevante devido à fraude; e

  b. concluir, com base nas evidências de auditoria obtidas, se as demonstrações contábeis, afetadas por esses relacionamentos e transações, atingem a apresentação adequada (como requerido pela estrutura aplicável no Brasil); ou não são enganosas (para estar de acordo com a estrutura de conformidade (compliance);

- além disso, quando a estrutura de relatório financeiro aplicável estabelece requerimentos para obter evidência de auditoria apropriada e suficiente para determinar se os relacionamentos e transações com partes relacionadas foram ou não adequadamente identificados, contabilizados e divulgados nas demonstrações contábeis, em conformidade com essa estrutura.

---

[4]   Item 9, da NBC TA 550.

# 14.4 Responsabilidades do auditor independente[5]

## 14.4.1 Exigências das estruturas de relatórios

Como as partes relacionadas não são independentes uma da outra, muitas estruturas de relatório financeiro estabelecem exigências de contabilização e divulgação específicas para relacionamentos, transações e saldos de partes relacionadas para possibilitar aos usuários das demonstrações contábeis a compreensão de sua natureza e efeitos concretos ou potenciais sobre as demonstrações contábeis.

Quando a estrutura de relatório financeiro aplicável estabelece tais exigências, o auditor tem a responsabilidade de executar procedimentos de auditoria para identificar, avaliar e responder aos riscos de distorção relevante decorrentes da não contabilização ou da não divulgação apropriada do relacionamento, transações ou saldos com partes relacionadas em conformidade com os requisitos da estrutura.

Mesmo que a estrutura de relatório financeiro aplicável não estabeleça nenhuma exigência ou estabeleça exigências mínimas para partes relacionadas, o auditor, não obstante, precisa obter o entendimento dos relacionamentos e transações com as partes relacionadas à entidade que seja suficiente para que ele possa concluir se as demonstrações contábeis, afetadas por esses relacionamentos e transações, atendem aos seguintes aspectos (veja a Seção 14.4.2):

- atingem apresentação adequada (como no caso da Estrutura Conceitual para a Elaboração e Apresentação das Demonstrações Contábeis aprovada pelo CFC) (veja a Seção 14.4.3); e
- não são enganosas (para estar de acordo com a estrutura de conformidade (*compliance*)) (veja a Seção 14.4.4).

Além disso, o entendimento dos relacionamentos e das transações com partes relacionadas é relevante para que o auditor avalie se estão presentes um ou mais fatores de risco de fraude, como exigido pela NBC TA 240, item 24, porque a fraude pode ser cometida mais facilmente por meio das partes relacionadas.

---

[5] Itens 3 a 7 e A1 a A3, da NBC TA 550.

### 14.4.2  Estruturas de relatório financeiro com exigências mínimas

Uma estrutura de relatório financeiro aplicável que estabeleça requerimentos mínimos para partes relacionadas, como é o caso do Brasil, é uma estrutura que define o significado de parte relacionada. No entanto, essa definição tem um alcance substancialmente mais estrito que a definição apresentada na Seção 14.2.1(b) deste capítulo, de modo que uma exigência da estrutura no sentido de que os relacionamentos e transações com partes relacionadas sejam divulgadas, seria aplicável ao menor número de relacionamentos e transações com partes relacionadas.

### 14.4.3  Estrutura de apresentação adequada

No contexto de uma estrutura de apresentação adequada (a NBC TA 200 (R1) define os significados das estruturas de apresentação adequada e de conformidade (*compliance*), item 13(a)), os relacionamentos e as transações com partes relacionadas podem fazer que demonstrações contábeis deixem de atingir o objetivo de apresentação adequada se, por exemplo, a realidade econômica de tais relacionamentos e transações não estiverem adequadamente refletidas nas demonstrações contábeis. Por exemplo, a apresentação adequada pode não ser alcançada se a venda de uma propriedade da entidade a um acionista controlador por um preço acima ou abaixo do valor justo de mercado for contabilizada como uma transação que envolve lucro ou prejuízo para a entidade quando pode constituir uma contribuição ou retorno de capital ou o pagamento de um dividendo.

### 14.4.4  Estruturas de conformidade (*compliance*)

No contexto de uma estrutura de relatório com objetivo de conformidade, determinar se os relacionamentos e as transações com partes relacionadas tornam as demonstrações contábeis enganosas, como discutido na NBC TA 700, depende das circunstâncias específicas do trabalho. Por exemplo, mesmo se a não divulgação de transações com partes relacionadas nas demonstrações contábeis estiver em conformidade com a estrutura e a lei ou regulamento aplicável, as demonstrações contábeis podem ser enganosas se parte substancial da receita da entidade for derivada de transações com partes relacionadas e esse fato não for divulgado.

Contudo, será extremamente raro que o auditor considere enganosas as demonstrações contábeis elaboradas e apresentadas em conformidade com uma estrutura de relatório com objetivo de conformidade se, em conformidade com a NBC TA 210 (R1) –

Concordância com os Termos do Trabalho de Auditoria, item 6(a), o auditor houver determinado que essa estrutura é aceitável (NBC TA 700, item A12).

# 14.5 Procedimentos de avaliação de risco e atividades relacionadas[6]

## 14.5.1 Risco de distorção relevante associado aos relacionamentos e às transações com partes relacionadas

Como parte dos procedimentos de avaliação de risco e atividades relacionadas que a NBC TA 315, item 5, e a NBC TA 240, item 16, exigem que o auditor realize durante a auditoria, o auditor deve executar procedimentos de auditoria e atividades relacionadas mencionados nos itens 12 a 17, da NBC TA 550 em estudo (Seções 14.5.2 a 14.5.4), para obter as informações relevantes para a identificação dos riscos de distorção relevante associados aos relacionamentos e às transações com partes relacionadas.

## 14.5.2 Entendimento dos relacionamentos e transações com partes relacionadas

O item 12, da NBC TA 550, estabelece que a discussão da equipe envolvida no trabalho da NBC TA 315, item 10, e da NBC TA 240, item 15, deve incluir a consideração específica da suscetibilidade das demonstrações contábeis à distorção relevante decorrente de fraude ou erro e que possam resultar dos relacionamentos e das transações com partes relacionadas à entidade.

Os assuntos que podem ser tratados na discussão entre os membros da equipe de trabalho podem incluir:

- a natureza e extensão dos relacionamentos e das transações com partes relacionadas da entidade (usando, por exemplo, a documentação anterior do auditor de partes relacionadas identificadas atualizada depois de cada auditoria);
- ênfase sobre a importância de manter ceticismo profissional ao longo de toda a auditoria no que se refere ao potencial para distorção relevante associada a relacionamentos e transações com partes relacionadas;

---

[6] Itens 11 a 17 e A8 a A14, da NBC TA 550.

- as circunstâncias ou condições da entidade que possam indicar a existência de relacionamentos ou transações com partes relacionadas que a administração não identificou ou divulgou ao auditor (por exemplo, estrutura organizacional complexa, uso de entidade de propósito específico para transações fora do balanço ou sistema de informação inadequado);

- os registros ou documentos que possam indicar a existência de relacionamentos ou transações com partes relacionadas; e

- a importância que a administração e os responsáveis pela governança dedicam a identificação, contabilização e divulgação apropriadas das relações e transações com partes relacionadas (se a estrutura de relatório financeiro aplicável estabelecer exigências para partes relacionadas) e o risco relacionado de que a administração burle os controles relevantes.

Além disso, a discussão no contexto de fraude pode incluir a consideração específica de como as partes relacionadas podem estar envolvidas em uma fraude.

Por exemplo:

- como entidades de propósitos específicos controladas pela administração poderiam ser usadas para facilitar a manipulação de resultados; e

- como as transações entre a entidade e um parceiro de negócios de membro-chave da administração poderiam ser estruturadas para facilitar a apropriação indevida de ativos da entidade.

## 14.5.3 Identificação das partes relacionadas da entidade

Segundo estabelece o item 13, da NBC TA 550, o auditor deve fazer indagações na administração sobre:

- a identificação das partes relacionadas à entidade, incluindo mudanças em relação ao período anterior (veja os itens A11 a A14 da NBC TA 550);

- a natureza dos relacionamentos entre a entidade e essas partes relacionadas; e

- se a entidade realizou transações com essas partes relacionadas durante o período e, se o fez, o tipo e a finalidade das transações.

Onde a estrutura de relatório financeiro aplicável estabelece exigências para partes relacionadas, é provável que informações relativas à identificação das partes relacionadas da entidade estejam prontamente disponíveis para a administração porque os sistemas de informação da entidade precisam registrar, processar e resumir relacionamentos e transações com partes relacionadas para possibilitar à entidade cumprir as exigências de contabilização e divulgação da estrutura de relatório financeiro.

É provável, portanto, que a administração tenha a lista abrangente das partes relacionadas e mudanças desde o período anterior.

Para trabalhos recorrentes, as indagações fornecem uma base de comparação das informações fornecidas pela administração com o registro do auditor de partes relacionadas feito em auditorias anteriores.

## 14.5.4 Atenção para informações sobre partes relacionadas

Durante a auditoria, o auditor deve permanecer atento, ao inspecionar registros ou documentos de acordos ou outras informações que possam indicar a existência de relacionamentos e transações com partes relacionadas que a administração não tenha anteriormente identificado ou divulgado para o auditor (veja os itens A22 e A23, da NBC TA 550).

Conforme estabelece o item 15 da NBC TA 550, em particular, o auditor deve examinar os seguintes assuntos, em busca de indicações da existência de relacionamentos ou transações com partes relacionadas que a administração não tenha anteriormente identificado ou divulgado para o auditor:

- confirmações bancárias e de advogados, obtidas como parte dos procedimentos de auditoria;
- minutas de reuniões dos acionistas/cotistas e dos responsáveis pela governança; e
- outros registros ou documentos da entidade que o auditor considere necessários nas circunstâncias.

Se o auditor, ao executar os procedimentos de auditoria requeridos pelo item 15 da NBC TA 550 ou por meio de outros procedimentos de auditoria, identificar transações significativas fora do curso normal de negócios da entidade, ele deve fazer indagações junto à administração sobre (veja o item A26, da NBC TA 550):

- a natureza dessas transações (veja o item A26, da NBC TA 550); e
- se as partes relacionadas podem estar envolvidas (veja o item A27, da NBC TA 550).

O auditor deve compartilhar informações relevantes obtidas a respeito das partes relacionadas da entidade com os outros membros da equipe de trabalho (veja o item A28, da NBC TA 550).

**NOTA:**

É importante destacar que a NBC TA 550 apresenta, ainda, outras disciplinas envolvendo a responsabilidade do auditor no que se refere ao relacionamento e transações com partes relacionadas durante a execução da auditoria de demonstrações contábeis.

# Atividades Teóricas

Responda:

1. Cite dois exemplos de partes relacionadas.

2. Por que é importante ao auditor atingir entendimento suficiente dos relacionamentos e transações com partes relacionadas?

3. Por que muitas estruturas de relatório financeiro estabelecem exigências de contabilização e divulgação específicas para relacionamentos com partes relacionadas?

4. Mesmo que a estrutura de relatório financeiro aplicável não estabeleça nenhuma exigência para partes relacionadas, por que o auditor precisa obter o entendimento dos relacionamentos e transações com essas partes?

5. Cite três assuntos sobre os quais o auditor deve investigar na administração para que tenha pleno conhecimento daquelas que devem ser objeto de análise.

6. Quais os assuntos que o auditor pode examinar em busca de indicações da existência de relacionamentos ou transações com partes relacionadas que a administração não tenha anteriormente identificado ou informado a ele?

Classifique as afirmativas em falsas ou verdadeiras:

1. (   ) As transações com partes relacionadas são efetuadas somente após o término do exercício social em que as demonstrações contábeis elaboradas estão sendo auditadas.

2. (   ) O risco de distorção que pode ocorrer em transações com partes relacionadas nunca serão superiores aos riscos de distorção que ocorrem em outros tipos de transações.

3. (   ) As partes relacionadas, em virtude de sua capacidade de exercer controle ou influência significativa, podem estar em posição de exercer influência dominante sobre a entidade ou sua administração.

4. (   ) As partes relacionadas são independentes uma da outra.

5. (  ) As partes relacionadas não são independentes uma da outra.

6. (  ) O entendimento dos relacionamentos e das transações com partes relacionadas é relevante para que o auditor avalie se estão presentes um ou mais fatores de risco de fraude.

7. (  ) Para trabalhos recorrentes, as indagações que o auditor deve fazer na administração da auditada fornecem uma base de comparação dessas informações apresentadas pela administração com o registro do auditor de partes relacionadas feito em auditorias anteriores.

8. (  ) Durante a auditoria, o auditor deve permanecer atento ao inspecionar registros ou documentos de acordos ou outras informações que possam indicar a existência de relacionamentos e transações com partes relacionadas que a administração não tenha anteriormente identificado ou transmitido a ele.

9. (  ) O auditor deve compartilhar informações relevantes obtidas a respeito das partes relacionadas da entidade com os outros membros da equipe de trabalho.

Escolha a alternativa correta:

1. Considera-se parte relacionada a entidade que está sob controle comum com a entidade que reporta, por ter:

   a) fornecedor comum.

   b) controlador comum.

   c) proprietários que são parentes próximos.

   d) administração-chave comum.

   e) a alternativa "a" está incorreta.

2. A existência dos seguintes relacionamentos pode indicar a presença de controle ou influência significativa:

   a) participações diretas ou indiretas no capital ou outros interesses financeiros na entidade.

   b) participações em capital direto ou indireto da entidade ou outros interesses financeiros em outras entidades.

   c) realização de transações em regiões ou mercados comuns.

   d) ter relação de negócios com clientes que procuram produtos similares.

   e) as alternativas "a" e "b" estão corretas.

SÉRIE ⊕
EM **FOCO**

# CAPÍTULO 15

# PROCEDIMENTOS DE AUDITORIA

## Objetivos do Capítulo

### Após ler este capítulo, você estará apto a:

❑ Conhecer os principais procedimentos adotados pelo auditor no desenvolvimento da auditoria independente.

❑ Saber quais pessoas estão envolvidas no processo de auditoria.

❑ Rever os conceitos e a principal diferença entre auditoria interna e auditoria independente, bem como entre as funções do auditor interno e do auditor independente.

❑ Rever o ciclo de vida da auditoria.

❑ Rever o conceito e discutir como se desenvolve o planejamento de auditoria.

❑ Rever o que é o plano de auditoria.

❑ Discutir sobre a execução da auditoria.

❑ Entender os objetivos da reunião de abertura.

❑ Rever a função das técnicas de auditoria.

❑ Rever as habilidades exigidas do auditor na condução da auditoria.

❑ Saber avaliar as distorções identificadas durante a auditoria.

❑ Entender como avaliar o efeito de distorções não corrigidas.

❑ Saber como proceder modificações ou aborto no plano de auditoria.

❑ Entender a finalidade da reunião de fechamento.

❑ Rever que o ciclo de auditoria independente termina com a emissão e entrega do relatório.

❑ Rever o significado de *follow-up*.

## 15.1 Introdução

Você já sabe que a auditoria pode ser interna ou externa.

A auditoria interna ou operacional é a técnica contábil que se desenvolve, principalmente, por meio do exame, da avaliação e do monitoramento da adequação e efetividade do controle interno, com o propósito de adicionar valor e melhorar as operações de uma organização.

Constitui verdadeira ferramenta de gestão com propostas de ações corretivas que auxilia a organização a alcançar seus objetivos pelo aprimoramento das suas operações.

A auditoria externa ou independente, também conhecida por auditoria das demonstrações contábeis, é a técnica contábil que consiste na verificação da exatidão e fidedignidade dos dados contidos nas demonstrações contábeis, por meio do exame minucioso dos registros de contabilidade e dos documentos que deram origem a eles.

Existem vários fatores que tornam a auditoria interna diferente da auditoria externa, conforme vimos na Seção 4.9, do Capítulo 4.

Não restam dúvidas de que uma das principais diferenças entre auditoria interna e auditoria externa está nos seus objetivos.

Enquanto a auditoria interna tem como objetivo adicionar valor e melhorar as operações de uma organização, a auditoria externa visa a aumentar o grau de confiança nas demonstrações contábeis por parte dos usuários. Para alcançar esse objetivo, o auditor independente busca no desenvolvimento do seu trabalho identificar as evidências, principalmente aquelas que justificam as distorções relevantes para fundamentar a opinião a ser apresentada no seu relatório de auditoria.

O ciclo de vida da auditoria externa compõe-se de três etapas: planejamento, execução e relatório. Já a auditoria interna, por ter objetivos variados, seu ciclo de vida pode ser mais abrangente. Ocorre que, após a emissão do relatório e a entrega para o cliente, há a necessidade de a equipe de auditores realizar a auditoria de monitoramento das ações que foram implementadas pela administração após o relatório (*follow-up*). Isso é necessário para garantir que as distorções ou os riscos de distorções porventura encontrados sejam sanados ou pelo menos mitigados, caso em que novas propostas de ações corretivas deverão ser apresentadas pelos gestores da organização auditada.

Portanto, enquanto a função do auditor externo é expressar uma opinião sobre as demonstrações contábeis, as funções do auditor interno variam amplamente e dependem do tamanho e da estrutura da entidade e dos interesses da administração ou dos responsáveis pela governança.

## 15.2 Pessoas envolvidas no processo de auditoria

Em um processo de auditoria, seja ela interna ou externa, estarão sempre envolvidas três pessoas: auditor, cliente e auditado.

1. **Auditor** (quem audita): é o profissional devidamente qualificado para exercer a auditoria. Pode ser uma só pessoa física ou uma equipe (*staff*), pertencente à própria empresa (auditoria interna) ou membros de uma firma de auditoria (auditoria externa).

   A equipe de auditores é comandada por um líder, o chefe da equipe, que poderá ser um auditor sênior, o supervisor, o gerente ou ainda o próprio sócio da firma de auditoria responsável pela área ou pelo trabalho a ser executado.

2. **Cliente** (quem solicita ou contrata a auditoria): é a pessoa para a qual será encaminhado o relatório de auditoria. Pode ser uma pessoa física, um grupo de pessoas ou uma organização. Quando se trata de auditoria interna executada por auditores da própria organização, a solicitação é feita normalmente pela alta administração ou governança, embora a iniciativa possa derivar também de diretores de departamentos ou até mesmo de empregados de escalões inferiores que detectam ineficácias ou ineficiências operacionais variadas. Pessoas ou organizações externas também podem solicitar da própria equipe de auditores internos ou contratar serviços de auditores independentes para realizar auditoria visando a aferir a qualidade de procedimentos operacionais. Fornecedores, bancos e até mesmo parceiros da organização.

   No caso da auditoria independente realizada sobre as demonstrações contábeis, o cliente é a própria organização a ser auditada, que contrata serviços de auditoria de auditores independentes por determinações derivadas de leis, como ocorre com a exigência contida no § 3º do art. 177, da Lei n. 6.404/1976, ou de exigências oriundas de órgãos reguladores a que o cliente esteja subordinado, como a CVM, o BCB e a Susep. É o cliente o responsável pela análise crítica da opinião expressa no relatório de auditoria.

3. **Auditado** (quem terá seu desempenho avaliado pela auditoria): pode ser uma organização inteira, uma divisão ou parte da organização do próprio cliente ou uma organização completamente independente do cliente.

# 15.3 Ciclo de vida da auditoria

## 15.3.1 Etapas do ciclo de vida da auditoria

Conforme visto, o ciclo de vida da auditoria de demonstrações contábeis pode ser dividido em três etapas: planejamento, execução e relatório. Quando se tratar de auditoria interna, o ciclo de vida é estendido com pelo menos mais uma etapa:

- *follow-up* (auditoria das ações implementadas após o relatório), conforme discutimos na Seção 3.3, do Capítulo 3.

Você já sabe que a auditoria de demonstrações contábeis, por força da Lei n. 6.404/1976, é realizada, obrigatoriamente, por auditores independentes. Esses auditores, após serem contratados por uma organização interessada, planejam e executam a auditoria. Além disso, aplicam métodos e técnicas usuais em auditoria, observam as normas brasileiras de auditoria em consonância com as internacionais, e, antes de emitirem o relatório, caso haja distorções a serem sanadas, solicitam as reparações por parte da organização auditada e concluem seus trabalhos emitindo uma opinião que será apresentada por meio do relatório de auditoria.

A opinião dos auditores confere maior credibilidade e transparência às informações contidas nas demonstrações contábeis por eles auditadas.

Convém ressaltar, conforme já discutimos em capítulos anteriores, que, mesmo após ter aceitado e ter sido contratada a execução de um trabalho de auditoria, após concluir os trabalhos ou parte deles, caso o auditor se convença de que existe na organização evidências de distorções relevantes ou riscos de ocorrer distorções relevantes que comprometam os comportamentos éticos usuais, pode recusar a emitir seu relatório e, em consequência, encerrar os trabalhos sem concluí-lo, conforme comentaremos na Seção 15.3.3.8.

Na Seção 3.3, do Capítulo 3, discutimos que o ciclo de vida da auditoria é ampliado quando se trata de auditoria de gestão, ou seja, aquela realizada para fins gerenciais, solicitada pela organização ao próprio departamento de auditoria interna ou mesmo quando a organização contrata serviços de auditores independentes para realizar essa tarefa.

A auditoria operacional (ou de gestão, ou interna), diferentemente da auditoria de demonstrações contábeis (independente), surgiu da necessidade de se levantar evidências de riscos de distorções relevantes em procedimentos internos, com o fim de avaliar esses procedimentos, visando a reparar, ampliar ou até mesmo substituir parte ou o total deles. E não só para aprimorar a eficiência do processo com a redução de custos e melhoria na qualidade de produtos e serviços, como também para garantir maior credibilidade à organização perante o mercado.

A solicitação de um serviço de auditoria de gestão, como vimos, é feita normalmente pela alta administração ou governança.

Nas auditorias de demonstrações contábeis, o compromisso do auditor é encerrado a partir do momento em que ele expressa sua opinião e a entrega ao cliente por meio do relatório de auditoria. Na auditoria de gestão, o compromisso do auditor somente se encerra quando forem tomadas as medidas saneadoras por eles sugeridas.

Dessa forma, o ciclo de vida da auditoria de gestão pode ser desenhado como segue: planejamento, execução, relatório e *follow-up*.

## 15.3.2 Planejamento

Conforme tratamos na Seção 6.1, do Capítulo 6, o planejamento da auditoria consiste na definição de estratégia global para o trabalho e para o desenvolvimento de plano de auditoria.

Os procedimentos realizados pelo auditor independente visando a elaborar o plano de trabalho podem ser diferentes em cada firma de auditoria.

Na verdade, cada firma de auditoria desenvolve metodologia própria de procedimentos, embora todos esses procedimentos realizados pelas firmas de auditoria estabelecidas no território brasileiro devam ser convergentes com as normas brasileiras e internacionais de contabilidade e de auditoria.

É importante esclarecer, também, que o próprio tipo de auditoria pode provocar diversificação nos procedimentos a serem adotados. A metodologia aplicada na primeira auditoria de um cliente (cliente de primeiro ano) diverge daquela aplicada na auditoria continuada, ou seja, a de um cliente antigo.

### 15.3.2.1 Providências preliminares

Os trabalhos de auditoria, sejam eles relativos à auditoria interna ou externa, começam de forma semelhante, embora os objetivos sejam diferentes.

Conforme discutimos na Seção 15.2, em um trabalho de auditoria estão envolvidas três pessoas: o auditor, o cliente e o auditado.

Nos trabalhos de auditoria interna, com raras exceções, o cliente será sempre a alta administração ou a governança da organização. Embora, conforme vimos, o embrião do trabalho possa surgir de sugestões ou solicitações de qualquer empregado da organização, a autorização para realização dos trabalhos será sempre dos altos dirigentes.

Normalmente, as organizações possuem um planejamento já definido para certos trabalhos de auditoria interna que rotineiramente são realizados visando ao monitoramento de setores ou de alguns procedimentos da empresa, objetivando constante aprimoramento.

É necessário que os controles internos sejam eficazes (possibilitar que sejam feitas as tarefas que precisam ser realizadas) e eficientes (possibilitar que as tarefas que precisam ser realizadas sejam feitas com o menor esforço possível), para que os resultados informados nas demonstrações contábeis da entidade sejam devidamente reconhecidos com credibilidade não só entre seus dirigentes como também entre os usuários externos que direta ou indiretamente tenham interesse nos resultados da organização.

Em relação à auditoria externa ou independente, exceto nos casos em que é contratada para tarefas ligadas ao controle interno, os trabalhos de auditoria contratados são para atender à legislação e referem-se à auditoria das demonstrações contábeis. Nesses casos, o cliente será sempre a alta administração ou governança, e o objetivo será sempre garantir a veracidade das informações apresentadas nas demonstrações contábeis.

Conforme dissemos, os trabalhos de auditoria, seja ela interna ou externa, surgem de forma semelhante, ou seja, por solicitação ou contratação de um cliente.

Veja, a seguir, uma lista contendo orientações e procedimentos que auxiliam o auditor na preparação do plano de auditoria, sempre que receber uma solicitação ou for contratado para realizar uma tarefa.

Informamos, contudo, que as orientações e os procedimentos a seguir relacionados têm finalidade didática e foram selecionados para que você, estudante de auditoria, possa entender como o auditor independente, após ter sido contratado para realizar auditoria das demonstrações contábeis, atua com a intenção de planejar os trabalhos da melhor maneira possível.

A lista a seguir contém orientações e procedimentos a serem executados, ainda na firma de auditoria, antes da primeira reunião nas dependências da organização a ser auditada.

## Lista de orientações e procedimentos de auditoria

- Em se tratando de auditoria externa, antes de decidir sobre a aceitação ou não do trabalho, o auditor deve verificar se reúne as condições exigidas para a realização da tarefa solicitada e se a organização a ser auditada apresenta as condições necessárias para que os trabalhos possam ser realizados dentro da ética requerida.

- Conhecer o escopo (o que será coberto pelo trabalho) da auditoria que deverá ser realizada, para que se possa determinar a extensão, a abrangência e o campo de atuação.
- Conhecer o endereço, o departamento, a seção, a pessoa responsável em acolher a auditoria etc.
- Saber se o propósito da auditoria pode ser informado ao auditado.
- Definir em quantas áreas deve ser desdobrada a auditoria. (Esse procedimento facilita a administração dos trabalhos.)
- Definir o período de abrangência da auditoria.
- Definir que auditores integrarão a equipe de trabalho, bem como o líder do grupo.
- Conscientizar a equipe de auditores sobre a necessidade de:
  a. oferecer ao cliente soluções de valor;
  b. melhorar cada vez mais a capacidade de controlar o risco de auditoria;
  c. que é indispensável o comprometimento de todos os membros da equipe, inclusive de especialistas;
  d. que é preciso o entendimento sobre o papel de cada membro da equipe;
  e. discutir com toda equipe das necessidades e expectativas do cliente; e
  f. fixar metas e objetivos.

Para avaliar o risco de auditoria, é preciso entender os riscos de negócio do cliente.

Conhecer a maneira como o cliente organiza, gerencia e controla seu negócio facilita o desenvolvimento dos trabalhos de auditoria.

## 15.3.2.2 Plano de Auditoria

O plano de auditoria é um documento elaborado na etapa do planejamento, em que são fixados os direcionamentos que nortearão os trabalhos de auditoria.

É nesse momento que o auditor avalia os controles internos mantidos pela organização a ser auditada, para que possa dimensionar a amplitude dos trabalhos. O auditor deve realizar tarefas que possibilitem entender o risco de fraude e os cinco componentes do controle interno.

Segundo metodologia implantada pelo Committee of Sponsoring Organizations of the Treadway Commission (Coso)[1], controle interno adequado é aquele em que os cinco elementos do controle (Ambiente de controle; Avaliação de risco; Atividades de controle; Informação e comunicação; e Monitoramento) estão presentes e funcionando conforme planejado.

Antes de concluir o plano de auditoria, para que todos os requisitos indispensáveis à realização da auditoria sejam definidos com clareza, é preciso que todas as dúvidas sejam levantadas com o cliente e com a organização a ser auditada. Essas situações serão discutidas durante a reunião de abertura.

Quando se trata de auditoria de demonstrações contábeis, é na fase de planejamento que são definidas as principais contas a serem testadas, considerando-se a natureza, a relevância e o valor de cada uma.

Veja, agora, alguns quesitos que devem integrar um plano de auditoria:

- escopo e objetivos da auditoria;
- áreas e processos a serem auditados;
- critérios e padrões da auditoria;
- expectativas do cliente;
- necessidades e interesses do auditado;
- cronograma de trabalho (datas, locais onde os trabalhos serão desenvolvidos, tempo fixado, duração dos trabalhos, reuniões com o auditado e reuniões com a equipe de auditoria);
- funções e responsabilidades da equipe de auditores e dos acompanhantes;
- documentação do sistema disponível para a auditoria;
- tópicos do relatório de auditoria (conhecendo as informações que deverão constar do relatório, o auditor, ao longo do seu trabalho, procura segregar documentos e evidências que facilitem essa tarefa); e
- logística disponibilizada para a equipe de auditores (transporte, estada, alimentação, acompanhantes, horários etc.).

---

[1] Organização privada criada nos Estados Unidos, em 1985, para prevenir e evitar fraudes nas demonstrações contábeis.

## 15.3.3  Execução da auditoria

A condução dos trabalhos de auditoria, conforme estudamos em capítulos anteriores, exige do auditor habilidades e conhecimentos técnicos variados.

Os procedimentos que devem ser aplicados pelos auditores na condução da auditoria são os mais variados possíveis: alguns se aplicam a todo e qualquer tipo de auditoria, outros, apenas a casos específicos.

Abordaremos, nas seções seguintes, alguns procedimentos que podem ser aplicados na maior parte dos trabalhos de auditoria.

> **NOTA:**
> Julgamos conveniente destacar que as orientações e os procedimentos apresentados neste capítulo, especialmente a partir da seção seguinte, embora aplicáveis em qualquer auditoria de demonstrações contábeis, são apenas exemplos e podem variar de acordo com a metodologia adotada em cada firma de auditoria.

## 15.3.3.1  Iniciando a auditoria

No momento em que já estiverem definidas as atividades objeto da auditoria, antes de se dirigir para as dependências da organização a ser auditada, a equipe de auditores escolhida reúne-se para estudar e inteirar-se de conhecimentos e procedimentos que facilitarão a execução dos trabalhos, inclusive da realização de alguns ajustes no plano e no cronograma já elaborados.

A maior parte desses conhecimentos e procedimentos já está devidamente consagrada entre os profissionais que atuam como auditores.

Os auditores precisam:

- identificar os itens principais a serem cobertos;
- estabelecer as prioridades determinadas para a auditoria;
- identificar com clareza a extensão a ser coberta;
- saber quais os critérios ou padrões de auditoria são exigidos, bem como quais Normas Brasileiras de Auditoria são aplicáveis;
- saber quais áreas devem ser auditadas;
- se existe situação contratual ou pré-contratual;
- se existem outras partes interessadas;

- se existem programas de auditoria interna ou externa; e
- qual o nível de confidencialidade dos resultados da auditoria.

Essas informações dão ao auditor e a toda equipe condições para tomar algumas decisões como:

- qual é o tipo e qual é a extensão da auditoria que deve ser preparada e quando ela pode ser conduzida;
- quais são os dados ou as informações que a auditoria deve levantar; e
- quem da equipe da auditora poderá conduzir a auditoria em determinados setores ou funções e assim por diante.

É muito importante, ainda, que o auditor líder da equipe elabore um roteiro para agilizar o primeiro contato, que ocorrerá na reunião de abertura com o pessoal da organização a ser auditada.

## 15.3.3.2 Reunião de abertura

Com o plano e o cronograma de auditoria prontos e equipe de auditores definida, o próximo passo será então ir a campo para iniciar os trabalhos nas dependências da organização a ser auditada.

Para que a firma de auditoria desenvolva um trabalho de qualidade que, atendendo às expectativas do cliente, possa dar continuidade ao bom relacionamento entre ambos, é preciso discutir com a alta administração ou governança do auditado alguns pontos-chave que viabilizem principalmente a realização de uma auditoria eficaz e eficiente.

Os trabalhos nas dependências do auditado começam com uma reunião, denominada de "reunião de abertura". É o primeiro contato da equipe de auditores com a alta direção da organização a ser auditada.

Dirigida pelo líder da equipe de auditoria, essa reunião deve ser breve e, conforme dissemos, além de oficializar o início dos trabalhos, possibilita o primeiro contato com a alta administração e a apresentação da equipe de auditores e do pessoal da organização que acompanhará os trabalhos.

Essa reunião de abertura é importante ainda que se trate de auditoria interna desenvolvida por auditores da própria organização.

Nesse caso, embora possa ser dispensado o contato com a alta administração, é imprescindível que os dirigentes, bem como o pessoal da área a ser auditada, tomem conhecimento não só dos membros da equipe, mas também dos propósitos da auditoria que vai avaliar sistemas, processos ou procedimentos a eles afetos. Nessa reunião, os auditores conversam com os auditados responsáveis pela área e questionam se existem pontos que auditados gostariam que fossem examinados com maior cuidado.

A revisão de alguns tópicos do programa de auditoria, conforme o interesse do auditado, especialmente em relação à necessidade de inclusão de tarefas decorrentes de fatos até então desconhecidos pela equipe de auditores, é importante:

- obter da alta administração a garantia de que serão disponibilizados recursos físicos, humanos e tecnológicos, necessários para que a equipe de auditores desempenhem os seus trabalhos com segurança e independência;
- assegurar que os auditados tenham conhecimento dos objetivos da auditoria;
- saber em que local da organização ficará instalada a equipe de auditores;
- saber quem deve prover os recursos de suporte para a equipe auditora;
- saber qual pessoa (ou pessoas) da companhia a ser auditada deve estar sempre presente;
- definir o prazo para a realização, conclusão dos trabalhos e entrega do relatório;
- Saber a quem o relatório será apresentado.

Cada membro da equipe deve ficar atento às recomendações do cliente, não só para entender a visão de sucesso que ele empreende, como também para se inteirar das suas expectativas, isto é, do que o cliente quer saber.

A discussão da agenda é elaborada na fase do planejamento, até que fique tudo devidamente acordado entre a equipe de auditores e a organização a ser auditada. Nesse momento, a equipe de auditores deve esclarecer que, após a conclusão dos trabalhos, haverá uma reunião de fechamento para apresentação do resultado da auditoria.

## 15.3.3.3 Desenvolvendo a auditoria

Você já sabe que os auditores vão a campo, conforme o propósito definido pelo planejamento, em busca de evidências que justifiquem a existência ou não de distorções relevantes; ou de riscos de distorções relevantes que possam vir a influenciar as informações contidas nas demonstrações contábeis da entidade; ou ainda em busca de evidência de riscos de distorções relevantes ou da probabilidade de esses riscos ocorrerem, para auxiliar a administração na melhoria da eficácia e da eficiência do seu controle interno.

### 15.3.3.3.1 Procedimentos preliminares após a reunião de abertura

Algumas firmas de auditoria costumam desenvolver uma Estratégia Preliminar de Auditoria, voltada aos riscos de negócio e das demonstrações financeiras do cliente, realizando testes de controle, com a finalidade de selecionar as contas que deverão ser testadas durante a execução dos trabalhos de auditoria (testes substantivos).

A aplicação dos testes de controle ainda na fase do planejamento tem por fim reduzir o número de testes substantivos. Para isso, algumas firmas de auditoria efetuam uma análise geral das informações financeiras e não financeiras, visando a determinar a materialidade planejada (MP), o erro tolerável (ET) e o sumário de diferenças de auditoria (SDA).

Uma vez determinada a MP, cujo critério deve ser devidamente fundamentado pelo auditor, com base nela serão determinados o ET e o SDA.

Para exemplificar, vamos supor que nos procedimentos preliminares de auditoria de determinada organização, com a devida fundamentação, tenha sido decidido que a MP seja igual a 2% do total do Patrimônio Líquido (PL); que o ET seja igual a 50% da MP, e o SDA seja igual a 5% da MP.

Assim, para um PL de R$ 5.000.000,00, a MP seria de R$ 100.000,00 (2% de R$ 5.000.000,00). Nesse caso, o erro tolerável será igual a R$ 50.000,00, ou seja, 50% da MP. No mesmo raciocínio, o SDA seria de R$ 5.000,00, ou seja, 5% de R$ 100.000,00.

No Capítulo 12, abordamos outros aspectos relativos à definição de materialidade.

Depois de definida a MP, o ET e o SDA, o próximo passo será identificar, com base nesses cálculos, as contas significativas, bem como os processos que influenciam as contas significativas, isto é, os procedimentos adotados pelo pessoal que controla a movimentação das respectivas contas.

Na análise desses processos, é preciso considerar os diferentes tipos de transações: rotineiras, não rotineiras e estimativas.

Transações rotineiras são aquelas que ocorrem frequentemente, como as compras e as vendas nas empresas comerciais; transações não rotineiras são aquelas que ocorrem eventualmente, por exemplo, as transações com bens do Ativo Imobilizado; já as transações estimativas são aquelas que se referem a procedimentos com probabilidade de ocorrer, como é o caso de perdas com créditos de liquidação duvidosa, normalmente provisionadas por meio da conta Perdas Estimadas em Créditos de Liquidação Duvidosa, cuja finalidade é a de cobrir possíveis não recebimentos de direitos decorrentes de receitas já incluídas no faturamento bruto da organização.

Consideram-se significativas: as contas que apresentarem saldos superiores ao ET ou com alto risco inerente; as contas que apresentarem saldos superiores ao ET, porém, com baixo risco inerente; e as contas que apresentarem saldos inferiores ao ET e com risco inerente muito baixo.

Um dos indicadores utilizados para determinar o alto ou o baixo risco inerente é o volume de transações que a conta apresenta. Depois de identificadas as contas a serem auditadas, a equipe de auditoria faz o mapeamento das atividades que "geram" essas contas.

É importante destacar, para exemplificar, que a conta Caixa e a conta Bancos, principalmente nas instituições financeiras, pela natureza, sempre serão auditadas. Os auditores entrevistam as pessoas envolvidas para que expliquem passo a passo a rotina das atividades que são feitas para compor o saldo das contas que vão auditar.

Nessa explicação, os auditores identificam os riscos ligados a elas (o que pode dar errado; por exemplo: um lançamento incorreto; um procedimento falho), e, para esses riscos, verificam se existem controles estabelecidos (nesse caso, um exemplo seria uma conciliação – controle detectivo).

Com base nesse levantamento, ainda na fase de planejamento, o auditor faz um teste para um caso dos controles identificados chamado "walk-through". Dependendo dos resultados e do tipo de controle identificado, é definido quanto será testado na fase da auditoria, chamada também "testes substantivos".

Como já comentamos, vale destacar que esse procedimento depende da metodologia utilizada em cada empresa de auditoria. É essencial repetir que a amplitude dos trabalhos de auditoria dependerá da qualidade do controle interno da auditada. Quando o controle interno é eficiente, os auditores decidirão por não aprofundar os testes, caso contrário, o volume de verificações será maior.

Estes são alguns dos procedimentos que podem ser adotados pela equipe de auditores, até que seja estabelecido o escopo preliminar de auditoria e preparado o programa preliminar. Nesse momento, a equipe de auditores, normalmente ajusta itens do planejamento que direcionará os trabalhos de auditoria.

### 15.3.3.3.2 Elementos que devem ser examinados

No desenvolvimento dos trabalhos de auditoria, o auditor examina quatro grupos de elementos: documentos, equipamentos, itens e pessoas.

O exame dos documentos deve levar o auditor a ter certeza de que eles são adequados a permitir que o pessoal desempenhe suas tarefas com a eficiência necessária. A adequação dos documentos revelará se eles contêm dados, especificações, procedimentos, desenhos, padrões e todas as demais informações indispensáveis para orientar o trabalhador no desempenho das suas tarefas.

Os equipamentos utilizados pelo pessoal na operacionalização de suas tarefas também precisam ser adequados e ter funcionamento compatível com a finalidade de cada um. Entende-se por equipamentos os bens destinados ao uso da organização, como as ferramentas, as máquinas e os demais equipamentos de produção, de processo (computadores e periféricos), de inspeção, medição e ensaios.

Consideram-se itens para fins do desenvolvimento dos trabalhos de auditoria, os quais serão objeto de verificação por parte dos auditores, os bens destinados à venda (mercadorias, produtos acabados e produtos em elaboração) a integrar o processo produtivo (insumos, como: matérias-primas, materiais secundários, materiais auxiliares e materiais de acondicionamento e embalagem) e ao consumo (materiais de expediente, limpeza, informática etc.). Incluem-se entre os itens a serem verificados pelo auditor os hardwares, softwares, materiais processados ou, inclusive, os serviços.

As pessoas cujas qualificações devem ser examinadas pelos auditores para verificar a adequação em relação às tarefas a elas afetas na organização compreendem os gestores e trabalhadores em todos os níveis e seus graus de formação, conscientização, treinamento e experiência em face das necessidades de habilitação, competência e qualificação para realizar as tarefas que lhes são confiadas.

## 15.3.3.4 Técnicas de auditoria

Como vimos na Seção 8.4, do Capítulo 8, técnicas de auditoria compreendem os procedimentos de auditoria realizados pelo auditor no desenvolvimento do seu trabalho visando à obtenção de evidências de auditoria.

Para obter evidências de auditoria apropriadas e suficientes que possam fundamentar sua opinião, o auditor deve definir e executar procedimentos de auditoria (técnicas de auditoria) que sejam apropriados de acordo com a extensão dos trabalhos e as circunstâncias encontradas em cada situação.

Haverá sempre uma técnica adequada para testar e avaliar a eficácia e a eficiência das operações de gestão, cabendo ao auditor selecioná-la com precisão, para evitar desperdícios de tempo e de recursos materiais e humanos.

Na Seção 8.4, do Capítulo 8, tratamos das seguintes técnicas de auditoria: indagação, recálculo, reexecução, inspeção, observação, confirmação externa (circularização), amostragem, corte das operações ou *Cut-off*, rastreamento e procedimentos analíticos.

Na Seção 3.9, do Capítulo 3 você encontra, também, uma relação de técnicas de auditoria, porém, conforme interpretação dos dirigentes do setor público.

### 15.3.3.5 Habilidades exigidas do auditor na condução da auditoria

A condução dos trabalhos, em busca de evidências de auditoria, exige que o auditor possua, além da qualificação técnica estudada na Seção 2.4, do Capítulo 2, algumas habilidades. Vamos discutir três delas, que estão amplamente divulgadas por alguns escritores de auditoria:

- habilidades técnicas: conhecimento das normas de auditoria e de como a organização a ser auditada opera;
- habilidades emocionais: equilíbrio mental diante das mais variadas situações encontradas; e
- habilidades mecânicas: ver, perguntar, ouvir e saber anotar somente os fatos relevantes que fundamentarão o trabalho.

Conforme discutimos no Capítulo 7, as evidências relevantes devem ser devidamente documentadas por meio de anotações próprias nos respectivos papéis de trabalho. Essas anotações precisam ser efetuadas com clareza e no momento em que as evidências são percebidas, para agilizar os trabalhos de auditoria.

Alguns auditores, no desempenho de trabalhos de auditoria interna, conhecendo os objetivos do trabalho e as informações que ele deverá incluir no relatório, ao longo do trabalho, ao mesmo tempo que efetuam as anotações necessárias das evidências nos papéis de trabalho, aproveitam para adiantar o rascunho da redação do relatório com a inclusão das respectivas evidências.

Como discutimos na Seção 2.15, do Capítulo 2, é muito importante que o auditor conduza suas tarefas de auditoria com ceticismo profissional, isto é, trabalhando sempre com a possibilidade de que as informações obtidas ou verificadas em uma primeira constatação possam não estar corretas. Para considerar a existência de uma evidência positiva ou negativa, ele deve ter certeza de que ela efetivamente é real e nunca acreditar em discursos ou em informações verbais, ainda que calorosamente defendidas e justificadas por pessoas que neles creem. O auditor tem de checar todas as informações que julgar convenientes: ver para crer.

Conta-se que um auditor fiscal foi repreendido por seus superiores por incluir em seu relatório de auditoria informação que não correspondia à realidade. Ao receber a tarefa de verificar com o contribuinte a existência de um débito fiscal, o auditor, por conhecer o pessoal administrativo que trabalhava no estabelecimento do contribuinte, decidiu telefonar em vez de ir até o estabelecimento para ver o documento comprobatório do recolhimento do tributo. Sem ver o comprovante, confiando em informações obtidas por telefone, seu trabalho ficou prejudicado, uma vez que o débito do contribuinte continuava em aberto.

Portanto, recomenda-se ao auditor verificar sempre a documentação comprobatória dos registros e das informações para saber em relação a cada evidência: como, onde, o que e quando.

O auditor nunca deve se melindrar em dizer que não entendeu as explicações, devendo sempre pedir que as explicações recebidas, quando não satisfatórias, sejam repetidas pelos seus informantes.

> **NOTA:**
> No Capítulo 16 você encontra outras explicações sobre os procedimentos de auditoria para verificação da exatidão de saldos de contas apresentadas nas demonstrações contábeis.

## 15.3.3.6  Avaliação das distorções identificadas durante a auditoria

Conforme estabelece o item 3 da NBC TA 450, na execução dos trabalhos de auditoria de demonstrações contábeis, o auditor deve avaliar o efeito de distorções identificadas na auditoria e o efeito de distorções não corrigidas, se houver, nas demonstrações contábeis.

Quando o auditor expressa uma opinião sobre as demonstrações contábeis terem sido apresentadas adequadamente, em todos os aspectos relevantes, as distorções também incluem aqueles ajustes de valor, classificação, apresentação ou divulgação que, no julgamento do auditor, são necessários para que as demonstrações contábeis estejam apresentadas adequadamente, em todos os aspectos relevantes.

Como vimos em capítulos anteriores, distorção é a diferença entre o valor, classificação, apresentação ou divulgação de um item informado nas demonstrações contábeis e o valor, classificação, apresentação ou divulgação requerido para que o item esteja de acordo com a estrutura de relatório financeiro aplicável. A distorção pode ser decorrente de erro ou fraude.

## 15.3.3.7  Avaliação do efeito de distorções não corrigidas

Distorções não corrigidas são aquelas que o auditor detectou durante a auditoria e que não foram corrigidas (item 4b, da NBC TA 450 (R1)).

Conforme estabelece o item 10 da NBC TA 450 (R1), antes de avaliar o efeito de distorções não corrigidas, o auditor deve rever a materialidade para confirmar se ela continua apropriada no contexto do resultado efetivo da entidade (materialidade foi tratada no Capítulo 12 deste livro).

Como estabelece o item 11 da NBC TA 450 (R1), o auditor deve determinar se as distorções não corrigidas são relevantes, individualmente ou em conjunto. Ao fazer essa determinação, o auditor deve considerar:

- a magnitude e a natureza das distorções, tanto em relação a classes específicas de transações, saldos contábeis ou divulgação quanto às demonstrações contábeis como um todo, e as circunstâncias específicas de sua ocorrência; e

- o efeito de distorções não corrigidas relacionadas a períodos anteriores sobre as classes relevantes de transações, saldos contábeis ou divulgação, e sobre as demonstrações contábeis como um todo.

## 15.3.3.8 Modificações ou aborto do plano de auditoria

Toda evidência constatada durante a condução da auditoria que apresente indícios de riscos de distorção relevante que possa repercutir negativamente em relação à segurança, ao meio ambiente ou à qualidade do produto ou serviço deve ser comunicada imediatamente ao auditado, bem como ao cliente, para que possa ser sanada ou mitigados seus efeitos.

Conforme estabelecem os itens 6 e 7, da NBC TA 450 (R1), o auditor deve determinar se a estratégia global e o plano de auditoria precisam ser revisados quando:

- a natureza das distorções identificadas e as circunstâncias em que elas ocorreram indicarem que podem existir outras distorções que, em conjunto com as distorções detectadas durante a auditoria, poderiam ser relevantes; ou

- o conjunto das distorções detectadas durante a auditoria se aproxima da materialidade determinada de acordo com a NBC TA 320 (veja o Capítulo 12 deste livro).

Se, por solicitação do auditor, a administração examinou uma classe de transações, saldos contábeis ou divulgação e corrigiu as distorções que foram detectadas, o auditor deve executar procedimentos adicionais de auditoria para determinar se continua havendo distorções.

Quando as circunstâncias indicarem que os objetivos da auditoria não serão atingidos por falta de um sistema de gestão adequado ou da existência de processo, produto ou serviço incompatíveis com critérios de auditoria preestabelecidos, além da constatação da existência de um volume fora do normal de evidências de distorções relevantes, o auditor deve relatar a situação ao cliente, bem como à organização auditada, para que sejam tomadas as medidas corretivas adequadas à solução das irregularidades levantadas. Nesse caso, o auditor poderá rever o plano de auditoria que está sendo aplicado para ajustá-lo às contingências de momento ou até mesmo decidir abortá-lo.

O item 8, da NBC TA 450 (R1), estabelece que o auditor deve comunicar tempestivamente ao nível apropriado da administração todas as distorções detectadas durante a auditoria, a menos que seja proibido por lei ou regulamento.

O auditor deve requerer que a administração corrija essas distorções.

Se a administração recusar-se a corrigir algumas das distorções reportadas pelo auditor, este deve obter o entendimento sobre as razões pelas quais a administração decidiu por não efetuar as correções e deve considerar esse entendimento ao avaliar se as demonstrações contábeis como um todo estão livres de distorções relevantes (item 9, da NBC TA 450 (R1)).

## 15.3.3.9 Concluindo a auditoria

Como veremos na Seção 15.3.4.1, o ciclo da auditoria externa encerra-se com a elaboração do relatório no qual o auditor expressa sua opinião acerca dos resultados da auditoria que realizou.

Entretanto, depois de cumpridas todas as etapas e realizadas todas as tarefas conforme foram planejadas, e antes de dar por encerrados os trabalhos, para garantir a boa qualidade da auditoria que está sendo encerrada, o auditor deve tomar algumas providências, por exemplo: solucionar os pontos que ficaram pendentes; reconsiderar as avaliações feitas em relação ao controle interno e aos riscos de fraude; analisar e quantificar as diferenças de auditoria; fazer a revisão analítica final das demonstrações financeiras auditadas; analisar os eventos subsequentes; reexaminar e documentar as conclusões dos trabalhos, eliminando as documentações desnecessárias para formar a opinião; reunir-se com o cliente para discutir os resultados da auditoria, conforme veremos na seção seguinte etc.

Entre esses procedimentos realizados para conclusão da auditoria externa, destacamos mais quatro com os quais o auditor deve se preocupar:

- preparar atividades preliminares de planejamento para a auditoria a ser realizada no ano subsequente;

- avaliar a satisfação do cliente, para se certificar de que as expectativas dele foram atingidas;

- avaliar a performance da equipe: após encerrados os trabalhos de auditoria, e tendo o auditor se certificado de que as tarefas planejadas foram cumpridas e as expectativas do cliente, satisfeitas, chega-se à última fase dos trabalhos, que consiste em avaliar a performance da equipe, com o intuito de aprimorar cada vez mais a eficácia e a eficiência dos serviços de auditoria independente a oferecer a seus clientes; e

- arquivar adequadamente o papel de trabalho: conforme estudamos no Capítulo 7 do presente livro, para facilitar o manuseio, bem como a localização das informações e documentos colecionados pelo auditor, ele deve organizar os papéis de trabalho, arquivando-os de forma sistemática e lógica.

Um limite de tempo apropriado, para concluir a montagem do arquivo final de auditoria, geralmente não ultrapassa sessenta dias após a data do relatório do auditor (NBC PA 01, item A83).

## 15.3.3.10 Reunião de fechamento

Após concluir os trabalhos de auditoria e antes de realizar a reunião de fechamento com os membros da organização auditada, a equipe de auditores independentes deve se reunir para tomar algumas providências importantes visando à preparação da pauta da reunião de fechamento.

Nesse momento, o relatório de auditoria deve estar devidamente esboçado para que os auditores possam analisar o resultado dos trabalhos antes de apresentá-lo aos responsáveis pela organização auditada.

Na data e horário, de acordo com o cronograma integrante do planejamento dos trabalhos de auditoria, será realizada a reunião de fechamento dos trabalhos de auditoria. A reunião de fechamento ocorre nas dependências da organização auditada com seus responsáveis, para apresentar os resultados conforme o escopo da auditoria contratada e discutir alguns pontos que precisam ser esclarecidos visando à conclusão do relatório.

Nessa reunião, que é dirigida pelo líder da equipe de auditores independentes, deverá estar presente todo o pessoal da organização auditada que tenha autoridade para tomadas de ações corretivas. Podem estar presentes ainda, se assim achar conveniente, o cliente que contratou os serviços de auditoria e outras partes que de qualquer forma possam ter interesse nos resultados da auditoria.

O maior cuidado, por parte da equipe de auditores, será o de que o resultado da auditoria seja apresentado de forma que os membros da organização auditada possam entender e concordar com todas as evidências levantadas.

Dependendo do tipo de auditoria, nessa reunião, os responsáveis pela organização definem um prazo para apresentar um plano de ação corretiva que viabilize sanar ou mitigar ao máximo possível as evidências de distorções levantadas, bem como das evidências de riscos (probabilidades) de ocorrências de fatos que possam estar contribuindo ou vir a contribuir com a ineficácia ou ineficiência do desempenho da organização.

Por fim, é importante destacar que, após a reunião de fechamento, na qual, conforme dissemos, o resultado da auditoria é apresentado para os responsáveis pela organização auditada e acordadas possíveis discordâncias entre as partes, a equipe de auditores retorna à sede da firma de auditoria (no caso de auditoria independente) para concluir o relatório, o qual será entregue ao cliente que contratou os serviços e não aos responsáveis pela governança da organização auditada, salvo nos casos em que sejam estes os contratantes, conforme vimos. A entrega do relatório aos dirigentes da organização auditada será feita pelo próprio cliente.

## 15.3.4 Relatório de auditoria

### 15.3.4.1 Relatório do auditor independente

Como comentamos na Seção 4.10, do Capítulo 4, e estudaremos com mais detalhes no Capítulo 17, o resultado dos trabalhos de auditoria realizados por auditores independentes será consubstanciado em um relatório de auditoria dirigido aos usuários que contrataram os serviços de auditoria. Normalmente, esses usuários são os acionistas ou os responsáveis pela governança da entidade cujas demonstrações contábeis foram auditadas.

O relatório deve ser apresentado por escrito, isto é, emitido de forma impressa em papel ou em meio eletrônico, com a assinatura do auditor independente ou do sócio da firma de auditoria.

Ao expressar sua opinião sobre as demonstrações contábeis, por meio do relatório de auditoria, o auditor independente deve indicar a base que fundamenta sua opinião.

É importante destacar que a opinião do auditor independente deve indicar se as demonstrações contábeis são elaboradas, em todos os aspectos relevantes, de acordo com a estrutura de relatório financeiro aplicável.

A NBC TA 700 indica os elementos que devem compor o relatório do auditor independente, como: título, destinatário, parágrafo introdutório que identifica as demonstrações contábeis auditadas etc.

### 15.3.4.2 Relatório do auditor interno

Conforme comentamos na Seção 3.10, do Capítulo 3, os resultados dos trabalhos de auditoria realizados por auditores internos são consubstanciados em um relatório de auditoria dirigido à alta administração ou governança da própria organização auditada, a quem normalmente cumpre definir o escopo da auditoria interna.

Já sabemos que os trabalhos de auditoria interna são realizados pelo *staff* (corpo de auditores), sendo o relatório finalizado pelo gerente da área com a devida aprovação do diretor executivo do departamento de auditoria interna, se houver esse cargo na organização.

Portanto, o relatório da auditoria interna é inicialmente esboçado pelo *staff* que o encaminha ao gerente da área para revisão. Em geral, antes de aprovar o relatório, o gerente discute-o com o *staff* e com os responsáveis pela área auditada (gerente, diretor etc). Depois de concluídos esses procedimentos, o gerente finaliza e assina o relatório encaminhando-o para aprovação do diretor do departamento de auditoria.

Os relatórios da auditoria interna podem versar sobre vários assuntos, relacionados ou não ao controle interno. Por esse motivo, eles não são padronizados como aqueles elaborados por auditores independentes quando realizam auditoria nas demonstrações contábeis.

Mais detalhes sobre relatório de auditoria você encontra no Capítulo 17.

## 15.3.5 *Follow-up*

*Follow-up* consiste na auditoria de validação.

Como dissemos, enquanto o ciclo de vida da auditoria externa se encerra com a elaboração e entrega do relatório ao cliente que contratou os respectivos trabalhos de auditoria, o ciclo de vida da auditoria interna não cessa com a emissão do relatório.

O *follow-up* ou validação dos pontos levantados é planejado conforme vão sendo combinados os prazos das ações corretivas a serem implementadas pela administração da organização auditada.

Para facilitar o desempenho da auditoria de acompanhamento das ações corretivas, é recomendável que ela seja feita pela mesma equipe de auditores que realizou a auditoria inicial.

Quando a equipe de auditores constatar que as ações corretivas não foram efetivadas dentro dos prazos fixados, ou mesmo quando for constatado que as ações não atenderam às expectativas, o auditor não poderá fechar a Solicitação de Ação Corretiva (SAC), isto é, o auditor não poderá dar como implementada a ação do ponto levantado. Nesse caso, ele renegociará prazos com o auditado para a solução dos problemas em aberto. Essa renegociação de prazos deve ser aprovada pelo cliente que contratou os serviços de auditoria.

Quando no desenvolvimento da auditoria de *follow-up* das ações corretivas forem constatadas novas evidências de não conformidades, elas deverão ser comunicadas aos responsáveis pela governança, entretanto, integrarão outro ciclo de auditoria.

O ciclo de vida da auditoria interna encerra-se somente depois que a equipe de auditores destacada para validar as ações corretivas constatar que todas as não conformidades levantadas foram devidamente solucionadas.

Por último, é importante destacar que existem tarefas que são monitoradas periodicamente pela auditoria, independentemente da execução de um trabalho de auditoria.

Na Seção 5.6, do Capítulo 5, apresentamos alguns aspectos relacionados ao monitoramento dos controles internos, à luz da NBC TA 315.

## Atividades Teóricas

Responda:

1. Conceitue auditoria interna.
2. Conceitue auditoria independente.
3. Como é composto o ciclo de vida da auditoria independente?
4. Qual é a diferença entre as funções do auditor independente e do auditor interno?
5. Quais são as pessoas envolvidas no processo de auditoria?
6. O auditor pode recusar o trabalho de auditoria? Explique.
7. Nos trabalhos de auditoria, quando se encerra o compromisso do auditor independente e quando se encerra o compromisso do auditor interno?
8. Em que consiste o planejamento de auditoria?
9. O que é plano de auditoria?
10. Nas auditorias de demonstrações contábeis, em que fase são definidas as principais contas a serem testadas?

11. Em que fase dos trabalhos o auditor avalia os controles internos mantidos pela organização a ser auditada, para que possa dimensionar a amplitude dos trabalhos?

12. Cite os cinco elementos do controle interno segundo o Coso.

13. Cite três quesitos que devem integrar um plano de auditoria.

14. Cite três das preocupações que os auditores devem ter no momento em que já estiverem definidas as atividades objeto da auditoria, antes de se dirigir para as dependências da organização.

15. O que é a reunião de abertura?

16. Depois de definida a MP, o ET e o SDA, qual é o próximo passo?

17. O que são transações rotineiras?

18. O que são transações não rotineiras?

19. Qual é a finalidade dos testes de controle?

20. Quando são aplicados os testes substantivos?

21. Qual é o próximo passo da equipe de auditoria, depois de identificadas as contas a serem auditadas?

22. No desenvolvimento dos trabalhos de auditoria, o auditor examina quatro grupos de elementos. Quais são?

23. O que são técnicas de auditoria?

24. A condução dos trabalhos, em busca de evidências de auditoria, exige que o auditor possua algumas habilidades. Cite as três discutidas neste capítulo.

25. O que são distorções não corrigidas?

26. Em que circunstâncias o auditor deve determinar se a estratégia global e o plano de auditoria precisam ser revisados?

27. Se a administração se recusar a corrigir algumas das distorções reportadas pelo auditor, que providências ele deverá tomar?

28. Depois de cumpridas todas as etapas e realizadas todas as tarefas conforme foram planejadas, para garantir a boa qualidade da auditoria, que providências o auditor deve tomar?

29. Depois de concluído o ciclo da auditoria, e tendo o auditor entregue o relatório ao cliente, quais as últimas providências a serem tomadas?

30. Em que consiste a reunião de fechamento?

31. Tendo em vista que o resultado dos trabalhos do auditor é consubstanciado em um relatório, de que forma ele deverá ser apresentado?

32. O que é *follow-up*?

Classifique as afirmativas em falsas ou verdadeiras:

1. (   ) A auditoria independente constitui verdadeira ferramenta de gestão com propostas de ações corretivas que auxiliam a organização a alcançar seus objetivos.

2. (   ) Uma das principais diferenças entre auditoria interna e auditoria externa está nos seus objetivos.

3. (   ) O ciclo de vida da auditoria interna é diferente do da auditoria externa.

4. (   ) O auditado pode ser o próprio cliente do auditor.

5. (   ) A opinião dos auditores confere maior credibilidade e transparência às informações contidas nas demonstrações contábeis por eles auditadas.

6. (   ) A solicitação de um serviço de auditoria de gestão, como vimos, é feita normalmente pela alta administração ou governança.

7. (   ) Os procedimentos visando à elaboração do planejamento de auditoria são uniformes em todas as firmas de auditoria.

8. (   ) Quando o embrião do trabalho de auditoria interna surge de sugestões ou solicitações de qualquer empregado da organização, a autorização para a realização dos trabalhos será desse idealizador.

9. (   ) Conhecer a maneira como o cliente organiza, gerencia e controla seu negócio facilita o desenvolvimento dos trabalhos de auditoria.

10. (   ) A reunião de abertura é dirigida pelo líder da equipe de auditores.

11. (   ) Para fins de testes, consideram-se insignificantes as contas que apresentarem saldos inferiores ao ET e com risco inerente muito baixo.

12. (   ) Um dos indicadores utilizados para determinar o alto ou baixo risco inerente é o volume de transações que a conta apresenta.

13. (   ) A amplitude dos trabalhos de auditoria dependerá da qualidade do controle interno da auditada.

14. (   ) Recomenda-se ao auditor verificar sempre a documentação comprobatória dos registros e das informações para saber em relação a cada evidência: como, onde, o quê e quando.

15. (   ) O auditor deve determinar se as distorções não corrigidas são relevantes, individualmente ou em conjunto.

16. (   ) Na reunião de fechamento, que também é dirigida pelo líder da equipe de auditores independentes, deverá estar presente todo pessoal da organização auditada que tenha autoridade para tomadas de ações corretivas.

Escolha a alternativa correta:

1. São procedimentos do auditor na fase pré-planejamento da auditoria:

   a) conhecer o escopo da auditoria.

   b) conhecer o endereço, departamento, seção, pessoa responsável em acolher a auditoria etc.

   c) saber se o propósito da auditoria pode ser informado ao auditado.

   d) selecionar as técnicas de auditoria aplicáveis conforme as evidências a serem buscadas.

   e) somente a alternativa "d" está incorreta.

2. Nas auditorias de demonstrações contábeis, é na fase de planejamento que são definidas as principais contas a serem testadas, considerando-se em relação a cada uma:

   a) a natureza.

   b) a relevância.

   c) o valor.

   d) as alternativas "a" a "c" estão corretas.

   e) NDA.

3. Na auditoria das demonstrações contábeis, os auditores precisão obter respostas para vários questionamentos, como:

   • Quem deve prover os recursos de suporte para a equipe auditora?

   • Qual pessoa ou quais pessoas da companhia a ser auditada devem estar sempre presentes?

   • Qual o prazo para a realização, a conclusão dos trabalhos e a entrega do relatório?

   • A quem o relatório será apresentado?

   As respostas anteriores são obtidas pelos auditores:

   a) na fase de planejamento dos trabalhos.

   b) na fase de execução dos trabalhos.

   c) durante a reunião de abertura.

   d) na fase da elaboração do relatório.

   e) a alternativa "c" é a mais correta.

4. Para aplicar os testes de controle, é efetuada uma análise geral das informações financeiras e não financeiras, visando a determinar:

   a) a materialidade planejada (MP).

   b) o erro tolerável (ET).

   c) o sumário de diferenças de auditoria (SDA).

   d) as alternativas "a" a "c" estão corretas.

   e) NDA.

5. Considerando-se que a materialidade programada (MP) tenha sido fixada em 5% do valor do Patrimônio Líquido; que o erro tolerável (ET) corresponda a 50% da MP e que o SDA corresponda a 5% da MP, os valores da MP, do ET e do SDA para um Patrimônio Líquido de R$ 10.000 seriam, respectivamente:

   a) 500; 250 e 500.

   b) 250; 500 e 25.

   c) 25; 50 e 500.

   d) 500; 250 e 25.

   e) NDA.

6. Consideram-se significativas as contas que apresentarem saldos:

   a) iguais ao ET, porém, com baixo risco inerente.

   b) superiores ao ET, porém, com baixo risco inerente.

   c) superiores ao ET, porém, com alto risco inerente.

   d) somente a alternativa "a" está errada.

   e) NDA.

7. Consideram-se não significativas as contas que apresentarem saldos:

   a) superiores ao ET, porém, com baixo risco inerente.

   b) superiores ao ET, porém, com alto nível inerente.

   c) inferiores ao ET, porém, com baixo nível inerente.

   d) todas estão corretas.

   e) NDA.

8. Antes de avaliar o efeito de distorções não corrigidas, o que o auditor deve rever?

   a) o erro tolerável.

   b) a materialidade, para confirmar se ela continua apropriada no contexto do resultado efetivo da entidade.

   c) a escrituração do auditado.

   d) todas estão corretas.

   e) NDA.

# CAPÍTULO 16

## AUDITORIA DAS DEMONSTRAÇÕES CONTÁBEIS

## Objetivos do Capítulo

### Após ler este capítulo, você estará apto a:

- ❑ Saber o que é e como se desenvolve a auditoria das demonstrações contábeis.
- ❑ Saber quais são as demonstrações contábeis objeto de auditoria.
- ❑ Entender como se desenvolve a auditoria das contas Caixa e Bancos.
- ❑ Saber como se desenvolve a auditoria de Estoques.
- ❑ Saber como se desenvolve a auditoria de Despesas Antecipadas.
- ❑ Saber como se desenvolve a auditoria de Investimentos.
- ❑ Conhecer como se desenvolve a auditoria do Imobilizado.
- ❑ Saber como se desenvolve a auditoria do Intangível.
- ❑ Saber como se desenvolve a auditoria de Contas a Pagar.
- ❑ Entender como desenvolver auditoria no Patrimônio Líquido.
- ❑ Saber como desenvolver auditoria de Receitas, Despesas e Custos.

## 16.1 Introdução

Conforme discutimos no Capítulo 4, a auditoria das Demonstrações Contábeis é uma técnica contábil que consiste na verificação da exatidão e fidedignidade dos dados contidos nas demonstrações contábeis, por meio do exame minucioso dos registros de contabilidade e dos documentos que deram origem a eles.

As demonstrações contábeis objeto de auditoria são o Balanço Patrimonial, a Demonstração do Resultado do Exercício, a Demonstração das Mutações do Patrimônio Líquido ou a Demonstração de Lucros ou Prejuízos Acumulados, a Demonstração dos

Fluxos de Caixa e a Demonstração do Valor Adicionado. A auditoria das demonstrações contábeis abrange, também, as Notas Explicativas que acompanham as demonstrações contábeis.

A principal função do auditor independente, ao desenvolver trabalhos de auditoria das demonstrações contábeis, é expressar uma opinião sobre as demonstrações contábeis terem sido elaboradas, em todos os aspectos relevantes, em conformidade com a estrutura de relatório financeiro aplicável.

Quando o auditor independente é contratado para realizar a auditoria das demonstrações contábeis, conforme vimos no Capítulo 15, ele se dirige até a organização a ser auditada e avalia os controles internos para definir o escopo da auditoria, a amplitude e a extensão dos trabalhos que realizará. Quando a organização a ser auditada não mantém um sistema de controle interno adequado, os trabalhos de auditoria serão mais detalhados.

Na auditoria das demonstrações contábeis, o auditor trabalha em busca de evidências de distorções relevantes que possam justificar a existência de não conformidades dos saldos apresentados nas demonstrações contábeis. Para atingir esse objetivo, o auditor, entre outros procedimentos, deve:

- conferir cálculos apresentados nas demonstrações contábeis objeto da auditoria;
- confrontar os saldos informados nas demonstrações contábeis com o Razão Geral e com o Razão Analítico, quando for o caso;
- confrontar lançamentos do Razão Geral e do Razão Analítico com os demais livros de escrituração contábil, principalmente com o Livro Diário;
- verificar os papéis de trabalho de auditorias anteriores para tomar conhecimento da consistência ou não dos procedimentos e se a organização costuma adotar ações para corrigir irregularidades apontadas pelos auditores;
- verificar se as informações contidas nas Notas Explicativas atendem às exigências determinadas no § 5º do art. 176, da Lei n. 6.404/1976;
- confirmar a existência física de bens (dinheiro, estoques de mercadorias, bens de uso etc.);
- verificar a adequada avaliação e classificação das contas no Balanço e nas demais demonstrações contábeis;
- cruzar dados contidos nos lançamentos do Diário com dados contidos nos livros auxiliares como no movimento de caixa, nos livros fiscais etc.;

- examinar, por amostragem, parte da documentação comprobatória dos registros contábeis e fiscais;

- buscar informações em outros documentos da organização, por exemplo, em livros de atas de reuniões da diretoria, de conselhos fiscal e de administração, em contratos escrituras e em outros tipos de documentos, para se certificar de que os procedimentos que necessitem de autorização de membros ou de acionistas da organização ou mesmo de decisões contidas em contratos estejam devidamente documentados;

- examinar o estatuto e a legislação comercial e societária para se certificar da correta aplicação de dispositivos estatutários e legais; e

- cruzar os saldos iniciais das contas e grupos de contas apresentados nas demonstrações contábeis com os papéis de trabalho da auditoria anterior etc.

Portanto, para conferir a exatidão dos saldos das contas, o auditor, inicialmente, confere os cálculos dos grupos de contas apresentados nas demonstrações contábeis e, em seguida, deve conferir os saldos iniciais com os anotados nos papéis de trabalho da auditoria anterior. Além disso, deve verificar se os saldos informados nas demonstrações contábeis conferem com os respectivos saldos devidamente registrados nos livros contábeis, especialmente no Livro-Razão, estendendo suas verificações, quando julgar conveniente, aos documentos que deram origem aos respectivos registros contábeis.

Ao realizar essa conferência, em relação aos saldos das contas, o auditor poderá deparar com pelo menos quatro tipo de distorções ou não conformidades:

- saldo superavaliado (valor maior que o real);

- saldo subavaliado (valor menor que o real);

- saldo fictício (valor inexistente, irreal); ou

- saldo oculto (valor omisso).

Recomenda-se, em decorrência desses riscos, que todas as contas apresentadas nas demonstrações contábeis sejam testadas.

O teste, nesse caso, para cada conta, consiste no confronto do saldo indicado na demonstração contábil com o saldo existente no Livro-Razão.

É evidente que os testes serão aprofundados para as contas que, de acordo com o julgamento do auditor, mereçam análise mais detalhada.

Conforme vimos no Capítulo 15, o auditor pode lançar mão de várias técnicas, que serão aplicadas conforme a natureza da conta a ser analisada, bem como da probabilidade de distorção que possa sugerir, como entrevista, circularização, conferência de cálculos etc.

Tanto a distorção derivada de superavaliação quanto a derivada de subavaliação podem decorrer de erro ou de fraude.

Quando a distorção for fraudulenta, objetivando redução dos lucros, para acobertá-la, é comum ocorrer superavaliação nos saldos das contas do Passivo e das Despesas e subavaliação nos saldos das contas do Ativo e das Receitas. Contudo, a superavaliação ou a subavaliação podem ocorrer em qualquer conta, dependendo da intenção do infrator em desejar ocultar ou evidenciar informações irreais.

É comum, por exemplo, a superavaliação na conta Duplicatas a Receber, com a inclusão de valores que não correspondem a vendas ou, mesmo, com a emissão de notas fiscais "frias", sem que representem vendas realmente ocorridas. Esse fato pode estar maquiando a existência de saldos elevados em Caixa ou Bancos, sem corresponder a transações rotineiras e legais da organização.

Em relação à conta Duplicatas a Pagar, também é comum a existência de subavaliações, com o intuito de evidenciar redução em compromissos feitos, porém não documentados.

Quando a distorção decorrer de erro, não haverá lógica em relação aos saldos mais prováveis para serem superavaliados ou subavaliados.

Embora, conforme dissemos, a superavaliação e a subavaliação possam ocorrer em qualquer conta, normalmente a auditoria busca superavaliações em Contas a Receber e subavaliações em Contas a Pagar.

Na auditoria das contas, um dos procedimentos que deve ser adotado refere-se à avaliação adequada da conta. Esse procedimento consiste em selecionar as contas significativas segundo a materialidade planejada (MP), o erro tolerável (ET) e o sumário de diferenças de auditoria (SDA), considerando, ainda, o risco inerente e o volume de transações, conforme estudamos na Seção 15.3.3.3.1, do Capítulo 15.

É importante destacar que as distorções nos saldos das contas dificilmente serão evidenciadas no simples confronto entre os saldos das contas constantes das demonstrações contábeis com os saldos das mesmas contas constantes do Livro-Razão. Por esse motivo, sempre que o auditor desconfiar (ceticismo), ele deve estender seus testes, confrontando lançamentos do Razão com o Diário e deste com os documentos comprobatórios.

Analisando a escrituração, o auditor deve ter sempre em mente que, em decorrência dos lançamentos a serem efetuados pelo método das partidas dobradas, normalmente a superavaliação do saldo de uma conta encontra guarida na subavaliação do saldo de outra, sua contrapartida.

Entretanto, por serem inúmeras as situações que a superavaliação ou a subavaliação do saldo de uma conta pode provocar no saldo de uma ou de mais de uma conta, nem sempre a superavaliação do saldo de uma corresponderá exatamente à subavaliação no saldo de outra.

A seguir, apresentaremos alguns exemplos das muitas situações que podem ocorrer.

## Saldo superavaliado

Ocorre quando o saldo de uma conta constante da demonstração contábil é superior ao saldo da mesma conta constante do Livro-Razão.

## Exemplo de superavaliação em conta de Despesa

Uma despesa paga em dinheiro no valor de R$ 100 cujo valor deixou de compor o saldo da conta Caixa, sendo lançada superavaliadamente na escrituração por R$ 120, para que haja compensação nos saldos das contas, acarretará uma subavaliação no saldo da conta Caixa em R$ 20 ou uma superavaliação no Passivo, com a inclusão de um saldo fictício de uma obrigação inexistente.

## Saldo subavaliado

Ocorre quando o saldo de uma conta constante da demonstração contábil é inferior ao saldo da mesma conta constante do Livro-Razão.

## Exemplo de subavaliação em conta de Receita

Uma receita recebida em dinheiro, no valor de R$ 500, cujo valor passou a compor o saldo da conta Caixa, porém, foi lançada subavaliadamente por R$ 400, acarretará subavaliação na conta de receita e em contrapartida, subavaliação no saldo da conta Caixa, que será menor que o real.

## Saldo fictício

Ocorre quando o saldo de uma conta constante da demonstração contábil não existe no Livro-Razão.

### Exemplo de saldo fictício em conta de direito

Para compensar um desfalque de R$ 50 no Caixa, o contador mal-intencionado lançou o respectivo valor na conta Duplicatas a Receber. O auditor constatou o saldo fictício por meio de circularização.

### Saldo oculto

Ocorre quando o saldo de uma conta constante do Livro-Razão não foi informado na demonstração contábil ou nem sequer foi contabilizado.

Quando a omissão decorre da não inclusão de determinado saldo em uma Demonstração Contábil, cujo saldo esteja devidamente escriturado no Livro-Razão, embora esse fato seja raro, o auditor facilmente o detectará; entretanto, a omissão de informações de valores nas demonstrações contábeis derivada da falta de registro nos livros contábeis não constitui tarefa simples de ser detectada. Portanto, os valores ocultos são difíceis de serem constatados, exatamente porque sua descoberta depende quase sempre do acaso, pois o auditor precisa encontrar documentos que comprovem a ocorrência do fato não registrado nos livros contábeis.

### Exemplo de saldo oculto

Quando testava o registro de notas fiscais de venda de mercadorias, o auditor encontrou uma nota fiscal correspondente à venda de mercadorias a prazo no valor de R$ 80, que não tinha sido escriturada no livro Diário.

Essa omissão provocou uma subavaliação no saldo da conta Duplicatas a Receber e a consequente subavaliação no saldo da conta representativa de receitas com vendas.

## 16.2  Auditoria das contas Caixa e Bancos

Independentemente de haver ou não um eficiente sistema de controle interno, as contas Caixa e Bancos são as mais testadas nos trabalhos de auditoria. Acontece que essas contas apresentam alto grau de liquidez e, por esse motivo, oferecem mais riscos que as demais.

Na avaliação do controle interno existente na organização visando a aquilatar a confiabilidade dos procedimentos rotineiros para essas duas contas, o auditor deve entrevistar todas as pessoas envolvidas com as disponibilidades e solicitar que cada uma delas descreva as tarefas que realizam, para que possa se inteirar da existência ou não de fragilidade nos procedimentos.

A auditoria de Caixa, pela natureza da conta, requer que o auditor verifique a existência física dos elementos que integram o respectivo saldo (dinheiro, cheques, recibos etc.).

A contagem física do caixa, é mais viável nas empresas em que o fluxo de dinheiro diário é expressivo, como ocorre, por exemplo, com as empresas comerciais e algumas prestadoras de serviços.

Normalmente, a data de início da auditoria não é a mesma data do encerramento do Balanço objeto da auditoria. Assim, vinte ou trinta dias após, o saldo de caixa já não reflete mais aquele existente no dia do fechamento do Balanço.

Esse fato não descaracteriza o trabalho do auditor, uma vez que, após efetuar a contagem física, ele deve, utilizando os registros do movimento de caixa e respectiva documentação, fazer o caminho inverso, partindo da situação levantada, até chegar ao saldo indicado no Balanço que estiver sendo auditado.

Para o auditor fiscal, o comportamento dos procedimentos relativos aos controles das contas Caixa e Bancos pode ser considerado verdadeiro termômetro capaz de permitir que seja aquilatado o grau de credibilidade de todo o sistema de controle interno, inclusive dos controles fiscal e contábil da organização.

A experiência acumulada com a realização dos trabalhos de auditoria fiscal em um número expressivo de empresas comerciais nos revelou que a probabilidade de sonegação era maior nas empresas em que as conferências de caixa efetuadas de surpresa e no primeiro dia dos trabalhos de auditoria apresentavam diferenças a maior entre o montante do dinheiro existente e o montante indicado nas notas fiscais de vendas do respectivo dia. Essa informação auxiliava a definição da extensão da fiscalização que seria implementada no patrimônio da empresa objeto da auditoria.

Portanto, sempre que for possível, a auditoria das demonstrações contábeis deve se iniciar pela contagem física do dinheiro existente no caixa.

Para realizar essa tarefa, algumas recomendações são importantes:

- que a contagem física seja realizada sempre em horário bem próximo ao final do expediente, para evitar que o caixa esteja com saldo muito baixo, descaracterizando as verificações;
- o fator surpresa inibe o mascaramento do movimento por parte dos responsáveis;
- quando a empresa mantiver mais de um caixa, é importante destacar membros da equipe de auditoria para que a contagem física seja efetuada simultaneamente em todos eles;
- a contagem do dinheiro deve ser feita pelo funcionário da empresa auditada, responsável pelo caixa ou pelo tesoureiro quando a contagem estiver sendo efetuada

na tesouraria, sempre na presença da equipe de auditores e de outros membros da organização auditada;

- a contagem deve abranger, como dissemos, não só o dinheiro em espécie, como também outros documentos que possam, no momento, estar integrando o saldo de caixa, como recibos, cheques etc.;

- é importante verificar a existência de cheques que foram depositados e devolvidos por falta de fundos ou por outro motivo qualquer. Uma fraude comum é feita pelo tesoureiro, substituindo frequentemente cheques de clientes fictícios e mantendo o saldo de caixa elevado, para encobrir desfalques;

- após concluída a contagem física, o auditor deve, na presença de todas as pessoas que acompanharam as conferências, lavrar um termo de conferência, no qual serão informados os saldos existentes naquele momento. Esse documento deverá receber as assinaturas de todas as pessoas que presenciaram a contagem física dos componentes do caixa.

Em relação à auditoria da conta Bancos, é importante ressaltar que, no grupo das Disponibilidades, essa conta abrange não só a Conta Movimento, como também aquelas representativas de outros equivalentes de caixa, como é o caso das que registram as aplicações financeiras de liquidez imediata.

Essas contas, por representarem valores da empresa em poder de terceiros, não permitem que o auditor faça a contagem física dos seus montantes.

A checagem é feita por meio de circularização e da conferência dos extratos bancários. Ao proceder à circularização com os estabelecimentos bancários nos quais a empresa mantém contas, deve-se enviar cartas, inclusive para aqueles cujas contas foram encerradas durante o exercício findo, para verificar se a organização realmente encerrou a conta e não possui pendências a cumprir com o respectivo banco.

Dificilmente o saldo contábil da conta Bancos Conta Movimento coincide com o saldo realmente existente na conta corrente bancária. São vários os motivos que justificam essa situação.

Para ajustar os saldos informados pelo banco com aqueles constantes da escrituração contábil, o contador elabora, mensalmente, as conciliações bancárias, as quais devem ser analisadas cuidadosamente pelos auditores.

Nas conciliações bancárias, são confrontados os movimentos contidos nos extratos bancários com o movimento registrado no Livro-Razão. Depois de eliminados os valores que estiverem registrados tanto na contabilidade quanto no extrato, os que ficarem em aberto nos extratos e na escrituração correspondem às pendências. As pendências precisam ser analisadas para se constatar se realmente correspondem a fatos reais que serão objeto de registros normais.

As pendências existentes na contabilidade correspondem a lançamentos efetuados pela empresa e não efetuados pelo banco, enquanto as pendências do extrato correspondem a lançamentos efetuados pelo banco e não efetuados pela empresa.

Quando as pendências forem identificadas como decorrentes de defasagem de datas tão somente, e reconhecidas pela empresa como fatos que serão objeto de registros futuros tanto na empresa quanto no banco, elas serão consideradas normais. E, então, no documento de conciliação, essas pendências serão lançadas tanto no extrato como na contabilidade da empresa, a fim de se ajustar os saldos da conta bancária da escrituração com o saldo indicado no extrato.

As pendências consideradas normais nas conciliações bancárias são aquelas decorrentes de fatos lançados pela contabilidade da empresa e que serão objeto de lançamentos futuros pelo banco ou aquelas lançadas pelo banco que serão objeto de lançamentos futuros pela contabilidade da empresa.

É comum, por exemplo, a empresa efetuar pagamento a fornecedor por meio de cheque o qual, até a data do Balanço, não tenha sido descontado pelo fornecedor (aparecerá na contabilidade da empresa e não aparecerá no extrato); ou de uma despesa bancária devidamente lançada no extrato e ainda não comunicada à empresa (aparecerá no extrato e não aparecerá na contabilidade). Na conciliação, essas pendências serão consideradas tanto no extrato quanto na contabilidade, ajustando-se os saldos dessas duas contas. Entretanto, quando a pendência não for reconhecida pela empresa nem pelo banco, o fato deverá ser esclarecido pela empresa ou devidamente avaliado pelos auditores.

As firmas de auditoria elaboram roteiros com tarefas que auxiliam o auditor no desenvolvimento do seu trabalho.

Veja, na lista a seguir, algumas dessas tarefas próprias para a auditoria da conta Caixa, Bancos e Aplicações Financeiras de Liquidez Imediata:

- verifique se existe orçamento financeiro e como ele é elaborado;
- confira se as previsões do orçamento são adequadas ao movimento financeiro da organização;
- constate se é feita revisão periódica no orçamento;
- verifique se toda disponibilidade está em poder da organização auditada;

- verifique se toda disponibilidade que está em poder da auditada foi incluída no balanço;
- verifique se as disponibilidades estão classificadas corretamente;
- verifique se as disponibilidades foram informadas corretamente nas demonstrações financeiras e em notas explicativas;
- verifique se a organização auditada atendeu às normas brasileiras e internacionais de contabilidade aplicáveis;
- confirme os valores significativos em poder de terceiros, por meio de circularização;
- confira as reconciliações bancárias e solicite os extratos para checagem;
- analise a documentação que deu suporte aos registros relativos às operações de investimentos;
- por amostragem, teste os cálculos de juros, a correção monetária, a variação cambial etc., e verifique se foram lançados corretamente nos livros Diário e Razão e incorporados ao resultado do exercício;
- cheque as informações recebidas pela circularização com os controles do auditado;
- compare os saldos apresentados no Balanço Atual com os saldos de Balanços Anteriores e investigue todas as disparidades ou mudanças não rotineiras, como a existência de saldos credores, manutenção de somas elevadas, contas encerradas durante o exercício etc.;
- verifique se existe fundo fixo de caixa e se os valores utilizados são compatíveis com as necessidades;
- veja se os excessos de caixa, isto é, aquelas importâncias para as quais não exista comprometimento de curtíssimo prazo, estão sendo aplicados em fundos que garantam liquidez imediata ou se permanecem parados sem garantir rendimento algum à companhia;
- constate se os cheques são emitidos por uma só pessoa ou se várias têm acesso a eles;
- constate se a empresa costuma efetuar pagamentos pela internet e quantas pessoas conhecem as senhas e estão autorizadas a realizar essas transações.

## 16.3  Auditoria de Contas a Receber

Para fins didáticos, costumamos denominar de auditoria de Contas a Receber a auditoria realizada nas contas representativas de direitos derivados das vendas de mercadorias e de produtos ou da prestação de serviços a prazo, ou seja, nas contas representativas de direitos com clientes.

A Lei n. 6.404/1976, ao disciplinar a classificação das contas no Balanço, estabeleceu no inciso I, do art. 179, que, no ativo circulante, as contas serão classificadas em disponibilidades, direitos realizáveis no curso do exercício social subsequente e em aplicações de recursos em despesas do exercício seguinte.

No inciso II do mesmo artigo citado, estabeleceu a mencionada Lei que, no ativo realizável a longo prazo, deverão ser classificados os direitos realizáveis após o término do exercício seguinte, assim como os derivados de vendas, adiantamentos ou empréstimos a sociedades coligadas ou controladas, diretores, acionistas ou participantes no lucro da companhia, que não constituírem negócios usuais na exploração do objeto da companhia.

Os direitos realizáveis no curso do exercício social subsequente ao do Balanço, englobam todas as contas capazes de gerar fluxos de caixa em um período inferior a 12 meses. Esses direitos, portanto, correspondem a valores a receber de clientes, de empregados (adiantamentos de salários), de fornecedores (adiantamentos para recebimento de mercadorias ou de serviços), de locatários (bens alugados), do governo (tributos a recuperar), de instituições financeiras (investimentos temporários em curto prazo), além de outros e até mesmo estoques de bens destinados à venda.

Portanto, a auditoria de Contas a Receber pode abranger qualquer das contas ou dos grupos de contas representativas de direitos do Ativo Circulante ou do Ativo Realizável a Longo Prazo (Ativo Não Circulante), exceto aquelas representativas de estoques. Entretanto, nesta seção, nossos comentários serão dirigidos somente à auditoria de Contas a Receber resultantes da venda de mercadorias e produtos ou da prestação de serviços a clientes.

Uma das preocupações do auditor deve ser direcionada para verificar se os saldos das Contas a Receber apresentados no Balanço refletem todos os direitos da empresa.

Tanto as auditorias de Contas a Receber de clientes como de todas as contas do Balanço, conforme vimos, devem iniciar com a conferência dos cálculos do grupo de contas respectivo no próprio Balanço e, em seguida, com a confrontação dos saldos das contas informados no Balanço com o contido no Razão Geral das respectivas contas. Tendo em vista que a conta Clientes normalmente abrange uma quantidade considerável de clientes, as verificações devem ser aprofundadas com o Razão analítico, para checar se os valores de cada cliente somados conferem com os resumos contidos no Razão Geral. A juízo do auditor, a conferência de cálculos deve ser estendida para todos os controles analíticos, seja do Razão analítico, ou de outros controles extracontábeis mantidos e que dão suporte aos registros do Diário e do Razão Geral.

Uma fraude que comumente ocorre nas Contas a Receber de Clientes é a superavaliação dos saldos das contas, quase sempre suportada por faturamento fictício. Esse comportamento pode estar encobrindo o ingresso de dinheiro derivado de outras fontes não registradas ou mesmo pela necessidade de atingir metas fixadas pelo auditado.

Normalmente esse tipo de fraude ocorre em datas próximas ao fechamento do Balanço, quando os infratores podem analisar o comportamento das vendas e, com as vendas fictícias, acelerar o faturamento. Entretanto, logo nos primeiros dias do período seguinte, começam a aparecer vendas canceladas, para justificar a redução nos saldos de Duplicatas a Receber fictícias.

Com o intuito de buscar evidências que possam comprovar a existência desse tipo de fraude, o auditor aplica o teste de *Cut-off* (veja mais detalhes na Seção 8.4.9, do Capítulo 8).

Nesse caso, o teste de *Cut-off* consiste em segregar da escrituração o movimento de vendas relativo a 15 dias antes e 15 dias após o levantamento do Balanço. Para isso, o auditor solicita do auditado todas as notas fiscais de vendas ocorridas no período compreendido entre 15 dias antes e 15 após a data da apuração dos resultados; a seu juízo, seleciona para testes aquelas com valores mais expressivos, ou que de qualquer forma lhe apresente algum tipo de suspeita; em seguida, o auditor verifica se, nos 15 dias seguintes à data da apuração dos resultados, ocorreram devoluções de vendas relativas às notas fiscais selecionadas. As devoluções confirmam as vendas fictícias, caso em que o auditor deve excluir os respectivos valores do faturamento.

Na auditoria das Contas a Receber, é muito importante realizar testes para verificar o comportamento das duplicatas consideradas incobráveis. Embora a legislação tributária brasileira não reconheça a despesa com perdas estimadas em créditos de liquidação duvidosa como dedutível para fins de cálculo do Imposto de Renda, recomenda-se o seu reconhecimento tendo como contrapartida crédito em conta redutora da conta Duplicatas a Receber (essa conta poderá ser denominada de Perdas Estimadas em Créditos de Liquidação Duvidosa), para que o saldo apresentado na conta Duplicatas a Receber ou Clientes reflita de forma mais justa o valor do fluxo de caixa a ser gerado por essa conta. Dessa forma, nos testes, deve-se verificar se o montante provisionado está sendo calculado em bases satisfatórias; se os cálculos foram feitos corretamente; se a organização tem esgotado todos os recursos necessários antes de baixar as duplicatas como incobráveis; se a organização informa em notas explicativas o montante das duplicatas vinculadas a operações de vendas com reserva de domínio, de alienação fiduciária em garantia ou de operações com garantia real.

O auditor deve, também, efetuar testes para verificar se os critérios de avaliação dos direitos a receber de clientes e os cálculos foram adequados. É muito importante que as contas representativas de direitos sejam apresentadas no Balanço pelo valor líquido de realização.

Por esse motivo, as empresas devem traduzir os valores das operações realizadas a prazo, a valor presente, aplicando as taxas usuais e permitidas para cada caso em particular.

O auditor deve selecionar uma amostra de clientes para efetuar a confrontação dos saldos, solicitando a confirmação com os próprios clientes (circularização).

Como vimos na Seção 8.4.7, do Capítulo 8, a circularização de clientes visa a garantir, mediante a confirmação de terceiros, se os valores das Contas a receber informados nas demonstrações contábeis do auditado estão corretos.

É importante destacar que as circularizações de Contas a Receber devem ser encaminhadas somente para os itens-chave. Quem define o item a ser objeto de circularização é o próprio auditor que poderá assim definir, aplicando o critério da materialidade ou mesmo quando suspeitar de que haja divergência entre o valor informado pelo auditado e o valor devido ou a receber de terceiros.

A circularização corresponde ao envio de cartas aos clientes solicitando confirmação dos valores que, na data do Balanço, eles deviam à empresa auditada.

As cartas de circularização normalmente são padronizadas e preparadas pela firma de auditoria, porém assinadas pelo auditado que solicita de seus clientes o envio para o endereço da firma de auditoria.

Quando o cliente não responder, o auditor deve providenciar o reenvio em 15 dias.

O auditor deve aplicar procedimentos alternativos para checar informações quando, por exemplo, o cliente não concorda com os valores dos débitos ou mesmo quando os clientes não responderem em tempo hábil.

Os procedimentos alternativos envolvem as verificações dos documentos que deram origem aos registros contábeis como notas fiscais, pedidos, relatórios do departamento de transporte, recibos de pedágio e outros documentos que possam garantir a ocorrência de fatos que justifiquem os valores indicados pela organização em Contas a Receber de Clientes.

Veja, a seguir, um modelo de carta de confirmação positiva:

**Timbre da organização que está sendo auditada (remetente)**

## CARTA DE CIRCULARIZAÇÃO – CONTAS A RECEBER

**[Local e data]**

**[Destinatário (cliente da auditada)]**

Prezados Senhores:

Nossos auditores **[colocar o nome da empresa de auditoria externa]** estão examinando nossas demonstrações financeiras e desejam obter confirmação dos valores a nós devidos em **[colocar data-base das demonstrações]**.

Solicitamos, portanto, a gentileza de confrontar as informações abaixo apresentadas com os seus registros na mencionada data e confirmar se essas informações estão de acordo com estes, anotando eventuais divergências no espaço reservado para esse fim.

Queiram, por gentileza, assinar esta solicitação, com a devida identificação, devolvendo-a diretamente aos nossos auditores, utilizando o envelope fornecido em anexo.

Conforme nossos registros em **[colocar data-base da circularização]**, temos **[colocar valor]** a receber de V.Sas.

Informamos que a presente correspondência não se constitui em solicitação de pagamento ou qualquer outro procedimento de cobrança.

Na expectativa de uma breve resposta, antecipamos nossos mais sinceros agradecimentos.

Atenciosamente,

_____

Nome do responsável
Nome do Departamento
Nome da Entidade Legal

**[Nome do Cliente]**

**[Colocar informações do Contas a receber]**

| N. da Duplicata | Valor | Observações |
|---|---|---|
|  |  |  |

- - - - - - - - - - - - - - - - - - - - - - - - - - - - - - - - - - - - - - - - -

CONFIRMAÇÃO

As informações apresentadas acima por **[Colocar nome do cliente]** estão corretas, exceto:

_____

_____

_____

_____      Data: _____

Assinatura e Carimbo
Nome do Departamento
Nome da Entidade Legal

# 16.4  Auditoria de Estoques

Os estoques compreendem os bens destinados à venda (mercadorias ou produtos), destinados ao processo produtivo (matérias-primas, materiais secundários, materiais auxiliares e materiais de embalagem) ou ao consumo (material de escritório, informática, higiene e limpeza).

Incluem-se também, entre os estoques, os produtos que, na data do levantamento do Balanço, se encontrarem em processo de fabricação, bem como as mercadorias ou produtos destinados à venda que estejam em poder de terceiros.

Tendo em vista que os resultados da empresa podem ser facilmente manipulados pela simples superavaliação ou subavaliação dos estoques, estejam eles classificados no Ativo Circulante ou no Ativo Realizável a Longo Prazo, o auditor deve dedicar tratamento especial para todos os itens que os compõem, da mesma forma que dedica aos itens componentes dos saldos das contas Caixa e Bancos, conforme discutimos na Seção 16.2.

A auditoria de Estoques deve ser direcionada a verificar pelo menos: as existências físicas dos bens de propriedade da empresa existentes na empresa, dos bens de propriedade da empresa em poder de terceiros e dos bens de terceiros em poder da empresa; a correta avaliação, isto é, se foram adotados os critérios permitidos por lei e se estão em consonância com as normas brasileiras e internacionais de contabilidade; se há consistência em relação aos critérios de avaliação utilizados em exercícios anteriores etc.

A auditoria de Estoques é feita também por amostragem. Entretanto, cuidados especiais precisam ser tomados na seleção dos itens a serem testados, pois, dependendo do ramo de atividade da empresa, os estoques podem ser compostos por uma grande quantidade de itens.

A exemplo do que ocorre com a auditoria das demais contas do Balanço, a auditoria dos Estoques deve ser conduzida a conferir os cálculos dos grupos de contas apresentados no Balanço; a checagem dos valores, comparando aqueles informados no Balanço com aqueles contidos no Razão Geral e Analítico; devem ser efetuados testes no controle interno para verificar os cálculos efetuados para atribuição de valores, seja pelo critério PEPS,[1] Custo Médio Ponderado ou outro, devendo as verificações serem estendidas para outros controles extracontábeis existentes, incluindo a busca de informações externas como cotações de valores de

---

[1]  PEPS (primeiro que entra, primeiro que sai).

mercado, documentos que comprovem movimentações externas de recebimentos e remessas de bens para terceiros etc.

Quando se tratar de empresa industrial, os testes devem ser estendidos aos registros e controles mantidos pelo departamento de contabilidade de custos.

Na seleção dos itens de estoques a serem auditados, o auditor deve examinar aqueles que são realmente relevantes (materialidade – veja o Capítulo 12), para evitar a verificação de itens inexpressivos cujas verificações servirão somente para emperrar o processo de auditoria.

Em relação aos estoques de bens obsoletos, o auditor deve verificar se são realmente obsoletos, quais os motivos que levarão a organização a mantê-los em estoque. Por fim, deve o auditor avaliar a relevância do montante abrangido e, se for o caso, os motivos que justificam a manutenção desses volumes em estoque, uma vez que não serão capazes de gerar fluxos de caixa futuro.

Quando houver estoques em poder de terceiros, sejam eles destinados à venda em consignação, a beneficiamentos, a simples demonstração etc., o auditor avaliará a relevância desses itens, aplicando a materialidade, para decidir se confirmará as quantidades e os valores por meio de circularização.

## 16.5  Auditoria de Despesas Antecipadas

As despesas antecipadas correspondem a pagamentos efetuados ou a compromissos já assumidos cujos benefícios ainda não foram recebidos pela organização.

A mais comum dessas despesas é a despesa com seguros, a qual normalmente é paga logo no início da vigência do contrato, porém a cobertura do seguro será por um ano ou mais.

As despesas antecipadas, quando classificadas no Ativo Circulante (Despesas do Exercício Seguinte), representam serviços que serão prestados para a organização durante o exercício seguinte, e, quando classificadas no Ativo Realizável a Longo Prazo (Despesas de Exercícios Futuros), representam serviços que serão prestados para a organização após o término do exercício seguinte.

Na auditoria das Despesas Antecipadas, o auditor deve se preocupar, além das verificações comuns a todas as contas do Balanço, em examinar os documentos comprobatórios das respectivas despesas para avaliar se estão corretamente classificadas no Circulante ou no Realizável a Longo prazo; se foram devidamente aprovadas pela administração; no caso específico dos seguros, se os valores dos prêmios estão compatíveis com os valores segurados (cobertos pelos riscos contratados), se as amortizações conferem com os respectivos pagamentos etc.

# 16.6  Auditoria de Investimentos

De acordo com o estabelecido no inciso III, do art. 179, da Lei n. 6.404/1976, classificam-se como investimentos as contas representativas das participações permanentes em outras sociedades e dos direitos de qualquer natureza, não classificáveis no Ativo Circulante ou no Ativo Realizável a Longo Prazo, e que não se destinem à manutenção da atividade da companhia ou da empresa.

Conforme você pode observar, segundo o dispositivo legal supracitado, existem duas modalidades de investimentos que devem figurar nesse subgrupo do Ativo Não Circulante:

- participações permanentes em outras sociedades; e
- direitos de qualquer natureza, não classificáveis no Ativo Circulante ou no Ativo Realizável a Longo Prazo.

Vejamos, então, as principais contas que aparecem no subgrupo Investimentos do Ativo Não Circulante:

## Participações permanentes em outras sociedades

Quando uma empresa (investidora) adquire títulos representativos do capital de outra sociedade (investida), a classificação da conta a ser utilizada para a contabilização de tal aquisição dependerá do destino a ser dado ao investimento. Caso a aquisição tenha caráter meramente especulativo, deverá ser contabilizado o investimento em conta do Ativo Circulante ou do Ativo Realizável a Longo Prazo. Entretanto, tratando-se de investimento de caráter permanente, ou seja, quando a empresa deseja fazer dele um complemento de suas atividades econômicas (visando a receber dividendos, bonificações ou por outros motivos de seu interesse), deverá contabilizá-lo em conta do Ativo Não Circulante, subgrupo Investimentos.

As participações permanentes em outras empresas correspondem a aplicações de recursos na compra de títulos representativos do capital de outras sociedades (ações ou cotas). Esses investimentos poderão ocorrer em sociedades controladas, em sociedades coligadas, em sociedades equiparadas às coligadas e em outras sociedades, e o título da conta utilizada deverá exprimir com clareza o tipo do investimento a que se refere.

Na auditoria de Investimentos, o auditor deve tomar cuidados especiais, além daqueles que envolvem os procedimentos comuns às demais Contas do Balanço. Cuidados especiais são necessários em virtude das características que envolvem as operações de investimentos, especificamente relativas à legislação quanto à aquisição, aos métodos de avaliação (equivalência patrimonial, valor justo ou custo de aquisição).

Portanto, as principais preocupações do auditor devem estar voltadas a verificar em relação a cada investimento: a natureza do título; data e valor da aplicação; datas dos juros e outros rendimentos que eles possam gerar; data do resgate; taxas dos rendimentos; valores de rendimentos provisionados; valor de mercado; cálculos para ajustar os investimentos a valor presente, quando couber etc.

## 16.7 Auditoria do Imobilizado

Conforme estabelece o inciso IV, do art. 179, da Lei n. 6.404/1976, considera-se Ativo Imobilizado os direitos que tenham por objeto bens corpóreos destinados à manutenção das atividades da companhia ou da empresa ou exercidos com essa finalidade, inclusive os decorrentes de operações que transfiram à companhia os benefícios, riscos e controle desses bens.

O Ativo Imobilizado, portanto, é composto exclusivamente por contas representativas de bens corpóreos (materiais, tangíveis), as quais podem ser agrupadas como segue:

- Operacional Corpóreo (Tangível): composto por contas representativas de aplicações de recursos em bens materiais que estão em uso na empresa. Esses bens são necessários para que a empresa atinja seu fim (comercialização, produção ou prestação de serviços). Os mais comuns são os móveis e os utensílios, os computadores, os veículos etc.

- Operacional Recursos Naturais: composto por contas representativas de aplicações de recursos em bens materiais, objetos de exploração por parte da empresa. Esses recursos podem ser minerais (jazidas de carvão, argila, ferro etc.) ou naturais (florestas).

- Imobilizado Objeto de Arrendamento Mercantil: composto por contas representativas de bens corpóreos, arrendados pela empresa. São bens em uso na empresa, porém de propriedade de terceiros.

- Imobilizado em Andamento: composto por contas representativas de investimentos de recursos em bens que, por estarem incompletos e sem operar, ainda não geram riquezas para a empresa. A partir do momento em que esses bens estiverem completos ou concluídos, prontos para operar, deverá ser dada a baixa na respectiva conta que os registrou, transferindo seu valor para a conta apropriada do imobilizado operacional. É importante salientar, ainda, que os bens corpóreos classificados no Ativo Imobilizado estão sujeitos a depreciação ou a exaustão. Dessa forma, logo em seguida a cada uma das contas classificadas no Imobilizado, poderá figurar uma conta redutora, representativa de depreciação ou de exaustão acumulada.

Na auditoria do Imobilizado, o auditor deve tomar os mesmos cuidados que toma com todas as demais Contas do Balanço, como: conferência de cálculos, checagem de saldos do Balanço com saldos constantes nos livros contábeis e documentação comprobatória.

Tendo em vista que os bens de uso da empresa estão sujeitos a desgaste pelo uso, ação da natureza e obsolescência, é muito importante que sejam avaliados os planos e cálculos de depreciação, bem como se os valores registrados em cada conta refletem seu respectivo valor de recuperabilidade, conforme disciplina contida no comunicado técnico do Comitê de Pronunciamentos Contábeis, CPC 01 – Redução ao Valor Recuperável de Ativos.

Cuidados especiais também devem ser dedicados pelo auditor na verificação dos bens objeto de arrendamento mercantil. Em virtude das peculiaridades que envolvem esse tipo de operação, devem ser analisados não só os contratos, como também as incorporações, baixas, cálculos de depreciação, valor residual etc.

## 16.8 Auditoria do Intangível

Conforme estabelece o inciso VI, do art. 179, da Lei n. 6.404/1976, consideram-se Intangíveis os direitos que tenham por objeto bens incorpóreos destinados à manutenção da companhia ou exercidos com essa finalidade, inclusive o fundo de comércio adquirido.

O Intangível, portanto, é composto exclusivamente por contas representativas de bens incorpóreos (imateriais), os quais, embora não possuindo existência física, representam direitos de propriedade industrial ou comercial, legalmente conferidos a seus possuidores, como é o caso dos direitos autorais, das marcas e patentes, do fundo de comércio, Sistemas Aplicativos – software etc.

Na auditoria do Ativo Intangível, em virtude da natureza que pode envolver cada conta representativa de bem imaterial, o auditor deve dirigir os trabalhos aplicando os procedimentos comuns a todas as Contas do Balanço em relação a conferências, aos confrontos e ao exame da documentação comprobatória. Deve, ainda, verificar em relação a cada bem: custo, os saldos no início e no final do período, as incorporações e baixas, os critérios de amortização e respectivos cálculos, além de examinar se a organização têm atendido às determinações contidas nos pronunciamentos técnicos do Comitê de Pronunciamentos Contábeis, CPC 01 e 04, quanto ao valor de recuperabilidade, amortização etc.

## 16.9  Auditoria de Contas a Pagar

A exemplo do que ocorre com a auditoria de Contas a Receber, a auditoria de Contas a Pagar também engloba um grupo de contas de obrigações, como as obrigações a fornecedores, as obrigações trabalhistas, obrigações tributárias, empréstimos e financiamentos etc., de curto e de longo prazos, isto é, aquelas classificadas no Passivo Circulante e também no Passivo Não Circulante.

Em geral, na auditoria de Contas a Pagar, o maior volume de testes, principalmente quando o auditado for uma empresa comercial ou industrial, recai sobre as obrigações a fornecedores.

Uma das preocupações do auditor deve ser direcionada para verificar se os saldos das Contas a Pagar apresentados no Balanço refletem todas as obrigações da empresa e, consequentemente, se não estão subavaliados.

Os procedimentos de auditoria, nesse caso, são semelhantes àqueles aplicados na auditoria de Contas a Receber de Clientes, envolvendo conferências, confrontações de saldos do Balanço com o Razão Geral e com o Razão Analítico, circularização com fornecedores, exame de procedimentos e cálculos efetuados para avaliação das obrigações a valor presente etc.

Em relação à circularização, nesse caso, nas cartas enviadas aos fornecedores, não constam valores, pois é o fornecedor quem informa o valor da dívida da auditada. Recebendo a informação, o auditor confronta o montante do crédito com aquele contido nas demonstrações contábeis da auditada.

O auditor seleciona os fornecedores mais expressivos, considerando o volume das compras, o montante do crédito ou outro motivo que julgar conveniente.

O procedimento relativo ao envio das cartas aos fornecedores, bem como ao controle e exame das informações, é semelhante àqueles já estudados para a realização de circularização com clientes.

É importante, no entanto, destacar que, para as respostas não recebidas, como procedimento alternativo, é comum executar procedimento de eventos subsequentes. Esses procedimentos visam a identificar ativos ou passivos recebidos ou liquidados após a data da apuração do resultado informado nas demonstrações contábeis que estão sendo auditadas cujos fatos geradores incorreram antes da apuração do respectivo resultado.

Veja, a seguir, um modelo de carta de confirmação positiva:

---

### Timbre da organização que está sendo auditada (remetente)

### CARTA DE CIRCULARIZAÇÃO – CONTAS A PAGAR

**[Local e data]**

**[Destinatário (Fornecedor da auditada)]**

Prezados Senhores:

Nossos auditores **[colocar o nome da empresa de auditoria externa]** estão examinando nossas demonstrações financeiras e desejam obter de V.Sas. informações sobre a posição de seu crédito em **[colocar data-base da circularização]**, referente ao fornecimento de mercadorias e/ou serviços à nossa empresa.

Pedimos a gentileza de anexar os detalhes de sua composição: data de emissão; espécie, número e série da documentação comprobatória; vencimento etc.

Queiram, por favor, assinar esta solicitação, com a devida identificação, devolvendo-a diretamente aos nossos auditores, utilizando o envelope fornecido em anexo.

Na expectativa de uma breve resposta, antecipamos nossos mais sinceros agradecimentos.

Atenciosamente,

_____

Nome do responsável

Nome do Departamento

Nome da Entidade Legal

---

Na auditoria de Contas a Pagar, o auditor deve testar, também, as obrigações a acionistas, especialmente aquelas decorrentes da distribuição do lucro (dividendos) ou da remuneração do capital investido (juros sobre o capital próprio). Nesse caso, o auditor deve examinar o estatuto da companhia, bem como a legislação para se certificar de que os procedimentos realizados pela auditada estão corretos.

# 16.10  Auditoria do Patrimônio Líquido

Conforme estabelece o § 2º do art. 178, da Lei n. 6.404/1976, no passivo, as contas serão classificadas nos seguintes grupos:

> I – passivo circulante;
> II – passivo não circulante; e
> III – patrimônio líquido, dividido em capital social, reservas de capital, ajustes de avaliação patrimonial, reservas de lucros, ações em tesouraria e prejuízos acumulados.

Portanto, conforme estabelece o dispositivo legal citado, o Passivo é composto por capitais de terceiros (Passivo Circulante e Passivo Não Circulante) e capitais próprios (Patrimônio Líquido).

As contas integrantes do Patrimônio Líquido representam o valor investido na organização pelos sócios ou acionistas e parte dos resultados apurados em decorrência da gestão normal do patrimônio.

Você já sabe que, quando o resultado apurado pela organização é positivo, correspondendo a lucro, ele pode ser utilizado para aumento do capital, constituição de reservas, compensação de prejuízos apurados em períodos anteriores e distribuição aos sócios ou aos acionistas; quando o resultado é negativo, correspondendo a prejuízo e não havendo saldo de reservas para ser compensado, permanece no Patrimônio Líquido para ser compensado com lucros apurados em exercícios futuros.

Na auditoria do Patrimônio Líquido, o auditor deve, em relação a cada conta, além dos procedimentos comuns a todas as Contas do Balanço, como conferir cálculos, confrontar com papéis de trabalho do período anterior, com o Razão etc., verificar os saldos no início e no final do período, bem como as mutações que provocaram as variações nos saldos, como: ajustes de exercícios anteriores; subscrições e aumentos do capital social; contribuições para as reservas de capital social; constituições e reversões de ajustes de avaliação patrimonial; e lucro ou prejuízo líquido do exercício; os dividendos distribuídos.

Tendo em vista que as mutações que ocorrem entre as contas do Patrimônio Líquido normalmente não correspondem a um número elevado de operações, é aconselhável que o auditor teste todas elas, para se certificar de que os eventos que provocaram as respectivas mutações foram devidamente autorizados e não infringiram dispositivos legais e estatutários.

## 16.11   Auditoria de Receitas, Despesas e Custos

As contas representativas das Receitas, das Despesas e dos Custos são apresentadas na Demonstração do Resultado do exercício.

A auditoria dessas contas deve ser direcionada a verificar se as despesas, as receitas e os custos foram lançados de conformidade com o regime de competência; se não houve subavaliação dos valores das receitas e se não houve superavaliação nos lançamentos das despesas e dos custos.

Os procedimentos de auditoria devem englobar, além dos procedimentos comuns a todas as contas como conferências de saldos, checagem com o Razão, com os papéis de trabalho da auditoria anterior etc., outras verificações como o cruzamento de dados contidos nas notas fiscais com pedidos, com livros fiscais e contábeis; cálculos de tributos; compatibilidade das despesas e custos com a natureza do negócio, isto é, se são adequadas ao ramo de atividade da empresa e se foram devidamente aprovadas pelos responsáveis etc.

## Atividades Teóricas

Responda:

1. Em que consiste a auditoria de demonstrações contábeis?
2. Quais são as principais demonstrações contábeis objeto da auditoria?
3. Na auditoria das demonstrações contábeis, o que o auditor busca?
4. Para atingir o objetivo de buscar evidências de distorções relevantes, o auditor realiza vários procedimentos. Cite quatro desses procedimentos.
5. Quando o auditor deve estender seus exames na verificação de documentos?
6. Ao realizar a confrontação entre os registros contábeis e os respectivos documentos comprobatórios, em relação aos saldos das contas, o auditor poderá deparar com pelo menos quatro tipos de distorções ou não conformidades. Quais são elas?
7. Em que consiste o teste para cada conta apresentada nas demonstrações contábeis?
8. Sempre que o auditor, aplicando o "ceticismo", julgar existir desconformidades no saldo de alguma conta, como deverá proceder?
9. O que é saldo superavaliado?

10. O que é saldo subavaliado?

11. O que é saldo fictício?

12. O que é saldo oculto?

13. Que recurso o auditor utiliza para checar saldos de contas que, pela natureza, não possibilitem a contagem física dos seus componentes, como ocorre com a conta Bancos Conta Movimento?

14. Cite um dos motivos que podem justificar divergência no saldo da conta Bancos do livro Razão com o do extrato bancário.

15. Qual será o procedimento do auditor quando no exame de conciliação bancária constatar pendências não reconhecidas pelo banco nem pela empresa?

16. Qual é a recomendação técnica para iniciar auditoria nas Contas do Balanço?

17. O que a superavaliação do saldo da conta Clientes pode estar acobertando?

18. Explique como pode ser realizado o teste de *Cut-off*, para checar saldo da conta Clientes?

19. Na circularização para confirmar saldos de clientes, a quem compete enviar as cartas e o que fazer quando as respostas não chegam à data aprazada?

20. Que tipos de bens poderão estar envolvidos em uma auditoria de Estoques?

21. Que técnica o auditor deve utilizar para confirmar estoques da auditada em poder de terceiros?

22. Na auditoria de Despesas Antecipadas, o que o auditor normalmente deve verificar?

23. Que contas podem figurar no grupo Investimentos do Ativo Não Circulante?

24. Na auditoria de Investimentos, quais são as principais preocupações do auditor?

25. Em que consistem e quando o auditor deve aplicar procedimentos alternativos relativos à circularização com clientes?

26. Em relação às Contas do Imobilizado, quais são os cuidados especiais que o auditor deve ter?

27. Em relação às Contas do Intangível, que cuidados o auditor deve ter?

28. Cite uma das preocupações do auditor na auditoria de Contas a Pagar.

29. Para realizar a circularização com fornecedores, qual deverá ser o procedimento do auditor em relação à escolha dos fornecedores?

30. Qual é o procedimento do auditor em relação à auditoria das Contas do Patrimônio Líquido?

31. Em relação à auditoria das contas de Receitas, Despesas e Custos, qual é a principal preocupação do auditor?

32. Na auditoria de Receitas, Despesas e Custos, quais são as principais tarefas do auditor?

Classifique as afirmativas em falsas ou verdadeiras:

1. ( ) Recomenda-se que todas as contas apresentadas nas demonstrações contábeis sejam testadas.

2. ( ) Tanto a distorção derivada de superavaliação quanto a derivada de subavaliação podem decorrer de erro ou de fraude.

3. ( ) Quando a distorção decorrer de erro, não haverá lógica em relação aos saldos mais prováveis para serem superavaliados ou subavaliados.

4. ( ) Embora a superavaliação e a subavaliação possam ocorrer em qualquer conta, normalmente a auditoria busca superavaliações em Contas a Receber e subavaliações em Contas a Pagar.

5. ( ) Somente quando o controle interno é deficiente, as contas Caixa e Bancos serão as mais testadas nos trabalhos de auditoria.

6. ( ) Uma forma de se aquilatar fragilidades nos controles da conta Caixa é entrevistar as pessoas envolvidas com ela.

7. ( ) Na contagem física do caixa, o auditor, por precaução, deve contar o dinheiro na presença do tesoureiro.

8. ( ) Os direitos realizáveis no curso do exercício social subsequente ao do Balanço englobam todas as contas capazes de gerar fluxos de caixa em um período inferior a 12 meses.

9. ( ) A auditoria de Contas a Receber é exclusiva dos direitos.

10. ( ) A auditoria de Estoques não abrange os bens de terceiros que estão em poder da empresa nem os da empresa que estão em poder de terceiros.

11. ( ) Na auditoria de Estoques e também nas de outras Contas do Balanço, uma das preocupações do auditor corresponde a verificar se as contas estão avaliadas em conformidade com os critérios definidos pelas normas internacionais de contabilidade.

12. ( ) O Ativo Imobilizado é composto por contas representativas de bens intangíveis.

13. ( ) Em geral, na auditoria de Contas a Pagar, o maior volume de testes, principalmente quando a auditada for uma empresa comercial ou industrial, recai sobre as obrigações a fornecedores.

14. ( ) Na circularização de Contas a Receber, na carta, o auditor informa o valor do crédito da auditada para que o cliente dela confirme o respectivo valor.

15. ( ) Na circularização de Contas a Pagar, o auditor não informa na carta o valor da obrigação; porém, solicita que o fornecedor o informe.

16. ( ) As contas representativas das Receitas, das Despesas e dos Custos são apresentadas na Demonstração do Resultado do Exercício.

Escolha a alternativa correta:

1. Em relação a superavaliação ou subavaliação de saldos de contas, é correto afirmar que:

   a) a superavaliação só ocorre nos saldos das contas do Ativo.

   b) a subavaliação ocorre somente nos saldos das contas do Passivo.

   c) a superavaliação é exclusiva de contas de Receitas.

   d) a subavaliação é específica das contas de Despesas.

   e) a superavaliação ou a subavaliação podem ocorrer no saldo de qualquer Conta do Balanço, da Demonstração do Resultado do Exercício ou de qualquer outra demonstração contábil.

2. Em decorrência de os lançamentos em partidas de Diário serem efetuados pelo método das partidas dobradas, o auditor pode concluir que:

   a) a superavaliação do saldo de uma Conta do Ativo, obrigatoriamente, corresponderá à superavaliação no saldo de uma Conta do Passivo.

   b) a superavaliação do saldo de uma conta, normalmente, corresponderá à subavaliação no saldo de outra, quando forem da mesma natureza.

   c) a superavaliação no saldo de uma conta encontrará respaldo na superavaliação do saldo de outra, quando forem de naturezas diferentes.

   d) a subavaliação no saldo de uma conta encontra respaldo na subavaliação do saldo de outra quando forem de naturezas diferentes.

   e) somente a alternativa "a" está errada.

3. Na auditoria das demonstrações contábeis, as contas Caixa e Bancos são as mais testadas pelo seguinte motivo:

   a) porque são as primeiras que aparecem no Balanço.

   b) porque as demais precisam de circularização para apurar seus saldos corretos.

   c) porque apresentam alto grau de liquidez.

   d) a alternativa "c" está correta.

   e) as alternativas "c" e "d" estão corretas.

4. Estão sujeitas à verificação física as seguintes contas:

   a) caixa, Clientes e Fornecedores.

   b) caixa, Bancos Conta Movimento e Estoques.

   c) caixa, Despesas Antecipadas e investimentos.

   d) caixa, Estoques e Veículos.

   e) todas estão corretas.

5. Na verificação física do saldo da conta Caixa, deve-se considerar:

   a) fator surpresa.

   b) que seja realizada de preferência no final do expediente, porém antes de encerrá-lo.

c) que seja feita na presença dos responsáveis.

d) que seja lavrado um termo de contagem o qual receberá as assinaturas de todos que acompanharem a contagem.

e) todas estão corretas.

6. Uma fraude comum aplicada para manipular o resultado do exercício consiste em:

a) superavaliar ou subavaliar o saldo da conta Caixa.

b) superavaliar ou subavaliar o saldo da conta Fornecedores.

c) superavaliar ou subavaliar o saldo da conta Estoque de Mercadorias.

d) superavaliar ou subavaliar o saldo da conta Clientes.

e) superavaliar ou subavaliar o saldo da conta Capital.

# CAPÍTULO 17

## RELATÓRIO DE AUDITORIA – OPINIÃO DO AUDITOR INDEPENDENTE

**Objetivos do Capítulo**

### Após ler este capítulo[1], você estará apto a:

- ❏ Saber o que é relatório de auditoria.
- ❏ Conhecer a forma e o conteúdo dos relatórios emitidos como resultado da auditoria de demonstrações contábeis.
- ❏ Conhecer a responsabilidade do auditor independente para formar uma opinião sobre as demonstrações contábeis.
- ❏ Entender sobre a consistência nos relatórios de auditoria.
- ❏ Conhecer os tipos de opinião do auditor independente.
- ❏ Discutir acerca da formação da opinião sobre as demonstrações contábeis.
- ❏ Entender o conteúdo da estrutura de relatório financeiro aplicável e de como ela pode afetar a opinião do auditor.
- ❏ Conhecer as circunstâncias que justificam as mudanças de opinião do auditor.
- ❏ Conhecer a estrutura do relatório do auditor independente.
- ❏ Conhecer dois modelos de relatórios com opinião sem ressalva constante do apêndice da NBC TA 700.
- ❏ Conhecer três modelos de relatórios com opiniões modificadas constantes do apêndice da NBC TA 705.

---

[1] Os textos de todas as seções e subseções deste capítulo, com as adaptações que julgamos convenientes para torná-los de mais fácil entendimento, foram extraídos ou fundamentados nas NBCs TA 700 e 705.

## 17.1 Conceito

Relatório de auditoria é um documento por meio do qual o auditor independente[2] expressa, claramente, por escrito, sua opinião sobre as demonstrações contábeis com base na avaliação das conclusões atingidas pela evidência de auditoria.

Nele, é descrita também a base que o auditor utilizou para emitir sua opinião.

O relatório de auditoria por escrito compreende aquele emitido de forma impressa em papel ou em meio eletrônico.

O item 11 da NBC TA 200 (R1) estabelece que, ao conduzir a auditoria de demonstrações contábeis, os objetivos gerais do auditor são:

* obter segurança razoável de que as demonstrações contábeis como um todo estão livres de distorção relevante, independentemente se causada por fraude ou erro, possibilitando assim que ele expresse sua opinião sobre as demonstrações contábeis terem sido elaboradas, em todos os aspectos relevantes, em conformidade com a estrutura de relatório financeiro aplicável; e

* apresentar relatório sobre as demonstrações contábeis e comunicar-se como exigido pelas NBCs TA, em conformidade com as constatações que efetuou.

## 17.2 Consistência nos relatórios de auditoria

A observância das disciplinas contidas na NBC TA 700, em estudo no presente capítulo, é importante para que haja consistência no relatório do auditor independente.

Quando a auditoria é conduzida de acordo com as normas de auditoria, de forma consistente com as normas internacionais de auditoria, tornando-as mais prontamente identificáveis, propicia não só maior credibilidade no mercado global, como também ajuda a promover o entendimento por parte dos usuários e a identificar circunstâncias não usuais quando elas ocorrem (item 4, da NBC TA 700).

---

[2] O item 1 da NBC TA 700 estabelece que, para efeitos desta norma, a referência a auditor independente e a auditor tem o mesmo significado. Portanto, as orientações dirigidas ao auditor independente, neste capítulo, aplicam-se também ao auditor interno.

# 17.3 Formação da opinião sobre as demonstrações contábeis

## 17.3.1 Opinião do auditor

O relatório do auditor independente deve incluir uma seção com o título de "Opinião", como veremos também na Seção 17.6.4.

A opinião do auditor deve informar se as demonstrações contábeis são elaboradas, em todos os aspectos relevantes, de acordo com a estrutura de relatório financeiro aplicável.

Para formar essa opinião, o auditor deve concluir se obteve segurança razoável sobre as demonstrações contábeis tomadas em conjunto não apresentarem distorções relevantes[3], independentemente se causadas por fraude ou erro.

Essa conclusão deve levar em consideração:

- a conclusão do auditor, de acordo com a NBC TA 330, sobre ter sido obtida evidência de auditoria apropriada e suficiente; e
- a conclusão do auditor, de acordo com a NBC TA 450, sobre as distorções não corrigidas serem relevantes, individualmente ou em conjunto.

Como vimos em capítulos anteriores, estrutura de relatório financeiro aplicável é a estrutura de relatório financeiro adotada pela administração e, quando apropriado, pelos responsáveis pela governança na elaboração das demonstrações contábeis, que é aceitável em vista da natureza da entidade e do objetivo das demonstrações contábeis ou que seja exigida por lei ou regulamento.

O auditor deve avaliar se as demonstrações contábeis são elaboradas, em todos os aspectos relevantes, de acordo com os requisitos da estrutura de relatório financeiro aplicável. Essa avaliação deve incluir a consideração dos aspectos qualitativos das práticas contábeis da entidade, incluindo indicadores de possível tendenciosidade nos julgamentos da administração.

O auditor especificamente deve avaliar se, segundo os requisitos da estrutura de relatório financeiro aplicável:

- as demonstrações contábeis divulgam adequadamente as práticas contábeis selecionadas e aplicadas;

---

[3] Veja os conceitos de distorção, distorção relevante e risco de distorção relevante na Seção 6.1, do Capítulo 6.

- as práticas contábeis selecionadas e aplicadas são consistentes com a estrutura de relatório financeiro aplicável e são apropriadas;
- as estimativas contábeis feitas pela administração são razoáveis;
- as informações apresentadas nas demonstrações contábeis são relevantes, confiáveis, comparáveis e compreensíveis;
- as demonstrações contábeis fornecem divulgações adequadas para permitir que os usuários previstos entendam o efeito de transações e eventos relevantes sobre as informações incluídas nas demonstrações contábeis; e
- a terminologia usada nas demonstrações contábeis, incluindo o título de cada demonstração contábil, é apropriada.

O auditor deve avaliar se as demonstrações contábeis fazem referência ou descrevem adequadamente a estrutura de relatório financeiro aplicável, conforme constam nos itens A5 a A15, da NBC TA 700.

## 17.3.2 Texto da opinião do auditor previsto por lei ou regulamento

Embora não se aplique atualmente no Brasil o cenário descrito a seguir, a NBC TA 210 explica que, em alguns casos, as leis ou os regulamentos podem determinar um texto para o relatório do auditor independente (que inclui especificamente a opinião do auditor) em termos significativamente diferentes dos requisitos das normas de auditoria.

Nessas circunstâncias, a NBC TA 210 requer que o auditor avalie:

- se os usuários poderiam interpretar mal a segurança obtida na auditoria das demonstrações contábeis, e, em caso positivo;
- se a explicação adicional no relatório do auditor independente pode reduzir possíveis mal-entendidos.

Se o auditor conclui que uma explicação adicional no seu relatório de auditoria independente pode não mitigar (suavizar) possíveis mal-entendidos, a NBC TA 210 requer que ele não aceite o trabalho de auditoria, a menos que seja exigido por lei ou regulamento.

De acordo com a NBC TA 210, a auditoria conduzida de acordo com essa lei ou esse regulamento não cumpre as normas de auditoria.

Como consequência, o auditor não menciona no seu relatório de auditoria independente que a auditoria foi conduzida de acordo com as normas de auditoria (item 21 da NBC TA 210 (R1)).

A utilização da frase "apresentam adequadamente, em todos os aspectos relevantes" ou da frase "apresentam uma visão verdadeira e justa" é normalmente determinada pela lei ou pelo regulamento que rege a auditoria de demonstrações contábeis em determinada jurisdição, ou pela prática geralmente aceita.

### 17.3.3 Descrição de informações apresentadas nas demonstrações contábeis

No caso de demonstrações contábeis elaboradas de acordo com uma estrutura de apresentação adequada, a opinião do auditor deve afirmar que as demonstrações contábeis apresentam adequadamente, em todos os aspectos relevantes (por exemplo, no caso de muitas estruturas para fins gerais), a posição patrimonial e financeira da entidade no final do período e o desempenho das operações e os fluxos de caixa da entidade para o respectivo período.

### 17.3.4 Descrição da estrutura de relatório financeiro aplicável

A identificação da estrutura de relatório financeiro aplicável e de como ela pode afetar a opinião do auditor tem a finalidade de informar os usuários do relatório do auditor independente sobre o contexto em que é expressa a opinião do auditor.

A estrutura de relatório financeiro aplicável é identificada em termos como:

- "... de acordo com as práticas contábeis adotadas no Brasil"; ou
- "... de acordo com os princípios contábeis geralmente aceitos na Jurisdição X...".

Quando a estrutura de relatório financeiro aplicável compreende normas de relatório financeiro e requisitos legais ou regulatórios, a estrutura é identificada em termos como "... de acordo com as normas internacionais de contabilidade e os requisitos da Lei das Sociedades Anônimas da Jurisdição X".

A NBC TA 210 trata das circunstâncias em que há conflitos entre as normas de contabilidade e os requisitos legislativos ou reguladores.

Conforme previsto no item A13, da NBC TA 700, em algumas circunstâncias as demonstrações contábeis podem ser elaboradas de acordo com duas estruturas de relatórios financeiros (estrutura nacional e normas internacionais de contabilidade), que são, portanto, duas estruturas de relatórios financeiros aplicáveis. Como consequência, cada estrutura é considerada separadamente na formação da opinião do auditor sobre as demonstrações contábeis, e a opinião do auditor poderá ser como segue:

- Se as demonstrações contábeis cumprem as duas estruturas individualmente, duas opiniões são expressas: ou seja, que as demonstrações contábeis foram elaboradas de acordo com uma das estruturas de relatórios financeiros aplicáveis (por exemplo, a estrutura nacional) e a opinião de que as demonstrações contábeis foram elaboradas de acordo com a outra estrutura de relatório financeiro aplicável (por exemplo, normas internacionais de contabilidade). Essas opiniões podem ser expressas separadamente ou em uma única sentença (por exemplo, as demonstrações contábeis estão apresentadas adequadamente, em todos os aspectos relevantes, de acordo com os princípios contábeis geralmente aceitos na Jurisdição X e com as normas internacionais de contabilidade).

- Se as demonstrações contábeis cumprem uma das estruturas, mas não cumprem a outra estrutura, pode ser fornecida uma opinião não modificada de que as demonstrações contábeis foram elaboradas de acordo com uma estrutura (por exemplo, a estrutura nacional), mas fornecida uma opinião modificada com relação à outra estrutura (por exemplo, normas internacionais de contabilidade) de acordo com a NBC TA 705.

As demonstrações contábeis podem declarar o cumprimento da estrutura de relatório financeiro aplicável e, além disso, divulgar a extensão do cumprimento de outra estrutura de relatório financeiro.

Essas informações suplementares são cobertas pela opinião do auditor uma vez que não podem ser claramente diferenciadas das demonstrações contábeis. Se a divulgação sobre o cumprimento da outra estrutura for enganosa, é expressa uma opinião modificada de acordo com a NBC TA 705. Por outro lado, se a divulgação não for enganosa, mas o auditor julgá-la tão importante que seja fundamental para que os usuários entendam as demonstrações contábeis, um parágrafo de ênfase deve ser adicionado de acordo com a NBC TA 706, chamando a atenção para a divulgação.

# 17.4  Tipos de opinião do auditor independente

## 17.4.1  Introdução

Você já sabe que o resultado dos trabalhos do auditor independente é consubstanciado por meio de uma opinião apresentada em seção própria do seu relatório de auditoria.

Em decorrência das situações encontradas no desenrolar do seu trabalho, o auditor poderá expressar uma opinião limpa ou uma opinião modificada.

A opinião limpa é também denominada de opinião sem modificação ou ainda de opinião sem ressalva.

A opinião modificada, por sua vez, poderá ser de três tipos, conforme consta do item 2 da NBC TA 705, a saber: "Opinião com ressalva", "Opinião adversa" e "Abstenção de opinião".

A decisão sobre que tipo de opinião modificada é apropriada depende:

**a.** da natureza do assunto que deu origem à modificação, ou seja, se as demonstrações contábeis apresentam distorção relevante ou, no caso de impossibilidade de se obter evidência de auditoria apropriada e suficiente, podem apresentar distorção relevante; e

**b.** do julgamento do auditor sobre a disseminação de forma generalizada dos efeitos ou possíveis efeitos do assunto nas demonstrações contábeis.

Portanto, existem 4 tipos de opiniões do auditor independente: opinião limpa (sem modificação ou sem ressalva); opinião com ressalva; opinião adversa; e abstenção de opinião.

> **NOTA:**
> O relatório do auditor independente pode ser denominado de acordo com a opinião nele expressa. Assim, há o Relatório sem Ressalva, o Relatório com Ressalva, o Relatório Adverso e o Relatório com Abstenção de Opinião.

## 17.4.2 Opinião limpa

Esse tipo de opinião é emitido quando o auditor obtém segurança razoável de que as demonstrações contábeis tomadas em conjunto estão livres de distorção relevante. Reflete situação de normalidade, sendo desprovido de qualquer modificação.

A opinião limpa, portanto, é apropriada nas circunstâncias em que o auditor, ao concluir os trabalhos de auditoria, obtém segurança razoável de que as demonstrações contábeis como um todo estão livres de distorção relevante, independentemente se causada por fraude ou erro.

O relatório limpo é também denominado de relatório sem modificação ou sem ressalva.

Nas circunstâncias em que o auditor, ao concluir os trabalhos de auditoria, não obtiver segurança razoável de que as demonstrações contábeis como um todo estão livres de distorção relevante, independentemente se causada por fraude ou erro, na parte apropriada do seu relatório, ele deverá emitir uma opinião modificada.

A NBC TA 705 trata das modificações na opinião do auditor independente.

Emitir uma opinião modificada significa emitir uma opinião diferente daquela que normalmente é apresentada em um relatório considerado "limpo", ou seja, emitir uma opinião modificada significa, conforme já vimos, emitir uma opinião com ressalva, adversa ou com abstenção de opinião.

## 17.4.3 Opinião com ressalva

Conforme estabelece o item 7 da NBC TA 705, o auditor deve expressar uma "Opinião com ressalva" quando:

**a.** ele, tendo obtido evidência de auditoria apropriada e suficiente, conclui que as distorções, individualmente ou em conjunto, são relevantes, mas não generalizadas nas demonstrações contábeis; ou

**b.** não é possível para ele obter evidência apropriada e suficiente de auditoria para fundamentar sua opinião, mas ele conclui que os possíveis efeitos de distorções não detectadas sobre as demonstrações contábeis, se houver, poderiam ser relevantes, mas não generalizados.

Generalizado é o termo usado, no contexto de distorções, para descrever os efeitos disseminados (propagados) de distorções sobre as demonstrações contábeis ou os possíveis efeitos de distorções sobre as demonstrações contábeis que não são detectados, se houver, devido à impossibilidade de obter evidência de auditoria apropriada e suficiente.

Efeitos generalizados sobre as demonstrações contábeis são aqueles que, no julgamento do auditor:

- não estão restritos aos elementos, contas ou itens específicos das demonstrações contábeis;

- se estiverem restritos, representam ou poderiam representar uma parcela substancial das demonstrações contábeis; ou

- em relação às divulgações, são fundamentais para o entendimento das demonstrações contábeis pelos usuários.

O auditor deve, ainda, emitir uma opinião com ressalva, quando não conseguir obter evidência apropriada e suficiente de auditoria para suportar sua opinião, concluindo que os possíveis efeitos de distorções não detectadas, se houver, sobre as demonstrações contábeis poderiam ser relevantes, mas não generalizados.

Exemplo de distorção relevante: estoques superavaliados ou subavaliado.

### 17.4.4  Opinião adversa

Esse tipo de opinião é apropriado nos casos em que o auditor, tendo obtido evidência de auditoria apropriada e suficiente, conclui que as distorções, individualmente ou em conjunto, são relevantes e generalizadas para as demonstrações contábeis.

Exemplo de distorção que requer opinião adversa: não consolidação de uma subsidiária.

### 17.4.5  Abstenção de opinião

Segundo o item 9 da NBC TA 705, o auditor deve se abster de expressar uma opinião quando não consegue obter evidência de auditoria apropriada e suficiente para fundamentar sua opinião e ele concluir que os possíveis efeitos de distorções não detectadas sobre as demonstrações contábeis, se houver, poderiam ser relevantes e generalizados.

O auditor deve se abster de expressar uma opinião quando, em circunstâncias extremamente raras envolvendo diversas incertezas, concluir que, independentemente de ter obtido evidência de auditoria apropriada e suficiente sobre cada uma das incertezas, não é possível expressar uma opinião sobre as demonstrações contábeis devido à possível interação das incertezas e seu possível efeito cumulativo sobre essas demonstrações contábeis (item 10 da NBC TA 705).

Exemplo de distorção que requer abstenção de opinião: o auditor não conseguiu obter evidência de auditoria apropriada e suficiente sobre as informações financeiras de um investimento conjunto que representa mais de 90% do patrimônio líquido da empresa.

### 17.4.6  Outras informações importantes

O auditor deve expressar claramente uma opinião modificada de forma apropriada sobre as demonstrações contábeis quando:

a. concluir, com base em evidência de auditoria obtida, que as demonstrações contábeis como um todo apresentam distorções relevantes; ou

b. não conseguir obter evidência de auditoria apropriada e suficiente para concluir que as demonstrações contábeis como um todo não apresentam distorções relevantes.

É importante repetir que a decisão sobre que tipo de opinião modificada é apropriada depende da natureza do assunto que deu origem à modificação e da opinião do auditor sobre a disseminação (propagação) dos efeitos ou possíveis efeitos do assunto sobre as demonstrações contábeis.

## 17.5 Circunstâncias que justificam as mudanças de opinião do auditor

O auditor deve expressar uma opinião não modificada quando concluir que as demonstrações contábeis são elaboradas, em todos os aspectos relevantes, de acordo com a estrutura de relatório financeiro aplicável.

Como vimos, o auditor deve modificar a opinião no seu relatório de auditoria de acordo com a NBC TA 705 se:

- concluir, com base em evidência de auditoria obtida, que as demonstrações contábeis tomadas em conjunto apresentam distorções relevantes; ou

- não conseguir obter evidência de auditoria apropriada e suficiente para concluir se as demonstrações contábeis tomadas em conjunto não apresentam distorções relevantes.

Quando as demonstrações contábeis elaboradas de acordo com os requisitos de uma estrutura de apresentação adequada não atingem uma apresentação adequada, o auditor deve discutir o assunto com a administração e, dependendo dos requisitos da estrutura de relatório financeiro aplicável e como o assunto é resolvido, deve determinar se é necessário modificar a opinião no seu relatório de auditoria de acordo com a NBC TA 705.

Podem existir casos em que as demonstrações contábeis, embora elaboradas de acordo com os requisitos de estrutura de apresentação adequada, não atinjam uma apresentação adequada. Nesse caso, pode ser possível que a administração inclua divulgações adicionais nas demonstrações contábeis além daquelas especificamente requeridas (exigidas) pela estrutura ou, em circunstâncias extremamente raras, deixe de seguir um requisito da estrutura para alcançar a apresentação adequada das demonstrações contábeis.

Quando as demonstrações contábeis são elaboradas de acordo com a estrutura de conformidade, o auditor não precisa avaliar se as demonstrações contábeis atingem uma apresentação adequada. Entretanto, se em circunstâncias extremamente raras o auditor concluir que essas demonstrações contábeis são enganosas, deve discutir o assunto com a administração e, dependendo de como o assunto é resolvido, deve determinar a necessidade e a forma de comunicar isso no seu relatório de auditoria.

É extremamente raro para o auditor considerar enganosas as demonstrações contábeis que foram elaboradas de acordo com uma estrutura de conformidade se, de acordo com a NBC TA 210, o auditor determinou que a estrutura é aceitável.

# 17.6 Estrutura do relatório do auditor independente

## 17.6.1 Elementos do Relatório

Conforme vimos, o relatório do auditor independente é um documento por meio do qual o auditor independente expressa, claramente, por escrito, sua opinião sobre demonstrações contábeis.

O relatório do auditor para auditoria conduzida de acordo com as normas de auditoria é composto pelos seguintes elementos:

1) Título.
2) Destinatário.
3) Opinião.
4) Base para opinião.
5) Principais assuntos de auditoria.
6) Responsabilidade da administração e da governança.
7) Responsabilidades do auditor independente.
8) Outras responsabilidades relativas à emissão do relatório.
9) Local e data.
10) Nome do auditor independente (pessoa física ou jurídica).
11) Nome do profissional (sócio ou responsável técnico, no caso de o auditor ser pessoa jurídica).
12) Números de registro no CRC da firma de auditoria e do profissional que assina o relatório.
13) Assinatura do auditor independente.

**NOTA:**

É importante destacar que a NBC TA 700, que trata da formação da opinião e emissão do relatório do auditor independente sobre as demonstrações contábeis, apresenta exemplos de relatórios do auditor sobre demonstrações contábeis, contudo não estabelece exigências para ordenamento dos elementos que o compõem.

## 17.6.2 Título

O relatório do auditor deve ter título que indique claramente que é o relatório do auditor independente.

## 17.6.3 Destinatário

O relatório do auditor deve ser endereçado conforme exigido pelas circunstâncias do trabalho. Normalmente é endereçado às pessoas para quem ele é elaborado. Frequentemente essas pessoas são os acionistas ou os responsáveis pela governança da entidade, cujas demonstrações contábeis estão sendo auditadas.

Convém salientar que lei, regulamento ou termos da contratação podem especificar para quem o relatório do auditor deve ser endereçado naquela jurisdição específica.

## 17.6.4 Opinião

Conforme consta do item 23 da NBC TA 700, a primeira seção do relatório do auditor deve incluir a opinião do auditor independente e deve ter "Opinião" como título.

O item 24 da mencionada NBC TA estabelece que a seção "Opinião" do relatório do auditor também deve:

a. identificar a entidade cujas demonstrações contábeis foram auditadas;

b. afirmar que as demonstrações contábeis foram auditadas;

c. identificar o título de cada demonstração que compõe as demonstrações contábeis;

d. fazer referência às notas explicativas, incluindo o resumo das principais políticas contábeis; e

e. especificar a data ou o período de cada demonstração que compõe as demonstrações contábeis.

O relatório do auditor afirma, por exemplo, que o auditor examinou as demonstrações contábeis da entidade, que compreendem [especificar o título de cada demonstração contábil que compõe o conjunto completo das demonstrações contábeis requeridas pela estrutura de relatório financeiro aplicável, especificando a data ou período coberto por cada demonstração contábil] e as notas explicativas às demonstrações contábeis, incluindo o resumo das principais políticas contábeis.

Quando o auditor está ciente de que as demonstrações contábeis auditadas serão incluídas em documento que contém outras informações, como relatório anual, o auditor pode considerar, se a forma de apresentação permitir, identificar os números das páginas em que estão apresentadas as demonstrações contábeis auditadas. Isso ajuda os usuários a identificar as demonstrações contábeis às quais se refere o relatório do auditor.

Ao expressar uma opinião não modificada sobre demonstrações contábeis elaboradas de acordo com a estrutura de apresentação adequada, a opinião do auditor deve utilizar uma das seguintes frases, que são consideradas equivalentes:

a. "Em nossa opinião, as demonstrações contábeis apresentam adequadamente, em todos os aspectos relevantes... de acordo com [a estrutura de relatório financeiro aplicável]"; ou

b. "Em nossa opinião, as demonstrações contábeis apresentam uma visão verdadeira e justa... de acordo com [a estrutura de relatório financeiro aplicável]".

Ao expressar uma opinião não modificada sobre demonstrações contábeis elaboradas de acordo com a estrutura de conformidade, a opinião do auditor deve ser a de que as demonstrações contábeis são elaboradas, em todos os aspectos relevantes, de acordo com [a estrutura de relatório financeiro aplicável].

Se a estrutura de relatório financeiro aplicável na opinião do auditor não se refere às Normas Internacionais de Relatório Financeiro (IFRS) emitidas pelo Conselho de Normas Internacionais de Contabilidade ou às normas internacionais de contabilidade do setor público emitidas pelo Conselho de Normas Internacionais de Contabilidade do Setor Público, a opinião do auditor deve identificar a jurisdição de origem da estrutura, por exemplo, práticas contábeis adotadas no Brasil, cuja definição consta da NBC TG 26, aprovada pelo Conselho Federal de Contabilidade (CFC).

Veja mais detalhes sobre a formação da opinião do auditor na Seção 17.3 deste capítulo.

## 17.6.5 Base para opinião

O relatório do auditor deve incluir uma seção, logo após a seção "Opinião", com o título "Base para opinião", que:

**a.** declare que a auditoria foi conduzida em conformidade com as normas de auditoria;

**b.** referencie a seção que descreve as responsabilidades do auditor, segundo as normas de auditoria;

**c.** inclua a declaração de que o auditor é independente da entidade de acordo com as exigências éticas relevantes relacionadas com a auditoria e que ele atendeu às outras responsabilidades éticas do auditor de acordo com essas exigências. A declaração deve identificar a jurisdição de origem das exigências éticas relevantes ou referir-se ao Código de Ética do International Ethics Standards Board for Accountants (Iesba) da Federação Internacional de Contadores (Ifac); e

**d.** declare se o auditor acredita que a evidência de auditoria obtida por ele é suficiente e apropriada para fundamentar sua opinião.

## 17.6.6 Principais assuntos de auditoria

Para as auditorias de conjuntos completos de demonstrações contábeis para fins gerais de entidades listadas[4], o auditor independente deve comunicar os principais assuntos de auditoria no seu relatório, de acordo com a NBC TA 701.

Quando o auditor tem, por força de lei ou regulamento, que comunicar os principais assuntos de auditoria no seu relatório, ou decide assim fazê-lo, ele deve proceder de acordo com a NBC TA 701.

## 17.6.7 Responsabilidade da administração e da governança

O relatório do auditor deve incluir uma seção com o título "Responsabilidades da administração pelas demonstrações contábeis". O relatório do auditor não precisa referir-se especificamente à "administração", mas deve usar o termo que é apropriado no contexto da estrutura legal. Em algumas jurisdições, a referência apropriada pode ser os responsáveis pela governança.

---

[4] Entidade listada é a entidade que tem ações, cotas ou dívidas cotadas ou registradas em bolsas de valores ou negociadas de acordo com os regulamentos de bolsa de valores reconhecida ou outro órgão equivalente (letra "g" do item 7 da NBC TA 220).

Essa seção do relatório do auditor deve explicar a responsabilidade da administração pela:

a. elaboração das demonstrações contábeis, de acordo com a estrutura de relatório financeiro aplicável e pelos controles internos que a administração determinar que sejam necessários para permitir a elaboração de demonstrações contábeis livres de distorção relevante, independentemente se causada por fraude ou erro; e

b. avaliação da capacidade da entidade de manter a continuidade operacional (ver item 2 da NBC TA 570), e se o uso da base contábil de continuidade operacional é apropriado, assim como divulgar, se aplicável, questões relacionadas com a continuidade operacional.

A explicação da responsabilidade da administração por essa avaliação deve incluir uma descrição de quando o uso da base contábil de continuidade operacional é apropriado.

Essa seção do relatório do auditor também deve identificar os responsáveis pela supervisão do processo de apresentação de relatórios financeiros quando os responsáveis por essa supervisão forem diferentes daqueles que cumprem com as responsabilidades descritas no item 34 da NBC TA 700. Nesse caso, o título dessa seção também deve se referir aos "Responsáveis pela governança" ou a outro termo que seja apropriado no contexto da estrutura legal da jurisdição em particular.

Quando as demonstrações contábeis forem elaboradas de acordo com uma estrutura de apresentação adequada, a descrição das responsabilidades da administração pelas demonstrações contábeis no relatório do auditor deve se referir à "elaboração e adequada apresentação das demonstrações contábeis", ou "elaboração de demonstrações contábeis que apresentam uma visão verdadeira e justa", conforme apropriado nas circunstâncias.

## 17.6.8 Responsabilidades do auditor independente

O relatório do auditor deve incluir uma seção com o título "Responsabilidades do auditor pela auditoria das demonstrações contábeis".

Essa seção do relatório do auditor deve declarar que:

a. os objetivos do auditor são:

i. obter segurança razoável de que as demonstrações contábeis tomadas em conjunto estão livres de distorção relevante, independentemente de se causada por fraude ou erro; e

ii. emitir um relatório que inclua a opinião do auditor;

**b.** segurança razoável é um alto nível de segurança, mas não é uma garantia de que uma auditoria conduzida de acordo com as normas de auditoria sempre detectará uma distorção relevante, quando ela existir; e

**c.** as distorções podem decorrer de fraude ou erro, e:

    **i.** descrever que elas são consideradas relevantes se, individualmente ou em conjunto, pudesse ser razoavelmente esperado que elas influenciassem as decisões econômicas de usuários tomadas com base nas demonstrações contábeis (ver item 2 da NBC TA 320 (R1) – Materialidade no Planejamento e na Execução da Auditoria); ou

    **ii.** fornecer uma definição ou descrição da materialidade de acordo com a estrutura de relatório financeiro aplicável (ver item A52 da NBC TA 700).

A seção "Responsabilidades do auditor pela auditoria das demonstrações contábeis" do relatório do auditor deve também:

**a.** declarar que, como parte da auditoria de acordo com as normas de auditoria, o auditor exerce o julgamento profissional e mantém o ceticismo profissional durante toda a auditoria; e

**b.** descrever a auditoria especificando que as responsabilidades do auditor são:

    **i.** identificar e avaliar os riscos de distorção relevante nas demonstrações contábeis, independentemente se causada por fraude ou erro, planejar e executar procedimentos de auditoria que respondam a esses riscos e obter evidência de auditoria que seja suficiente e apropriada para fornecer uma base para a opinião do auditor. O risco de não se detectar uma distorção relevante resultante de fraude é maior que aquele de se detectar uma distorção relevante resultante de erro, uma vez que a fraude pode envolver conluio, falsificação, omissões intencionais, falsas declarações ou transgressão dos controles internos;

    **ii.** obter entendimento dos controles internos relevantes para a auditoria para planejar procedimentos de auditoria que são apropriados nas circunstâncias, mas não para fins de expressar uma opinião sobre a eficácia dos controles internos da entidade. Nas circunstâncias em que o auditor também tem a responsabilidade de expressar uma opinião sobre a eficácia dos controles internos juntamente à auditoria das demonstrações contábeis, o auditor deve omitir a frase de que a consideração do auditor sobre os controles internos não tem a finalidade de expressar uma opinião sobre a eficácia dos controles internos da entidade;

iii. avaliar a adequação das políticas contábeis utilizadas e a razoabilidade das estimativas contábeis e das respectivas divulgações feitas pela administração;

iv. concluir quanto à adequação do uso, pela entidade, da base contábil de continuidade operacional e, com base na evidência de auditoria obtida, se existe incerteza relevante relacionada com eventos ou condições que podem levantar dúvida significativa quanto à capacidade de continuidade da entidade. Se o auditor concluir que existe incerteza relevante, ele deve chamar atenção no seu relatório para as respectivas divulgações nas demonstrações contábeis ou, se essas divulgações forem inadequadas, modificar a opinião. As conclusões do auditor se baseiam na evidência de auditoria obtida até a data do seu relatório. Contudo, eventos ou condições futuras podem fazer com que a entidade interrompa a sua continuidade operacional;

v. quando as demonstrações contábeis são elaboradas de acordo com uma estrutura de apresentação adequada, avaliar a apresentação geral, estrutura e conteúdo das demonstrações contábeis, incluindo as divulgações, e se elas representam as transações e eventos subjacentes de forma a alcançar a apresentação adequada;

c. quando a NBC TA 600 – Considerações Especiais – Auditorias de Demonstrações Contábeis de Grupos, Incluindo o Trabalho dos Auditores dos Componentes se aplicar, explicar ainda a responsabilidade do auditor em trabalhos de auditoria de grupo, especificando que:

i. as responsabilidades do auditor são as de obter evidência de auditoria apropriada e suficiente com relação às informações financeiras das entidades ou atividades de negócio do grupo para expressar uma opinião sobre as demonstrações contábeis do grupo;

ii. o auditor é responsável pela direção, supervisão e desempenho da auditoria do grupo; e

iii. o auditor continua sendo o único responsável pela sua opinião.

A seção "Responsabilidades do auditor pela auditoria das demonstrações contábeis" do relatório do auditor deve também:

a. declarar que o auditor se comunica com os responsáveis pela governança com relação, entre outras questões, ao alcance e à época planejados da auditoria e às descobertas significativas de auditoria, incluindo quaisquer deficiências significativas nos controles internos que ele venha a identificar durante a auditoria;

**b.** declarar, para a auditoria das demonstrações contábeis de entidades listadas, que o auditor independente fornece para os responsáveis pela governança uma declaração de que ele cumpriu com as exigências éticas relevantes relacionadas à independência e que comunicou a eles todos os relacionamentos e outras questões que podem, de forma razoável, gerar ameaça à independência do auditor e, quando aplicável, as respectivas salvaguardas; e

**c.** para a auditoria das demonstrações contábeis das entidades listadas e quaisquer outras entidades para as quais os principais assuntos de auditoria são comunicados, de acordo com a NBC TA 701, especificar que, com base nesses assuntos comunicados para os responsáveis pela governança, o auditor determina aqueles que são mais relevantes na auditoria das demonstrações contábeis do período atual e que são, portanto, os principais assuntos de auditoria. O auditor deve explicar esses assuntos no seu relatório, salvo se alguma lei ou regulamento impedir divulgações públicas sobre o assunto ou quando, em circunstâncias extremamente raras, o auditor determinar que o assunto não deve ser comunicado no seu relatório porque as consequências adversas de tal ato podem, de forma razoável, ser mais importantes que os benefícios de interesse público de tal comunicação.

## 17.6.9 Outras responsabilidades relativas à emissão do relatório

Se for requerido ao auditor tratar de outras responsabilidades no seu relatório sobre as demonstrações contábeis, complementares à sua responsabilidade de acordo com as normas de auditoria, essas outras responsabilidades devem ser tratadas em seção separada no relatório do auditor com o título "Relatório sobre outros requisitos legais e regulatórios" ou, de outra forma, conforme apropriado ao conteúdo da seção, salvo se essas outras responsabilidades tratarem dos mesmos tópicos apresentados na seção de responsabilidades do auditor de acordo com as exigências das normas de auditoria, caso em que as outras responsabilidades relativas à emissão do relatório do auditor podem ser apresentadas na mesma seção que os respectivos elementos de relatório exigidos pelas normas de auditoria.

Se as outras responsabilidades forem apresentadas na mesma seção que os respectivos elementos de relatório exigidos pelas normas de auditoria, o relatório do auditor deve diferenciar claramente essas outras responsabilidades daquelas exigidas pelas normas de auditoria.

Se o relatório do auditor contém uma seção separada sobre outras responsabilidades, as exigências constantes nos itens 21 a 40 da NBC TA 700 devem ser incluídas em uma seção intitulada "Relatório do auditor sobre as demonstrações contábeis". A seção "Relatório sobre outros requisitos legais e regulatórios" deve ser apresentada após a seção "Relatório do auditor sobre as demonstrações contábeis".

## 17.6.10  Local e data

O relatório do auditor independente deve mencionar a localidade em que o relatório foi emitido, ou seja, a cidade onde o escritório de auditoria que emitiu o relatório está situado.

O relatório do auditor não pode ter data anterior à data em que ele obteve evidência de auditoria apropriada e suficiente para fundamentar a sua opinião sobre as demonstrações contábeis, incluindo evidência de que:

a. todas as demonstrações e divulgações que compõem as demonstrações contábeis foram elaboradas e divulgadas; e

b. as pessoas com autoridade reconhecida afirmam que assumem a responsabilidade sobre essas demonstrações contábeis.

A data do relatório do auditor independente informa o usuário do relatório do auditor independente que o auditor considerou o efeito dos eventos e transações conhecidos pelo auditor e ocorridos até aquela data.

A responsabilidade do auditor por eventos e transações após a data do relatório do auditor independente é tratada na NBC TA 560 (R1), itens 10 a 17.

Considerando que a opinião do auditor é fornecida sobre as demonstrações contábeis e que as demonstrações contábeis são elaboradas sob a responsabilidade da administração, o auditor não está em posição de concluir que foi obtida evidência de auditoria apropriada e suficiente até que seja obtida evidência de que todas as demonstrações que compõem as demonstrações contábeis, incluindo as respectivas notas explicativas, foram elaboradas e que a administração aceitou a responsabilidade por elas.

Em algumas jurisdições, como é o caso do Brasil, a legislação ou regulamentação identifica as pessoas ou órgãos (por exemplo, os diretores) que são responsáveis por concluir que todas as demonstrações contábeis que compõem as demonstrações contábeis, incluindo as respectivas notas explicativas, foram elaboradas, e especifica o processo de aprovação necessário. Nesses casos, a evidência dessa aprovação é obtida antes de datar o relatório de auditoria sobre as demonstrações contábeis.

Em algumas jurisdições, é necessária aprovação final das demonstrações contábeis pelos acionistas antes delas serem publicadas.

Essa prévia aprovação não é requerida no Brasil, ou seja, as demonstrações contábeis normalmente são publicadas antes da Assembleia Geral Ordinária, que tem por objetivo a aprovação das demonstrações contábeis. Todavia, é importante considerar que, qualquer que seja a jurisdição, a aprovação final pelos acionistas não é necessária para o auditor independente concluir que foi obtida evidência de auditoria apropriada e suficiente.

A data de aprovação das demonstrações contábeis, para fins das normas de auditoria, é a primeira data em que as pessoas com autoridade reconhecida determinam que todos os quadros que compõem as demonstrações contábeis, incluindo as respectivas notas explicativas, foram elaborados e que pessoas com autoridade reconhecida afirmaram que assumem a responsabilidade sobre essas demonstrações contábeis.

## 17.6.11  Nome do auditor independente

O auditor independente responsável pela auditoria, poderá ser pessoa física ou pessoa jurídica.

## 17.6.12  Nome do profissional

Quando o auditor for pessoa jurídica, nesta parte do relatório será informado o nome do sócio ou responsável técnico pela firma de auditoria.

## 17.6.13  Números de registro no CRC

Nesta parte do relatório será informado o número de registro no CRC, tanto da firma de auditoria como do profissional que assina o relatório.

## 17.6.14  Assinatura do auditor independente

O relatório do auditor independente deve ser assinado. A assinatura é em nome da firma de auditoria, em nome pessoal do auditor ou dos dois, conforme apropriado.

Além da assinatura do auditor, em certas jurisdições, como requerido no Brasil pelo Conselho Federal de Contabilidade (CFC), pode ser que o auditor deva incluir no relatório de auditoria independente sua qualificação profissional na área contábil, assim como o fato de que o auditor ou a firma, conforme apropriado, foram reconhecidos pelo devido órgão licenciador na referida jurisdição.

No Brasil, é requerida pelo CFC a identificação do auditor, tanto da firma como do sócio ou responsável técnico, pelo número de registro no Conselho Regional de Contabilidade na categoria de Contador.

# 17.7  Modelos de relatórios do auditor independente

Nesta seção, apresentaremos modelos de relatórios do auditor independente sobre demonstrações contábeis, extraídos dos apêndices das NBCs TA 700 e 705.

Lembramos que a NBC TA 700 apresenta, no seu apêndice, quatro exemplos de relatórios do auditor independente com opinião não modificada (limpa), e a NBC TA 705, também no seu apêndice, apresenta cinco exemplos de relatório do auditor independente com opinião modificada.

## 17.7.1  Modelo de relatório com opinião não modificada

### 17.7.1.1  Modelo 1 – Entidade listada (extraído do apêndice da NBC TA 700).

Relatório do auditor independente sobre demonstrações contábeis de entidade listada, elaboradas de acordo com a estrutura de apresentação adequada.

Conforme já comentamos, entidade listada é a entidade que tem ações, cotas ou dívidas cotadas ou registradas em bolsas de valores ou negociadas de acordo com os regulamentos de bolsa de valores reconhecida ou outro órgão equivalente (letra "g" do item 7 da NBC TA 220).

### RELATÓRIO DO AUDITOR INDEPENDENTE SOBRE AS DEMONSTRAÇÕES CONTÁBEIS[1]

Aos acionistas da Companhia ABC [ou outro destinatário apropriado]

**Opinião**

Examinamos as demonstrações contábeis da Companhia ABC, que compreendem o balanço patrimonial em 31 de dezembro de 20X1 e as respectivas demonstrações do resultado, do resultado abrangente, das mutações do patrimônio líquido e dos fluxos de caixa para o exercício findo nessa data, bem como as correspondentes notas explicativas, incluindo o resumo das principais políticas contábeis.

CONTINUA

CONTINUAÇÃO

Em nossa opinião, as demonstrações contábeis acima referidas apresentam adequadamente, em todos os aspectos relevantes, a posição patrimonial e financeira da Companhia ABC em 31 de dezembro de 20X1, o desempenho de suas operações e os seus fluxos de caixa para o exercício findo nessa data, de acordo com as práticas contábeis adotadas no Brasil.

## Base para opinião

Nossa auditoria foi conduzida de acordo com as normas brasileiras e internacionais de auditoria. Nossas responsabilidades, em conformidade com tais normas, estão descritas na seção a seguir, intitulada "Responsabilidades do auditor pela auditoria das demonstrações contábeis". Somos independentes em relação à Companhia, de acordo com os princípios éticos relevantes previstos no Código de Ética Profissional do Contador e nas normas profissionais emitidas pelo Conselho Federal de Contabilidade, e cumprimos com as demais responsabilidades éticas de acordo com essas normas. Acreditamos que a evidência de auditoria obtida é suficiente e apropriada para fundamentar nossa opinião.

## Principais assuntos de auditoria

Principais assuntos de auditoria são aqueles que, em nosso julgamento profissional, foram os mais significativos em nossa auditoria do exercício corrente. Esses assuntos foram tratados no contexto de nossa auditoria das demonstrações contábeis como um todo e na formação de nossa opinião sobre essas demonstrações contábeis e, portanto, não expressamos uma opinião separada sobre esses assuntos.

(Descrição de cada um dos principais assuntos de auditoria, de acordo com a NBC TA 701).

Outras informações que acompanham as demonstrações contábeis e o relatório do auditor

[Apresentação de acordo com o exemplo 1 do Apêndice 2 da NBC TA 720].

Responsabilidade da administração e da governança pelas demonstrações contábeis[2]

A administração é responsável pela elaboração e adequada apresentação das demonstrações contábeis de acordo com as práticas contábeis adotadas no Brasil[3] e pelos controles internos que ela determinou como necessários para permitir a elaboração de demonstrações contábeis livres de distorção relevante, independentemente se causada por fraude ou erro.

Na elaboração das demonstrações contábeis, a administração é responsável pela avaliação da capacidade de a companhia continuar operando, divulgando, quando aplicável, os assuntos relacionados com a sua continuidade operacional e o uso dessa base contábil na elaboração das demonstrações contábeis, a não ser que a administração pretenda liquidar a Companhia ou cessar suas operações, ou não tenha nenhuma alternativa realista para evitar o encerramento das operações.

Os responsáveis pela governança da Companhia são aqueles com responsabilidade pela supervisão do processo de elaboração das demonstrações contábeis.

CONTINUA

CONTINUAÇÃO

## Responsabilidades do auditor pela auditoria das demonstrações contábeis

Nossos objetivos são obter segurança razoável de que as demonstrações contábeis, tomadas em conjunto, estão livres de distorção relevante, independentemente se causada por fraude ou erro, e emitir relatório de auditoria contendo nossa opinião. Segurança razoável é um alto nível de segurança, mas não uma garantia de que a auditoria realizada de acordo com as normas brasileiras e internacionais de auditoria sempre detectam as eventuais distorções relevantes existentes. As distorções podem ser decorrentes de fraude ou erro e são consideradas relevantes quando, individualmente ou em conjunto, possam influenciar, dentro de uma perspectiva razoável, as decisões econômicas dos usuários tomadas com base nas referidas demonstrações contábeis.

Como parte da auditoria realizada de acordo com as normas brasileiras e internacionais de auditoria, exercemos julgamento profissional e mantemos ceticismo profissional ao longo da auditoria.

Além disso[4]:

- Identificamos e avaliamos os riscos de distorção relevante nas demonstrações contábeis, independentemente se causada por fraude ou erro, planejamos e executamos procedimentos de auditoria em resposta a tais riscos, bem como obtemos evidência de auditoria apropriada e suficiente para fundamentar nossa opinião. O risco de não detecção de distorção relevante resultante de fraude é maior do que o proveniente de erro, já que a fraude pode envolver o ato de burlar os controles internos, conluio, falsificação, omissão ou representações falsas intencionais.

- Obtemos entendimento dos controles internos relevantes para a auditoria para planejarmos procedimentos de auditoria apropriados às circunstâncias, mas, não, com o objetivo de expressarmos opinião sobre a eficácia dos controles internos da companhia[5].

- Avaliamos a adequação das políticas contábeis utilizadas e a razoabilidade das estimativas contábeis e respectivas divulgações feitas pela administração.

- Concluímos sobre a adequação do uso, pela administração, da base contábil de continuidade operacional e, com base nas evidências de auditoria obtidas, se existe incerteza relevante em relação a eventos ou condições que possam levantar dúvida significativa em relação à capacidade de continuidade operacional da companhia. Se concluirmos que existe incerteza relevante, devemos chamar atenção em nosso relatório de auditoria para as respectivas divulgações nas demonstrações contábeis ou incluir modificação em nossa opinião, se as divulgações forem inadequadas. Nossas conclusões estão fundamentadas nas evidências de auditoria obtidas até a data de nosso relatório. Todavia, eventos ou condições futuras podem levar a Companhia a não mais se manter em continuidade operacional.

- Avaliamos a apresentação geral, a estrutura e o conteúdo das demonstrações contábeis, inclusive as divulgações e se as demonstrações contábeis representam as correspondentes transações e os eventos de maneira compatível com o objetivo de apresentação adequada.

CONTINUA

CONTINUAÇÃO

Comunicamo-nos com os responsáveis pela governança a respeito, entre outros aspectos, do alcance planejado, da época da auditoria e das constatações significativas de auditoria, inclusive as eventuais deficiências significativas nos controles internos que identificamos durante nossos trabalhos.

Fornecemos também aos responsáveis pela governança declaração de que cumprimos com as exigências éticas relevantes, incluindo os requisitos aplicáveis de independência, e comunicamos todos os eventuais relacionamentos ou assuntos que poderiam afetar, consideravelmente, nossa independência, incluindo, quando aplicável, as respectivas salvaguardas. Dos assuntos que foram objeto de comunicação com os responsáveis pela governança, determinamos aqueles que foram considerados como mais significativos na auditoria das demonstrações contábeis do exercício corrente e que, dessa maneira, constituem os principais assuntos de auditoria. Descrevemos esses assuntos em nosso relatório de auditoria, a menos que lei ou regulamento tenha proibido divulgação pública do assunto, ou quando, em circunstâncias extremamente raras, determinarmos que o assunto não deve ser comunicado em nosso relatório porque as consequências adversas de tal comunicação podem, dentro de uma perspectiva razoável, superar os benefícios da comunicação para o interesse público.

[Local (localidade do escritório de auditoria que emitiu o relatório) e data do relatório do auditor independente]

[Nome do auditor independente (pessoa física ou jurídica)]

[Nome do profissional (sócio ou responsável técnico, no caso de o auditor ser pessoa jurídica)]

[Números de registro no CRC da firma de auditoria e do profissional que assina o relatório]

[Assinatura do auditor independente]

(1) No caso de o relatório cobrir outros aspectos legais e regulatórios, é necessário incluir um subtítulo para especificar a primeira parte do relatório, "Relatório do auditor sobre as demonstrações contábeis", e, no final do relatório, outro subtítulo para a segunda parte, "Relatório sobre outros requisitos legais e regulatórios".

(2) Em todos os exemplos de relatório do auditor, apresentados na NBC TA 700, os termos "administração" e "responsáveis pela governança" podem precisar ser substituídos por outros termos mais apropriados ao contexto da estrutura legal de determinada jurisdição.

(3) Quando a responsabilidade da administração é elaborar demonstrações contábeis que apresentam uma visão verdadeira e justa, esta sentença pode ser lida: "A administração é responsável pela elaboração de demonstrações contábeis que apresentam uma visão verdadeira e justa de acordo com as práticas contábeis adotadas no Brasil e, para isso,...".

(4) O item 41(b) da NBC TA 700, explica que a descrição das responsabilidades do auditor independente pode ser localizada no Apêndice do relatório do auditor.

O item 41(c), da mencionada NBC TA 700, explica que, quando expressamente permitido por lei, regulamento ou normas de auditoria nacionais, pode ser feita uma referência ao sítio da autoridade competente que contém a descrição das responsabilidades do auditor em vez de incluir esse material no relatório do auditor, desde que o sítio trate da descrição das responsabilidades do auditor acima e não seja inconsistente com ela.

Essa opção não é permitida no Brasil.

(5) Essa sentença deve ser modificada, conforme adequado, nas circunstâncias em que o auditor também tem a responsabilidade de expressar uma opinião sobre a eficácia dos controles internos em conjunto com a auditoria das demonstrações contábeis.

## 17.7.2 Modelos de relatórios com opinião modificada

### 17.7.2.1 Modelo 1 – Opinião com ressalva
### (Extraído do exemplo 1 do apêndice da NBC TA 705.)

Trata-se de relatório do auditor independente com "Opinião com ressalva" devido à distorção relevante nas demonstrações contábeis.

### RELATÓRIO DO AUDITOR INDEPENDENTE SOBRE AS DEMONSTRAÇÕES CONTÁBEIS[1]

Aos acionistas da Companhia ABC [ou outro destinatário apropriado]

#### Opinião com ressalva

Examinamos as demonstrações contábeis da Companhia ABC, que compreendem o balanço patrimonial, em 31 de dezembro de 20X1, e as respectivas demonstrações do resultado, do resultado abrangente, das mutações do patrimônio líquido e dos fluxos de caixa para o exercício findo nessa data, bem como as correspondentes notas explicativas, incluindo o resumo das principais políticas contábeis.

Em nossa opinião, exceto pelos efeitos do assunto descrito na seção a seguir intitulada "Base para opinião com ressalva", as demonstrações contábeis acima referidas apresentam adequadamente, em todos os aspectos relevantes, a posição patrimonial e financeira da Companhia ABC, em 31 de dezembro de 20X1, o desempenho de suas operações e os seus fluxos de caixa para o exercício findo nessa data, de acordo com as práticas contábeis adotadas no Brasil.

#### Base para opinião com ressalva

Os estoques da Companhia estão apresentados no balanço patrimonial por $ xxx. A administração não avaliou os estoques pelo menor valor entre o custo e o valor líquido de realização, mas somente pelo custo, o que representa um desvio em relação às práticas contábeis adotadas no Brasil. Os registros da companhia indicam que se a administração tivesse avaliado os estoques pelo menor valor entre o custo e o valor líquido de realização, teria sido necessária a provisão de $ xxx para reduzir os estoques ao valor líquido de realização. Consequentemente, o lucro líquido e o patrimônio líquido teriam sido reduzidos em $ xxx e $ xxx, respectivamente, após os efeitos tributários.

Nossa auditoria foi conduzida de acordo com as normas brasileiras e internacionais de auditoria. Nossas responsabilidades, em conformidade com tais normas, estão descritas na seção a seguir, intitulada "Responsabilidades do auditor pela auditoria das demonstrações contábeis". Somos independentes em relação à Companhia, de acordo com os princípios éticos relevantes previstos no Código de Ética Profissional do Contador e nas normas profissionais emitidas pelo Conselho Federal de Contabilidade, e cumprimos com as demais responsabilidades éticas de acordo com essas normas. Acreditamos que a evidência de auditoria obtida é suficiente e apropriada para fundamentar nossa opinião com ressalva.

CONTINUA

CONTINUAÇÃO

## Outras informações que acompanham as demonstrações contábeis e o relatório do auditor

[Apresentação de acordo com o Exemplo 6 do Apêndice 2 da NBC TA 720. O último parágrafo da seção "Outras informações" do Exemplo 6 é customizado para descrever o assunto específico que deu origem à "Opinião com ressalva" que também afeta outras informações].

## Principais assuntos de auditoria

Principais assuntos de auditoria são aqueles que, em nosso julgamento profissional, foram os mais significativos em nossa auditoria do exercício corrente. Esses assuntos foram tratados no contexto de nossa auditoria das demonstrações contábeis como um todo e na formação de nossa opinião sobre essas demonstrações contábeis e, portanto, não expressamos uma opinião separada sobre esses assuntos. Além do assunto descrito na seção "Base para opinião com ressalva", determinamos que os assuntos descritos abaixo são os principais assuntos de auditoria a serem comunicados em nosso relatório.

[Descrição de cada um dos principais assuntos de auditoria, de acordo com a NBC TA 701].

## Responsabilidades da administração e da governança pelas demonstrações contábeis[2]

[Apresentação de acordo com o Exemplo 1 da NBC TA 700].

## Responsabilidades do auditor pela auditoria das demonstrações contábeis

[Apresentação de acordo com o Exemplo 1 da NBC TA 700].

[Local (localidade do escritório de auditoria que emitiu o relatório) e data do relatório do auditor independente]

[Nome do auditor independente (pessoa física ou jurídica)]

[Nome do profissional (sócio ou responsável técnico, no caso de o auditor ser pessoa jurídica)]

[Número do registro no CRC da firma de auditoria e do profissional que assina o relatório]

[Assinatura do auditor independente]

[1] No caso de o relatório cobrir outros aspectos legais e regulatórios, é necessário incluir um subtítulo para especificar a primeira parte do relatório, "Relatório do auditor sobre as demonstrações contábeis", e, no final do relatório, outro subtítulo para a segunda parte, "Relatório sobre outros requisitos legais e regulatórios".

[2] Em todos os exemplos de relatório do auditor apresentados na NBC TA 705, os termos "administração" e "responsáveis pela governança" podem precisar ser substituídos por outros termos mais apropriados ao contexto da estrutura legal de determinada jurisdição.

## 17.7.2.2 Modelo 2 – Opinião adversa
### Modelo extraído do exemplo 2 do apêndice da NBC TA 705.

Trata-se de relatório do auditor independente com "Opinião adversa" devido à distorção relevante nas demonstrações contábeis consolidadas.

### RELATÓRIO DO AUDITOR INDEPENDENTE SOBRE AS DEMONSTRAÇÕES CONTÁBEIS CONSOLIDADAS[1]

Aos acionistas da Companhia ABC [ou outro destinatário apropriado]

#### Opinião adversa

Examinamos as demonstrações contábeis consolidadas da Companhia ABC e suas controladas, que compreendem o balanço patrimonial consolidado, em 31 de dezembro de 20X1, e as respectivas demonstrações consolidadas do resultado, do resultado abrangente, das mutações do patrimônio líquido e dos fluxos de caixa para o exercício findo nessa data, bem como as correspondentes notas explicativas, incluindo o resumo das principais políticas contábeis.

Em nossa opinião, devido à importância do assunto discutido no parágrafo a seguir intitulado "Base para opinião adversa", as demonstrações contábeis consolidadas acima referidas não apresentam adequadamente, em todos os aspectos relevantes, a posição patrimonial e financeira consolidada da Companhia ABC e suas controladas, em 31 de dezembro de 20X1, o desempenho consolidado de suas operações e os seus fluxos de caixa consolidados para o exercício findo nessa data, de acordo com as práticas contábeis adotadas no Brasil.

#### Base para opinião adversa

Conforme explicado na Nota X, a Companhia não consolidou a controlada XYZ, adquirida durante 20X1, devido ao fato de não ter sido possível determinar os valores justos de certos ativos e passivos relevantes dessa controlada na data da aquisição. Esse investimento, portanto, está contabilizado com base no custo. De acordo com as práticas contábeis adotadas no Brasil, a controlada deveria ter sido consolidada. Se a controlada XYZ tivesse sido consolidada, muitos elementos nas demonstrações contábeis consolidadas acima referidas teriam sido afetados de forma relevante. Os efeitos da não consolidação sobre as demonstrações contábeis consolidadas não foram determinados.

Nossa auditoria foi conduzida de acordo com as normas brasileiras e internacionais de auditoria. Nossas responsabilidades, em conformidade com tais normas, estão descritas na seção a seguir, intitulada "Responsabilidades do auditor pela auditoria das demonstrações contábeis". Somos independentes em relação à Companhia e suas controladas, de acordo com os princípios éticos relevantes previstos no Código de Ética Profissional do Contador e nas normas profissionais emitidas pelo Conselho Federal de Contabilidade, e cumprimos com as demais responsabilidades éticas de acordo com essas normas. Acreditamos que a evidência de auditoria obtida é suficiente e apropriada para fundamentar nossa opinião adversa.

CONTINUA

CONTINUAÇÃO

## Outras informações que acompanham as demonstrações contábeis consolidadas e o relatório do auditor

[Apresentação de acordo com o Exemplo 7 do Apêndice 2 da NBC TA 720. O último parágrafo da seção "Outras informações" do Exemplo 7 é customizado para descrever o assunto específico que deu origem à opinião modificada que também afeta outras informações].

## Principais assuntos de auditoria

Exceto pelo assunto descrito na seção "Base para opinião adversa", não existem outros principais assuntos de auditoria a serem comunicados em nosso relatório.

## Responsabilidades da administração e da governança pelas demonstrações contábeis consolidadas[2]

[Apresentação de acordo com o Exemplo 2 da NBC TA 700].

## Responsabilidades do auditor pela auditoria das demonstrações contábeis consolidadas

[Apresentação de acordo com o Exemplo 2 da NBC TA 700].

[Local (localidade do escritório de auditoria que emitiu o relatório) e data do relatório do auditor independente]

[Nome do auditor independente (pessoa física ou jurídica)]

[Nome do profissional (sócio ou responsável técnico, no caso de o auditor ser pessoa jurídica)]

[Número do registro no CRC da firma de auditoria e do profissional que assina o relatório]

[Assinatura do auditor independente]

---

[1] No caso de o relatório cobrir outros aspectos legais e regulatórios, é necessário incluir um subtítulo para especificar a primeira parte do relatório, "Relatório do auditor sobre as demonstrações contábeis consolidadas", e, no final do relatório, outro subtítulo para a segunda parte, "Relatório sobre outros requisitos legais e regulatórios".

[2] Em todos os exemplos de relatório do auditor apresentados na NBC TA 705, os termos "administração" e "responsáveis pela governança" podem precisar ser substituídos por outros termos mais apropriados ao contexto da estrutura legal de determinada jurisdição.

## 17.7.2.3 Modelo 3 – Abstenção de opinião
### Modelo extraído do exemplo 5 do apêndice à NBC TA 705.

Trata-se de Relatório do auditor independente com "Abstenção de opinião" devido à impossibilidade de o auditor obter evidência de auditoria apropriada e suficiente sobre diversos elementos das demonstrações contábeis.

### RELATÓRIO DO AUDITOR INDEPENDENTE SOBRE AS DEMONSTRAÇÕES CONTÁBEIS[1]

Aos acionistas da Companhia ABC [ou outro destinatário apropriado]

#### Abstenção de opinião

Fomos contratados para examinar as demonstrações contábeis da Companhia ABC, que compreendem o balanço patrimonial, em 31 de dezembro de 20X1, e as respectivas demonstrações do resultado, do resultado abrangente, das mutações do patrimônio líquido e dos fluxos de caixa para o exercício findo nessa data, bem como as correspondentes notas explicativas, incluindo o resumo das principais políticas contábeis.

Não expressamos uma opinião sobre as demonstrações contábeis da Companhia pois, devido à relevância do assunto descrito na seção a seguir intitulada "Base para abstenção de opinião", não nos foi possível obter evidência de auditoria apropriada e suficiente para fundamentar nossa opinião de auditoria sobre essas demonstrações contábeis.

#### Base para abstenção de opinião

Fomos nomeados auditores da Companhia ABC após 31 de dezembro de 20X1 e, portanto, não acompanhamos a contagem física dos estoques no início e no final do exercício.

Não foi possível nos satisfazer por meios alternativos quanto às quantidades em estoque, em 31 de dezembro de 20X0 e 20X1, que estão registradas no balanço patrimonial por $ xxx e $ xxx, respectivamente. Adicionalmente, a introdução do novo sistema informatizado de contas a receber, em setembro de 20X1, resultou em diversos erros no saldo das contas a receber. Na data do nosso relatório, a administração ainda estava no processo de sanar as deficiências do sistema e de corrigir os erros. Não foi possível confirmar ou verificar por meios alternativos as contas a receber incluídas no balanço patrimonial no valor total de $ xxx, em 31 de dezembro de 20X1.

Em decorrência desses assuntos, não foi possível determinar se há necessidade de efetuar ajustes em relação aos estoques registrados ou não registrados e ao saldo de contas a receber, assim como aos elementos componentes das demonstrações do resultado, das mutações do patrimônio líquido e dos fluxos de caixa.

#### Responsabilidades da administração e da governança pelas demonstrações contábeis[2]

[Apresentação de acordo com o Exemplo 1 da NBC TA 700].

CONTINUA

### Responsabilidades do auditor independente pela auditoria das demonstrações contábeis

Nossa responsabilidade é a de conduzir uma auditoria das demonstrações contábeis da Companhia de acordo com as normas brasileiras e internacionais de auditoria e a de emitir um relatório de auditoria.

Contudo, devido ao assunto descrito na seção intitulada "Base para abstenção de opinião", não nos foi possível obter evidência de auditoria apropriada e suficiente para fundamentar nossa opinião de auditoria sobre essas demonstrações contábeis.

Somos independentes em relação à Companhia, de acordo com os princípios éticos relevantes previstos no Código de Ética Profissional do Contador e nas normas profissionais emitidas pelo Conselho Federal de Contabilidade, e cumprimos com as demais responsabilidades éticas de acordo com essas normas.

[Local (localidade do escritório de auditoria que emitiu o relatório) e data do relatório do auditor independente]

[Nome do auditor independente (pessoa física ou jurídica)]

[Nome do profissional (sócio ou responsável técnico, no caso de o auditor ser pessoa jurídica)]

[Número do registro no CRC da firma de auditoria e do profissional que assina o relatório]

[Assinatura do auditor independente]

---

(1) No caso de o relatório cobrir outros aspectos legais e regulatórios, é necessário incluir um subtítulo para especificar a primeira parte do relatório, "Relatório do auditor sobre as demonstrações contábeis", e, no final do relatório, outro subtítulo para a segunda parte, "Relatório sobre outros requisitos legais e regulatórios".

(2) Em todos os exemplos de relatório do auditor, apresentados na NBC TA 705, os termos "administração" e "responsáveis pela governança" podem precisar ser substituídos por outros termos mais apropriados ao contexto da estrutura legal de determinada jurisdição.

## 17.8 Relatório de revisão dos auditores independentes

Os auditores independentes desenvolvem trabalhos de auditoria nas demonstrações contábeis completas elaboradas pelas entidades no dia 31 de dezembro de cada ano e desenvolvem trabalhos de revisão nas demonstrações contábeis intermediárias elaboradas pelas entidades no final de cada trimestre.

É importante destacar que as entidades não são obrigadas a elaborar demonstrações contábeis intermediárias, salvo se o órgão regulador ao qual estiverem sujeitas, exigir. Contudo, a NBC TG 21, que trata das demonstrações intermediárias, encoraja as entidades a elaborar demonstrações contábeis pelo menos semestralmente, justificando que demonstrações intermediárias tempestivas e confiáveis aumentam a habilidade dos investidores, dos credores e de outros usuários a entender a capacidade de a entidade gerar lucros e fluxos de caixa e sua condição financeira e de liquidez.

Tendo em vista que os auditores não realizam trabalhos de auditoria nas demonstrações contábeis intermediárias, mas apenas revisões, devem denominar os relatórios derivados dessas revisões de Relatório de Revisão do Auditor Independente sobre as Demonstrações Contábeis e não de Relatório do Auditor Independente sobre as Demonstrações Contábeis.

Nos relatórios de revisão, os auditores devem informar: que revisaram as demonstrações contábeis; os títulos das demonstrações contábeis revisadas bem como o período abrangido por elas; e que suas responsabilidades são a de expressar uma conclusão sobre tais demonstrações contábeis com base em suas revisões.

Uma revisão de demonstrações contábeis intermediárias consiste na realização de indagações, principalmente às pessoas responsáveis pelos assuntos financeiros e contábeis, e na aplicação de procedimentos analíticos e de outros procedimentos de revisão.

O alcance de uma revisão é significativamente menor do que o de uma auditoria conduzida de acordo com as normas de auditoria, e, por esse motivo, o auditor deve informar que não foi possível obter segurança de que tomou conhecimento de todos os assuntos significativos que poderiam ser identificados em uma auditoria e que, portanto, não expressou uma opinião de auditoria.

Veja um exemplo de conclusão que pode constar nos relatórios dos auditores após concluídas as revisões de demonstrações contábeis intermediárias de instituições financeiras que têm como órgão regulador o Banco Central do Brasil (BCB).

### Conclusão sobre as demonstrações contábeis individuais e consolidadas

Com base em nossa revisão, não temos conhecimento de fatos que nos levem a acreditar que as demonstrações contábeis individuais e consolidadas referidas neste relatório não apresentam adequadamente, em todos os aspectos relevantes, a posição patrimonial e financeira da Companhia X, em 31 de março de X4, o desempenho de suas operações e os seus fluxos de caixa para o período de três meses findo nessa data, de acordo com as práticas contábeis adotadas no Brasil aplicáveis às instituições autorizadas a funcionar pelo Banco Central do Brasil (BCB).

## Atividades Teóricas

Responda:

1. O que é relatório de auditoria?
2. Em que consiste o relatório de auditoria por escrito?
3. Quais benefícios são alcançados em decorrência da condução da auditoria de acordo com as normas de auditoria, de forma consistente com as normas internacionais de auditoria?
4. A que conclusão o auditor deve chegar para formar sua opinião?
5. Em que circunstância a opinião do auditor deve afirmar que as demonstrações contábeis apresentam adequadamente, em todos os aspectos relevantes, a posição patrimonial e financeira da entidade no final do período e o desempenho das operações e os fluxos de caixa da entidade para o respectivo período?
6. Segundo a NBC TA 700, em algumas circunstâncias as demonstrações contábeis podem ser elaboradas de acordo com duas estruturas de relatórios financeiros. Quais são elas?
7. Onde o auditor independente apresenta o resultado do seu trabalho?
8. Quantos e quais são os tipos de opinião que o auditor independente pode expressar em decorrência do seu trabalho?
9. O que é relatório limpo?
10. Em que circunstância o auditor deve expressar uma opinião não modificada?
11. Cite cinco elementos componentes do relatório do auditor independente.
12. Quais são os tipos de opinião modificada?
13. Qual o significado da expressão "entidade listada"?
14. Em que consiste o relatório de revisão do auditor independente?
15. O que são demonstrações contábeis intermediárias?

Classifique as afirmativas em falsas ou verdadeiras:

1. (   ) No relatório de auditoria do auditor independente, é descrita a base que o auditor utilizou para emitir sua opinião.
2. (   ) O relatório do auditor independente deve incluir uma seção com o título "Opinião".
3. (   ) A opinião do auditor deve informar se as demonstrações contábeis são elaboradas, em todos os aspectos relevantes, de acordo com a estrutura de relatório financeiro aplicável.
4. (   ) O auditor não precisa avaliar se as demonstrações contábeis fazem referência ou descrevem adequadamente a estrutura de relatório financeiro aplicável.

5. ( ) Em circunstância alguma as leis ou os regulamentos podem determinar um texto para o relatório do auditor independente.

6. ( ) Existem quatro tipos de relatório de auditoria: relatório sem ressalva, relatório com ressalva, relatório adverso e relatório com abstenção de opinião.

7. ( ) A opinião sem ressalva é também denominada de opinião sem modificação.

8. ( ) Opinião com modificação é o mesmo que opinião sem ressalva.

9. ( ) Estoques subavaliados ou superavaliados são exemplos de distorções relevantes.

10. ( ) "Generalizado" é o termo usado, no contexto de distorções, para descrever os efeitos disseminados (propagados) de distorções sobre as demonstrações contábeis.

11. ( ) Quando as demonstrações contábeis são elaboradas de acordo com a estrutura de conformidade, o auditor precisa avaliar se as demonstrações contábeis atingem uma apresentação adequada.

12. ( ) A NBC TA 700 fixa uma ordem para que os elementos do relatório do auditor independente sejam colocados.

13. ( ) Opinião com ressalva, adversa e abstenção de opinião são tipos de opinião não modificada.

14. ( ) A NBC TG 21, que trata das demonstrações intermediárias, encoraja as entidades a elaborar demonstrações contábeis pelo menos semestralmente, justificando que demonstrações intermediárias tempestivas e confiáveis aumentam a habilidade dos investidores, dos credores e de outros usuários a entender a capacidade de a entidade gerar lucros e fluxos de caixa e sua condição financeira e de liquidez.

Escolha a alternativa correta:

1. Os objetivos gerais do auditor ao conduzir a auditoria de demonstrações contábeis são:
   a) obter segurança razoável de que as demonstrações contábeis como um todo estão livres de distorção relevante.
   b) apresentar relatório sobre as demonstrações contábeis e comunicar-se como exigido pelas NBCs TA, em conformidade com as constatações que efetuou.
   c) evidenciar em seu relatório somente as distorções causadas por erro.
   d) as alternativas "a" e "b" estão corretas.
   e) NDA.

2. O auditor deve avaliar se as demonstrações contábeis são elaboradas, em todos os aspectos relevantes, de acordo com os requisitos da estrutura de relatório financeiro aplicável. Essa avaliação deve incluir a consideração dos aspectos:
   a) qualitativos.
   b) quantitativos.

**c)** mistos.

**d)** operacionais.

**e)** financeiros.

3. O auditor especificamente deve avaliar se, segundo os requisitos da estrutura de relatório financeiro aplicável:

**a)** as demonstrações contábeis divulgam adequadamente as práticas contábeis selecionadas e aplicadas.

**b)** as práticas contábeis selecionadas e aplicadas são consistentes com a estrutura de relatório financeiro aplicável e são apropriadas.

**c)** as estimativas contábeis feitas pela administração são razoáveis.

**d)** as demonstrações contábeis fornecem divulgações adequadas para permitir que os usuários previstos entendam o efeito de transações e eventos relevantes sobre as informações incluídas nas demonstrações contábeis.

**e)** todas estão corretas.

4. A identificação da estrutura de relatório financeiro aplicável e de como ela pode afetar a opinião do auditor tem a seguinte finalidade:

**a)** informar os usuários do relatório do auditor independente se os responsáveis apresentaram os documentos necessários na data aprazada.

**b)** informar os usuários do relatório do auditor independente sobre a idoneidade dos dirigentes da organização objeto da auditoria.

**c)** informar os usuários do relatório do auditor independente sobre o contexto em que é expressa a opinião do auditor.

**d)** as alternativas "a", "b" e "c" estão corretas.

**e)** todas estão erradas.

5. Quando o auditor obtém segurança razoável de que as demonstrações contábeis tomadas em conjunto estão livres de distorção relevante, em seu relatório conterá:

**a)** opinião sem ressalva.

**b)** opinião com ressalva.

**c)** opinião adversa.

**d)** abstenção de opinião.

**e)** NDA.

6. Emitir uma opinião modificada significa:

**a)** emitir uma opinião diferente daquela que normalmente é apresentada em um relatório considerado "limpo".

**b)** emitir uma opinião com ressalva.

c) emitir uma opinião adversa.

d) abster-se de emitir opinião.

e) todas estão corretas.

7. Segundo a NBC TA 705, opinião modificada é:

a) opinião limpa.

b) opinião com ressalva.

c) opinião adversa.

d) abstenção de opinião.

e) somente a alternativa "a" está errada.

8. Título; destinatário; responsabilidade dos chefes de seção; responsabilidades do auditor independente; opinião do auditor; opinião dos administradores; base para opinião; justificativas do conselho fiscal; data do relatório; nome e assinatura do auditor independente; e nome e assinatura do responsável pela governança.

Escolha a alternativa que contém o número de itens que correspondem a elementos do relatório do auditor independente:

a) 11.

b) 4.

c) 7.

d) 6.

e) 10.

9. Com relação às opiniões do auditor independente, é correto afirmar que:

a) a NBC TA 700 apresenta modelos de relatórios com opiniões limpas.

b) a NBC TA 705 apresenta modelos de relatórios com opiniões modificadas.

c) a NBC TA 705 apresenta modelos de relatórios com opiniões com ressalva, adversa e com abstenção de opinião.

d) a NBC TA 700 apresenta modelos de relatórios com opiniões não modificadas.

e) todas estão corretas.

# REFERÊNCIAS

ALMEIDA, Marcelo Cavalcanti. *Auditoria*: um curso moderno e completo (textos, exemplos e exercícios resolvidos). 7. ed. São Paulo: Atlas, 2010.

CERQUEIRA, Jorge Pedreira de; MARTINS, Marcia Copello. *Auditorias de sistemas de gestão*: ISO 9001, ISO 14001, OHSAS 18001, ISO/IEC 17025, SA 8000, ISO 19011: 2002. 2. ed. Rio de Janeiro: Qualitymark, 2005.

DINIZ FILHO, André et al. *Curso básico de auditoria*. 2. ed. São Paulo: Atlas, 2008.

INSTITUTE OF INTERNAL AUDITORS (IIA). *Normas internacionais para o exercício profissional da auditoria interna*, série 1000 e série 2000. Instrução Normativa 01, de 06 de abril de 2001, do Secretário Federal de Controle Interno do Ministério da Fazenda.

PEREZ JUNIOR, José Hernandez. *Auditoria de demonstrações contábeis normas e procedimentos*. 3. ed. São Paulo: Atlas, 2006.

SOUZA, Benedito Felipe; PEREIRA, Anésio Candido. *Auditoria contábil*: abordagem prática e operacional. São Paulo: Atlas, 2004.

## LEGISLAÇÃO CONSULTADA

BRASIL. Lei n. 6.404, de 15 de dezembro de 1976. Lei das Sociedades por Ações. Diário Oficial da República Federativa do Brasil, Brasília, 15 dez. 1976.

BRASIL. Lei n. 11.638, de 28 de dezembro de 2007. Alterou e revogou dispositivos da Lei n. 6.404/1976 e deu outras providências.

BRASIL. Medida Provisória n. 449, de 3 de dezembro de 2008. Convertida na Lei n. 11.941, de 27 de maio de 2009, alterou e revogou dispositivos da Lei n. 6.404/1976 e deu outras providências.

## NORMAS BRASILEIRAS DE CONTABILIDADE CONSULTADAS

NBC TA ESTRUTURA CONCEITUAL – ESTRUTURA CONCEITUAL PARA TRABALHOS DE ASSEGURAÇÃO, DE 20 DE NOVEMBRO DE 2015.

NBC TA 200 (R1) – OBJETIVOS GERAIS DO AUDITOR INDEPENDENTE E A CONDUÇÃO DA AUDITORIA EM CONFORMIDADE COM NORMAS DE AUDITORIA, DE 19 DE AGOSTO DE 2016.

NBC TA 210 (R1) CONCORDÂNCIA COM OS TERMOS DO TRABALHO DE AUDITORIA, DE 19 DE AGOSTO DE 2016.

NBC TA 220 (R3) – GESTÃO DE QUALIDADE DA AUDITORIA DE DEMONSTRAÇÕES CONTÁBEIS, DE 18 DE NOVEMBRO DE 2021.

NBC TA 230 (R1) DOCUMENTAÇÃO DE AUDITORIA, DE 19 DE AGOSTO DE 2016
NBC TA 240 (R1) – RESPONSABILIDADE DO AUDITOR EM RELAÇÃO A FRAUDE, NO CONTEXTO DA AUDITORIA DE DEMONSTRAÇÕES CONTÁBEIS DE 19 DE AGOSTO DE 2016.

NBC TA 250 – DISPÕE SOBRE CONSIDERAÇÕES DE LEIS E REGULAMENTOS NA AUDITORIA DE DEMONSTRAÇÕES CONTÁBEIS, DE 7 DE FEVEREIRO DE 2019.

NBC TA 260 (R2) – COMUNICAÇÃO COM OS RESPONSÁVEIS PELA GOVERNANÇA, DE 17 DE JUNHO DE 2016.

NBC TA 265 – COMUNICAÇÃO DE DEFICIÊNCIAS DE CONTROLE INTERNO, DE 27 DE NOVEMBRO DE 2009.

NBC TA 300 (R1) PLANEJAMENTO DA AUDITORIA DE DEMONSTRAÇÕES CONTÁBEIS, DE 19 DE AGOSTO DE 2016.

NBC TA 315 (R2) – IDENTIFICAÇÃO E AVALIAÇÃO DOS RISCOS DE DISTORÇÃO RELEVANTE, DE 19 DE AGOSTO DE 2021.

NBC TA 320 (R1) MATERIALIDADE NO PLANEJAMENTO E NA EXECUÇÃO DA AUDITORIA, DE 19 DE AGOSTO DE 2016.

NBC TA 330 (R1) RESPOSTA DO AUDITOR AOS RISCOS AVALIADOS, DE 19 DE AGOSTO DE 2016.

NBC TA 402 – CONSIDERAÇÕES DE AUDITORIA PARA A ENTIDADE QUE UTILIZA ORGANIZAÇÃO PRESTADORA DE SERVIÇOS, DE 27 DE NOVEMBRO DE 2009.

NBC TA 450 (R1) – AVALIAÇÃO DAS DISTORÇÕES IDENTIFICADAS DURANTE A AUDITORIA, DE 19 DE AGOSTO DE 2016.

NBC TA 500 (R1) EVIDÊNCIA DE AUDITORIA, DE 19 DE AGOSTO DE 2016.

NBC TA 501 – EVIDÊNCIA DE AUDITORIA – CONSIDERAÇÕES ESPECÍFICAS PARA ITENS SELECIONADOS, DE 27 DE NOVEMBRO DE 2009.

NBC TA 505 CONFIRMAÇÕES EXTERNAS, DE 27 DE NOVEMBRO DE 2009.

NBC TA 510 (R1) TRABALHOS INICIAIS SALDOS INICIAIS, DE 19 DE AGOSTO DE 2016.

NBC TA 520 – PROCEDIMENTOS ANALÍTICOS, DE 27 DE NOVEMBRO DE 2009.

NBC TA 530 AMOSTRAGEM EM AUDITORIA, DE 27 DE NOVEMBRO DE 2009.

NBC TA 540 (R1) – DISPÕE SOBRE A AUDITORIA DE ESTIMATIVAS CONTÁBEIS E DIVULGAÇÕES RELACIONADAS, DE 17 DE OUTUBRO DE 2019.

NBC TA 550 – PARTES RELACIONADAS, DE 27 DE NOVEMBRO DE 2009.

NBC TA 560 (R1) – EVENTOS SUBSEQUENTES, DE 19 DE AGOSTO DE 2016.

NBC TA 570 – DISPÕE SOBRE A CONTINUIDADE OPERACIONAL, DE 17 DE JUNHO DE 2016.

NBC TA 580 (R1) REPRESENTAÇÕES FORMAIS, DE 19 DE AGOSTO DE 2016.

NBC TA 600 (R1) – CONSIDERAÇÕES ESPECIAIS – AUDITORIAS DE DEMONS-TRAÇÕES CONTÁBEIS DE GRUPOS, INCLUINDO O TRABALHO DOS AUDI-TORES DOS COMPONENTES, DE 19 DE AGOSTO DE 2016.

NBC TA 610 UTILIZAÇÃO DO TRABALHO DE AUDITORIA INTERNA, DE 24 DE JANEIRO DE 2014.

NBC TA 620 UTILIZAÇÃO DO TRABALHO DE ESPECIALISTAS, DE 27 DE NO-VEMBRO DE 2009.

NBC TA 700 – DISPÕE SOBRE A FORMAÇÃO DA OPINIÃO E EMISSÃO DO RE-LATÓRIO DO AUDITOR INDEPENDENTE SOBRE AS DEMONSTRAÇÕES CON-TÁBEIS, DE 17 DE JUNHO DE 2016.

NBC TA 701 – DISPÕE SOBRE A COMUNICAÇÃO DOS PRINCIPAIS ASSUNTOS DE AUDITORIA NO RELATÓRIO DO AUDITOR INDEPENDENTE, DE 17 DE JUNHO DE 2016.

NBC TA 705 MODIFICAÇÕES NA OPINIÃO DO AUDITOR INDEPENDENTE, DE 17 DE JUNHO DE 2016.

NBC TA 706 – DISPÕE SOBRE PARÁGRAFOS DE ÊNFASE E PARÁGRAFOS DE OUTROS ASSUNTOS NO RELATÓRIO DO AUDITOR INDEPENDENTE, DE 17 DE JUNHO DE 2016.

NBC TA 710 (R1) – INFORMAÇÕES COMPARATIVAS – VALORES CORRESPON-DENTES E DEMONSTRAÇÕES CONTÁBEIS COMPARATIVAS, DE 19 DE AGOS-TO DE 2016.

NBC TA 720 RESPONSABILIDADES DO AUDITOR EM RELAÇÃO A OUTRAS INFORMAÇÕES, DE 19 DE AGOSTO DE 2016.

NBC TA 800 – DISPÕE SOBRE AUDITORIAS DE DEMONSTRAÇÕES CONTÁBEIS ELABORADAS DE ACORDO COM AS ESTRUTURAS CONCEITUAIS DE CONTA-BILIDADE PARA PROPÓSITOS ESPECIAIS, DE 17 DE FEVEREIRO DE 2017.

NBC TA 805 – DISPÕE SOBRE A AUDITORIA DE QUADROS ISOLADOS DAS DE-MONSTRAÇÕES CONTÁBEIS E DE ELEMENTOS, CONTAS OU ITENS ESPECÍ-FICOS DAS DEMONSTRAÇÕES CONTÁBEIS, DE 17 DE FEVEREIRO DE 2017.

NBC TA 810 – DISPÕE SOBRE TRABALHOS PARA A EMISSÃO DE RELATÓRIO SOBRE DEMONSTRAÇÕES CONTÁBEIS CONDENSADAS, DE 17 DE FEVEREIRO DE 2017.